처음 만나는 다문화교육

대원 다문화연구 총서 1
처음 만나는 다문화교육

2016년 10월 20일 초판 1쇄 발행
2017년　8월　5일 초판 2쇄 발행

지은이 | 김영순 · 오영훈 · 정지현 · 김창아 · 최영은 · 정소민 · 최승은 · 조영철
교정교열 | 정난진
펴낸이 | 이찬규
펴낸곳 | 북코리아
등록번호 | 제03-01240호
주소 | 13209 경기도 성남시 중원구 사기막골로 45번길 14
　　　 우림2차 A동 1007호
전화 | 02-704-7840
팩스 | 02-704-7848
이메일 | sunhaksa@korea.com
홈페이지 | www.북코리아.kr
ISBN | 978-89-6324-468-0(94370)
　　　 978-89-6324-506-5(세트)

값 20,000원

*본 대원 다문화연구 총서는 대원 서윤석 회장의 연구발전기금을 지원받아 인하대 아시아다문화융합연구소에 의해 발간되었습니다.
*이 도서의 국립중앙도서관 출판예정도서목록(CIP)은 서지정보유통지원시스템 홈페이지(http://seoji.nl.go.kr)와
 국가자료공동목록시스템(http://www.nl.go.kr/kolisnet)에서 이용하실 수 있습니다. (CIP제어번호 : CIP2016024084)

대원 다문화연구 총서 **1**

처음
만나는
다문화교육

김영순 · 오영훈 · 정지현 · 김창아 ·
최영은 · 정소민 · 최승은 · 조영철 지음

북코리아

서문:
처음 만나는 다문화교육, 그 느낌은?

"누군가를 처음 만난다는 것은 설렘의 시작이다.

우리 사회가 다문화를 만난다는 것 역시 우리를 설레게 해야 할 것이다."

세계화로 인해 이제 국가를 넘나드는 초국적 이주가 보편화된 사회가 되었다. 우리 사회도 우리가 원하든 그렇지 않든 다양한 문화적 배경을 지닌 '낯선' 사람들이 도래하고 있다. 이에 따라 우리 사회의 문화적 다양성 역시 확대되고 있음은 분명하다.

구체적으로 우리 사회의 다문화 현상의 원인은 전통적인 남아선호사상으로 인한 결혼적령기 여성의 부족 현상 때문이라고 볼 수 있다. 이러한 현상은 경제발전의 불균형이 심각했던 농어촌을 중심으로 나타나게 되었고, 이를 해결하기 위해 '농촌총각 장가보내기 운동' 등을 통하여 국제결혼이 증가하게 됨으로써 결혼 이민자의 수가 증가하게 되었다.

또한 한국 사회는 경제적 성장에 대한 열망과 상대적으로 낮은 블루칼라에 대한 인식 및 3D 기피현상으로 인해 외국인 근로자의 필요성이 대두되었다. 이를 위해 한국 정부는 단순생산직에 종사할 외국인 근로자 유입정책을 적극적으로 펼치기 시작하였다. 1991년 '해외투자기업연수생제'를 시작으로 1993년 '산업연수생제', 2000년도의 '연수취업제', 2004년 '고용허가제'를 통해 현재까지 외국인 근로자의 유입이 매년 증가하고 있다.

이러한 결혼이주여성과 외국인 노동자의 증가로 인해 한국 사회는 국내 거주 외국인이 185만 명이 넘는 초기 다문화사회로 진입하였다. 이 외국인 수는 현재 한국 인구의 2.5~3.5% 정도로 미미한 수치이지만, 전철의 한 칸에 약 2~3명이 국내 장기체류 외국인이라는 점에서 우리와는 다른 문화적·민족적 배경을 지닌 사람들이 우리 사회에 뚜렷한 존재감을 가지고 있음을 보여준다. 이렇게 우리 사회의 인구 구성이 다양해짐에 따라 여러 분야에서 나타나는 문화적 다양성은 사회적 이슈가 되고 있다.

이미 일부 농어촌 초등학교의 경우, 신입생의 상당수가 다문화가정의 자녀일 만큼 다문화가정은 우리 사회에 깊게 뿌리를 내리기 시작했다. 더 이상 우리 사회에서 다른 피부색을 가진 사람, 다른 언어를 쓰는 사람, 다른 문화를 가진 사람을 만나는 것이 흔한 일이 되었다. 이제는 국제 업무를 수행하는 사람들뿐만 아니라, 일상에 다문화가정과 얼굴을 대면하는 모든 사람들에게도 문화 간 의사소통 능력이 요구되고 있는 실정이다.

다문화사회로 진입한다는 의미는 그동안 단일민족을 상징처럼 고수했던 한국 사회가 다양한 문화적 현상으로부터 기인하는 '다름', 즉 '차이'를 어떤 관점에서 볼 것인가를 생각하게 한다. 여기에는 타문화에 대한 이해와 존중의 시각이 필요하다. 그것은 타문화의 문화적 차이를 인식하고 타문화를 인정하고자 하는 태도에서 시작된다. 이와 같은 태도는 다른 문화에 대한 지식을 습득하고 이해하는 능력을 위한 기반이 된다. 그럼으로써 개인은 다른 문화의 특정한 맥락 속에서 자신의 행동을 적절하게 변화시킬 수 있고, 다른 문화를 가진 사람들과 효과적으로 소통할 수 있게 된다. 그리고 이러한 태도는 개인이 가진 편견과 고정관념을 다시 한 번 생각해 보고 반성하는 능력으로부터 비롯한 것이다. 다문화교육이 필요한 이유가 여기에 있는 것이다.

따라서 이 책은 대학교의 다문화교육이나 다문화 관련 전공 분야에서 반드시 필요한 다문화교육 관련 내용을 담아 제목 자체에서 느끼는 것처럼 대학생들이 처음 접해보아도 어렵지 않게 읽어볼 수 있도록 기획한 것이다.

이 책은 총 4부 15장으로 구성되었다. 1부에서는 일반적인 문화 다양성, 2부에서는 한국내 소수자의 문화 다양성, 3부에서는 국가별 다문화교육정책과, 이를 통한 한국의 다문화교육정책에 대한 시사점, 4부에서는 다문화학교의 필요성과 의미 및 유형 그리고 다문화학교에서 이루어지고 있는 다문화교수법에 대해 다룰 것이다. 4부를 구성하고 있는 각 장의 세부적인 내용은 다음과 같다.

1장에서는 문화에 대한 기존의 정의들과 개념들을 다루고, 문화와 문화 다양성에 관한 관계는 물론, 최근 논의되고 있는 문화 다양성의 담론을 살펴보았다.

2장에서는 초국적 이주로 인해 다양성이 증대하는 사회에서 요구되는 사회통합(social integration)이 무엇인지 다문화사회의 특성과 다문화주의를 통해 다루었다.

3장에서는 한국 사회에서 소수자에 대한 권리를 보장하고 사회적 문제를 해결하기 위해 다문화사회의 주체를 어떻게 규정하고, 어떠한 방향으로 국가의 개입이 이루어지는지를 기술했다.

4장에서는 다문화사회에서 시민으로 살아가기 위해 요구되는 관점과 자질은 무엇인지, 이를 통해 한국의 다문화교육이 지향해야 할 방향과 그 방법을 제시하였다.

5장에서는 결혼이민자의 현황과 특성을 통해 이들이 다양한 정체성을 유지한 채 한국사회 내에서 사회통합을 이룰 수 있는 방안을 살펴보았다.

6장에서는 외국인 근로자의 특성 및 현황 그리고 이들의 어려움을 통해 외국인 근로자 정책이 나아가야 할 방향이 무엇인지를 기술하였다.

7장에서는 북한이탈주민의 개념 및 현황 그리고 이들의 정착 과정을 통해 북한이탈주민에게 필요한 정책의 방향이 무엇인지, 이들이 한국사회 내에서 안정적으로 정착할 수 있는 방안을 다루었다.

8장에서는 외국인 유학생의 현황과 지원정책, 그리고 외국인 유학생의 적응과 어려움을 통해 이들이 한국사회 내에서 공존할 수 있는 방안에 대해 제시하였다.

9장에서는 서구의 다문화사회 사례를 살펴보고, 이를 통해 한국의 다문화교육에 어떤 시사점을 주는지 살펴보았다.

10장에서는 중국뿐만 아니라 일본, 인도네시아, 말레이시아의 다문화사회 특징과 교육적 특징에 대하여 고찰하였다.

11장에서는 서구 주요 나라와 아시아를 제외한 국가의 다문화교육과 정책에 대해 다루었다.

12장에서는 사회통합을 지향하는 독일의 다문화교육 정책의 특징을 살펴보고, 베를린 국립 유럽학교의 이중언어교육이 다문화사회로 진입하는 우리나라의 다문화교육에 던지는 시사점을 살펴보았다.

13장에서는 다문화교육과 다문화학교에 대한 필요성과 개념 정의 및 우리나라의 다문화교육에서는 어떠한 다문화학교가 요구되는지를 살펴볼 것이다.

14장에서는 한국 다문화학교의 역사를 살펴보고, 그 유형과 미래의 전망을 다루었다.

15장에서는 다문화교육에서 주목하는 교수-학습방법의 주요 특징과, 초등교육과 중등교육에서 활용할 수 있는 프로그램의 적용 장면을 함께 제시하였다.

이 책은 대략 1년여의 집필기간을 가졌다. 그 동안 여러 번의 집필 워크숍과 논의과정을 거쳐 집필 체계를 갖추고 다문화교육의 주요 내용을 담아내고자 노력하였다. 그럼에도 한국의 다문화 현상과 다문화교육에 관한 중요한 내용을 모두 포함시키지 못한 아쉬움이 있다.

이 책은 대원 다문화연구 총서 1호로 대원 서윤석 선생님의 연구발전기금을 지원받아 발간되었다. 이에 집필진은 무한한 감사함을 전해드리고 싶다. 그리고 이 책의 출간을 맡아 주신 북코리아 이찬규 사장님과 편집과정에서 아름다운 책을 만들어주신 편집진께 지면을 빌려 고마운 마음을 전한다.

끝으로 이 책은 점점 현실로 다가오는 다문화사회 한국을 위하여 다문화 관련 전공과 교양과목을 공부하는 대학생 및 대학원생들에게 조금이나마 도움이 되기를 희망한다.

　이 책 '처음 만나는 다문화교육'을 펼치는 독자 여러분 역시 '설렘'이 함께하기를 바라는 바이다.

2016년 10월
대표 저자 김영순 씀

CONTENTS

TABLE CONTENTS

I

다문화교육의 이해

최근 들어 우리 사회는 국내 거주 외국인이 185만 명이 넘는 초기 다문화사회로 진입했다. 이 외국인 수는 현재 한국 인구의 2.5~3.5% 정도로, 어떻게 보면 미미한 수치일 수 있다. 그렇지만 전철의 한 칸에 약 2~3명이 국내 장기체류 외국인이라는 점에서 우리와는 다른 문화적 · 민족적 배경을 지닌 사람들이 우리 사회에 뚜렷한 존재감을 가지고 있음을 보여준다. 이렇게 우리 사회의 인구 구성이 다양해짐에 따라 여러 분야에서의 다양성은 사회적 이슈가 되고 있다.

특히 1990년대 후반 이후 농어촌 지역에서 국제결혼이 성행함에 따라 다문화가정이 증가하기 시작하여 2011년 기준으로 다문화가정 인구는 120만 명을 돌파했다. 이처럼 다문화가정이 급속히 증가하면서 사회적으로 적지 않은 혼란과 문제가 야기되고 있다. 이미 일부 농어촌 초등학교의 경우, 신입생의 상당수가 다문화가정의 자녀일 만큼 다문화가정은 우리 사회에 깊게 뿌리를 내리기 시작했다. 더 이상 우리 사회에서 다른 피부색을 가진 사람, 다른 언어를 쓰는 사람, 다른 문화를 가진 사람을 만나는 것이 어려운 일이 아니게 되었다. 이제는 국제 업무를 수행하는 사람들뿐만 아니라, 일상에서 다문화가정과 얼굴을 대면하는 모든 사람들에게도 문화 간 의사소통 능력이 요구되고 있다.

하지만 그동안 순수혈통, 단일민족을 고수해 온 한국 사회는 다문화시대가 되면서 여러 가지 혼란을 겪게 되었다. 최근 여성가족부가 수행한 '국민의 다문화 수용성 조사' 결과를 통해 여전히 우리나라 국민은 혈통을 중시하고 다양한 문화를 받아들이는 데 매우 부정적인 것을 확인할 수 있었다. 2012년 총선에서 비례대표 국회의원에 뽑힌 필리핀 출신 이자스민 씨에 대한 인종차별성 인신공격 역시 같은 맥락에서 생각해볼 문제이다. 이 사건의 배경에는 "반만년 역사에 빛나는 단일민족(單一民族)에 대한 한국인의 자부심"이 자리하고 있다. 하지만 '세계 유일의 단일민족'이라는 말은 앞으로 본격적으로 도래하게 될 다인종, 다문화사회에서는 부적합한 말이 될 것이다. 좀 더 개방된 자세로 우리와 다른 문화, 다른 피부색을 가진 사람들과 함께 어울려 살아갈 준비를 해야 한다.

다문화사회로 진입한다는 의미는 그동안 단일민족을 상징처럼 고수했던 한국 사회가 다양한 문화적 현상으로부터 기인하는 '다름', 즉 '차이'를 어떤 관점에서 볼 것인가를 생각해야 한다는 것이다. 여기에는 타문화에 대한 이해와 존중의 시각이 필요하다. 그리고 그것은 타문화의 문화적 차이를 인식하고 타문화를 인정하고자 하는 태도에서 시작된다. 이와 같은 태도는 다른 문화에 대한 지식을 습득하고 이해하는 능력을 위한 기반이 된다. 그럼으로써 개인은 다른 문화의 특정한 맥락 속에서 자신의 행동을 적절하게 변화시킬 수 있고, 다른 문화를 가진 사람들과 효과적으로 소통할 수 있게 된다. 그리고 이러한 태도는 개인이 가진 편견과 고정관념을 돌이켜 생각해보고 반성하는 능력으로부터 비롯한 것이다.

현재 우리가 해결해야 할 중요한 과제는 서로 다름에 대한 배려와 존중, 차이를 인정하고 더불어 살아갈 수 있는 소양을 키우는 것이다. 즉, 다문화적 감수성을 기르는 것이다. 다문화적 감수성은 문화적 차이에서 비롯한 오해와 충돌을 조정할 수 있는 중재 능력이다. 하지만 이는 다른 나라의 역사, 언어, 문화 등을 학습하고 몇 번의 해외여행을 통해 습득되는 것이 아니다. 일상에서 부딪히는 모든 현상에 관심을 갖고 그 속에서 '다양성'을 발견하여 '다름'을 인정하고 '존중'하는 관계를 경험하여 익히는 것이 다문화 감수성을 습득하는 것이라고 할 수 있겠다.

다문화 감수성은 개인의 감정이나 태도를 기본으로 타자지향성을 강구하게 하는 역량이다. 이 역량을 습득하기 위해서는 개인이 문화 다양성을 이해하는 것이 중요하다. 따라서 1부에서는 문화 다양성을 이해하기 위한 내용들을 다루었다.

1장에서는 문화와 문화 다양성을 살펴보았다. 문화에 대한 기존의 정의들과 개념들을 정리하고, 문화와 문화 다양성에 관한 관계는 물론 최근의 논의되는 문화 다양성 담론을 짚어보았다.

2장에서는 다문화사회와 다문화주의에 대한 연구 지형들을 살펴보았다. 특히 빈번한 초국적 이주로 인해 다양성이 더욱 증대하는 사회에서 요구되는 사회통합 (social integration)은 무엇인지를 다문화사회의 특성과 다문화주의를 통해 살펴보고자 한다.

3장에서는 다문화정책과 다문화 정체성에 대해 살펴보았다. 한국 사회에서 소수자에 대한 권리를 보장하고 사회적 문제를 해결하기 위해 다문화사회의 주체를 어떻게 규정하고, 어떠한 방향으로 국가 개입이 이루어지는지를 기술했다.

4장에서는 다문화사회에서 시민으로 살아가기 위해 요구되는 관점과 자질은 무엇인지를 고찰했다. 이를 통해 한국의 다문화교육이 나아가야 할 방향과 그 방법을 제시했다.

1장
문화와 문화 다양성

김영순 · 최승은

　이 장에서는 문화에 관한 다양한 정의와 개념을 살펴보고 문화 다양성에 대한 탐색을 통해 문화 다양성의 이해와 존중하는 태도 함양을 목표로 한다. 특히 문화와 문화 다양성의 관계 뿐만 아니라, 최근에 논의되는 문화 다양성 담론을 살펴보았다.

1. 문화

1) 문화의 개념

　문화에 대한 정의는 다양하며 수많은 학자들이 완전히 동의할 만한 하나의 통일된 정의는 없다. 이를테면 각기 다양한 사회사상, 가치관, 행동양식 등의 차이에 따른 다양한 관점의 이론적 기반에 따라 문화에 대한 정의가 존재한다.

문화에 대한 대표적인 몇 가지 정의를 소개해보면, 우선 문화는 인간과 인간을 둘러싼 환경과 결부되어 있다는 점이다. 이를테면 인간에게 주어진 자연환경을 변화시키고 본능을 적절히 조절하여 만들어낸 생활양식과 그에 따른 산물들을 모두 문화라고 일컫는다는 점이다. 여기서 문화는 인간의 삶과 밀접하게 관련되어 있다고 볼 수 있다.

Hall(1977)은 문화에 대해 인간을 매개로 하며, 문화에 의해 변화되지 않는, 그리고 문화와 관련되어 있지 않은 인간 삶의 어떠한 부분도 존재하지 않는다고 할 정도로 문화의 중요성을 강조했다. 이런 맥락에서 문화는 사람들이 자신을 표현하는 방법과 행동하는 방법, 사고하는 방식, 문제 해결 방식을 의미한다. 그러므로 문화는 한 사회집단의 생활양식, 즉 인간이 만든 총체적 환경이라고 정의할 수 있다(Geertz, 1995; Levinson & Ember, 1996). 최근 들어 국내의 고등학교 사회문화 교과서에서 일반적으로 수용되는 문화에 대한 정의는 Geertz(1995)가 내린 "한 사회집단의 생활양식"으로 통용되고 있다.

또한 문화는 인류학자와 사회학자들이 다양한 방법으로 정의를 내린 복합적인 개념이다. 문화에 대한 정의를 좀 더 거슬러 올라가서 살펴보면 1950년대 후반 이전에는 행동과 풍습의 양식을 의미하는 용어였다. 이를테면 Tylor(1871)는 문화를 "지식, 신앙, 예술, 도덕, 법률, 관습 등 인간이 사회의 구성원으로서 획득한 능력 또는 습관의 총체"라고 정의했다. 이 정의는 습관이나 행동보다 공유된 지식과 신념 체계 혹은 상징이나 의미에 초점을 맞춘 최근의 문화 정의와 대조된다.

이후 다양한 학자들에 의해 문화는 새롭게 정의되었다. 한편으로는 문화가 생물학적 특성과 달리 사람이 반드시 배워야 하는 것으로, 가장 일반적인 의미에서 습득된 지식의 결과물로 구성되어 있다. 이러한 정의에 의해 문화는 단순히 사물, 인간, 행동, 감정 같은 구체적인 현상이 아니라는 것을 유념해야 한다. 문화는 오히려 이러한 것들의 조직체이다. 다시 말해 사람들의 내면에 정착되어 인식하고 관계를 짓거나 해석하기 위한 모델의 형태로 존재한다. 사람들의 말과 행동, 사회적 배치와 사건은 사회제도적 환경을 지각하고 다루기 위해 문화를 적용한다는 점에서 문화의 생산품 혹은 부산물이다(Goodenough, 1957). 뿐만 아니라 문화는 역사적으로 전달된 상징에 의해 채택된 의미의 형태, 사람들의 소통과 교류의 도구로 쓰인 상징의 형태 안에 표현되어 계승된 개념, 영속되고 발전된 그들의 삶에 대한 지식과 태도이며(Geertz, 1973), 사람들이 경험을 해석하거나 사회적 행동을 하기 위해 사용한 습득된 지식이기도 하다(Spradley & McCurdy, 1975).

Triandis(1975)는 문화에 대해 주관적 문화와 물질적 · 구체적 문화를 구분한다. 주관적 문화는 한 문화적 집단이 고정관념, 역할인식, 규범, 태도, 가치, 이상, 사건과 행동의 지각된 관계를 포함하여 그들의 환경을 인지하는 방법 또는 세계관이라고 한다. 또한 물질적 문화 및 구체적 문화에 대해서는 문화가 만들어낸 사물과 인공적으로 만들어진 것을 문화라고 한다.

Goodenough(1976)의 경우, 문화는 그 사회구성원들에게서 기인한 생각, 신념, 행동원리, 조직의 원칙으로 이루어져 있다. 다시 말해 문화는 행동을 지배하고 지역사회구성원이 공유하는 모든 지식과 원칙을 말한다. 그리고 문화는 사회구성원의 지식으로 구성되어 있으며, 이러한 지식은 사람들이 참여하는 다양한 사회적 상황에서 어떻게 행동해야 하는지를 안내한다(Spindler, 1982). 한편 LeVine(1986)에 따르면, 문화는 "공동사회 안에서 지식, 도덕, 미(aesthetic)의 판단에서 널리 사용되는 기준과 의사소통의 도구들을 포함하는 공유된 생각의 조직"이다.

이와 같이 문화는 학자들에 따라 자신의 학문적 입장에 의거하여 다양한 정의를 갖고 있다. 그렇지만 공통적인 것은 문화는 인간과 인간을 둘러싼 환경을 포함한다는 점이다. 즉 문화의 주체, 문화를 창조하고 향유하는 주체가 인간이고 이 인간을 둘러싼 사회문화적 맥락 속에서의 특정한 생활양식의 총체를 문화라고 한다는 점이다. 이렇게 보면 문화는 우리가 늘 생각했던 우아함이나 미학적이거나 교양적인 측면을 넘어서 인간 삶과 직접 결부되는 인류학적 측면의 정의가 타당한 것으로 볼 수 있다.

2) 문화의 기능과 요소

앞 절에서 우리는 문화에 대해 어떤 특정 사회, 즉 사회적으로 상호작용하는 사람들에 의해 구성된 한 집단의 공유된 삶의 방법으로 규정했다. 이렇게 최근에는 문화에 관한 정의가 공유된 지식, 신앙 체계, 상징 그리고 의미 같은 것들로 바뀌게 되었다.

문화는 눈에 보이는 요소들, 즉 사람들이 만든 인공물, 그들이 먹는 음식, 그들이 입는 의복, 그들이 말하는 언어 등과 눈에 보이지 않는 요소들, 이를테면 가치, 태도, 행동규범, 구성원에게 적용되는 사회적 역할 같은 것들로 이루어진다. 우리는 눈에 보이는 요소들을 물질문화라고 하며, 눈에 보이지 않는 요소들을 비물질문화로 분류하기도 한다. 문화는 마치 물 위에 나와 있는 빙산과 같이 눈에 보이는 요소들이 10%이고 나머지 90%가 눈에 보이지 않는 요소로 나타나는 경향이 있다. 문화는 사회화와 문화화 과정을 통해 세대에서 세대로 전승되며, 구성원이 그것의 사용을 지속적으로 허용하는 만큼 오래 존재한다. 그러나 이제 우리 사회에는 접두사 '다(multi-)'를 포함하지 않은 문화라는 용어를 들어보기 어렵게 되었다(Johnson & Johnson, 2002).

문화의 기능 중에서 문화를 통해 타자를 이해하는 인식을 넓히는 측면이 있다. 이는 물론 문화가 학습된다는 것을 전제해야 한다. 즉 문화는 사람들이 학습을 함으로써 전달되며, 개인의 행동과 경험, 사건을 인식하는 데 지침을 주는 복잡한 정보의 망이다. 인간은 문화의 학습을 통해 다른 환경 속의 사람과 세상에 대한 폭넓은 가설을 배운다. 그리고 이러한 가설의 시각을 통해 새로운 사건과 새로운 사람들을 인식한다(Hansen, 1979). 문화는 사람들 사이에서 세상을 설명하고 사회적으로 행동하기 위해 사용해 온 지식을 포함(Spradley & McCurdy, 1994)하기 때문이다. 문화는 지각 안에서 공유되는 믿음과 상징으로 구성되어 있다. 그것은 가치이자 상징이고 인간에 대한 해석이다. 문화는 집단 구성원의 삶의 방식이자, 그들이 자신의 경험을 인식하는 방식이다. 문화를 학습한다는 것은 공동체 안에서 예측되고 이해될 수 있는 방식으로 인식하고, 판단하고, 행동하는 방법을 배운다는 것을 뜻한다.

모든 사람은 문화를 학습할 수 있는 능력을 지닌다. 모든 부모는 자녀에게 의도적이건 무의도적이건 문화를 가르친다. 많은 문화적 지식은 언어를 통해 암호화되고 기록되어 젊은이에게 전승된다. 또한 문화는 사회의 조직과 기관을 통해 익혀지고 전해진다. 즉, 문화는 개별적인 것이 아니다. 개인은 문화를 독특하게 경험하고 전승하지만, 문화 그 자체는 개인의 경험을 초월한다. 개인은 문화 안에서 '적절한' 사회적 행동에 대한 상호적이고 학습된 시각을 공유한다. 또한 문화는 우리가 행동하는 것, 생각하는 것을 형성하고, 복잡하며 다층적이다(Campbell, 2010). 그러므로 문화는 다양한 문화, 즉 다문화와 다문화교육을 이해하는 데 중심이 되는 복합적인 개념이다. 문화는 학습된 행동과 태도를 포함하고 있으며, 매우 다양한 행동과 가치는 문화 속에 그리고 그 사이에 존재하기 때문이다.

Nussbaum(1997)은 문화에 대해 이렇게 말한다. 인간의 삶의 많은 한계 가운데서 인간으로 살아갈 수 있는 존재로 만들기 위한 지적인 시도가 바로 문화다. 문화를 통해, 문화라는 테두리에서 우리 모두는 우리가 참여하고 동일시하는 복잡한 인간관계의 맥락 속에서 행동양식, 신념, 언어 그리고 세계를 이해하는 방법을 배운다(Grant & Sleeter, 2011).

20세기 초반까지 '문화(culture)'라는 용어는 엘리트와 권력자의 세련된 행동 방식을 일컬었다. 사람들은 역사 · 문화 · 예술에 대해 알고 있는 사람들이 문화를 소유했다고 생각했다. 이제는 문화를 그렇게 제한된 의미로 여기지 않는다. 문화는 우리가 누구인지를 설명하는 데 도움을 주고, 지식 · 신념 · 가치에 영향을 주며, 생각하고 느끼고 행동하는 방식에 영향을 주는 청사진을 제공한다. 다른 사람에 대해 배우고 그들과 상호작용하는 자연스러운 방식은 우리의 문화에 의해 결정된다. 일반적으로 수용적이고 유형화된 행동 방식은 인간집단이 함께 사는 데 필요한데, 문화는 우리의 경험에 질서와 의미를 부여하며, 타자가 특정 환경에서 어떻게 행동할 것인지를 예측하게 한다(Gollnick & Chinn, 2009).

대부분의 사회과학자들에 의해 형성된 문화의 개념은 국가 문화 내에 존재하거나 국가 문화 내 하위문화 속에서 존재하는 변인은 고려하지 않는다. 그러나 다문화교육에 대한 논의에서는 국가 문화 내의 변인들을 반드시 설명해야 한다. 왜냐하면 다문화교육은 한 국가 문화 내의 다양한 집단을 위한 교육 기회의 평등에 중점을 두고 있기 때문이다. 두 가지 상호 연계된 개념이 우리가 국가 문화 내에 존재하는 문화적 변인을 이해하는 데 도움이 될 것이다. 우리는 국민국가(nation-state)의 국가 문화 혹은 공유된 문화를 큰 문화, 즉 거시문화(macroculture)라 칭할 수 있을 것이다. 그리고 그것을 구성하는 보다 작은 문화를 미시문화(microculture)라 칭할 수 있다. 모든 국민국가는 미시문화들이 공유하는 보편적인 가치, 상징, 사상을 지닌다. 그러나 국가 내 다양한 미시문화 집단들은 이러한 지배적인 국가적 가치관과 이상을 상이하게 전달하고, 해석하고 재해석하며, 인식하고 경험할 수 있을 것이다. 국가적·보편적 이상, 상징, 가치관은 다양한 민족국가에 적용되어 기술될 수 있다(Banks, 2008).

문화적으로 결정된 규범은 우리의 언어·행동·감정·사고에 영향을 준다. 그 규범은 우리의 문화 안에서 적절한 행동의 준수사항과 금지사항이다. 우리는 같은 문화를 공유하는 사람들과는 그들의 말과 행동의 의미를 알기 때문에 편안함을 느끼지만, 다른 문화권에서 온 사람들의 문화적 상징에 대해서는 간혹 오해를 한다. 문화는 우리의 일부이기 때문에 우리는 모든 사람이 우리의 사고 및 행동 방식을 공유하지 않는다는 것을 알지 못한다. 이것은 어느 정도는 우리가 우리 자신과 다른 문화적 배경에 놓여 있지 않았기 때문이다. 이런 지식의 결핍 때문에 가끔 우리는 단순한 문화 차이를 개인에 대한 모욕으로 받아들인다. 또한 문화는 우리가 생각하고, 느끼고, 행동하는 방식을 결정하는 것을 돕기 때문에 우리가 이 세상을 판단하는 렌즈가 된다. 따라서 문화는 생각하고, 느끼고, 행동하는 다른 방식에 무의식적인 장애물이 될 수 있다(Gollnick & Chinn, 2009).

문화적 양식과 문화적 차이점을 이해하는 것은 교사가 학생의 행동, 학생의 동기를 유발하는 것, 학교 안에서 갈등을 해결하는 데 도움을 준다. 따라서 올바른 교육은 문화적 다원주의를 위해 학생들을 준비시키는 데 중요한 역할을 한다(Campbell, 2010). 뿐만 아니라 문화적 인식을 발달시킬 수 있는 방법 중 하나는 다른 문화권에서 온 사람이 우리를 어떻게 이해하는지 혹은 오해하는지 살펴보는 것이다(Bennett, 2007). 문화는 끊임없이 변동하기 때문에 문화집단에 관련한 모든 일반화에 대해 주의를 기울일 필요가 있다. 대부분의 일반화는 특정한 구성원에게만 해당하고, 대다수가 과장되어 있다. 중요한 것은 문화에 대해 일반화하지 말아야 하며, 관찰하고 듣고 학습해야 한다. 우리는 문화에 대한 이상과 현실 사이의 차이점에 대해 알 필요가 있다. 그리고 교실 안에서 상호 간의 존중을 발전시켜야 한다(Campbell, 2010). 다양한 문화가 존재한다는 것을 인식하고, 다름과 타자에 대한 이해가 필요하다.

Hall(1972)의 이론은 문화에 대한 고정관념을 피하고, 구체화되고 고정적인 문화에 대항하면서 행동을 관찰하고 문화를 이해하는 틀로서 이용되기도 한다. Hall은 고맥락문화(high-context cultures)와 저맥락문화(low-context cultures)를 구별하기 위해 사회문화적 견고함의 연속선을 가정한다. 구체적인 문화들은 연속선 중 어디에 위치하고 있는가에 따라 설명될 수 있다. Hall은 개인 간의 의사소통 스타일을 기초적인 문화적 차이점과 공통점을 명확하게 하는 열쇠로 보았다.

이론적으로 고맥락문화와 저맥락문화는 시간과 장소에 따른 적응, 이유, 언어적 메시지, 사회적 역할, 대인관계 그리고 사회조직 내에서의 법과 권위에 따라 다르다. 고맥락문화는 인간적이고, 저맥락문화는 기계적이라는 식의 해석은 너무 단순하다. 고맥락문화의 구성원은 자연과 사회 네트워크의 부분인 다른 사람들과 조화롭게 사는 경향이 있다. 저맥락문화의 사람들은 그들의 개인적인 노력이나 성취에 의해 개인의 특성을 계발시키는 반면, 고맥락문화의 사람들은 그들의 특성을 집단 교류를 통해 얻는 경향이 있다. 문화는 피부색이나 인종과 관련된 신체적 특징으로는 명확히 구분될 수 없다. 문화 차이와 인종 차이가 상관관계를 맺고 있다는 사실은 인종과 관련된 신화와 고정관념을 갖게 한다(Bennett, 2007). 이를 바탕으로 문화는 다각도의 관점을 가지고 접근하여 이해해야 하는 개념이다.

3) 문화의 특성과 구성요소

모든 사회의 문화에는 인간의 생리적 구조와 사고 능력의 유사성으로 인해 공통적인 양상이 나타나기도 한다. 특히 삶을 유지하기 위해서는 음식을 만들고 이를 섭취해야 하는데, 이와 같은 현상은 어느 지역에나 존재한다. 이처럼 시공간을 막론하고 인간사회 어디서나 볼 수 있는 공통의 속성을 문화의 '보편성'이라고 한다.

또한 문화는 주어진 자연환경의 영향으로 다양하게 나타난다. 예를 들어 한국, 중국, 일본은 지리적으로 근접해 있음에도 불구하고 각자 독특한 음식문화를 형성해 오고 있다. 이러한 현상이 나타나는 이유는 한국, 중국, 일본이 각기 다른 자연환경과 역사·사회적 상황에 적응하면서 나름의 생활양식을 개발해 왔기 때문이다. 이처럼 각 사회는 독특한 생활양식을 선택함으로써 독자적인 문화를 갖게 되는데, 이를 문화의 '특수성'이라고 한다. 이러한 특수성으로 인해 문화 다양성이 발생한다.

모든 문화는 보편적인 요소와 특수한 요소가 있을 수 있다. 따라서 그중 어느 하나를 무시하고는 올바르게 문화를 평가할 수 없다. 두 가지 요소를 모두 존중하는 방법을 찾는 것이 바람직하다. 특히 문화의 특수성을 무시하지 않기 위해서는 특정 기준을 적용하여 다른 문화를 평가하는 것을 삼가야 하며, 그 문화가 형성된 사회적 맥락을 이해하고 이를 존중할 수 있는 자세를 가져야 한다.

문화에는 그 문화만이 가지고 있는 특수성이 존재함에도 불구하고 문화에는 몇 가지 공통적인 속성이 존재한다. 문화는 공유성, 학습성, 축적성, 변동성 그리고 총체성이라는 속성을 가지고 있다. 이를 구체적으로 살펴보면 다음과 같다(김영순 외, 2012).

첫째, 문화는 한 사회의 구성원에게 공유되는 특성을 갖는다. 대표적인 사례가 바로 언어의 사용이다. 한국 사람들은 한국어로 의사소통을 하고 감정과 정서를 공유하며 서로의 관계를 유지한다. 이러한 문화의 '공유성'은 주위 사람들의 행동을 예측 가능하게 하여 사회를 유지하는 데 중요한 역할을 한다.

둘째, 문화는 유전적으로 물려받은 것이 아니라 사회화 과정을 거치면서 후천적으로 획득되는 특성이 있다. 이를 문화의 '학습성'이라고 하는데, 태어날 때는 언어생활을 하지 못하다가 성장 과정에서 부모와 또래 집단과의 접촉, 학교생활을 통해 말과 글을 배우게 되는 예가 여기에 해당한다. Barrett(1984)에 따르면, 문화는 모든 인간사회의 구성원 간에 공유되는 학습된 믿음, 전통, 행동 지침의 총체다.

셋째, 한 세대에서 만들어진 문화는 다음 세대로 계승·전달되어 축적되는 경향이 있다. 이를 문화의 '축적성'이라 한다. 예를 들어, 세종대왕의 한글 창제 이후 한글은 지금까지 한국어로 축적되어 사용되고 있으며, 심지어 컴퓨터의 아래한글 프로그램으로 발달했다. 이와 같이 전승된 문화는 시대 환경에 적합한 방식으로 수정·보완되면서 축적되어 전통의 형태로 나타나기도 한다.

넷째, 문화는 새로운 기술이나 지식의 축적 혹은 다른 문화와의 접촉에 의해 새로운 특성이 추가되거나 기존의 특성이 소멸되기도 하는 '변동성'을 갖는다. 어떤 사람에 의해 발견된 새로운 지식이 사회생활에 효과적으로 이용될 수 있다는 것이 밝혀지면 이것은 사회의 다른 구성원에 의해 학습되고 전체 사회에 확산된다. 인터넷 발달 이전에는 편지로 멀리 떨어진 친구와 소통했다면 지금은 전자우편, 메신저, 트위터, 페이스북 등의 매체를 통해 소통한다. 그러나 기성세대와 디지털 세대와의 정보 격차로 인해 소통의 어려움을 겪기도 한다.

다섯째, 문화의 각 부분은 따로 떨어져 존재하는 것이 아니라, 다양한 요소의 유기적인 상호작용으로 이루어진다. 이를 문화의 '총체성'이라고 하는데, 이를테면 과학기술의 발달이 공업화를, 공업화가 도시화 현상을, 도시화 현상이 가족 형태의 변화를 불러일으킨 것은 문화의 이런 속성을 잘 보여준다. 그리고 이러한 변화는 문화의 다른 부분들과 상호작용하는 과정에서 연쇄적인 변동을 유발한다.

이런 속성을 지닌 문화는 기술, 언어, 상징, 예술, 가치, 규범 등의 다양한 요소로 구성된다. 이들에 대해 각각 살펴보면 다음과 같다.

기술은 인간이 자연과 관계를 맺고 이용하는 방식 및 그 결과물을 총칭한다. 그렇지만 보다 넓은 의미로 인간의 욕구나 욕망에 적합하도록 주어진 대상을 변화시키는 모든 인간적 행위를 말한다. 따라서 기술은 새로운 문화를 창조하기 위한 발명의 영역에서 중요한 위상을 차지한다.

언어는 생각이나 느낌을 나타내거나 전달하기 위해 사용하는 음성 · 문자 · 몸짓 등과 같은 수단 또는 그 사회의 관습적 체계를 말한다. 언어는 인류를 다른 동물과 구별해주는 특징의 하나다. 지구 상의 모든 인류는 언어를 가지지 않은 경우가 없으나 아무리 고등한 유인원(類人猿)일지라도 인류와 같은 언어를 가지고 있지는 않다. 따라서 인간은 다른 동물이 가지고 있지 않은 언어 습득 능력을 선천적으로 가지고 태어난다고 할 수 있다. 그러므로 언어는 문화를 기록하거나 후세에 전수하는 데 결정적인 역할을 한다.

상징은 사물이나 의미를 나타내는 매개적 작용을 하는 것을 통틀어 이르는 말로, '심벌(symbol)'이라고도 한다. 거리의 네온사인은 어둠 속에서 휘황찬란하게 빛나는 빛으로 존재할 뿐만 아니라, 일정한 사물이나 의미를 나타내는 역할을 한다. 상징은 그것을 매개로 하여 다른 것을 알게 하는 작용을 가진 것으로서, 인간에게만 부여된 고도의 정신작용의 하나라고 할 수 있다. 그러므로 상징은 문화를 구성하고 매개하는 역할을 하게 된다.

예술은 원래 생활상의 목적을 효과적으로 달성하기 위해 어떤 재료를 가공 · 형성하여 객관적인 성과물이나 물건을 만들어내는 능력 또는 활동으로서의 기술을 총칭하는 용어였다. 아리스토텔레스(Aristoteles)는 넓은 의미에서 기술을 둘로 나누었다. 하나는 생활상 필요에 의한 기술, 다른 하나는 기분전환과 쾌락을 위한 기술이라고 했다. 전자는 실용적인 여러 기술을, 후자는 이른바 예술을 가리키는 것이다. 그러나 현대적 의미의 한정된 예술 개념은 18세기에 들어와서야 비로소 부각된 것이고, 예술을 일반적인 기술과 구별하기 위해 특별히 '미적 기술(fine art)'이라는 표현이 쓰이게 되었다. 따라서 예술 활동을 통해 문화가 창조된다고 할 수 있다.

가치는 옳고 그름, 좋고 나쁨 등에 대한 판단과 태도, 신념 등을 말한다. 구체적으로 인간의 육체적인 활동 및 인간의 정신적 활동에 만족을 주는 가치가 있다. 논리적 가치와 도덕적 가치, 미적 가치, 종교적 가치 등이 그 예다. 이러한 가치들은 모두 문화의 모든 영역에 내재될 수 있다.

규범이란 인간이 사회생활을 하는 데 있어 구속되고 준거하도록 강요되는 일정한 행동 양식을 말한다. 규범은 단순히 강제적인 구속만을 의미하는 것은 아니다. 이를 따름으로써 사회생활이 순탄하게 이루어지는 측면도 있다. 일반적으로 규범은 사회적 규범으로서 존재하며, 이를 어길 시에는 사회적인 제재가 따르기도 하는 특성이 있다. 이처럼 규범은 한 개인의 사회화 과정에서 중요한 역할을 한다.

이와 같이 기술, 언어, 상징, 예술, 가치, 규범 등의 요소는 문화를 구성하고, 이들은 서로 간에 긴밀한 영향을 주고받는다. 따라서 문화가 발전하기 위해서는 이 요소들이 균형을 이루어야 한다. 만약 이 요소들의 불균형이 심하다면 안정적이고 지속적인 문화 발전을 기대할 수 없게 된다(김영순 외, 2012).

2. 문화 다양성

1) 문화 다양성의 담론

앞서 문화는 보편성과 특수성을 갖는다고 했다. 이 특수성으로 인해 문화 다양성이 발생한다. 미국의 경우, 1960년대의 교육자들은 가난한 학생이나 유색인종 학생들에게 '문화적으로 혜택을 받지 못한' 또는 '문화적 혜택이 결핍된(culturally deficient)'이라는 용어를 사용했다. 1970년대에는 '도심 속 빈민가'나 '문화적으로 다른'이라는 용어를, 1980년대에는 '도시 학생', 1990년대에는 '문화적으로 다양한'이나 '위기에 처한(at-risk)' 학생들이라는 용어를 사용했다. 2000년대에 이르자 교육자들은 '위기에 처한'이라는 용어를 '한부모가정' 같은 용어와 함께 계속 사용하고 있다. '문화적으로 다양한' 것이 '문화적 혜택이 결핍된' 것보다 좋게 들릴지는 모르지만, 이와 상관없이 교육자들은 동일한 학생을 일컫는 용어로 사용했다. 단지 용어만 달라졌다(Grant & Sleeter, 2011).

문화적 다양성이라는 관점의 기저에 놓여있는 주요 생각은 문화적 연속성이다. 인류학자들은 하나의 문화와 또 다른 문화 간에 비연속성이 존재할 때, 이 두 문화 사이에서 신속하게 전환을 실행해야 하는 개인은 매우 혼란스러울 수 있다고 논의한다(Sleeter & Grant, 2009). 다양한 문화적 내용의 학습에 대한 중요한 연구는 아동과 성인의 자연적인 상호작용 과정에서 발생하는 지적 발달을 주장하는 신비고츠키이론(neo-Vygotskian theory)에 기반을 두고 있다. 아동은 자신의 발달수준인 '근접발달영역(zone of proximal development)' 내에서 새로운 내용을 배우는 것에 도움을 받을 수 있다. 효과적인 학습은 아동과 성인이 문화적인 가치와 양식을 나누는 것과 효과적인 의사소통을 필요로 한다(Trueba, 1988). 의사소통과 인지적 양식은 문화 차이에 관한 연구의 중요한 두 영역이다(Sleeter & Grant, 2009).

다양성은 피할 수 없는 것이며, 보편적이고 증가하는 특성을 갖는다. 우리는 다양한 존재들과 학교, 직장 그리고 사회에서 상호 교류하는 것을 피할 수 없다. 한편 다양성은 잠재적인 위험성을 가지고 있다. 그것은 긍정적인 결과를 초래할 수도 있고 부정적인 결과를 초래할 수도 있다. 다양성은 생산성, 창의적인 문제 해결, 긍정적인 관계, 그리고 다양한 문화와 인종적 배경에서 온 개인과 함께 교류하는 데서 오는 보편적인 복잡화를 증가시킬 수 있다. 또한 생산성을 낮출 수 있고, 새로운 정보와 자기중심의 거부로 마음의 문을 닫아 버리게 할 수도 있으며, 적대행위, 고정관념, 편견 같은 부정적인 관계를 형성할 수도 있다. 다원적 공존의 위험이나 약속은 상황의 구조나 개인이 가지고 있는 능력에 따라 실현될 수도 있다(Johnson & Johnson, 2002).

우리는 레비스트로스(Lévi-Strauss)의 『슬픈 열대(Tristes tropiques)』에 나타난 다문화주의적 사상을 생각해볼 필요가 있다. 이 책에서 레비스트로스는 원주민 사회를 파괴하는 서구 문명의 침략성에 대해 분노를 나타내고 있으며, 자신이 이제는 사실상 사라져버린 것을 탐구할 수밖에 없는 현실을 비통해한다. 서양 문명이 황폐화시켜 버린 열대를 조사하는 인류학자의 비애가 '슬픈 열대'라는 제목을 낳은 셈이다. 그가 비애감을 느낀 것은 서양의 선교사, 농장주, 식민주의자, 정부 관리들이 나름의

균형과 조화를 유지하고 있던 열대 원주민 사회에 침투해 들어와 그들의 정신세계를 상업주의로 황폐화시켰기 때문이다. 나아가 그는 서양인이 문명인임을 자처하며 자신들과 다른 삶의 방식을 지녀온 이들을 멋대로 야만이라거나 비합리적이라고 낙인찍는 오만에 대해서도 비애감을 느낀다. 나무뿌리나 거미 또는 유충들을 먹기도 하고, 벌거벗은 채로 생활하는 부족이라 할지라도 오히려 현대 서구사회보다 훨씬 합리적으로, 그리고 만족스럽게 사회의 복잡한 문제들을 해결하기도 한다. 레비스트로스는 문화적 다양성을 인정하지 않으려는 편협성, 서구인이 행동하는 것처럼 행동하지 않으려는 사회를 야만적이라고 경멸하는 태도, 이런 것은 모두 서구사회 자체가 부족적인 편견 또는 민족적인 우월감에 사로잡혀 있음을 보여준다고 지적한다.

위의 이야기는 우리 사회가 지금 우리와 다른 타자에 대해 어떻게 대하고 있는지를 시사하고 있다. 레비스트로스의 문명적 서양인이 지금 우리의 모습은 아닌지 성찰해볼 만하다.

2) 문화 다양성 협약

2001년 11월 2일에 발표된 「세계 문화 다양성 선언」의 제5조는 문화 다양성을 위한 바람직한 환경을 마련하는 데 있어서 문화적 권리가 얼마나 중요한 것인지 강조하고 있다. 그 일부를 인용하면 다음과 같다. "문화적 권리는 보편적이고 분리할 수 없으며, 상호 의존적인 인권의 절대 구성요소다. 창조적인 다양성을 존중하는 것은 경제적·사회적·문화적 권리에 대한 국제규약의 13조와 15조, 그리고 세계인권선언 27조에 명시된 문화적 권리의 전적인 실천을 요구한다. 모든 이는 자신이 선택한 언어로, 특히 모국어로 자신의 작품을 창조하고 보급할 자유를 누릴 수 있어야 하고, 문화 다양성을 전적으로 존중하는 양질의 교육과 훈련을 받을 권리가 있으며, 인권과 기본자유를 보장받으면서 자신의 선택하에 문화적 생활에 참여하고 문화적 활동을 영위할 수 있어야 한다."

문화 다양성에 관한 논의는 오랜 기간 계속되면서 문화 다양성 보호를 위한 국제문화정책네트워크(INCP)의 창설로부터 2005년 10월 20일 유네스코 총회의 「문화적 표현의 다양성 보호와 증진 협약」의 채택에 이르기까지 상당한 진전을 보여 왔다. 그러나 문화 다양성에 관한 논의의 진전을 치하하는 것으로 이 문제에 대한 결론을 대신해서는 안 될 것이다. 문화 다양성이 존중되어야 한다는 것을 많은 국가가 받아들여야 하는 새로운 패러다임으로 명문화해야 할 것이다(Rudder, 2006).

문화 다양성은 사람들에게 보편적으로 제공되는 폭넓은 선택의 범위를 드러내는 것으로서 저개발국들이 이용할 수 있는 가치 있는 자산이다. 그러므로 자기 고유의 문화뿐만 아니라, 다른 문화를 접할 수 있는 권리는 문화 다양성을 받아들이는 데 있어서 필수적이다. 문화는 정적인 것이 아니다. 우리에게 필요한 것은 문화 다양성을 존중하는 아이디어의 자유로운 흐름이지 세계화의 얼굴로 표현되는 패권주의적 아이디어의 주입이 아니다(Rudder, 2006).

문화들은 끊임없이 진화하지만 각각의 고유한 정신적 · 물질적 · 지적 · 감정적 특징들의 결합을 통해 그 정체성을 유지한다. 이 특징들은 유형적 · 무형적으로 각 문화를 표출하며, 그 다원성 때문에 다양성이 문화를 정의하는 요소가 될 수 있다. 즉, 문화 다양성은 유형적 · 무형적인 문화적 표현에서 발현된다. 문화권의 보호와 문화적 자유를 위한 환경 조성을 위해 문화 다양성을 뒷받침하는 원칙들을 깊이 이해하고 문화 다양성의 보호 및 증진을 위한 협력방식을 제대로 알 필요가 있다.

문화 다양성, 예술, 문화유산은 '문화적 시민권'의 표현형이다. 이러한 시민권의 개념은 다양성, 다원주의, 문화권, 문화적 자유 등 지금껏 논의한 다른 개념들과 면밀하게 연계되어 있다. 그러므로 문화적 자유가 예술과 문화유산을 통해 표현되면 사회적 · 경제적으로 이로운 효과가 있게 된다(Engelhardt, 2006).

문화 다양성 및 문화 다양성 보전은 역사적 사실이자 하나의 목표로서 중요성을 지닌다. 문화 다양성 협약(2005년 10월 20일 제33차 유네스코총회에서 채택) 전문(前文) 가운데 다음 구절들은 특히 문화 다양성을 언급하고 있다.

① 문화 다양성은 인류 공동의 유산이며, 모든 이들의 이익을 위해 소중하게 보존되어야 한다는 점을 깨닫고,

② 민주주의, 관용, 사회 정의, 그리고 사람과 문화 간의 상호 존중의 틀 안에서 번성하는 문화 다양성이 지방, 국가, 국제적 차원에서 평화와 안전을 위해 필수불가결하다는 점을 상기하며,

③ 정체성, 가치, 의미를 전달하는 문화 활동, 상품 및 서비스는 경제적 속성과 문화적 속성을 함께 지니며, 그러므로 단순한 상업적 가치로 취급되지 않아야 함을 확인한다.

한편, 협약 본문의 '협약의 목표와 지도원' 부분에서는 다음과 같은 내용들이 있다.

① 발전의 경제적·문화적 측면에서의 상호 보완성 원리: 문화는 발전의 원천이므로 발전의 문화적 측면은 경제적 측면만큼 중요하며, 개인과 국민은 이에 참여하고 향유할 수 있는 기본적 권리를 갖는다.

② 지속 가능한 발전 원리: 문화 다양성은 개인과 사회의 풍요한 자산이다. 문화 다양성의 보호, 증진, 유지는 현재와 미래 세대의 복지를 위한 지속 가능한 발전의 필수 요소다.

뿐만 아니라 문화 다양성 협약은 주요 개념을 명확하게 규정하고 있는데, 그중 제4조를 살펴보면 다음과 같다.

① '보호'란 문화적 표현의 다양성을 보존, 보호, 진흥하기 위한 목적으로 한 조치들의 채택을 의미한다.

② '문화 다양성'은 집단과 사회의 문화가 표현되는 다양한 방식을 말한다. 이러한 표현들은 집단 및 사회의 내부 또는 집단 및 사회 상호 간에 전해진다. 문

화 다양성은 여러 가지 문화적 표현을 통해 인류의 문화유산을 표현하고, 풍요롭게 하며, 전달하는 데 사용되는 다양한 방식뿐 아니라, 그 방법과 기술이 무엇이든지 간에 문화적 표현의 다양한 형태의 예술적 창조, 생산, 보급, 배포 및 향유를 통해서도 명확하게 나타난다.

③ '문화적 표현'이란 문화 콘텐츠를 지닌 개인, 집단, 사회의 창의적 활동의 결과물이다. '문화 콘텐츠'는 문화적 정체성에서 비롯되거나 이를 표현하는 상징적 의미, 예술적 영역, 그리고 문화적 가치를 말한다.

문화 다양성 협약은 개인에게 '문화권(cultural rights)'을 부여하는 문제보다는 당사국이 국가적·국제적 차원에서 문화 다양성 정책을 채택하고 이를 이행하도록 하는 데 초점을 맞추고 있다. 문화권은 보편적이고 분리할 수 없으며 상호 의존적인 인권의 핵심요소다. 창조적 다양성의 번성은 '세계인권선언' 제27조와 경제·사회·문화적 권리에 관한 국제규약의 제13조[1] 및 제15조에 명시된 문화권의 전적인 실천을 요구한다. 모든 이는 자신이 선택한 언어로 자신의 작품을 창조하고 배포할 자유를 누릴 수 있어야 하고, 문화 다양성을 전적으로 존중할 수 있도록 하는 양질의 교육과 훈련을 받아야 한다. 또한 인권과 기본적 자유를 존중하면서 자신이 선택한 문화적 생활에 참여하고, 문화적 실천을 행할 수 있어야 한다.

문화 다양성 협약에도 같은 내용이 있는데, '인권 및 기본적 자유에 대한 존중원리'는 다음과 같이 정하고 있다(Carducci, 2006: 116-118).

"문화 다양성은 문화적 표현을 선택하는 개인의 능력뿐만 아니라 인권 및 표현, 정보통신의 자유 등 기본적 자유가 보장될 때 비로소 보호되고 증진될 수 있다. '세계인권선언'에 명시되고 국제법에 의해 보장된 인권과 기본적 자유를 침해하거나 그 범위를 제한할 목적으로 이 협약의 규정을 원용할 수 없다."[2]

---

1) 모든 사람이 교육의 권리를 지닌다는 점을 다루고 있다.
2) 문화 다양성 협약 제2조 제1항

국제인권규약과 별개로, 문화 다양성에 관한 몇몇 구체적인 유네스코 규약을 간단히 살펴보면 다음과 같다. 수년에 걸쳐 유네스코는 문화권과 문화 다양성을 증진시켜 왔다. 이와 관련된 다소 오래된 3개의 유네스코 규약은 국제문화협력에 관한 원칙의 선언(the Declaration of the Principles of International Cultural Co-operation, 1966), 사람들의 자유로운 문화생활 참여와 이에 대한 그들의 기여에 관한 권고안(the Recommendation on Participation by the People at Large in Cultural Life and their Contribution to It, 1976), 인종과 인종 편견에 관한 선언(the Declaration on Race and Racial Prejudice, 1978) 등이다. 이후 추가된 두 개의 규약은 문화 정체성과 연관된 문제를 다루고 있는데, 이들은 세계문화 다양성 선언(the Universal Declaration on Cultural Diversity, 2001)과 문화적 표현의 다양성 보호와 증진 협약(the UNESCO Convention on the Protection and Promotion of Diversity of Cultural Expression, 2005)이다(Donders, 2006).

문화 다양성과 문화 정체성 개념은 문화권을 보다 잘 다듬고 이행하기 위해 기초가 되는 원칙으로서의 역할을 한다. 광범위한 문화 다양성과 문화 정체성 개념을 사용하여 모든 인권의 문화적 영역을 강화하는 반면에 인권 규정은 보다 크게 문화적 관점에서 고려될 수 있을 것이다. 이들 개념의 일반적인 특성은 인권의 다양한 범위를 넘어서는 것이며, 그렇기 때문에 모든 인권의 불가분성, 상호 의존성, 상호 연관성을 나타내고 있는 것이다.

문화 다양성과 문화 정체성의 증진 및 보호를 강화하는 것이 다른 자유와 권리를 제한하는 문화적 관행에 대한 무비판적인 수용을 의미하는 것은 아니다. 그것이 인권의 중심 가치, 즉 인간 존엄성과 충돌하는 문화 관행을 위한 구실이 되어서는 안 된다. 동시에 그러한 관행에 대한 비판적 태도가 전체적인 문화권에 대한 거부로 이어져서도 안 된다. 문화적 인권, 문화 다양성의 기본 가치, 문화 정체성 등은 인류의 존엄성이라는 중요한 부분을 보호하는 데 필수적인 것이다. 많은 공동체와 개인은 문화 정체성의 보호와 별도의 관심을 필요로 하고 있다. 그것은 강제된 동화와 차별에 대한 정책을 종식하고 모든 인권의 불가분성 상호 의존성, 상호 연관성을 강화하기 위한 기초가 되어야 한다(Donders, 2006: 148).

우리는 이번 절에서 문화 다양성이 자기와는 다른 문화가 존재하고 그 문화가 차이가 있을 뿐이지 차별할 것이 아니라는 것에 대해 학습했다. 특히 문화 다양성을 배우는 것이 궁극적으로 왜 필요하고, 왜 배워야 하는지에 대해 살펴보았다. 그렇지만 다양한 삶을 이해하기 위해 어떻게 문화 다양성을 배워야 하는지에 대해서는 언급하지 않았다. 다음 절에서는 문화 리터러시 방법을 통해 문화 다양성을 학습하는 방법에 대해 알아보도록 하자.

3. 문화 리터러시와 민주시민교육

우리나라에서는 문화 리터러시(curtural literacy)를 '문화해독력', '문화해득력', '문해' 등으로 해석하고 있다. 이것을 영어의 글자 그대로 풀면 "문화를 읽을 수 있는 능력"을 말하는 것이다. 미국에서 이 용어는 "공통적 문화기반을 가진 사람들의 문화 커뮤니케이션을 위한 도구어(道具語)의 집합"을 의미한다. 일반적으로 "문화 리터러시 능력이 있다"는 것은 현대사회를 살아가기 위해 필요한 기본적인 문화적 정보를 소유하는 것을 말한다. 여기서 말하는 정보는 좁은 의미에서의 문화를 말하는 것이 아니라 스포츠와 과학을 비롯한 모든 분야를 포괄하는 폭넓은 영역을 말한다. 이것이 지향하는 목적은 넓은 의미에서의 민주시민이라고 할 수 있다. 즉, 문화 리터러시는 국민 상호 간(세대간, 계층 간, 성별 간, 이웃 간 등) 의사소통 실현과 정부와 국민 간의 상시적인 의사소통 실현을 위해 필요한 기본 요건이 되는 것이다.

인간의 커뮤니케이션은 사람들 사이의 공통 지식과 정보에 기초한다. 글을 읽을 줄 아는 것만으로는 진정한 소통은 없다. 그 글이 진정으로 의미하는 바를 이해해야 공통으로 아는 사람, 장소, 언어, 사건, 사상이 축적됨으로써 진정한 소통이 이루어진다. 그렇기 때문에 공통으로 이해하고 인지하는 지식과 정보의 공통분모를 마련하자는 것이 문화 리터러시의 핵심적 내용이다. 따라서 문화 리터러시는 민주

시민을 위한 대중의 문화해독력, 어떤 특정 사물이나 표현양식을 이해하기 위해 습득해야 할 배경지식의 총화를 포괄하는 개념으로 보아야 한다.

리터러시는 문맹을 의미하는 일리터러시(illiteracy)의 반대말이며 인간이 글자를 해독할 수 있는 능력, 즉 기본적인 읽기 교육을 받은 상태를 말한다. 나라에 따라 차이는 있지만 오늘날 많은 나라에서는 국가적으로 의무교육을 실시하고 전반적인 생활수준이 향상됨에 따라 일반대중의 교육수준도 높아졌다. 이에 따라 문자를 읽을 줄 모르는 전통적 의미의 문맹자는 많이 감소했으며 실제로 대부분의 계층이 출판물이나 신문의 글자를 읽을 수 있는 수준이다. 그럼에도 불구하고 수많은 독자 또는 특정분야의 전문지식이나 교양을 쌓은 사람들이 다른 분야에 대해서는 매우 무지한 상태에 있다는 것을 쉽게 발견할 수 있다. 이것은 학문의 세분화·전문화에 따른 폐해이기도 하다. 그래서 많은 사람들이 글을 읽을 수 있지만 매스미디어를 비롯한 다양한 형식의 문화의 의미를 파악할 수 없는 문화맹인인 경우가 많은 것이 현실이다. 이런 현상은 문화와 정보량이 대량으로 유통되고 그 범위가 넓어지며 전문성의 깊이가 깊어질수록 더 심화되고 있다. 이 문제를 극복하기 위해 미국의 연구자들은 표준적인 문화 리터러시를 위한 용어를 선정하는 작업을 시도하기도 했다. 이 작업을 통해 문화 리터러시가 단편적인 지식보다는 사회 전체의 오랜 문화유산을 토대로 문화적 소통을 할 수 있는 민주시민을 양성할 수 있다는 것을 가늠해볼 수 있다.

문화 리터러시는 한 개인이 얼마나 많은 문화적 다양성을 접하고 이를 체화하는가와 관계가 있다. 주로 문화 리터러시를 언급할 때 민주시민교육에서의 구체적인 방법으로 대두된다. 즉 민주시민교육의 중요한 목적이 자유민주주의의 덕목인 비판력을 함양하는 것이라고 했으며, 여기서 말하는 비판력은 바로 문화 리터러시를 통해 길러질 수 있는 능력으로 볼 수 있다.

하버마스(Habermas)에 의하면, 신문과 잡지는 부르주아 헌정 국가 설립시기에 정치권력에 대항하는 보편이념을 대변했다. 그러나 이후 그들의 목표가 달성되고 자본의 집적과 집중으로 인해 매스미디어들은 생존을 위해 상업화될 수밖에 없었다. 이것은 모든 미디어에 파급되어 문화의 형식과 내용면에서의 상품화뿐만 아니라 대화와 토론도 규격화·형식화·상품화시켰다. 이러한 이윤추구의 논리 속에 이루어진 상품화를 통해 대중문화라는 것이 형성되었다. 오늘날 대중은 언로를 봉쇄당한 채 매스미디어의 내용을 수용할 수밖에 없게 되었다. 대중문화가 사회의 기준이 되고, 비판적 토론 대신 소비성향의 대중이 소비자로서의 기호와 선호를 교환하는 대화가 주를 이루게 되었다. 소비문화에 침투당한 공론장이 내부영역을 구성하게 된 것이다. 기존의 비판적 토론은 매스미디어와 소비문화의 홍수 속에 묻힌 문자미디어의 공론장 속에서 비판력과 합리성을 잃어버리게 되고, 대중은 수동적으로 변하게 된다. 하버마스가 분석한 바로 이 지점에서 민주시민교육이 추구해야 할 비판력의 필요성이 더욱 절실해진다.

체계의 대칭영역으로 파악되는 생활세계는 문화, 사회, 인격이라는 구조적 구성요소들로 지탱되는 영역이다. 문화는 의사소통 참여자들로 하여금 어떤 대상물에 대해 이해와 해석을 가능케 하는 지식의 저장물이고, 사회는 집단적 소속감과 유대감을 지켜줄 수 있는 정당한 질서이며, 인격은 언어 및 행위능력을 갖추게 하여 이해과정에 참여할 수 있도록 하고, 자신의 정체성을 주장할 수 있게 한다(Habermas, 1981). 민주시민교육에서 상정하고 있는 시민사회란 바로 하버마스의 생활세계와 같은 것이다. 현대사회는 체계에 의한 생활세계의 식민지화가 이루어진 시대다. 공·사 영역의 분리가 명확했던 과거에는 시장에 사적 이익들 간의 경쟁이 남아 있었다면, 이제 이 영역들의 상호 침투로 특수 이익과 사적 이익 간의 경쟁이 공적 영역에 유입되었다. 대중과 공론장이 분리되고 매스미디어가 대중문화를 선도하게 된 이 시대에 광고가 공론장의 주요 기능을 하게 되었다. 그래서 광고를 비롯한 대중문화를 제대로 읽어낼 수 없다면 오늘날 대중은 민주시민으로서의 역할을 제대로 담당해내지 못한다는 공식이 성립한다.

전통적인 민주시민교육의 방법론으로 인간의식 및 행태의 변화를 가져올 수 있는 성찰된 방법, 즉 상호 교호적 의사소통방법이 있다. 최근에는 특히 매스미디어를 통한 교육방법이 많이 사용되기도 한다. 새로운 민주시민교육 방법으로 소개되고 있는 '메타플랜(Metaplan)'의 경우는 성인과 청소년 등을 대상으로 하는 민주시민교육 과정에서 적용할 수 있는 다양한 교육방법을 지칭하는 용어다. 이것은 "교수자 중심이 아닌 참가자 중심의 교수방법이며, 시각적인 미디어를 적극적으로 활용하여 세미나를 진행하는 교수기법의 한 형태"라고 말할 수 있다. 메타플랜 교육방법에서는 시각화와 참가자 행동의 효율성을 강조한다. 민주시민교육에서의 이러한 최근의 교육 방법론에서 볼 수 있듯이 매스미디어를 비롯한 문화 리터러시는 민주시민교육에서 매우 중요한 위치를 차지하고 있다는 것을 알 수 있다. 그리고 민주시민교육의 주요 목적인 비판력을 키우기 위해서도 문화 리터러시는 필요하다. 그 이유는 문화 리터러시가 개인의 문화 다양성을 파악할 수 있는 도구가 될 수 있기 때문이다.

함께 생각하기

1. 문화의 개념 정의를 통해 문화 다양성이 왜 만들어지는지 알아보도록 하자. 그리고 문화 다양성을 습득하기 위해 어떤 노력이 필요한지를 이야기해보자.

2. 문화를 읽을 수 있는 능력인 '문화 리터러시'가 왜 중요한지에 대해 말해보자.

참고문헌

김영순, 정동일, 박인옥, 박한철, 박서현 (2012). 고등학교 사회. 문화. 교학사.

송창석,(2003). "메타플랜을 이용한 새로운 토론교육 방법에 관한 소고", 한국민주시민교육학회보, 8, 65-84.

Banks, J. A. (2007). Educating Citizens in a Multicultural Society (2nd ed.). 김용신 · 김형기 역(2008). 다문화 시민교육론, 파주: 교육과학사.

_____ (2008). An Introduction to Multicultural Education (4th ed.). 모경환 외 역(2010). 다문화교육 입문, 서울: 아카데미프레스.

Bennett, C. (2007). Comprehensive Multicultural Education: Theory and Practice. 김옥순 외 역(2009). 다문화교육 이론과 실제, 서울: 학지사.

Campbell, D. E. (2010). Choosing Democracy: A Practical Guide to Multicultural Education (4th ed.). 김영순 외 역(2012). 민주주의와 다문화교육: 다문화교육을 위한 실천적 가이드, 파주: 교육과학사.

Carducci, G. (2006). UNESCO Cultural Diversity Convention in the Framework of other UNWSCO Conventions. in International Forum on Cultural Rights and Diversity.

Donders, Y. (2006). Cultural Diversity and Human Rights: Towards a Rights to Cultural Identity? in International Forum on Cultural Rights and Diversity.

Engelhardt, R. (2006). Cultural Liberty and Freedom of Expression: Lessons from Asian Experience. in International Forum on Cultural Rights and Diversity.

Geertz, C. (1973). Interpretation of Culture, New York: Basic Books.

_____(1995). After the fact: Two countries, four decades, one anthropologist. Cambridge, MA: Harvard University Press.

Gollnick, D. & Chinn, P. (2009). Multicultural Education in a Pluralistic Society (8th ed.). 염철현 역(2012). 다문화교육개론, 파주: 한울.

Goodenough, W. H. (1957). Cultural Anthropology and Linguistics, Georgetown University Monograph Series on Language and Linguistics, no.9.

_____(1976). Multiculturalism as the normal human experience. Anthropology & Education Quarterly 7(4), p.4-7.

Grant, C. A. & Sleeter, C. E. (2011). Doing Multicultural Education for Achievement Equity (2nd ed.). 김영순 외 역(2013). 교사를 위한 다문화교육, 성남: 북코리아.

Habermas, J. (1981). The Theory of Communicative Action, Vol. 1-2. Cambridge: Polity.

Hall, E. T. (1972). Proxemics: The Study of Man's Spatial Relations. in Intercultural Communication: A Reader, L. A. Samouar & R. E. Porter (Eds.). p.172-180.

Hansen, J. F. (1979). Sociocultural Perspectives in Human Learning: Foundations of educational anthropplogy. Upper Saddle River, NJ: Princeton Hall.

Johnson, D. W. & Johnson, R. T. (2002). Multicultural Education and Human Relations. 김영순 외 역(2010). 다문화교육과 인간관계, 파주: 교육과학사.

LeVine, R. A. (1986). Properties of Culture: An Ethnographic View. in Culture Theory: Essays on Mind; Self and Emotion (p.67-87), R. A. Sweder & R. A. LeVine (Eds.). Cambridge, England: Cambridge University Press.

Levinson, D. & Ember, M. (1996). (Eds.) Encyclopedia of cultural anthropology (vol.1). New York: Holt.

Lévi-Strauss, C. (1955). Tristes tropiques. 박옥줄 역(1998). 슬픈 열대, 파주: 한길사.

Nussbaum, M. C. (1997). Cultivating humanity, Cambridge, MA: Harvard University Press.

Rudder, P. A. (2006). Cultural Diversity and Cultural Expressions: Why it is necessary to protect diversity. in International Forum on Cultural Rights and Diversity.

Sleeter, C. E. & Grant, C. A. (2009). Making Choices for Multicultural Education: Five Approaches to Race, Class, and Gender (6th ed.). 문승호 외 역(2009). 다문화교육의 탐구: 다섯 가지 방법들, 서울: 아카데미프레스.

Spradley, J. P. & McCurdy, D. W. (1994). Conformity and Conflict: Readings in cultural anthropology (8th ed.). Boston: Little, Brown.

_____(1975). Anthropology: The Cultural Perspective, New York: John Wiley & Sons.

Tylor, E. B. (1871). Primitive Culture. (reprint, New York: Harper Torchbooks, 1958)

Triandis, H. C. (1975). Cultural Training, Cognitive Complexity and Interpersonal Attitudes. in Cross-Cultural Perspectives on Learning, R. W. Brislin, S. Bachner & W. J. Lonner (Eds.). New York: John Wiley & Sons.

Trueba, H. T. (1988). Culturally based explanations of minority students' academic achievement. Anthropology and Education Quarterly 19(3), p.270-287.

2장
다문화사회와 다문화주의

최영은 · 김영순

다문화사회는 사회적 갈등을 내포한다. 그러나 이러한 갈등은 비단 다문화사회뿐만 아니라 과거부터 존재해 왔다. 이 장에서는 빈번한 초국적 이주로 인해 다양성이 더욱 증대하는 사회에서 요구되는 사회통합(social integration)은 무엇인지를 다문화사회의 특성과 다문화주의를 통해 살펴보고자 한다.

1. 다문화사회

1) 다문화사회의 개념

다문화사회를 본질적으로 이해하기 위해서는 우선 문화의 정의를 살펴볼 필요가 있다. 일반적으로 문화란 한 인간집단에서 공유되는 관념 · 상징 · 행동 · 가치관·신념 등과 같은 삶의 총체적 양식을 말한다. 뿐만 아니라 문화는 인간집단이 그들의 생존에 필요한 것을 충족시키기 위해 창조한 상징제도 혹은 사회의 다양한 요소로 정의되기도 한다(한국다문화교육연구학회, 2014: 165).

다문화주의적 관점에서 다문화사회를 이야기할 때는 다양성(diversity)과 차이(difference)를 구분해서 사용할 필요가 있다. 다양성은 일반적으로 서로 다른 여러 가치가 함께 모여 있는 가치중립적인 상태를 의미한다. 그러나 차이는 의미상 다양한 가치 간의 불평등한 관계를 내포하는 개념이다. 어떤 집단이 하나의 사회를 형성하기 위해서는 사람들이 지속적으로 상호작용을 하면서 관계를 유지해 나가거나 동일한 지리학적 공간에서 동일한 정치적 권력 및 지배적인 문화적 유산을 공유해야 한다.

결국 다문화사회는 하나의 공동체라는 제반 조건을 갖추면서 사회구성원 사이에 지배적 주류문화와 다양한 소수문화가 공존할 수밖에 없는 구조를 가지고 있다. 이러한 다양성을 통해 긍정적인 결과도 가져오는 반면, 필연적으로 끊임없는 대립과 마찰이 발생하기도 한다.

어느 사회든 소수문화는 존재한다. 일반적으로 다문화사회(multi-cultural society)에서의 소수문화는 기존의 문화가 아닌 유입된 문화를 칭하는 경우가 많다. 즉, 소수문화는 기존의 사회구성원이 적극적으로 받아들인 문화가 아니라, 이주민의 유입을 통해 기존 구성원의 의사와는 상관없이 기존 사회에 존재하게 된 문화를 말한다. 다문화사회에 대한 논의에서는 인종 또는 민족적 요소를 완전히 배제할 수는 없으며, 이에 대한 대처방안은 사회가 함께 풀어야 할 과제다. 익숙하지 않음에 대한 거부감이나 소위 외국인 혐오라는 '제노포비아(Xenophobia)'는 엄연히 존재하는 현상이며, 이를 극복하지 않고서는 더 나은 미래를 보장하기 어렵기 때문이다.

우리가 다문화사회에 관심을 갖는 궁극적인 이유는 사회의 발전에 있다. 발전은 변화를 의미하며, 변화는 대내외의 지속적 상호작용의 결과다. 대립과 갈등도 사회의 발전을 위해서는 필수불가결한 요소다. 다문화사회에서는 여러 가지 갈등 요소가 상존한다는 것이 상식처럼 받아들여지고 있다. 그러나 일찌감치 다문화사회화를 경험하고 준비해 온 나라들은 다양성을 받아들이면서 그것을 자원으로 삼아 기존의 위기를 극복하면서 긍정적인 발전을 이루어냈다.

서구 여러 나라들이 다문화사회로 진입한 배경은 다양하다. 그러나 이들은 모두 저출산과 고령화의 가속화에 의한 경제활동인구의 감소라는 사회 문제를 경험했다. 이러한 상황에서 산업사회 이후 비대해진 경제의 유지와 확대를 위한 해외 노동인구의 유입은 경직된 경제를 돌파할 출구로 인식하게 되었다. 이와 함께 힘든 노동이나 생산성이 낮은 단순노동의 회피 현상은 상대적으로 저렴한 비용을 요구하는 이주노동자의 유입을 증가하게 했다. 즉, 외국의 값싼 노동인력으로 하여금 사회 기반 확충에 필요한 저임금, 단순 미숙련 업무 등의 당면한 사회경제적 문제를 해결하고자 한 것이다.

사회가 바람직한 방향으로 변화하기 위해서는 개인이나 사회가 모두 관심을 갖고, 지속적이며 진지한 논의를 통해 공동의 문제를 극복할 방안을 탐구하고 실행해야 한다. 미국과 유럽은 1960년대의 인권운동으로 내국인과 소수집단의 권리의식이 고양되었고, 이를 통해 민주주의의 발전이 가능했다(노정욱, 2012). 또한 냉전시대의 종식은 지정학적 안전의 확보와 소수자에 대한 권리 보호 의식이 성숙하도록 하는 데 큰 영향을 주었다. 냉전의 종식은 다양한 소수집단을 억압이나 통제의 대상으로서가 아니라 '또 다른 이웃'으로 인식할 수 있게 했다. 이와 함께 자유민주주의에 대한 지속적인 관심을 공론화하고, 이에 대한 광범위한 합의와 지지를 통해 서구 사회는 본격적인 다문화사회로 진입하게 되었다.

이 장에서는 다문화주의 관점에서 다문화사회를 "다양한 인종 또는 민족이 공존하면서 문화적 다양성이 존재하는 공동체"로 정의한다. 문화적 다양성 내에서는 긍정적 상호작용과 부정적 상호작용이 모두 일어날 수 있다. 그러나 긍정적 발전을 이루어내느냐 퇴보의 길을 걷느냐는 사회의 모든 구성원이 이를 어떻게 인식하고 대응하느냐의 문제로 우리 모두의 공동 책임이라고 본다.

2) 다문화사회화

다문화사회화는 앞서 정의한 다문화사회의 개념 속에서 이해할 수 있다. 즉, 다문화사회화는 "다양한 인종 또는 민족이 공존하면서 문화적 다양성이 존재하는 공동체"의 일원으로서 생활하기 위한 변화를 의미한다. 사회화에 대한 연구는 크게 방법적인 측면과 내용영역에 관한 연구로 분류된다. 방법적 측면에서의 연구는 사회화 전략과 관련되며, 사회화 내용영역은 구성원의 사회화된 정도를 나타내는 연구다(Chao et al., 1944). 즉 다문화사회화에 대한 연구는 개인은 '어떻게' 인종적·민족적·문화적 다양성이 존재하는 공동체 구성원이 될 수 있고, 구체적인 요건은 '무엇'인가에 대한 연구다.

사회화 전략은 조직에 진입한 개인이 불안감을 해소하고, 가능한 한 빨리 사회에서 제공하는 정보를 통해 새롭게 맡게 되는 역할의 기능적이고 사회적인 요구 조건을 학습하는 데 유용하다. 예를 들어, 사회화 전략을 6개로 구분한 Van Maanen과 Schein(1979)의 연구와 이들 연구에 대한 요인분석을 실시하여 사회화의 영역을 3개로 구분한 존스(Jones, 1986)의 연구가 있다.[3] 이들 연구는 사회화를 위한 전략이 상황·내용·사회적 영역에 따라 다양하게 고안될 수 있음을 보여준다.

한편, 사회화는 개인이 새로운 사회 안에서 부여받은 사회적 역할을 수행하기 위한 학습의 과정을 포함한다. 이러한 사회화 과정의 내용영역에는 적응능력(performance proficiency), 대인관계(people), 정치(politics), 언어(language), 역사(history), 조직 목표와 가치(organizational goals and values)가 있다(Chao G. T. et. al., 1994). 이들 6가지 사회화 내용영역에 대해 구체적으로 살펴보면 다음과 같다.

적응능력은 개인이 사회화를 통해 사회적으로 세부적인 과업들을 수행하기

---

3) 사회화 전략에 대한 초기 연구는 Van Maanen과 Schein(1979)의 분류에 따라 6개로 나누었는데, 주로 ① 집단적-개인적 사회화 전략 ② 공식적-비공식적 사회화 전략 ③ 순차적-임의적 사회화 전략 ④ 고정적-변동적 사회화 전략 ⑤ 연속적-분리적 사회화 전략 ⑥ 수여적-박탈적 사회화 전략의 과정적 접근이 이루어졌다. Jones(1986)는 요인분석을 통해 Van Maanen과 Schein(1979)의 연구를 각 영역별로 두 개씩 묶어서 상황(context)영역, 내용(content)영역, 사회적 측면(social aspects)영역의 3개로 나누었다.

위해 학습하는 정도를 의미한다. 대인관계 사회화는 다른 사회구성원과 성공적이고 만족할 만한 인간관계를 형성하는 것을 의미하며, 정치 사회화란 사회 내에서 공식 또는 비공식적인 업무 관계와 권력구조에 관한 정보를 개인이 성공적으로 획득한 정도를 가리킨다. 언어 사회화란 개인이 사회나 조직과 관련된 약어 · 은어 · 속어나 전문용어들에 대한 지식을 습득하는 것을 말하며, 역사 사회화란 사회의 관습, 의식 같은 사회의 문화적 지식과 사회의 역사에 대한 지식과 사회구성원의 개인적 배경에 대한 지식을 학습하는 것을 뜻한다. 마지막으로, 조직목표와 가치 사회화는 사회의 목표와 가치에 대한 학습과 사회의 통합성을 유지하게 하는 규칙과 원칙을 이해하는 것을 의미한다(Chao G. T. et. al., 1994). 이들이 제시한 사회화 영역을 살펴볼 때, 사회화의 과정은 다차원적이며 복합적으로 이루어진다는 것을 알 수 있다.

다문화사회로의 진입은 한국이 그동안 경험하지 못했던 변수로써, 한국의 인구구성뿐만 아니라 사회 · 문화의 전 영역에 대한 근본적인 변화를 요구하고 있다. 현재 한국 사회는 과거 어느 시대보다 급변하는 시대를 경험하고 있다. 과학의 눈부신 발전으로 인해 국가 간의 거리는 가까워지고 있다. 이러한 변화의 조류 속에서 우리 사회가 경험해보지 못했던 다양함과 인종 · 종교, 각기 다른 문화들이 일상적 삶에서 공존하며, 문화적 다양성과 인구구성의 변화 정도는 점차 심화되어 가고 있다. 현대사회는 교통 · 통신의 발달과 함께 세계화가 급속하게 진행되면서 국경을 초월한 인적 · 물적 자원의 이동뿐만 아니라 문화적 교류 역시 활발히 이루어지고 있다. 그 과정에서 지금까지와는 다른 형태의 사회가 창출되었다(지종화 외, 2009). 따라서 한 국가 안에서 수많은 민족과 문화가 상호 존중 · 이해되며, 융화 · 발전하는 복합적 현상이 발견된다. 바로 이와 같은 사회적 형태를 '다문화사회'라고 한다.

다문화사회라는 말은 그동안 중요한 기준이 되었던 혈연이 아닌 외국인도 우리 사회의 시민으로 동등하게 인식되어야 한다는 사실을 대변하고 있다. 우리가 소중히 여겨 온 민족주의는 식민지 해방과 근대화와 민주화를 이루는 데 크게 기여했다. 그러나 저출산으로 인구가 줄고 있는 한국 사회가 발전적 도약을 유지하고 선진국의 대열에 서려면 우리 스스로 민족 정체성의 개념을 바꿔야 할 것이다. 이 시대는 기성

세대 문화가 가지고 있던 인식과 가치관을 새롭게 변화시킬 것을 요구하고 있다.

즉, 다문화사회로의 진입은 그동안 순수혈통 중심의 단일 문화주의를 지켜온 우리나라가 문화적 다양성에서 기인하는 문제들을 어떤 시각에서 보고 대처할 것인가에 대해 고민하게 한다. 우리나라는 세계 유일의 단일민족이라는 자긍심을 가지고 있었다. 이것은 본격적으로 도래하게 될 다인종, 다문화사회에서는 부적합하다. 이제는 좀 더 열린 마음으로 우리와 다른 문화를 가지고 있고, 다른 피부색을 가진 사람들과 살아갈 준비를 해야 한다.

그만큼 다문화사회화는 국가적으로 중대한 사안이며, 이는 국가에서 어떠한 그리고 어떻게 사회통합을 추구할 것인가의 문제와 관련이 있다. 사회통합은 광범위하고 포괄적인 개념으로, 각국의 고유한 경제 · 사회적 여건에 따라 해석과 적용이 달라진다. 다문화사회통합은 이주민이 주거 · 취업 · 교육 · 사회적 관계망 · 사회참여 등을 통해 스스로 독립적인 삶을 영위할 수 있도록 한다(오화영, 2010). 단순히 정치적으로나 법 제도적인 측면에서 통합을 의미하는 것이 아닌 국가 정체성 · 생활방식 · 경제 · 교육 · 문화 등 모든 사회적 측면에서의 통합을 의미한다.

3) 다문화 역량

다문화사회화의 진행은 그 사회에 내재한 다문화 역량과 밀접한 관련이 있다. 먼저 다문화 역량에 대해 살펴보고, 다문화 역량의 학습 및 표출형태로서 다문화 시민 정체성에 대한 인식과 태도, 행동의사에 관한 개념을 정립하고자 한다.

다문화사회의 시민으로서 살아가는 데 필요한 역량을 '다문화 역량'이라고 한다. 다문화 역량은 다른 문화적 정체성을 가진 사람들과 교류하는 능력이자, 세계와 타자에 대해 다양한 방식으로 이해하고 평가하여 생각할 수 있는 능력을 포함한다. 따라서 다문화 역량은 자신과 다른 문화적 환경 속에 만연하는 편견이나 차별의식이라는 주류문화와 비주류문화 사이의 이분법적 경계 긋기를 극복하는 바탕이 된다. 다문화교육학계에서는 아직까지 다문화 역량이 무엇이며, 다문화 역량을 구성하는 요소가 어떠한 것인가에 대해 뚜렷한 합의점이 없다. 그러나 최근 생애핵심역량의 논의에서 등장하는 의사소통능력 · 대인관계능력 · 갈등관리능력, 그리고 문화적 역량에 포함되는 관용적 능력, 개방적 능력 등은 다문화 역량의 내용적 요소에 포함될 수 있다. 이에 기초한 다문화 역량의 내용적 특징을 제시하면 다음과 같다(김영순, 2010).

첫째, 생애기초역량으로서 다문화 역량이다. 다문화 역량은 개인이 사회적 · 문화적 다양성이 증대되는 오늘날의 일상생활을 영위하기 위한 기초역량이다.

둘째, 기초직업능력으로서 다문화 역량이다. 다문화 역량은 거의 모든 직업에 필요한 기초직업능력으로, 타인에 대한 다양한 이해방식을 포함한다.

셋째, 문화적 역량으로서 다문화 역량이다. 다문화 역량은 한 사회 안에서 개인이 다양한 문화주체와의 접촉을 통해 형성한 새로운 관점과 정체성이 기존 문화의 발전적 토대가 된다.

넷째, 전인적 차원에서의 다문화 역량이다. 다문화 역량은 인간이 사회 · 문화생활에서 필요한 지식 · 기술 · 태도를 개별적인 발달 역량으로 인식하는 것이 아니라 유기적이고 포괄적인 측면에서 바라보고 이를 실천할 수 있도록 해야 한다.

이와 같은 다문화 역량을 시민에게 함양시키는 것이 다문화교육의 주요 과업이다. 다문화사회에서 다문화 역량을 함양한 개인은 다음과 같은 기대를 할 수 있다.

첫째, 다문화시민은 자신의 고정관념에 도전하고 자신의 문화에 의해 세계관이 어떻게 형성되었는가를 인식할 수 있다.

둘째, 다문화시민은 원활한 문화교류를 위해 문화 매개자 역할과 자신의 자민족중심주의를 극복하고 타문화에 대한 공정한 관점을 유지할 수 있다.

셋째, 다문화시민은 문화 간 접촉을 정확하게 평가할 뿐만 아니라, 제3세계적 관점을 통해 두 문화 간 의사소통의 접점 역할을 할 수 있다.

넷째, 다문화시민은 뛰어난 문화적 공감성을 통해 타자의 세계관에 참여할 수 있다.

위와 같은 특징을 갖는 다문화 역량은 다문화시민으로서의 정체성을 기반으로 나와 다른 사람을 어떻게 대하고, 어떻게 행동해야 하는지에 영향을 미치는 역량이라고 볼 수 있다. 다문화사회에서 지속 가능한 발전 여부를 결정하는 것은 해당 사회구성원이 다문화 역량을 확보했는지, 그리고 어느 정도의 다문화 역량을 갖고 있는지와 밀접한 관계를 갖는다. 따라서 다문화 역량은 모든 시민이 다문화사회에서 살아가기 위해 반드시 필요한 역량이라고 할 수 있다.

2. 다문화주의

다문화주의는 소수자집단에게 고유문화의 보존과 더 높은 사회적 지위의 획득 가능성을 제공해준다. 다수집단은 민족적 소수집단과 그들의 고유문화를 보존하려는 열망을 자신들의 정체성과 사회적 지위에 대한 위협으로 간주하려는 경향이 있다(Barker, 1998). 다문화주의와 대비되는 개념은 '단문화주의(monoculturalism)'다. 단문화주의는 단일 국가나 민족이 하나의 문화를 가진다는 19세기적 가정에 입각한 개념이다. 단문화주의의 기본 가정은 국가나 민족의 강력한 동질성에 있는데, 실제로 이러한 단일문화 또는 단일민족국가는 현대사회에서 찾아보기 어렵다.

사회적 소수집단은 문화적 소수집단뿐만 아니라 국가, 민족, 인종, 성별, 연령, 계층적 분류에 의한 집단을 포함한다. 다문화주의와 혼동되는 개념으로는 '문화적 다원주의(cultural pluralism)'라는 용어가 있다. 문화적 다원주의는 여러 집단이 단지 공존하는 것뿐만 아니라 지배적인 문화 내에서도 소수집단의 문화를 보유할 가치가 있다고 인정하는 것이다. 따라서 문화적 다원주의는 여러 집단이 고유한 문화를 유지하면서 전체 사회에 참여하는 것을 지칭한다.

소수문화에 내재된 개별적 고유 가치가 주류 문화를 풍요롭게 할 수 있는 주요 요소로 작용할 수 있다는 것은 일반적인 사실이라 할 수 있다. 따라서 주류문화집단은 소수자집단의 문화를 단지 보존하는 데 그치는 것이 아니라, 이를 기존 문화와의 조화(調和)와 융합(融合)을 통한 발전을 고려해야 한다. 이를 위해서는 먼저, 주류사회가 소수집단을 단지 '존재한다'는 것 자체뿐만 아니라 그들의 문화적 관습을 인간이 영위하는 문화의 일부분으로 인정하고 받아들이는 것이 필요하다.

Berry와 Kalin(1995)은 그들의 연구에서, 타 집단이 자신에게 이익이 된다고 판단했을 때 다문화주의에 더 호의적이라는 사실을 밝혀냈다. 몇몇 이론은 집단 간 관계(intergroup relations)에서 집단 관심사의 역할을 강조하기도 했다. 그러나 사회적 지배(social dominance) 이론은 이념적 불균형 가설을 제시하며, '지위'를 기준으로 하는 집단 분류가 사회적으로 이로운 작용을 한다고 말한다. 이 가설은 다문화주의가 기존의 '계급' 중심의 집단 분류와 '계급체계'를 약화시키는 이데올로기로서 기능한다는 것을 나타낸다. 또한 이념적 불균형 가설은 다수집단이나 지위가 높은 집단에 비해 소수집단이나 지위가 낮은 집단에게 더 호소력을 가진다. 이는 계급체계의 약화를 정당화하는 이데올로기가 주로 지위가 높은 집단의 이익에 반대하고, 지위가 낮은 집단의 이익을 지지함으로써 논리적 정당성을 획득하기 때문이다.

1) 다문화주의에 대한 다양한 시각

다문화주의는 소수집단의 권리를 이론적으로 어떻게 규정하고 이를 어떻게 극복하고자 하느냐에 따라 나눌 수 있다. 이러한 다문화주의에 대한 시각은 자유주의적 다문화주의, 비판적 다문화주의, 가식적 다문화주의, 그리고 시장적 다문화주의로 구별할 수 있다. 자유주의적 다문화주의와 비판적 다문화주의가 개인과 전체 사회의 관계를 어떻게 규정하느냐에서 시작된 것이라면, 가식적 다문화주의는 이론과 현실의 차이에서 발생하는 다문화주의의 현상적 측면을 규정한 개념으로 볼 수 있다. 이와 달리, 시장적 다문화주의는 다문화주의를 경제활동을 중심으로 해석한 것이라고 할 수 있다. 각각의 특징을 살펴보면 다음과 같다.

(1) 자유주의적 다문화주의

자유주의적 다문화주의(liberal multiculturalism)는 자유와 평등이라는 인간 보편의 권리를 소수집단을 구성하는 개인의 권리(minority rights)로 파악한다. 또한 문화를 특정 국가나 민족집단의 고유한 언어, 소속감, 공통된 특성을 대표하는 하나의 주요한 특징이자 선택의 대상으로 간주한다(Kymlicka, 1995). 나아가 자유주의적 다문화주의는 자유주의적 국가와의 관계성을 바탕으로, 차이를 인정하고 존중함으로써 소수문화가 생존하는 것이 전체 사회의 평등성을 높이고 사회적 통합에 기여할 수 있다고 믿는다(Taylor & Gutmann, 1992). 이 입장에서는 다문화현상은 원래부터 존재해 왔으며, 최근 급격한 세계화 추세로 인해 다문화사회가 더 주목받고 있는 것일 뿐이라고 본다.

그러나 자유주의적 다문화주의의 이러한 특징은 새롭게 발생하는 복잡하고 다양한 사회 문제를 인식하거나 해결방안을 제시하는 데 한계가 있다는 비판을 받기도 한다. 왜냐하면 다문화사회에서 발생하는 문제를 개인적 선택 문제로 축소하고, 다문화주의의 궁극적인 목적도 기존 사회제도 속으로의 편입으로 여길 여지가 있기 때문이다. 특히 문화적 차이를 나타내기 위해 문화를 특정범주로 분류하고 인식하는 것은 다문화사회가 당면하는 문제를 지나치게 단순화할 수 있다는 문제가 있다(Dhamoon, 2004). 즉, 문화를 분류하고 나와 다른 '타자의 것'으로 구분하는 것은 문화의 물질화와 대상화를 통해 다문화사회와 관련한 여러 문제를 사회적 효용성에 따라 판단하고 결정해야 할 문제로만 인식하게 할 수 있다는 것이다.

(2) 비판적 다문화주의

비판적 다문화주의(critical multiculturalism)는 다문화사회가 내포한 문제를 역사적·문화적으로 존재해 온 사회체제의 문제로 파악하고 이를 공론화함으로써 극복하도록 한다. 다문화사회는 인종이나 계급, 성별, 국적, 종교 등에 따른 차별이 존재하며, 이는 취업, 교육, 거주, 인권 등과 관련하여 다양한 형태로 발현된다.

Nieto(2010)는 비판적 관점에서 다문화교육이 사회적·역사적 배경 속에서 이해되어야 하는 문제라고 말한다. 사회적 차별은 과거와 달리 법률이나 장소적 구분처럼 명시적으로 드러나기보다는 자원과 권력을 통제하는 지배집단이 소수집단을 평가절하하고 배제하고 불이익을 주는 방식으로 행사된다. 지배집단 중심의 문화근본주의적 사고를 극복하기 위해서는 다문화교육이 필요하다. 이때 다문화교육은 단순히 문화적 차이에 대해 가르치는 것이 아니라, 세계 여러 민족 문화집단들 간의 차이가 인류역사의 과거와 현재를 어떻게 규정해 왔고, 오늘날 어떤 사회적 현실을 낳고 있는가의 문제에 대한 공론화가 필요하다(Gutmann, 2004). 비판적 다문화주의자들은 다문화교육의 인식론적 지평은 차이에 대한 인식에서 차이에 대한 관용으로, 더 나아가 차이에 대한 비판적 인식과 저항으로 확대될 필요가 있다고 본다.

비판적 다문화주의에서 올바른 다문화 시민교육의 출발점은 학생들로 하여금 사회의 온갖 종류의 편견이나 차별을 인식할 뿐만 아니라 학생들이 가진 인종주의 및 각종 사회적 편견을 없애고 사회적 차별을 철폐하기 위한 노력에 참여하게 하는 것이다. 예를 들어, 기존에 학교 지식에 대한 비판적 재인식으로써 지식이란 무엇이며 어떻게 형성되는가?, 학교에서 다루어지는 지식은 누구를 위한 것인가?, 어떤 계층의 가치관이나 세계관이 학교교육을 통해 강화 및 재생산되는가?(Apple, 2000) 등의 질문이 필요하다.

그러나 비판적 다문화주의를 통한 다문화교육을 하기 위해서는 자유주의적 다문화주의의 관점에서 문화를 규정하고 그들의 요구와 인식을 확인하는 작업이 선행되어야 한다. 왜냐하면 비판적 다문화주의에서 주장하는 소수집단에게 실질적인 평등을 제공하기 위해서는 그들에 대한 부당함과 차별을 파악해야 한다. 그러나 주류집단 출신으로서 소수집단에 대한 편견이나 차별을 인식하기는 매우 어렵다(Nieto, 2010). 뿐만 아니라 '사회'라는 전체 집단은 각각의 개인으로 구성되며, 비판적 다문화주의에서 주장하는 '공론' 역시 개인의 주장이 모여 형성되기 때문이다. 이러한 관점에서 자유주의적 다문화주의와 비판적 다문화주의는 대립적 관계라기보다는 다문화사회의 발전을 위한 순환적인 인식의 과정으로 이해해야 할 것이다.

(3) 가식적 다문화주의

가식적 다문화주의(benign multiculturalism)는 다문화사회로 변해가는 현실적인 변화양상을 수용하거나 다문화사회에 대한 선호의 뜻을 내비치면서도 정부가 다문화집단에 우호적인 지원정책을 추진할 때는 이에 대해 반대하는 태도를 나타내는 것을 말한다(Wolfe, 2000).

"한국 사회에 적응하려면 우선 한국문화를 먼저 배워라"는 식의 태도는 이러한 가식적 다문화주의의 논리가 가진 이중성을 바탕에 두고 있다. 다문화주의는 '친절을 베푸는(benign)' 시혜적 태도가 아닌 것처럼 다문화 가족들이 진정으로 한국 사회에 적응하기를 바란다면, 한국 사회가 그들의 문화를 포용할 수 있는 환경이 되어야 한다는 것이다. 이를 위해서는 다문화주의를 단순히 관념적이거나 사회심리적 혹은 '문화적' 차원의 문제로만 다룰 수 없다(박휴용, 2012). 다문화주의는 서로 다른 사회계층, 집단, 문화, 사상들 간의 정치적·계급적·경제적 입장이 충돌하고 타협하는 과정을 모두 포괄하는 사회현상으로 봐야 한다.

(4) 시장적 다문화주의

시장적 다문화주의(boutique multiculturalism)는 시장중심적 자본주의사회에서 다양한 선택과 소비를 가능하게 하는 다국적 시장개방을 환영한다(Fish, 1998). 오늘날 신자유주의적 흐름에 동반한 세계화는 기존의 군사적·주권적 개념에 의해 유지되었던 국경의 개념을 허물어뜨리고 자유주의적 무역과 시장개방, 노동의 유연성에 입각한 국제적 인력시장의 형성으로 대표되는 지구촌사회를 만들어냈다(Brecher, Costello & Smith, 2000; Pasha, 2000).

오늘날 이러한 지구촌의 모습은 개별 민족국가 내부에 다양한 인종, 문화, 집단들이 혼합되어 삶을 영위해가고 있으나, 그러한 사회상을 지탱하는 핵심적인 원동력이 바로 자본주의적 시장경제의 논리인 셈이다(May & Sleeter, 2010). 따라서 다문화주의의 사회현상도 시장경제의 사회적 영향력의 테두리 안에서 이해되고, 그 사회 속에서 개인의 행위는 선택과 소비의 미덕을 수행하는 소비자의 역할에 지나지 않게 되었다(Murdoch, 2000). 즉, 시장적 다문화주의는 다문화 취향의 소비시장에서 소비자로서 사회구성원의 역할이 극대화된 다문화사회를 가리키게 된다. 결국 시장적 다문화주의가 정착된 다문화사회에서는 선택과 소비를 위한 경제적 · 문화적 여유를 가진 계층만을 위한 문화가 존재하고, 그 외의 계층은 소외될 수밖에 없다(Le-vett, 2003; Scott & Linda, 2005).

2) 다문화주의 구성요소

다문화주의를 구성하는 요소가 무엇인지에 대해서는 더 연구가 이루어져야 한다고 본다. 그러나 다문화를 경험한 많은 나라들은 사회통합을 주요 정책기조로 내세우며 이를 실현하고자 다양한 지원을 하고 있다. Bourhis, et. al., (1997)는 사회통합이 어느 범위까지 이루어져야 긍정적 결과를 가져오는가에 대한 문제는 다수집단과 국가의 정책이 무엇을 긍정적으로 보느냐에 따라 다르게 나타난다고 말한다. 이를 통해 다문화주의의 구성요소는 다문화사회를 바라보는 관점이나 태도를 근거로 하며, 사회적 실천을 통해 확인할 수 있다는 것을 알 수 있다. 따라서 이 절에서는 다문화주의의 구성요소를 크게 다문화 태도와 다문화 행동의사로 구분해 살펴보고자 한다.

(1) 다문화 태도

'태도'는 일반적으로 어떠한 상황에 대한 마음가짐이나 마음가짐이 드러난 상태를 나타낸다. 이러한 정의를 바탕으로 할 때, 다문화 태도는 개인과 집단의 다양한 문화가 혼재하는 상황에 대한 정서적 · 행동적 상태라고 볼 수 있다. 다문화 태도는 주로 이민자 유입률이 높은 사회에서 연구되어 왔다. '다문화 태도'는 일반적으로 "다문화주의에 대한 해당 사회구성원의 태도(attitudes toward multiculturalism)"라는 의미로 사용한다.

지금까지 '강력하고 영향력 있는 문화집단의 태도'는 집단 간 관계 연구의 주요 쟁점이 되어 왔다. 그러나 상대적으로 약한 집단에 대한 태도는 다소 소홀히 다루어져 왔다. 기득권의 편협한 태도와 강압적 행동은 사회적으로 더 큰 영향을 미친다(Dunn, et. al., 2010). 다수집단의 다문화에 대한 태도는 이민자 집단에 대한 문화 적응 전략에 영향을 미치기 때문에 중요하게 다루어야 할 필요가 있다.

민주사회에서 정책은 주류사회에 대한 소수자의 참여를 독려하고, 그들의 사회 · 경제적 위치를 개선하며, 모든 구성원의 평등한 권리를 보장하고 차별을 없애려는 것을 목적으로 한다. 그러나 서구권에서 시행된 많은 연구들은 다수집단의 구성원이 다문화주의를 지지하지 않고 있으며 다문화주의에 대한 가치판단을 보류하거나 부정적으로 인식한다는 결과를 나타내고 있다. 다문화사회에서 집단 간 갈등을 야기하는 요인이 무엇인지에 대해 서구 학자들은 크게 문화적 측면과 인종적 측면의 상이성을 주요 원인으로 보고 접근하는 경향이 있다.

Bennett(1993)이 제시한 다문화 감수성 발달단계(DMIS: Developmental Model of Intercultural Sensitivity)는 이러한 맥락에서 제시된 것이다. 사회적 구성주의에 근거한 다문화 감수성 발달 모형(DMIS)은 다문화 감수성을 "문화적 차이를 이해하고 조절하는 능력"이라고 말한다. DMIS의 핵심 개념인 다문화 감수성 발달은 사회구성원이 문화적 차이를 경험할 때 이를 인식할 수 있는 의식구조와 문화적 차이를 어떻게 다룰 것인지에 대한 태도 및 행동의 체계화 과정을 말한다. 따라서 다문화 감수성 개념을 바탕으로 한 발달모형은 사회구성원의 다문화에 대한 인지적 · 정의적 · 행동적 측면을 포함하는 유기적이고, 포괄적인 접근이라고 할 수 있다.

Bennett(1993)에 따르면, "다문화 감수성에서 일반적인 수용 과정은 자민족중심주의를 지키고자 타문화에 대한 저항을 수반하지만, 점차 다른 문화에 대해 개방적인 태도로 변화"한다. 이때, 타문화에 대한 개방적인 태도는 다른 문화가 나타내는 이질성에 익숙해지고 이를 자신의 문화와 통합해 나가는 발달단계를 거치게 된다.

한편, 자민족중심단계에서는 부정(denial)과 방어(defense)라는 주요 기제가 나타나지만, 점차 최소화(minimization)된다. 또한 수용(acception)과 적응(adaption)을 통해 통합(integration)을 이루고자 하는 민족 상대주의적 단계로 이동한다. 즉, Bennett이 제시한 자민족중심단계의 여섯 단계는 자민족중심적 단계에서 문화상대주의적 단계로 변화하는 과정을 나타내는 것이라고 볼 수 있다. 다문화 감수성 발달단계에서 자민족중심적 단계는 앞서 언급한 바와 같이 부정·방어·최소화의 세 단계를 포함하며, 문화상대주의적 단계는 수용·적응·통합의 세 단계를 포함한다. 이를 각 단계별로 나타내면 다음과 같다.

첫째, 부정 단계는 고립(isolation)과 분리(separation)라는 하위 단계로 구성된다. 이 단계는 자민족중심주의의 가장 낮은 단계다. 이 단계에서 사회구성원은 문화의 차이를 인정하지 않고, 자신의 문화만 진정한 문화라는 생각에서 다른 문화에는 관심을 가지지 않는다.

둘째, 방어의 단계는 비하(denigration), 우월감(superiority), 반전(reversal)이라는 하위 단계로 구성된다. 이 단계에서 사회구성원은 다른 문화와 문화적 '차이가 있음'을 인정한다. 그렇지만 자신이 속한 문화를 기준으로 하기에 타문화에 대해서는 부정적인 평가를 한다. 또한 문화차이가 심할수록 타문화에 대해 부정적인 평가도 심해지는 경향을 보인다.

셋째, 최소화의 단계는 자민족중심단계의 마지막 단계다. 이 단계는 물리적 보편주의(physical universalism)와 초월적 보편주의(transcendent universalism)라는 하위 단계로 구성된다. 최소화의 단계에서 사회구성원은 모든 인간이 근본적으로 유사하다는 가정을 수용하면서 문화의 유사성에 더욱 초점을 맞추려고 한다. 따라서 이 단계에서는 표면적으로 드러나는 문화적 차이를 인정하지만, 모든 인간이 근본적으로 유사하다고 가정한다(배재정, 2012).

넷째, 수용의 단계는 이질적인 문화의 행동적 측면과 가치적 측면을 함께 고려하는 문화상대주의의 초기 단계다. 이 단계는 구체적으로 행동 차이에 대한 존중 (respect for behavioral difference)과 가치 차이에 대한 존중(respect for value difference)이라는 하위 단계로 구성된다. 이 단계에서 사회구성원은 문화적 차이를 인정하기 시작하며, 문화상대주의를 바탕으로 한 타문화에 대한 이해와 해석하는 능력이 갖춰지기 시작한다.

다섯째, 적응 단계는 공감(empathy)과 다원주의(pluralism)라는 하위 단계를 가지는 문화상대주의의 단계다. 이 단계에서 사회구성원은 문화 간 의사소통 능력을 발달시키게 된다. 이들은 효과적인 공감과 감정이입으로 타문화를 이해하려고 노력한다. 자신의 문화와 타문화의 입장에서 사건을 바라보게 된다. 이 단계의 사회구성원은 문화 간 커뮤니케이션 능력을 더욱 발달시키게 된다.

여섯째, 다문화주의의 완성 단계라고 할 수 있는 통합단계다. 이 단계에서는 맥락적 평가(contextual evaluation)와 구성적 주변성(constructive marginality)이라는 하위 단계가 있다. 이것은 개인이 다문화적 관점을 내면화하는 것으로, 보다 범경계적 관점에서 문화 간의 관계를 조명하고자 한다.

다문화 감수성 발달 모형(DMIS)은 앞서 살펴본 바와 같이 개인과 집단으로 이루어진 사회가 상호작용을 통해 변화하고 발전한다는 사회적 구성주의를 기반으로 한다. 이때 다문화 감수성은 개인 혹은 사회에 존재하는 문화적 차이를 이해하고 조절하는 능력으로 보았다. 사회적 구성주의의 맥락에서 상호작용과 성찰을 통한 경험의 재구성은 세계관의 변화가 행동과 태도의 변화를 가져온다는 관점을 제공한다. 따라서 다문화 감수성의 발달 과정은 발전적이고 예측 가능한 연속체로 개념화할 수 있다. 이는 다문화 감수성이 끊임없이 변화해 가는 동적인 특성을 갖고 있지만, 개인이나 사회집단에서 확인할 수 있는 특징을 명시적이고 구체적으로 나타냄으로써 교육과 연습을 위한 모형으로도 활용 가능성이 높다는 데 의의가 있다.

(2) 다문화 행동의사

다문화 행동의사는 학문적으로 선행연구가 축적되어 생성된 개념이라기보다는 일반적 의미로 연구자 관점에 따라 다르게 사용해 왔다. 그러나 일반적으로 다문화 행동의사는 다문화에 대해 참여의사를 포함한다.

참여란 사회의 목표에 기여하고 책임을 공유하도록 요구하는 집단 상황에 대한 개인의 정신적·정서적 관여이며, 의사결정 과정에서 개인이 스스로 영향을 미치며 지각하는 정도인 심리적 관여이다(김진혁, 2011). 뿐만 아니라 참여의사는 사회 집단에 대한 개인의 의도 혹은 계획된 미래의 행동으로서, 신념과 태도가 행위로 옮겨지는 일종의 확률을 의미한다. 경제학에서는 참여의사를 소비자 행동 결정에 가장 직접적인 영향을 미치고, 소비자의 미래 행동을 예측하기 위한 변수로 사용한다. 이때 참여의사는 문화적·사회적·개인적·심리적 요인에 의해 영향을 받는다(김영호, 2011). 또한 참여의사란 실제로 참여할 것인지에 대한 여부를 나타내는 것으로, 선택에 대한 최종 결심 상태를 나타낸다(이윤정, 2011). 즉, 인간의 사회 참여는 인간의 의지를 전제조건으로 하며, 무엇을 위한다는 목적성에 기반을 둔 본인의 의지가 필요하다.

다문화 행동의사는 다문화와 관련하여 다문화사회가 지향하는 바를 실천하고자 하는 의지를 의미한다. 따라서 다문화 행동의사는 다문화 감수성의 정의적·행동적 태도가 능동성을 갖고 외부로 표출되기 위한 조건이 된다. 또한 다문화 행동의사는 직접적 참여, 정책 및 다문화 관련 이벤트, 사회적 참여 등을 포함하는 개념으로 이해하기도 한다.

다문화 행동의사에서 필요한 역량으로 가장 중요한 것으로는 상호문화역량을 들 수 있다. 상호문화역량은 다른 문화권 사람들과 효과적이면서도 적절하게 소통할 줄 아는 능력을 말한다. "상호문화역량은 자신의 것들로 표현되는 것과는 다른 문화적 양식으로 나타나는 관습·태도·행동 등을 해석하고 이해할 수 있는 능력"이다. 즉, 상호문화역량은 "선입관이나 고정관념의 굴레에서 벗어나 타문화와 접촉하는 상황이 낯설고 불편하다 할지라도 그것을 객관적으로 받아들이고 원활하게 소통하는 역량"을 말한다(Rathje, 2007). 이러한 개념을 바탕으로 볼 때, 다문화 행동의 사는 다문화 구성원끼리 소통하고 다문화사회의 상생과 공존을 위해 행동적으로 참여하여 같이 이루어 실천해 가는 것이라고 할 수 있다.

3. 한국의 다문화주의

1) 다문화주의 현실

한국의 다문화주의는 정부주도의 정책 제안과 민간단체 중심의 실천이 지원 대상에 대한 합의를 이루지 못한 가운데 수행되고 있다는 특징이 있다. 특히 정부의 정책 제안은 민간단체의 구체적인 실천을 포괄하지 못함으로써 사회적 관심과 문제를 수용하지 못하고 있는 실정이다. 김선미(2009: 199-200)는 이러한 한국의 다문화 주의를 다음과 같이 비판한다. "현재 중앙정부는 지자체 차원에서 재한외국인처우 기본법과 다문화가족지원법에 근거해 다문화정책을 추진해 오고 있다. 정부의 정책 대상은 합법적인 외국인에 국한하여 합법적 이주노동자 · 결혼이민여성 · 다문화가정 2세 등이다. 국제결혼을 한 외국인 여성과 남성은 한국에서 합법적 지위를 부여받게 된다. 외국인 관리 메커니즘을 보면 이들은 통합대상으로 간주된다. 그러나 불법체류 외국인은 물론 합법적 지위를 가진 외국노동자도 귀환의 대상으로 관리하고 있다. 즉, 정부의 다문화정책은 합법적 체류자나 정주자로 규정함으로써 미등록 외국인 노동자를 배제하는 정책이자 관리 메커니즘으로 볼 때 정부가 정책 대상 범주로 삼는 것은 이민자 가정이라고 할 수 있다."

이민자 가정만을 정책 대상으로 하는 정부주도의 다문화주의와 달리, 이주 ·

다문화를 지원하는 대부분의 민간단체들은 이주민의 체류 자격과 상관없이 이주민 전체를 지원 대상으로 한다. 이것은 시민주도 지원 사업의 목적이 인권에서 문화적 권리까지 폭넓은 다문화주의를 표방하는 것과 관련이 있다. 이들 단체는 상담·복지·교육·공익·정보 등의 분야에서 지원 사업을 한다. 이외에도 일부 단체는 통역지원·연구사업·멘토양성·의료지원, 문화교육·다문화 이해를 위한 특강 등을 실시한다. 시민단체에서 소규모로 진행하는 사업으로는 '다문화 캠프', '아내 나라말 배우기 교실' 등이 있다. 그러나 시민주도의 다문화지원 사업은 열악한 환경에서 이루어지고 있으며, 그 활동의 규모나 지속성도 보장하기 어려운 수준이다. 외국인은 한국 사회에 적응하기 위해 시민단체에서 주관하는 한국어와 한국문화 프로그램에 참가하기도 한다. 내용적 측면에서 다문화 관련 활동은 외국인 혹은 이주자의 한국어와 한국문화 학습이 주를 이루고, 한국인의 이주자 출신국의 언어나 문화에 대한 학습은 거의 이루어지지 않고 있다.

또한 시민단체들이 정부의 재정지원을 받는 경우도 매우 미미한 실정이다. 지원받는 단체들도 프로젝트를 기준으로 사업 관련 경비만 지원받는 정도일 뿐, 단체 운영을 위해 필요한 인건비와 경상비 등은 지급받지 못하는 경우가 많다. 이러한 재정적 어려움은 지원 단체들의 제도화나 기능의 심화 혹은 다양화를 촉진하는 데 하나의 장애요인이 되고 있으며, 정부가 지원하는 프로젝트도 단기 운영에 그치고 있다.

2) 다문화사회의 특성

전통적으로 한국은 수많은 전쟁과 이민족의 지배를 받으면서도 동일한 언어와 문화, 혈통을 가진 단일민족으로서 공동체 의식으로 단결해 왔다. 이러한 민족적 자긍심은 한국 역사의 많은 부분에서 긍정적인 역할을 해 온 것도 사실이다(임형백, 2009). 단적인 예로, 일제강점기 속에서도 한민족에 대한 자긍심은 한국이 제국주의의 속박을 벗어날 수 있는 기반이 되었다.

그러나 한국은 세계화의 소용돌이 속에서 국제적 · 경제적 · 문화적으로 변화를 피할 수 없는 상황에 직면했다. 제3세계 산업연수생을 비롯한 외국인 노동자의 출입 증가와 노동력을 제공하는 근로자의 유입은 국제결혼 문제와 더불어 다문화사회의 진전을 이끈다. 특히 결혼 기피나 농촌지역 만혼 현상, 결혼 상대자의 수급 불균형 등으로 동남아시아를 비롯한 주변국들로부터 국제결혼을 통한 이민자가 지속적으로 증가하고 있다. 이런 흐름 속에서 한국은 고유한 전통과 미풍양속을 아름답게 유지할 뿐만 아니라, 다양한 문화를 포용함으로써 새로운 한국의 전통문화를 만들어가는 것이 필요하다. 이를 위해서는 먼저 다문화를 경험한 나라들의 정책을 연구하여 문화적 갈등을 최소화할 수 있는, 장기적이고 발전적인 다문화정책을 만들어가야 한다.

세계의 많은 나라들은 일찍부터 다문화사회에 대해 인식해 왔다. 미국 · 호주 · 캐나다 등과 같이 이민자에 의해 개척된 신대륙 국가들은 나라의 성립 초기부터 다문화사회에 대한 문제와 해결책을 모색하고자 했다. 중국이나 인도네시아, 말레이시아 같은 동양권 국가에서도 다민족에 의한 다문화주의는 민족정책이라고 할 수 있을 만큼 깊은 역사를 가지고 있다. 제국주의를 주도한 국가들에서는 다양한 민족과 인종으로 구성된 근대국가 형성기에 국민통합을 위한 이데올로기로서 다문화주의의 당위성이 지속적으로 논의되어 왔다. 이와 달리 한국은 1980년대 후반부터 급격하게 다문화사회를 형성하여 여타의 국가에 비해 짧은 역사를 경험했다는 특징이 있다.

(1) 다문화사회의 형성과 지향점

한국은 단기거주 외국인 노동자와 결혼이민자에 의해 다문화사회가 주도되고 있다. 그러나 단기거주 노동자는 정주허용금지로 외국인 신분을 유지하며, 차별적 포섭과 배제의 대상이 된다. 귀화자의 경우에는 다문화주의가 적용되기도 하지만,

결혼이민자의 경우에는 동화의 대상이 된다. 더욱이 정부가 고려하는 결혼이민자 대상의 다문화정책은 가부장적 순혈주의에 뿌리를 둔 동화주의 원칙을 고수하는 사회통합정책이라는 비판이 있다.

다문화사회화에 따른 가치를 실현하기 위한 정책에서 한국은 정부가 주도적으로 관심을 갖는다는 측면에서는 선진국보다 앞서가기도 하지만, 여전히 강압적이고 경직된 정책을 유지하고 있다는 한계가 있다. 더욱이 사회적 약자로 인식하는 결혼이주여성이나 다문화가족 자녀들에 대해서는 동정심을 갖고 여러 대책을 마련하고 있지만, 이 역시 시혜 차원의 온정주의적 대책이라는 비판이 있다. 다시 말해 한국 사회는 소수자인 다문화가족이 갖는 고유한 문화와 정체성을 인정하고 존중하기보다는 한국 주류사회의 문화에 일방적으로 동화시키려고 한다는 것이다. 이와 함께 불법체류 외국인은 한국에서 장기간 거주하고 경제적으로 기여했더라도 한국 사회의 구성원으로 인정하지 않고 단속과 강제 퇴거를 담당하는 출입국관리 행정에서 크게 벗어나지 못하는 경우에서도 동화정책의 증거를 찾아볼 수 있다(박성호, 2012).

그러나 각기 다른 문화를 가진 이주민과 주류사회의 구성원이 다양한 가치와 문화를 중층적으로 이해하며 조화를 이루는 것이라는 다문화사회통합의 이상적 목표는 모든 다문화사회의 지향점이다. 한국도 다문화사회를 주도하는 이주민에 대한 논의는 사회통합을 그 지향점으로 해야 한다.

이주민의 사회통합에 관한 논의는 비교적 오랜 역사를 가지고 있다. 사회통합의 역사가 오래된 이유는 통합(integration)의 개념이 사회구성원을 통일하여 체제의 안정적 유지를 위한 개념이기 때문이다. 이주민의 사회통합(social integration)은 '개인이나 집단이 한 사회에서 어떻게 적응하고 함께 살아가느냐'에 대한 사회적 유대라는 관점에서의 개념으로, 주류와 비주류 간 갈등을 최소화하고, 상호 존중하는 것이다. 물론 다양한 인종집단 간의 사회통합 과정에서는 수많은 갈등이 발생한다. 한국도 다문화사회로 진입하면서 처음 접하는 새로운 사회 문제들을 경험하고 있다. 그러나 다문화사회에서 갈등은 단지 피해야 하는 것 또는 부정적인 것으로 치부할 것이 아니라, 공동의 관심사를 함께 논의할 수 있는 공론 형성을 위한 조건이자 발전을 위한 기반으로 인식해야 할 것이다.

(2) 다문화사회의 성격

한국은 역사적으로 고대로부터 수많은 민족과의 교류가 있었고 귀화 성씨도 많다. 그런데 한국의 근대국가 형성과 근대사회에서는 이민자의 문제는 중요하게 인식되지 않았다는 특징이 있다. 이는 이민자의 문제가 없었다는 의미가 아니라 화교 등의 존재를 아예 인식하지 못했기 때문으로 파악된다. 한국의 경우 이주자나 외국인에 대한 문제의식은 탈민족국가의 흐름이 가시화되는 상황을 접한 후에야 비로소 사회적 문제로 인식되기 시작했다(보건복지부, 2005).

다문화사회의 구성원은 각각의 신념과 규범, 상징체계를 지니기 때문에 자신의 삶을 상이하게 구조화한다. 즉 새로운 이주민과 이주국 시민, 이주국은 다문화에 직면하게 된다. 다문화사회구성원의 가치와 규범 가운데 일부는 유사하나 대부분은 다르게 마련이다. 다문화사회에서는 문화적으로 동질적인 단일문화사회에서와 달리 바람직한 삶에 대한 일상적 관점을 공유하지 않아 상호작용에 상이한 가치를 부여한다.

인간은 여러 문화 특질(culture traits)을 공유할 수는 있지만, 각 문화는 상이한 방식으로 문화 특질을 조직화한다. 문화적으로 다양한 집단의 사람들이 만나게 되면 정치, 문화뿐만 아니라 사회적 구조와 제도, 가치체계에 영향을 미치게 된다. 이러한 사회문화적 변화의 속성과 정도는 발생한 조건에 따라 다르다. 문화적응은 중립적인 용어로서 상호작용하는 두 집단 모두에 해당하지만, 현실에서는 권력관계에 의해 한 집단이 다른 집단보다 더 많은 변화를 겪는 경우가 대부분이다.

김이선 외(2006)는 한국은 이주국가의 대열에 들어서고 있지만, 이에 대한 준비와 여건은 아직 미비하다고 말한다. 이로 인해 결혼을 통해 이주한 여성과 단순노무직 혹은 생산기능직에 종사하는 외국인 노동자에 대한 인권유린과 인종차별, 사회

부적응과 문화적 차이로 인한 문제, 자살범죄 등 이주민에 대한 일들이 사회 문제로 대두되고 있다.

한편, 사회적 거리(social distance), 국민 정체성과 시민성(citizenship), 문화적 다양성에 대한 태도, 종족적 배제주의 등 네 가지 차원에서 한국 사회의 다민족·다문화 지향성을 조사한 연구(황정미, 2007)에 따르면, 한국인은 다문화사회로 변화하는 과정을 체감하는 가운데 법과 제도의 변화나 이주자 지원정책의 필요성을 대체로 인정하고 있다. 또한 외국과 다르게 생산직 종사자에 대해서는 매우 관용적 태도를 보이고 있지만, 문화 다양성의 수용에서는 세대별로 차이가 있다. 이러한 결과는 같은 사회에서 같은 현상을 경험하는 구성원 간에도 다문화사회구성원의 세부특성에 따라 상이한 차이가 있음을 나타낸다. 따라서 교육을 통한 다문화사회구성원으로서의 준비와 연습이 필요하다.

함께 생각하기

1. 다문화사회에서 개인이 갖추어야 할 역량은 무엇이며, 이는 어떠한 과정을 통해 획득될 수 있는지를 토론해보자.

2. 자유주의적 다문화주의와 비판적 다문화주의의 관점과 한계를 고려하여 한국의 다문화주의가 지향해야 할 바를 기술해보자.

참고문헌

김선미(2009). 이주, 다문화 실태와 지원 사업 분석: 정부 주도와 시민사회주도, 시민사회와 NGO 7(2), 189-228.

김영순(2010). 다문화사회와 시민교육: '다문화 역량'을 중심으로, 시민인문학 18, 33-39.

김영호(2011). 검도 참여의 제약요인 및 제약 협상과 참여의도와의 관계, 석사학위논문, 국민대학교 대학원.

김이선 · 김민정 · 한건수(2006). 여성 결혼이민자의 문화적 갈등 경험과 소통 증진을 위한 정책과제. 한국여성개발원.

김진혁(2011). 참여적 의사결정에 직무만족에 미치는 영향에 관한 연구: 공기업 종사자를 중심으로. 석사학위논문, 원광대학교 일반대학원.

노정욱(2012). 한국 다문화사회통합정책의 추진체계에 관한 연구. 박사학위논문, 동아대학교 대학원.

박성호(2012). 인본주의에 기초한 한국형 다문화정책 모형의 모색. 박사학위논문, 성균관대학교 일반대학원.

박휴용(2012). 다문화주의에 대한 비판적 이해와 비판적 다문화교육, 교육철학연구 34(2), 49-77.

배재정(2012). 한국과 미국의 예비유아교사의 다문화교육에 관한 개념도 분석, 미래유아교육학회지19(1), 559-584.

보건복지부(2005). 국제결혼 이주여성 실태조사 및 보건 · 복지 지원정책방안, 보건복지부.

오화영(2010). 다문화사회의 사회통합 과제와 홍익인간 사상의 의미, 선도문화 9, 359-397.

이윤정(2011). 청소년의 무용관람에 따른 무용이미지와 관여도가 재관람의도 및 참여의도에 미치는 영향. 박사학위논문, 동덕여자대학교 대학원.

임형백(2009). 한국과 서구의 다문화사회의 차이와 정책비교, 다문화사회연구, 2(1), 161-192.

지종화 · 정명주 · 차창훈 · 김도경(2009). 다문화정책 이론 확립을 위한 탐색적 연구, 사회복지정책, 36(2), 457-501.

한국다문화교육연구학회(2014). 다문화교육용어사전. 파주: 교육과학사.

황정미(2007). 한국 사회의 다민족 · 다문화 지향성에 대한 조사 연구. 한국여성정책연구원.

Apple, M. (2000). Official knowledge: Democratic education in a conservative age. London: Routledge.

Barker, M. (1981). "The new racism, London: Junction Books"; Van Oudenhoven, J. P., Prins, K. S. & Buunk, B. P., "Attitudes of minority and majority members towards adaptation of immigrants." European Journal of Social Psychology 28, 1998.

Bennett, M. J. (1993). Towards ethnorelativism: A developmental model of intercultural sensitivity, In R. M. Paige (Ed), Education for the intercultural experience, Yarmouth, ME: Intercultural Press.

Berry, J. A. (2001). "Psychology of Immigration." Journal of Social Issues 57(3), 615-631.

Berry, J. W. & Kalin, R. (1995). "Multicultural and ethnic attitudes in Canada." Canadian Journal of Behavioural Science 27, 310-320.

Bourhis, R. Y. & Moise, L. C. "Perreault, S. & Senecal, S. (1997). Toward an Interactive Acculturation Model: A social paychologicl approach." Interactional Journal of Psychology 32, 369-386.

Brecher, J., Costello, T. & Smith, B. (2000). Globalization from Below: The Power of Solidarity. Cambridge,

MA: South End Press.

Chao, G. T. & O' Leary–Kelly, A. M., Wolf, S., Klein, H. J. & Gardner, P. D. (1994): "Organizational socialization: Its content and consequences." Journal of Applied Psychology 79(5), 730–743.

Dhamoon, R. (2004). 'Cultural' versus 'culture': Locating Intersectional Identities and Power. Paper to be presented at the Annual Meeting of the Canadian Political Science Association (June, 2004).

Dunn, K. M. & Kamp, A. & Show, W. S. & Forrest, J. & Paradies, Y. (2010). "Indigenous Australians' Attitudes Towards Multiculturalism, Cultural Diversity, 'Race' and Racism." Journal of Australian Indigenous Issues 13(4), 19–31.

Fish, S. (1998). Boutique multiculturalism. A. M. Melzer, J. Weinberger & M. R. Zinman (Eds.), Multiculturalism and American aemocracy. Lawrence, KS: University Pressof Kansas. 69–87.

Goldberg, E. & Noels, K. A. (2006). Motivation, ethnic identity, and post–secondary education language choices of graduates of intensive French language programs. The Canadian Modern Language Review 62(3). 423–447.

Gutmann, A. (2004). Unity and diversity in democratic multicultural education. J. A. Banks (Ed.), Diversity and citizenship education: Global perspectives. San Francisco: Jossey Bass. 71–98.

Hjerm, M. (1998). "National Identities, National Pride and Xenophobia: A Comparison of Four Western Countries." Acta Sociologica 41(4), 335–347.

Kymlicka, W. (2007). A Multicultural Odysseys: Navigating the New International Politics of Diversity, Oxford: Oxford University Press.

_____(1995). Multicultural citizenship: A liberal theory of minority rights. Oxford: Oxford University Press.

Levett, R. (2003). A Better Choice of Choice: Quality of Life, Consumption and Economic Growth. London: Fabian society.

May, S. & Sleeter, C. (Eds.) (2010). Critical Multiculturalism: Theory and Praxis. New York, Taylor & Francois.

Murdoch, G. (2000). Class stratification and cultural consumption: Some motifs in the work of Pierre Bourdieu. D. Robinson (Ed.). Pierre Bourdieu (Vol. III). London: Sage Publication. 75–93.

Rathje, S. (2007). "Intercultural Competence: The Status and Future of a Controversial Concept." Journal for Language and Intercultural Communication 7(4), 254–266.

Ryan, C. S. & hunt, J. S. & Weible, J. A. (2007). Peterson, C. R. & Casas, J. F. "Multicultural and Colorblind Ideology, Stereotypes, and Ethnocentrism among Black and White Americans." Group Precesses & Intergroup Relations 10(4), 617–637.

Scott, D. & Linda, Q. (2005). Providing for the priceless student: Ideologies of choice in an emerging educational market. American Journal of Education 111(4). 523–547.

Taylor, C. & Gutmann, A. (1992). Multiculturalism and 'the Politics of Recognition'. Princeton, NJ: Princeton University Press.

Van Maanen, J. & E. H. Schein (1978). "Toward of Theory of Organizational Socialization." Research in Organizational Behavior 1, 209–264.

Wolfe, A. (2000). Benign multiculturalism. P. Kivisto & G. Rundblad (Eds.), Multiculturalism in the United States: Current Issues, Contemporary Voices. Thousand Oaks, CA: Pine Forge Press. 445–454.

3장
다문화정책과 다문화 정체성

이 장에서는 다문화정책과 다문화 정체성에 대해 살펴보고자 한다. 다문화정책을 수립하고 실행함에 있어서 요구되는 것은 무엇인가? 구체적으로 한국 사회에서 소수자에 대한 권리를 보장하고 사회적 문제를 해결하기 위해 다문화사회의 주체를 어떻게 규정하고, 어떠한 방향으로 국가 개입이 이루어지는지를 살펴보고자 한다.

1. 다문화정책과 한국의 현실

1) 다문화정책의 개념

'다문화정책(multicultural policy)'이란 다문화사회의 구성원이 평등성을 바탕으로

처음 만나는 다문화교육

68

인간으로서의 보편적 권리를 누릴 수 있도록 정부 차원에서 이루어지는 의도적이고 제도적인 개입을 말한다. 또한 다문화정책은 특정의 소수자집단이 무시되거나 차별받는 것을 방지하고, 차이에 근거한 정치·사회·경제적 갈등을 해소하기 위한 것이다(오경석 외, 2007). 이는 다양한 문화적 주체들이 가진 서로 다른 삶의 권리에 대한 '제도적 보장'(Kymlicka, 1996)이며, 인종·민족·국적에 따른 차별과 배제 없이 모든 개인이 평등한 기회에 접근할 수 있도록 보장함으로써 다양한 인종집단이 공존하려는 이념을 실현하고자 하는 정부의 '정책과 프로그램'(Troper, 1999; 윤인진, 2008)' 이다. 또한 포스트모더니즘적 탈중심화 및 차이에 대한 인정을 기반으로 한다. 따라서 다문화정책은 다문화사회의 사회적 문제를 해결하기 위한 '정책적 대안'을 포함한다(원숙연, 2008).

그러나 한국에서의 다문화정책은 앞서 정의한 다문화정책의 의미와는 차이가 있다. 이러한 차이는 한국의 각 정부 부처가 다문화정책을 다르게 이해함으로써 발생한 것이다. 박진경(2010)은 법무부의 경우 다문화정책을 이민 및 국경관리의 의미로, 보건복지부의 경우에는 다문화가족지원의 의미로 정의한다고 말한다. 또한 문화체육관광부는 다문화정책을 문화적 다양성 증진 등의 의미로 이해하고 있다. 이처럼 하나의 정부를 구성하는 각 부처가 다문화정책을 서로 다르게 규정하고 별도의 다문화정책을 추진하는 것은 사업의 중복과 일관성의 결여라는 문제뿐만 아니라 중장기 사업에 대한 계획을 어렵게 한다는 문제점을 야기한다.

한국의 다문화정책 수립과 시행을 위한 법적 기반에는 2007년에 제정된 '재한외국인처우기본법'과 2008년에 제정된 '다문화가족지원법'이 있다. 다문화정책과 관련한 두 개의 주요 법안은 한국의 다문화정책이 '다문화가족이 아닌 자'에 대해서는 어떠한 언급도 없으며, 외국인(주민) 정책과 다문화가족지원정책으로 구분하여 시행하고 있음을 나타낸다(한승준, 2011). 이에 근거한 다문화정책은 대부분 국제결혼 여성 이민자와 자녀들에 대한 것으로, 이들을 한국 사회에 적응시키기 위한 교육과 사회복지서비스 지원에 초점을 맞추고 있다. 또한 부수적으로 일부 이주노동자 및 그들의 자녀교육에 관한 대책이 포함되어 있다.

다문화정책은 국가별로 역사적 발생 기원에 따라 다양한 형태로 나타난다. 여기에서는 Kymlicka(1996)의 다문화시민권에 대한 논의를 중심으로 다문화정책이 무엇을 목표로 해야 하는가에 대한 입장을 먼저 정리하고, 나라별로 다문화 발생 원인과 정책 가운데 일부 사례를 기술하고자 한다.

개인의 국가 간 이동이 보편화된 1980년 후반부터 국민국가 단위 또는 영토 중심의 시민권 개념의 효용성에 근본적인 물음이 제기되었다. Kymlicka는 주류사회가 인종·문화적 소수집단에 집단 차별적 권리를 부여해야 한다는 다문화시민권을 대안으로 제시했다. 그러나 그의 자유주의적 다문화주의는 기존의 자유주의 이론을 답습하지는 않는다. 오히려 그는 개인의 평등과 자유를 공정하게 실현하기 위해 공통적 시민권 개념에 의존한 기존의 자유주의 이론들이 집단 사이의 차이를 적절히 수용하지 못함으로써 실패했다고 말한다.

나아가 그는 문화적 다양성과 관련하여 다민족국가와 다인종문화국가를 구분한다. 다민족국가는 국가성립의 단계부터 한 국가 내에 여러 민족이 공존하는 국가이고, 다인종문화국가는 국가 성립 이후 주로 이민을 통해 다양한 인종·문화집단의 유입을 통해 나타나는 국가의 특징을 의미한다. 따라서 다민족국가 안에서 나타나는 소수민족의 요구나 권리는 다인종문화국가 안에서의 인종·문화집단이 요구하는 집단 차별적 권리와 동일하지 않다. 다민족국가 내의 소수민족은 자치권, 다인종 문화적 권리, 특별집단대표권이라는 세 가지 집단 차별적 권리를 모두 요구한다. 그러나 다인종문화국가 안에서의 인종·문화적 소수집단은 주로 자신들의 문화적 특성과 자긍심을 표현할 수 있게 하는 다인종문화적 권리를 요구한다.

소수집단의 요구는 다시 내부적 제재와 외부적 보호로 구분된다. 두 가지 모두 민족적 및 인종문화적 공동체들의 안정성을 보호하는 것이지만, 내부적 제재는 전통적 관행이나 관습을 준수하지 않으려는 개인의 결정 같은 집단 내의 반대로 인한 불안정적인 영향으로부터의 보호와 관계된다. 이와 달리, 외부적 보호는 보다 큰 전체 사회가 내리는 경제적 또는 정치적 결정 같은 외부적 결정의 영향으로부터의 보호와 관계된다. Kymlicka가 말하는 다문화시민권이 제대로 실현되기 위해서는 소수집단의 요구를 세밀하게 구분해야 하며, 이와 동시에 해당 집단구성원의 기본적 자유와 권리를 제한하거나 집단 간 평등적 관계를 저해하지 않아야 한다는 전제조건이 따른다(한국다문화교육연구학회, 2014).

한국 사회에서 이주민의 사회통합은 주로 한국어 능력을 비롯한 사회적응능력이 부족한 사회적 소수자로서 기본적 권리의 침해나 부당한 차별을 받지 않고 건강한 사회구성원으로 정착하는 데 그 목적이 있다. 외국인의 정착을 받아들이는 정책의 유형에 따라 다문화사회에서의 사회통합 방식은 차별적 포섭과 배제모델, 동화주의 모델, 다문화주의 모델로 유형화할 수 있다. 각각의 특징은 다음과 같다.

첫째, 차별적 포섭과 배제 모델은 유입국 사회가 이민자를 3D 직장의 노동시장 같은 경제적 영역에서만 받아들인다. 이는 복지혜택·국적·시민권·선거권 부여 같은 사회적·정치적 영역을 제한하는 모델이다(Martiniello, 2002). 이 모델을 수용하는 정책은 국내에 들어온 소수인종이 국민의 단일성을 위협하는 존재로 인식되면 그들을 배제하거나 그들의 영향력을 최소화한다. 이러한 정책유형은 국가가 원치 않는 이민자의 정착을 원천적으로 차단하려는 것으로 내국인과 외국인의 차별적 대우를 유지하려 한다.

둘째, 동화주의 모델은 이민자가 출신국의 언어·문화·사회적 특성을 완전히 포기하여 주류사회의 구성원과 차이가 없게 만드는 것을 이상으로 삼는다. 동화모델에서의 정책은 자국의 구성원이 되기 원하는 이민자에게 문화적 동화의 대가로 '국민'으로 합류하는 것을 허용한다(이혜경, 2007). 이 정책유형에서는 국가가 소수인종에게 고유문화를 포기할 것을 강요하지는 않지만, 고유문화를 유지하는 데 필요한 어떠한 지원도 하지 않는다. 즉, 소수집단 및 이민자의 문화적 고유성에 대한 어떠한 지원도 하지 않음으로써 그들이 자신의 문화적 정체성을 점차 잃고 다수에 의해 정의된 주류사회를 따라갈 수밖에 없게 하는 것이다.

셋째, 다문화주의 모델은 이주민의 문화와 정체성의 다양성을 받아들인다. 이 모델에서의 정책은 이주민이 그들만의 문화를 지켜가는 것을 인정하고 장려한다. 또한 정책목표는 주류사회로의 동화가 아닌 집단 간의 공존(symbiosis)에 둔다(박진경,

2010). 다문화주의 모델은 동화주의가 오히려 인종 간 분쟁의 원인이 된다고 본다. 이와 달리 다양성의 존중은 소수 이주민집단이 가진 잠재력을 발현할 수 있는 원동력으로, 이를 통해 전체 사회의 발전을 가져올 것으로 기대한다. 이 정책유형에서는 어떤 소수집단이라도 자유롭게 결사하여 법을 존중하면서 자신들의 문화와 정체성을 보존할 수 있다(Martiniello, 2002). 또한 소수자에 대한 사회적·정치적 자원의 배분구조에 대해서는 국가가 적극적으로 개입하여 소수인종이 현재 당하고 있는 차별정책을 시정하기 위해 노력하고 역사적으로 배제되어 생긴 인종적 불균형을 보상하기 위해 특혜정책을 시행하기도 한다. 그러나 이 모델을 통한 정책에서도 소수집단의 문화 보존을 위한 별도의 국가 재정지원은 이루어지지 않는다.

차별적 포섭과 배제 모델이나 동화주의 모델에 입각한 국가에서는 문화적 단일성을 중시한다. 이와 달리, 다문화주의 모델에 입각한 국가에서는 문화적 다양성 자체를 사회구성의 기본원리로 채택하고 다양성이 공존하는 가운데 집단 간 상호존중의 질서가 자리 잡도록 하는 데 정책의 목표를 두고 있다(김명성, 2009). 이러한 모델은 국가가 사회통합을 추구하는 데 있어 근간이 되는 철학을 보여주며, 국가에서 취한 다문화정책에 따라 다문화사회화의 양상이 다를 수 있음을 시사한다.

이와 같이 다문화정책은 소수집단을 보호하고 그들의 권리를 '다문화 시민권'으로 일컬을 수 있도록 보장해야 한다는 것을 알 수 있다. 또한, 다수의 주류 사회구성원이 소수를 이해하기 위해서는 다양성 이해를 지원할 수 있는 제도적 장치도 함께 필요하다는 점을 확인할 수 있다.

2) 한국 다문화정책의 현실

(1) 다문화정책의 기본 취지

다문화정책에서 주류문화에 대한 이주민의 적응을 돕는 것은 다문화사회의 전개 과정에서 제기되는 정책 중 기본적인 사항이다. 이에 대한 방안을 찾는 과정에서 다양한 문화의 특성과 이를 둘러싼 소수자의 권리와 권위 및 소수자에 대한 주류사회의 기본적인 관점이 형성될 수 있도록 해야 한다.

다문화사회를 경험했던 다른 국가들은 이주민을 대상으로 하는 언어교육을 비롯하여 주류문화 적응에 비교적 적극적인 정책을 실시했다. 그러나 정책 형성 과정에서 나타나는 이주민과 주류문화와의 관계에서 기본적 관점은 나라별로 차이가 있다. 이는 다문화사회로 전개되는 과정에서 이주민의 문화적 위상과 배경의 차이에서 발생하는 문제들이 정책 운영 주체 간의 관계에 많은 영향을 주기 때문이다.

이주민의 주류문화 적응은 국가적 차원에서 상당한 정책적 지원을 통해 적극적으로 이루어진다. 그러나 이주민을 주류사회에 적응하지 못하는 존재로서 파악하는 정책적 접근은 이들이 한국 사회의 완전한 구성원으로 자리매김하기 어렵게 한다. 이러한 접근은 오히려 이주민을 한국의 주류사회로부터 분리 또는 차별하는 것을 심화할 우려도 있다. 따라서 적극적인 통합과 조화를 위해서는 이주민의 문화적 특성과 역량을 개방적으로 수용함으로써 다문화사회에 안정적으로 적응할 수 있도록 주류사회의 역량을 제고하고 소통을 활성화하는 등의 변화가 필요하다.

(2) 다문화 역량강화 정책 운영

다문화적 환경으로 살아가는 주체 간 소통은 다문화사회의 초기단계에서부터 체계적 접근이 필요하다. 이주민을 대상으로 하는 한국문화 교육이나 학교·시민단체에서 시도하는 다문화교육은 한국문화나 베트남문화 등과 같이 서로 구분된 단위로 각 문화를 전제하고, 문화별 특수성에 대해 단편적인 정보를 제공한다. 이는 다양한 문화에서 형성된 음식이나 의상의 차이와 예절·의례 등의 특수성과 관련해 특정 국가에 따라 고정적이고 정형화된 상징성을 인정하는 것이다. 학습이나 축제 참여자들은 이러한 상징화된 문화를 단편적으로 접함으로써 그들이 다문화사회의 사회·문화적 주체로 성장할 수 있는 기회를 박탈당한다. 이러한 단편적인 행사

중심의 다문화교육은 앞서 제시한 바와 같이 정부 정책이 부처에 따라 다르게 제시되고, 한정된 예산 속에 운영됨으로써 중·장기적 시각을 유지할 수 없다는 데서 기인한다. 그러나 교육적 측면에서 다문화 역량을 강화하기 위한 정책은 다양한 주체들이 자신의 문화적 역동성을 보여줄 수 있는 프로그램에 직접 참여하는 것을 보장함으로써 극복할 수 있다고 본다. 프로그램 참여를 통한 상호 간의 직접 경험은 문화적 차이뿐만 아니라 인류 보편의 공통 요소를 발견하고 발전시키는 계기를 가질수 있다.

(3) 이주민의 문화권 보장

현재 한국으로 이주한 이주민은 혼인이나 혈연에 관계없이 합법적 정주 또는 영주, 국적 취득을 통해 한국에서의 생활을 이어가는 사람이 늘어나고 있다. 이 단계에서 다문화사회 문화의제는 공동체 문화권을 중심으로 재편해야 한다. 소수자와 다수자 간의 갈등과 논란은 단일문화의 틀에 익숙한 사회에서 문화적 차이를 둘러싸고 발생할 수 있다.

향후 제기될 수 있는 다문화사회의 문제로 소수자로서 이주민이 지니는 문화적 권리가 있다. 문화적 권리는 소수자의 언어와 문화 유지권, 독특한 관습과 생활양식 구현권, 교육적 평등권 등 이주민공동체를 전제로 하는 것을 의미한다(Castle & Davidson, 2000). 이주민의 요구는 다문화사회가 전개되는 과정에 따라 차이가 있을 수 있다. 이주민의 정책적 위상이 변화하고 주류사회와의 관계성도 변화한다. 여기서 발생하는 문화권을 둘러싼 관심은 핵심적 의제로 이동하는 결과도 가져온다. 한국은 민족적·문화적 단일성의 신념이 오랜 기간 유지되어왔다. 그렇지만 이주민의 증가에 따라 문화 다양성에 대한 관심이 형성되는 사회에서 문화에 대한 의제의 전개 양상은 이주 단계별로 많은 차이가 있다(장미혜, 2008에서 재인용).

3) 한국 다문화정책의 방향

　　다문화정책을 실행하기 위해서는 다문화사회의 전개에 적합한 개념을 토대로 교육과 활동 프로그램의 목적과 방향을 구체화시켜야 한다. 기존의 대부분 문화 교육은 국가 단위로 고유문화를 설정하고, 대표적인 문화요소를 부각시켜 문화에 대한 고정적 이미지를 강화시키는 부작용을 낳고 있다. 이와 같은 프로그램만으로는 다문화사회의 문화의제와 사회변화에 적절한 태도나 행동을 구현하는 데는 한계가 있는 실정이다.

　　정부는 2009년부터 사회통합프로그램[4]을 시범적으로 도입하여 이주민과 국민을 대상으로 한 다문화 이해교육을 본격적으로 시행하고 있다. 그런데 기존의 문화 교육이 지니는 한계를 비판적으로 점검하고 극복하기 위한 시도는 부족한 실정이다. 이러한 상황에서 문화 교육의 기본적 관점을 정비하고 실효성 있는 교육 프로그램을 개발하기 위한 작업이 우선적으로 이루어져야 한다. 이를 위해 특수한 문화요소에 대한 지식과 기술을 익히는 데 초점을 둔 교육에서 탈피하여 일반 적응 문화교육의 방향을 정립해야 한다. 따라서 기본적인 문화 감수성 훈련과 문화 경계 넘기 훈련 등이 필요하다. 이를 통해 문화적 차이를 경험하고 다른 문화의 의미를 이해할 수 있다. 풀뿌리 차원에서 학교나 지역사회 주체들이 서로 만나 경험을 나누면서 다문화사회의 주체로서 성장해가는 프로그램 기획은 매우 중요하다.

　　보건복지가족부 산하 (재)무지개청소년센터를 중심으로 6개의 지역기반 기관·단체[5]가 함께 추진하는 무지개탐험단은 프로그램의 가능성과 방향을 제시하고 있다. 2007년에 이어 2008년, 사회복지공동모금회를 통해 민간기업 차원에서 추진한 프로그램은 '서로 다르지만 같은 우리 – 소통, 만남, 성장'을 주제로 한국인 가족

---

4)　사회통합프로그램(KIIP: Korea Immigration and Integration Program)이란 한국 국적취득을 원하는 외국인에게 법무부가 지정한 교육과정을 이수한 경우, 국적취득 등에 편의를 주는 제도이다. 2009년 '사회통합교육 이수제'로서 처음 도입되어 일정 기간 시범운영을 거쳤으며, 현재는 '사회통합프로그램' 홈페이지에서 이 프로그램과 관련된 모든 정보를 제공하고 있다.

5)　무지개청소년센터(서울), 양정청소년수련관(부산), 고리울청소년문화의집(부천), 천안시청소년지원센터(천안), 익산시청소년수련관(익산), 김천YMCA(김천)

과 이주민 가족의 청소년들이 다양한 문화체험활동을 통해 상호 이해를 도모하고, 함께하는 행복한 다문화사회의 주역으로 성장하는 것을 목표로 한다. 지역별로 중국·일본·페루·태국·우즈베키스탄·미얀마 등의 배경을 지닌 다문화가정 청소년 10명과 한국인 가정 청소년 10명이 짝을 이루어 7개월간 문화탐험을 중심으로 학교를 통한 다문화 이해와 편견 교육을 했다. 또 지역주민을 세계시민 교육 등으로도 연계해 활동했다. 이 형태로 진행되는 프로그램은 참여자가 봉사자와 수혜자 또는 이주민과 일반청소년이라는 구분된 범주가 아닌 수평적 관계로 만나 일상적 관계를 진전시켜가는 데 주안점을 두고 있다.[6] 주관기관은 학습에 참여하는 대상을 이주민과 한국인을 구분하여 모집하는 것을 원칙으로 한다. 현재는 이주배경 청소년 통합캠프로 운영되고 있다. 이러한 운영에 참가하면서 자신 안의 편견을 자성하는 계기를 갖게 한다. 이 과정에서 소통을 가로막는 다양한 요인을 스스로 찾아내어 해소하는 결실을 맺기도 한다. 또한 서로에 대한 인간적 이해와 함께 문화콘텐츠를 창조해내는 단계로 나아갈 것으로 기대된다.[7]

그럼에도 불구하고 한국 사회에서는 일반 시민단체에 대한 공모 지원사업 외에 다문화사회 주체가 참여하는 '실천 지향적 문화' 프로그램을 위한 별도의 지원체계는 갖추지 못한 상황이다.[8] 이에 지역사회나 작업장, 학교 등 일상적인 공간 속에서 다양성을 지닌 주체들 사이에서 일어날 수 있는 차이 같은 문제들에 대해 총체적으로 다루는 프로그램이 개발될 수 있도록 지원해야 한다.

이주민 지원 단체나 결혼이민자가족지원센터 등의 관련기관과 일반시민이나

---

6) 주관기관에서는 참여자 모집 시 이주민과 원주민을 구분해 모집했지만, 실제 프로그램 추진과정에서는 이러한 구분을 하지 않는 데 세심한 주의를 기울였다.

7) 이러한 프로그램은 출신국가별 구분 없는 수평적 관계를 지향하는 점에서 흔히 추진되는 멘토링과 차이가 있으며, 일상적 관례를 토대로 한 편견의 자성과 소통을 통한 새로운 관계의 가능성의 발견을 추가한다는 점에서는 축제 같은 행사 차원을 뛰어넘고 있다.

8) 호주 정부가 다양한 주체 간 관계성을 향상하기 위한 목적으로 '화합을 이루는 삶(Living in Harmony)'이라는 별도의 지원 프로그램을 통해 지역 차원의 단체들로 하여금 민족적 편견 철폐나 다양한 주체 간 교류를 위한 프로그램의 개발, 추진을 지원하는 것은 주목할 만한 사례이다. 또한 일본 가와사키 시가 설립하고 재일한국·조선인으로 구성된 사회법인이 운영을 맡고 있는 후레아이관 역시 국가 내/외부의 구분을 기초로 국가 단위의 문화를 이해하는 데 초점을 둔 소위 '국제이해교육'의 틀에서 벗어나 일상에서 마주하는 지역의 다양한 주체들 간 관계 재구성 기회를 마련하기 위해 노력하고 있다는 점에서 관심을 기울일 만하다(김이선 외, 2006).

단체가 주로 이용하는 여성회관, 사회복지관 등의 기관이 별도로 사업을 추진하는 상황에서는 현실에서 제기되는 문제를 바탕으로 한 교류 프로그램이 활성화되기 어려운 면이 있다. 축제를 비롯하여 이주민 지원사업 등의 추진과정에서도 여러 기관이 협력을 도모하지만 다문화사회 주체들을 위한 소통과 교류가 체계적으로 접근하는 경우는 매우 드물다. 따라서 다문화사회 주체를 위한 정책 등 구체적인 사업을 실현시키기 위해 지역 차원의 실행체계가 갖추어져야 한다. 예산 지원 대상 사업의 선정에 있어서도 정부는 이주민공동체, 이주민지원단체, 일반시민단체 등이 함께할 수 있는 프로그램을 우선적으로 지원해야 한다. 이주민과 일반시민이 함께 참여하는 단체 육성 프로그램을 개발하는 방안도 적극적으로 고려되어야 한다. 이주 여성들이 다문화 전문 강사로 양성되고 활동할 수 있도록 제도를 구축하는 것이 현실적으로 추진해야 할 매우 유용한 방안이다.

2. 한국 다문화사회의 현실

최근 세계는 개방화를 통해 '이주의 시대'를 맞이하고 있다. 국제 이주자는 이민·노동·결혼·유학 등의 목적으로 모국을 떠나 다른 나라에 살면서 양 국가의 경제·사회·문화와 정치에도 중대한 영향을 미치고 있다. 한국도 예외일 수 없다. 이러한 변화들은 단일 혈통과 단일 문화를 정체성의 근간으로 삼아온 대한민국 사회에 대한 중대한 도전이다. 한국도 외국인 문제를 단지 인력 수급의 문제로 치부하는 차원에서 벗어나야 한다. 이주민의 이주 이유는 결혼·귀화·교육·의료·복지·공동체와 정체성 등의 문제에서도 새로운 인식의 정립이 필요한 실정이다. 이를 준비하지 못하면 궁극적으로 사회통합 과정에서 복합적인 문제가 발생할 수 있다.

이미 이주사회를 경험한 독일·프랑스·영국 등은 다문화주의 실패를 선언했다. 세계적 경제위기로 유럽 국가들에 재정위기가 발생하면서 복지정책에 차질이 생겼다. 주류집단은 이민자들이 일자리를 빼앗아 실업이 늘었다고 생각한다. 또 자신들과 똑같이 외국인에게 제공하는 복지정책을 재정위기의 원인 중 하나로 보았다. 이에 따라 이민자들에 대한 배타적 의식은 고취되었고, 유럽 각국은 다문화정책을 포기하는 방향으로 이민정책을 선회하고 있다.[9]

한국에서는 이민자의 주류를 노동자 · 결혼이주자 · 유학생의 세 집단으로 분류한다. 한국인은 저출산 · 고령화로 노동력이 부족해져 외국인 노동자의 유입은 필수적이라는 사실을 잘 알고 있다. 또한 성비 불균형으로 인한 외국인 신부의 유입, 대학의 유지를 위한 외국 유학생의 유입 역시 필요하다는 것도 인지하고 있다. 이러한 상황에서 나타나는 다문화사회화 과정에 대해 논의할 필요가 있다고 본다.

1) 외국인 노동자의 문제

외국인 노동자 문제는 우리 사회 모든 영역에서 다양한 형태로 일상 속 깊숙이 들어온 지 오래다. 한국은 필요에 의해 외국인 노동자를 확보하고 있다. 대기업은 외국인 노동자를 들여와 쓰기보다 자동화나 생산시설의 해외 이주 등을 통해 인력 문제를 해결하고 있다. 따라서 외국인 노동자를 필요로 하는 곳은 거의 중소기업이나 농어촌이다. 「중앙일보」(2011. 8. 30)는 2011년 법무부가 아닌 고용노동부 통계를 들어 총 71만 2,400여 명의 외국인 노동자가 한국에 취업하고 있다고 보도했다. 이들 중 90% 이상이 30인 이하의 기업에 취업했으며, 나머지는 농어촌에서 일한다.[10] 대부분의 사업주들이 외국인 노동자를 고용하는 이유는 싼 임금 때문이기도 하지

---

9) 프랑스는 2010년에 집시 수천 명을 추방하고 이민자 수용쿼터를 연 20만 명에서 18만 명으로 감축하기로 했다. 2011년 들어 이슬람 여인들이 부르카를 착용하지 못하도록 하는 '부르카 금지법'을 시행하고 있으며, 벨기에도 이와 유사한 법안을 도입하고자 추진하고 있고, 스페인은 외국인 무적자들에게 '자진출국 유인제도'를 도입하고자 시도하고 있다(매일경제, 2011. 7. 27).

10) "국내체류 외국인 근로자 71만명 넘어서"(중앙일보, 2011. 8. 30)

만 한국인 노동자를 구할 수 없기 때문이다. 이처럼 외국인 노동자는 한국 노동시장의 수급 문제를 해결해주고 있다.

그러나 재외동포 취업 허용 이후 실질적으로 35만 명에 가까운 중국 교포가 건설현장 · 식당 · 숙박업 등의 분야에 진출하여 한국인 중장년층이 맡을 수 있는 일자리를 잠식하고 있다.[11] 나아가 외국인 근로자 문제는 크게 인권 문제와 범죄 문제로 구분된다. 인권침해의 가장 대표적 문제는 임금체불이다. 수많은 외국인 노동자가 임금체불을 경험하거나 지급받지 못한 경우가 문제되고 있다. 특히 임금체불 때문에 범죄의 길로 빠지는 산업연수생이 많아졌다.[12] 더욱이 이들은 산업재해에 대한 보장도 거의 없는 환경에서 일하고 있다. 이를 해결하기 위해 노조운동이 일어나고, 이에 맞서던 노동자들은 실직하는 경우가 많다. 거액을 들여 한국에 온 외국인 노동자는 귀국하기보다 불법으로 한국에 남아 날품을 팔거나 더 낮은 임금으로 고용되어 악순환이 반복된다. 이로 인해 외국인 노동자가 자국의 폭력조직에 흡수되거나 그로 인해 피해를 당할 가능성은 더욱 커진다.

한국에는 2009년 10월 기준 14개국 65개 파의 외국인 조직폭력단이 있다. 이들은 대략 4,600여 명의 조직원과 함께 자국민 밀집지역에서 활동하고 있다. 또 그들 국가의 폭력조직과도 관계를 맺고 있어 통제하는 것만으로는 해결하기 어렵다. 한국 폭력조직과도 손잡고 도박 · 매춘 · 마약 등으로 사회 문제의 심각성에 노출된 범죄는 지속적으로 늘어나고 있다. 꿈을 안고 한국에 왔다가 범죄의 길로 빠지는 그들의 불행은 우리 사회에도 다 같이 큰 문제로 다가오고 있다.

대검찰청이 내놓은 2013년 외국인범죄처리현황자료에 따르면 지난해 고소 · 인지 등으로 외국인 피의자 3만 4,460명을 접수했으며, 이전에 접수했으나 처리하지 못한 것까지 합쳐 총 3만 4,561명을 처리했다. 그리고 국내 거주 외국인의 5대 강력범죄(살인 · 강간 · 강도 · 절도 · 폭력) 비율이 점차 증가하고 있다. 국회 안전행정위원회 소속 김민기 민주당 의원이 경찰청으로부터 받은 국정감사 자료에 따르면 국내 체

---

11) 박기덕, "한국다문화사회화의 현황과 문제점 및 대응방안", 세종연구소, 2012, 25.

12) "돈 벌러 왔다가 범죄의 길로 … 외국인 범죄 급증, 폭력 · 광역화"(국민일보, 2009. 9. 20)

류 외국인의 강력범죄 건수는 2008년 396건에서 2012년 630건으로 59.1% 증가한 것으로 조사됐다.[13]

외국인이 일으키는 범죄는 해마다 증가하고 있으며, 그 수준도 갈수록 흉악해지고 있다. 그러나 이를 예방할 사회적인 안전체제의 구축은 미비한 실정으로 준비와 작동이 매우 미흡하다. 따라서 외국인 범죄를 사전에 방지하기 위한 제도가 체계적이지 못하고 범죄에 대한 처벌기준도 명확하지 않아 새로운 사회 문제로 상당한 지적을 받고 있다. 특히 가장 문제가 되는 불법체류자의 경우 범죄행위 후 제3국으로 빠져나가면 검거 자체가 어려운 형편이다. 정부는 2009년 10월 27일부터 외국인 조직범죄 합동수사본부를 설치하고 외국인이 많은 곳에 9개의 지역본부를 설치하여 활동하고 있다.[14] 불법체류자는 2007년 말 22만 3,464명에서 2011년 16만 7,780명까지 줄었으나 2012년 다시 증가세로 전환되어 2014년 3월 기준 18만 4,146명으로 집계되고 있다.

2) 결혼이주여성의 문제

외국인 신부는 학력도 상대적으로 높고 나이가 어린 경우가 많다. 결혼 조건이 열악한 한국인 남성과 꿈을 가진 젊고 진취적인 외국인 여성이 부부로 만나 좋은 일만 기대하기는 어렵다. 성격 · 학력 · 문화 · 나이 차이와 종교적인 차이 등이 부부 간에 갈등을 야기하고 있다. 결혼이주민이 거주하는 특정 장소에서는 사회적 연결망이 취약하여 문제는 더욱 커진다.[15] 사회적 연결망을 강화하려면 한국어 능력과

---

13) "2013년 외국인 범죄 처리현황 자료"(대검찰청)를 참고하여 작성.

14) 서울 중앙, 인천, 수원, 부산, 대구, 광주 지검과 외국인 밀집지역인 서울 남부 및 의정부 지검, 안산지청 등 9곳에 지역본부를 설치했다. 또한 모국 범죄조직이나 국내 폭력조직과의 연계를 차단하기 위해 국정원 국제범죄정보센터 등을 통한 정보수집도 할 예정이다. 합수부는 외국인 강력범죄에 대해 구속수사를 원칙으로 하여 형이 확정되면 국제수형자 이송제도를 통해 본국으로 송환하고, 조직범죄나 강력범죄에 연루된 외국인 불법체류자는 즉시 강제출국시킬 방침이다(서울신문, 2009. 10. 28).

15) 최병두 등에 의하면, 사회적 연결망을 잘 구축하는 능력은 곧 "국지적 시민성"이 높은 것이고, 이주와 정착이 그

함께 지역주민으로서 정체성을 형성하고 국내의 한국인 친구를 늘리는 등의 적극적인 접근이 필요하다.

결혼이주여성은 다문화가정 내에서 심각한 인권유린을 당하고 있다. 한국 사회는 이주여성을 하나의 인격체로 보아 개선 방향을 모색하지 않고 한국에 동화시키는 방향으로 견지해왔다. 한국인 만들기나 한국에 적응시키기 등에 역점을 두고 있어 인권 문제에는 관심이 없다.[16] 한국인 특유의 배타적인 혈통의식에 따라 소외시키거나 노동력과 성을 갈취하는 경우도 많다. 여성가족부에 의하면 2010년 기준 국제결혼이주여성의 부부폭력 발생률은 69.1%(부부폭력 피해율 58.6%)이고, 신체적 폭력(경한+중한 폭력) 발생률도 17.3%(신체적 폭력 피해율 13.4%)라고 한다. 결혼이주여성에 대한 가정폭력으로 인한 상담건수는 2009년 5,895건, 2010년 6,985건, 2011년 9,617건으로 가파른 증가세를 보이고 있다. 학교와 시민교육, 각종 매체를 통해 내국인에게 개방적인 마음가짐과 다른 문화를 존중하는 소양을 길러주고, 일상생활에서도 그들과 자주 교류 · 협조하는 기회를 부여하는 것이 필요하다.

결혼이주민이 부당하게 각종 학대와 착취에 시달리지 않도록 법제를 정비하고 각종 지원 프로그램을 구비해야 한다. 결혼 과정에서 허위 정보 제공이나 강압적 방법을 막는 법률 제정이 필요하다. 결혼했다고 해서 바로 국적을 취득할 수 없다는 점을 이용하여 각종 인권유린이 자행되는 경우가 많다. 국제결혼을 하더라도 입국 후 2년이 경과해야 국적을 취득할 수 있고, 이때 남편의 신원보증도 요구한다. 또 2년 이내에 이혼하게 되면 본국으로 귀국하게 되는 것을 악용하는 사례가 있다. 이를 방지하기 위해 이혼을 하더라도 이주민에게 귀책사유가 없는 한, 결혼 2년이 경과하지 않아도 국적 취득, 그리고 사안에 따라 자녀의 양육권 부여에 대한 법 정비가 필요할 것이다.

들이 살고 있는 특정 장소의 사회경제적 관계와 과정에 영향을 받는다고 본다. 이 연구에 의하면 결혼이주여성 중 약 40%가 이웃과 의사소통이 잘되는 편이지만, 급전을 빌릴 수 있는 이웃이 없는 경우도 34.9%에 달했다. 이주노동자의 경우도 대부분 합숙소(44%)나 직장에서 주선해준 주택에 살면서(16%) 생필품을 주변 슈퍼에서 해결하고(50%), 여가도 집 주변에서 보내는 경우(27%)가 많다는 것이다(경향신문, 2011. 4. 5).

16) "이주여성 '한국 며느리 만들기'보다 인권 주체로 봐야죠"(경향신문, 2011. 11. 28)

3) 외국인 유학생의 문제

한국은 대학이 과잉 설비되고, 출산율 저하로 전통 있는 몇몇 학교를 제외한 지방에서는 우리 학생만으로 정원을 채울 수 없게 됐다. 그 때문에 정원에 미달한 지방대학들은 외국인 유학생을 유치하고 있다. 유학생 통계에 따르면 2013년 기준 국내의 외국 유학생은 8만 5,923명이다. 이들 중 대부분은 중국인(58.6%)이다. 2004년 1만 6,832명에 불과하던 유학생은 2006년 3만 2,557명, 2008년 6만 3,952명, 2010년 8만 3,842명으로 조사되었다. 한국의 대학 사정으로 유학생 비자가 취업이주보다 쉽기 때문이다. 그러나 이들이 한국에 오는 이유는 대부분 직업 때문이다.

정부는 2020년까지 20만 명의 유학생을 유치하겠다는 계획을 세워놓고 있다. 우리 대학들도 적극적으로 국제화시대를 준비해야 할 시기가 온 것이다. 그렇지만 국제화를 준비하는 대학들이 해결해야 할 과제도 많다.

외국인 유학생들은 학업 및 학과 정보의 부족으로 대학생활 적응에 많은 어려움을 겪고 있다. 따라서 이해하지 못한 채 전공이나 학과를 선택하는 경우도 많다. 선택한 전공이 너무 어려워 학업을 포기하고 불법체류자로 전락하는 유학생도 발생하고 있다.

유학생들은 대부분 강의를 따라가는 데 언어적으로 어려움이 있다는 의견을 내놓는다. 한국어 강의에 충실하지 못하고 함께 제공되는 영어강의도 따라갈 수 없기 때문이다. 미국·일본 및 대만 정도를 제외하면 기타 유학생들은 장학금 혜택도 없고 물가가 높은 한국에서 유학하기에는 경제적으로 힘든 상황이다.

법무부는 2009년 6월, "외국인 유학생의 안정적인 생활을 위해 사전에 신고한 유학생에 한해 학기 중 주 20시간씩 아르바이트를 할 수 있도록 허용했다. 현재는 유학(D-2), 어학연수(D-4-1) 자격을 가진 유학생들이 대학 유학생 담당자의 확인을 받은 경우 주당 25시간, 공휴일 및 토요일과 일요일 및 방학 중에는 무제한 허용되고 있다. 유학생 125명 중 70명(56%)이 학업과 아르바이트를 병행하고 있는 것으로 보도된 적도 있다."[17] 그러나 주당 25시간의 임금으로는 학비는 물론 생활비도 충당할 수 없어 25시간을 초과하여 일하게 된다. 이런 불법취업의 약점을 이용하는 업주들도 많아 규정보다 시간급을 적게 주거나 임금을 체불하는 경우도 있다. 이들에게는 성매매 등의 유혹도 많고, 생활고 탓에 학업을 중단하여 비자 연장이 안 되면 결국 불법체류를 하게 되어 사회적 문제가 발생한다.[18]

4) 다문화에 대한 한국인의 인식

한국인은 외국인 이민의 불가피성을 인지하고 다문화사회화에 대한 필요성과 유용성을 수용하고 있다. 한국에서는 외국인에 대한 노골적인 적대감은 표출하지 않아 테러행위가 자행되지는 않는다. 그러나 사이버 공간에서는 이미 외국인에게 적대감이나 반감을 드러내는 카페와 블로그가 적지 않게 개설되어 있다. 어느 반(反)다문화 카페는 6,000명이 넘는 회원을 가지고 있는 경우도 있다.[19] 이러한 블로그나 카페 이용자들이 사용하는 언사를 두고, 국가인권위원회가 법무부 장관과 한국인터넷자율정책기구 이사회의 의장에게 인터넷상의 인종차별적 표현을 개선하기 위한 의견을 제시하기도 했다.[20]

여성가족부와 국가브랜드위원회가 2010년 「동아일보」와 공동으로 진행한 '다문화에 대한 대국민 인식조사'를 보면 다문화가족 증가에 대한 긍정적 평가가 79.5%로 부정적 평가(17.2%)의 4배가 넘었다. 이성적으로는 다문화에 대해 수용적 사고를 보이나 현실에서는 여전히 다문화에 대한 차별이 존재했다. 한국 사회가 다문화가족에 차별적이라는 데는 76.3%가 동의했다. "차별적이지 않다"는 응답은

---

17) "외국인 유학생 10만 시대…… 추악한 제노포비아"(동아일보, 2011. 11. 22)
18) "법무부가 2011년 11월 집계하고 있는 외국인 유학생 불법체류자 수가 4,000여 명에 달한다."(동아일보, 2011. 11. 22)
19) "한국도 反다문화…… 인권위 상담 5년 새 2배"(매일경제, 2011. 7. 27)
20) "어떤 형태로든 인종차별적 표현은 안 된다"(경향신문, 2011. 5. 10)

21.1%뿐이었다. 또한 다문화가족을 대할 때 출신 국가나 인종에 따라 다른 태도를 보인다는 응답도 78.6%나 됐다. 우리 사회에 인종적·문화적 편견의 뿌리가 깊다는 것을 보여주는 결과다.

부산지역 이주민 인권운동단체인 ㈜이주민과 부설 다문화인권교육센터가 2007년 개정 교육과정의 초등학교 사회·도덕·국어 교과서를 분석한 결과 '배달민족'이나 '단일민족' 같은 용어는 빠지고 다문화가정 자녀에 대한 비중은 크게 높아진 반면, 이주여성과 그 자녀에 대한 편견을 드러내는 묘사나 기술이 적지 않은 것으로 나타났다.

교과서에 묘사된 이주여성 학부모들은 소극적이거나 무능력한 사람으로 그려지고 있다. 가령 4학년 2학기 국어 교과서에 실린 「걱정마」라는 시에는 "알림장을 못 읽는 나영이 엄마는 베트남에서 왔고, 김치 못 먹어 쩔쩔 매는 영호 아저씨 각시는 몽골에서 시집와 길에서 만나도 말이 안 통해 그냥 웃고만 지나간다"는 표현이 나온다. 이들 모두는 우리가 함께 살아갈 이웃이라는 점을 강조하지만, 다른 관점에서는 결혼이주여성이 한국 사회에 적응하지 못하는 집단이라는 선입관을 심어주는 결과를 가져온다.

이주여성 자녀에 대한 편견도 담겨 있다. 다문화가정 자녀들은 긍정적이고 밝은 이미지보다 외모부터 다르고, 한국어도 서툴러 소통이 어려운 존재로 자주 그려진다. 3학년 2학기 도덕 교과서에는 부당하게 놀림을 당해도 스스로 문제를 제기하지 않고 항상 주눅 들어 있는 다문화가정 자녀의 모습을 보여주면서 '한국인 학생'들이 어떻게 대처하는 것이 올바른 자세인지를 묻고 있다. 이는 다문화가정 자녀들을 주체적인 존재가 아닌 동정의 대상으로 객체화하고 있는 셈이다. 2013년부터 개정 교육과정이 시행 중이며 통합교과군, 국어·도덕·사회·과학 등 대부분의 교육과정에서 다문화교육의 요소를 다양성에 대한 내용으로 포함하고 있다.

인종차별적이고 피부색에 따른 고정관념을 그대로 반영한 사례도 적지 않았다. 사회 교과서의 사진과 삽화에서 외국인 관광객이나 유학생은 절대 다수가 백인인 반면, 동남아시아인은 한국에 돈 벌러 온 가난한 나라 사람으로 그려지고 있다.

그러나 "2013년 대한민국을 찾아온 해외관광객 통계를 보면 총 1,068만 명으로 중국이 392만 명, 일본이 272만 명, 미국이 74만 명, 대만이 56만 명, 홍콩이 39만 명 순이다." 주로 아시아인이 한국을 많이 찾아오는 것을 알 수 있다.

출신 지역이나 동족간의 지역주의적 차별은 대한민국 정치사회의 고질적인 문제 중의 하나다. 따라서 외국인의 외모나 국적에 따라 차별하는 것은 예상되는 행태다. 외국인의 피부색이나 외모에 따라 다르게 대우하는 한국인의 행태를 고발하는 매체의 프로그램에 나타난 우리의 모습은 반성해야 한다. 대중교통수단에서도 피부가 검은 외국인과는 동석을 거부하고 식당에서조차 외국인을 차별하는 우리의 행태는 국익을 위해서라도 바람직하지 않다. 외국인에 대한 한국인의 차별은 인권위원회에 제기되는 것보다 많을 것으로 추산된다.

"국가인권위원회에서 외국인으로서 차별받았다고 공식적으로 제기해 온 진정 건수 중 2001년 11월부터 2014년 4월까지 출신국가를 이유로 한 것은 287건, 출신민족에 관련해서는 12건, 피부색을 이유로 제기해 온 것은 10건, 그리고 인종을 이유로는 77건이다."[21] 인종을 이유로 한 차별 신고가 과거에는 거의 없어 한 자릿수였다. 그러던 것이 2009년부터 두 자릿수로 증가해 2010년에는 12건으로 늘었다. 이런 차별이 결혼이민자와 유학생에게도 일어나고 있다. 또한 몸을 맞대고 살아가는 노동현장에서 가장 많이 발생하고 있다. 이와 같은 사이버 공격이나 다문화 이민자에 대한 차별은 청년실업이 증가하고 한국이 사이버 부문의 최첨단 국가임을 고려하면, 더욱 증가할 가능성이 높다.

3. 다문화사회와 다문화정책의 방향

한국 사회는 다문화사회로 이행해가는 과정에서 몇 가지 문제를 해결해야 한

---

21) "어떤 형태로든 인종차별적 표현은 안 된다."(경향신문, 2011. 5. 10)

다. 그중 대표적인 것이 단일민족에 대한 희구다. 그동안 오천 년 유구한 역사를 지켜온 순수 단일혈통, 단군 자손의 가부장적 단일문화주의는 어떻게 변화해야 할 것인가 하는 물음이다. 이렇게 단일민족을 유지해 온 한국 사회는 문화적 다양성에서 기인하는 문화적 충격을 어떤 시각에서 어떤 방식으로 대응할 것인가? 이와 같은 질문들에 대해 우리 사회 구성원 모두 관심을 기울여야 할 시점에 있다. 우리 민족만이 아니라 다양한 국가와 문화권에서 온 사람이나 그들의 가족구성원과 어울려 산다는 것 자체가 한국 사회 구성원이 지금까지 경험하지 못했던 새로운 문화적 과제라고 볼 수 있다.

국내에 거주하는 외국인이 증가하고 내용적으로도 다양화된 만큼 우리 사회의 문제 또한 증가하고 있으며 앞으로도 증가할 것으로 예상된다. 이에 대한 문제들을 해결하기 위해 국가의 제도와 정책뿐 아니라 한국 국민의 다문화사회를 위한 '재사회화'와 외국 이주자의 원활한 한국생활을 위한 포괄적이고도 정교한 사회·문화적 접근이 필요하다. 국제결혼 부부의 갈등이나 전통적 가치관과 세계 각국의 문화 충돌 등은 사회의 새로운 규범을 필요로 한다.

인류가 수렵생활을 할 때만 해도 집단의 다양성과 조화라는 과제는 없었다. 그러나 농경생활을 시작하면서 정착했고, 그에 따라 재산이 생기고 경찰국가적 개념이 초기 국가 개념으로 등장하면서 사회 내에서도 갈등이 생기게 되었다. 이때 정립된 사회의 기본 단위인 가족의 의미와 기능도 농경사회를 거쳐 중세와 산업사회로 이행하면서 점차 변화되었다. 현재 동일 국가나 민족을 넘어 국제결혼 상황까지 오는 과정에서 가족의 구성 내용도 변화하여 많은 문제 상황에 직면해 있다. 국제결혼 가족들의 부부 문제, 출산, 자녀 문제, 중도입국자녀 문제, 고부간의 언어불통으로 인한 갈등 등 가정생활에서 생겨날 수 있는 문제와 해결 방안 또한 생각해볼 필요가 있다. 국제사회에서 결혼에 대한 규범이나 제도는 시대나 민족, 문화에 따라 조금씩 다르다. 최근 급증하고 있는 국제결혼 현상과 생활 실태를 정확히 파악하고, 국제결혼가정에서 생기는 문제와 아동 복지에 대한 문제점을 파악하여 그 대책과 대안을 검토해야 할 단계다.

정부도 필요성의 심각함을 인지하고 여성 결혼이민자를 대상으로 한국어와 생활적응 지원사업을 실시하고, 내국인 국제결혼 예상자들을 대상으로 하는 교육을 실시하고 있다. 그러나 다문화정책은 여러 부처가 관련되어 있고, 조정하는 체계가 미비하여 유사 사업이 중복적으로 실시되고 예산이 낭비되는 등 비효율적이라는 지적이 제기되고 있다. 현재 다문화정책은 법무부 · 여성가족부 · 고용노동부 · 문화체육관광부 · 보건복지부 · 교육과학기술부 · 행정안전부와 각 지자체 등이 민간기구 및 단체와 협력하면서 시행되고 있다. 그러나 한국은 행정체제가 개편될 때마다 업무 이관이 원활하지 못해 혼선이 일어나고 있다. 이를 조정하는 기구는 외국인정책위원회 · 다문화가족정책위원회 · 외국인력정책위원회로 다원화되어 있어 총괄하는 체제가 부재한 실정이다.

한국의 다문화가정정책은 일부 부처에서 '일정한 이주자 및 가족에 대한 지원정책'이라는 협의의 의미로 사용되고 있다. 정부 문서에는 다문화가정정책을 '사회통합정책'으로 사용하기도 한다. 사회통합정책이란 우리 사회의 구성원이 된 외국인(이민자)이 부당한 차별을 받지 않도록 하기 위한 조치 등을 다루는 정책(개인적 관점) 또는 이들의 사회 부적응으로 인한 사회 갈등을 최소화하기 위한 정책(사회적 관점)으로 정의되고 있다. 이러한 의미에서의 사회통합은 전통적 통합 이념인 동화주의(assimilation)의 성격을 가지고 있다. 동화주의란 주류문화를 통한 사회통합을 목표로 하는 통합 모델을 의미한다. 각 문화 간의 우월관계를 부정하지 않고 강한 문화가 약한 문화를 흡수하는 것을 목표로 설정한다(한원수, 2011). 동화주의에 의한 문화상대주의의 한계를 극복하기 위해 등장한 것이 다문화주의(multiculturalism)다.

다문화주의는 이질적인 문화들의 공존을 의미하며, 열등 문화나 소수문화를 보호하고 육성하는 측면이 강하다. 다문화주의란 좁게는 이주민과 원주민 사이의 갈등에 대한 적절한 해법을 모색하기 위한 시도이지만, 넓게는 국가체제나 사회 구성이 탈근대성으로 전환된다는 측면을 아우른다. 따라서 명료하게 규정하거나 쉽게 합의할 수 있는 개념이 아니다(조현상, 2010). 그러나 소수문화를 인정하고 보호해야 한다는 측면에서 다문화주의는 국내에서도 어느 정도 지지를 받고 있다.

이러한 관점에서 장미혜(2008)는 "사회통합정책을 한 사회 내 다양한 인종집단의 문화를 단일한 문화로 동화시키지 않고 서로 인정하고 존중하면서 공존하게끔 하는 데 목적이 있는 이념체계와 그것을 실현하고자 하는 정부정책 프로그램"이라고 정의했다. 여기서는 "중앙 및 지방정부, 민간이 주도하는 다문화정책의 새로운 거버넌스를 제시하여 시민의 자발적인 참여를 유도하는 다문화정책이 필요함"을 주장하고 있다.

한편으로는 무조건적으로 "외국인 노동자에 대해 다문화주의를 적용하면 국가경제에 큰 혼란을 야기할 수 있다는 우려도 제기되고 있다. 이를 해결하기 위해서는 한국의 상황과 현실을 고려해 이민자가 원래 지녔던 고유의 문화를 그대로 인정하는 것이 중요하다. 따라서 이들에게 동화만을 고집하지 말고 문화적 다양성을 유지하도록 적극 지원하는 차별적 배제, 동화주의, 다문화주의 모델을 사안별로 신중히 고려해야 한다는 의견도 나오고 있다."[22]

함께 생각하기

1. 사회통합 모델의 종류와 특징을 현재 한국에서 시행 중인 다문화정책의 예와 함께 기술해 보자.

2. 다문화사회에서 구성원이 갖게 되는 다문화인식에 대해 기술하고, 자신이 인지하는 정체성을 말해보자.

---

22) "유럽 다문화주의 · 동화주의 대충돌 직면"(연합뉴스, 2011. 9. 25)

참고문헌

김명성(2009). 사회통합차원에서의 다문화 가족 지원정책의 현황과 개선방안에 관한 연구, 사회복지실천 8, 5-29.

김이선 · 김민정 · 한건수(2006). 여성 결혼이민자의 문화적 갈등 경험과 소통 증진을 위한 정책과제, 한국여성개발원.

김이선 · 황정미 · 이진영(2007). 다민족 · 다문화사회로의 이행을 위한 정책 패러다임 구축(Ⅰ): 한국 사회의 수용 현실과 정책과제, 한국여성정책연구원.

박진경(2010). 한국의 다문화주의와 다문화정책의 선택적 적용, 한국정책학회보 19(3), 259-289.

오경석 · 김희정 · 이선옥 · 박홍순 · 정진헌 · 정혜실 · 양영자 · 오현선 · 류성환 · 이희수 · 강희복(2007). 한국에서의 다문화주의: 현실과 쟁점. 서울: 한울.

원숙연(2008). 다문화주의시대 소수자정책의 차별적 포섭과 배제: 외국인대상 정책을 중심으로 한 탐색적 접근, 한국행정학보 42(3), 29-50.

윤인진(2008). 한국적 다문화주의의 전개와 특성: 국가와 시민사회의 관계를 중심으로, 한국 사회학 42(2). 72-103.

장미혜(2008). 다민족 · 다문화사회로의 이행을 위한 정책 패러다임 구축: 다문화 역량증진을 위한 정책 · 사회적 실천 현황과 발전 방향 총괄보고서. 한국여성정책연구원.

조현상(2010). 한국 다문화주의의 특징과 정책방향에 관한 연구. 박사학위논문, 원광대학교.

한국다문화교육연구학회(2014). 다문화교육용어사전. 파주: 교육과학사.

한승준(2011). 정책연구동향: 다문화정책의 개념, 현황 및 과제. 「The KAPS」 26, 12-17.

한원수(2011). 다문화가정 지원정책의 효율화 방안에 관한 연구: 천안, 아산, 공주지역의 사례분석을 중심으로. 박사학위논문, 선문대학교.

Castle & Davidson (2000). Citizenship and migration: Globalization and the politics of belonging. New York: Routledge.

Kymlicka, W. (1996). Multicultural Citizenship: A Liberal Theory of Minorith Rights, Oxford University Press.

Martiniello, M. (2002). 현대사회의 다문화주의: 다르게, 평등하게 살기. 윤진 역, 서울: 한울. (원저 1997년 출간)

Troper, H. (1999). Theorizing Multiculturalism: A Guidetothe current Debate, New York: Wiley-Blackwell.

중앙일보, 이들 중 90% 이상이 30인 이하의 중소기업에 취업하고 있으며, 나머지는 농어촌에서 일하고 있다(2011년 8월 30일자)

경향신문, 어떤 형태로든 인종차별적 표현은 안 된다(2011년 5월 10일자)

_____, 이주여성 '한국 며느리 만들기'보다 인권 주체로 봐야죠(2011년 11월 28일자)

국민일보, 특히 임금 체불 때문에 범죄의 길로 빠지는 산업연구생이 많다 한다(2009년 9월 21일자)

동아일보, 외국인 유학생 10만 시대…… 추악한 제노포비아(2011년 11월 22일자)

매일경제, 한국도 反다문화…… 인권위 상담 5년 새 2배(2011년 7월 27일자)

서울신문, 조직범죄나 강력범죄에 연루된 외국인 불법체류자는 즉시 강제출국 시키도록 할 방침이다(2009년 10월 28일자)

연합뉴스, 유럽 다문화주의 · 동화주의 대충돌 직면(2011년 9월 25일자)

4장
다문화사회와 시민 교육

김영순

　　다문화사회에서 시민은 누구이며 이들을 위한 교육은 어떠해야 하는가? 이 장에서는 다문화사회에서 시민으로 살아가기 위해 요구되는 관점과 자질은 무엇인지를 고찰할 것이다. 이를 통해 한국의 다문화교육이 나아가야 할 방향과 그 방법을 함께 살펴보고자 한다.

1. 다문화와 타자

　　최근 우리나라는 국내에 거주하는 외국인이 180만 명이 넘는 다인종 · 다문화 사회가 되었다. 이 수치는 현재 한국 사회에 거주하는 사람 중 2.7% 정도가 우리와는 다른 문화적 · 민족적 배경을 지니고 있음을 나타내는 것이다. 쉽게 이야기하자면 전철의 한 칸에 약 2~3명이 국내 장기 체류 외국인이라는 것이다. 이렇게 우리 사회의 인구 구성이 다양해짐에 따라 여러 분야에서의 다양성은 사회적 이슈가 되고 있다.

한국 사회의 다문화인구는 1980년대 후반부터 해외의 산업연수생을 시작으로, 1990년대 후반기 이후에는 농어촌 지역 중심의 국제결혼이 성행함에 따라 급속히 증가하기 시작했다. 이러한 증가 추세는 지속적으로 이어져서 다문화가정 인구만 하더라도 이미 2011년에 120만 명을 넘었다. 이처럼 다문화인구가 급속히 증가하면서 한국 사회는 적지 않은 혼란과 문제를 경험하고 있다. 이미 일부 농어촌 초등학교의 경우, 신입생의 상당수가 다문화가정의 자녀일 만큼 다문화가정은 한국 사회에 깊게 뿌리내리기 시작했다. 더 이상 한국 사회에서 다른 피부색을 가진 사람, 다른 언어를 쓰는 사람, 다른 문화를 가진 사람을 만나는 것이 어려운 일이 아니게 되었다. 이제는 국제 업무를 수행하는 사람들뿐만 아니라, 일상에서 다문화가정과 얼굴을 대면하는 모든 사람에게도 문화 간 의사소통 능력과 그들과의 협력 능력이 요구되고 있는 것이다.

이번 장에서는 단지 다문화사회의 적응을 위한 역량 강화를 이야기하려고 하는 것이 아니라, 다양한 사람들이 함께 살아가야 하는 다문화사회에서 인간의 본성과 인간 발달의 조건들을 말하고자 한다. 다문화교육의 근본 사상은 교육학의 정신과 별반 다르지 않게 인본주의, 민주주의에 뿌리를 가지고 있다. 그런데 대부분 많은 사람들은 다문화교육에 대해 '우리'와는 다른 배경의 사람들이 한국 사회와 문화에 적응하기 위한 방법이라고 생각한다. 또한 그런 생각이 한국 사회를 지배해 오고 있다. 이런 온정주의와 동화주의에 기반을 둔 담론은 이미 다문화사회인 한국이 겪는 본질적인 문제를 적나라하게 보여주고 있다.

'우리'는 과연 우리와 다른 타자에 대해 어떻게 생각하는가? 타자에 대해 레비나스(Levinas)는 다음과 같이 규정하고 있다.

주체의 주체성, 즉 주체가 주체로서 자신의 모습을 갖출 수 있는 조건을 이론적 활동이나 기술적·실천적 활동에서 찾기보다는 오히려 타인과의 윤리적 관계를 통해 찾고자 한다. 주체가 주체로서 의미를 갖는 것은 지식 획득이나 기술적 역량에 달린 것이 아니라 타인을 수용하고 손님으로 환대하는 데 있다고 본다. 헐벗은 모습으로, 고통 받는 모습으로, 정치적 · 경제적 · 사회적 불의에 의해 짓밟힌 자의 모습으로 타인이 호소할 때 그를 수용하고, 받아들이고, 책임지고, 그를 대신해서 짐을 지고, 사랑하고 섬기는 가운데 주체의 주체됨의 의미가 있다는 것이다(강영안, 2005).

한국 사회에서 타자는 어떻게 표상되는지 그 현실을 살펴보자. 그동안 순수혈통, 단일민족을 고수해 온 한국 사회는 다문화시대가 되면서 여러 가지 혼란을 겪게 되었다. 최근 여성가족부가 수행한 '국민의 다문화 수용성 조사'의 결과를 통해 여전히 한국 국민은 혈통을 중시하고 다양한 문화를 받아들이는 데 매우 부정적인 것을 확인할 수 있었다.[23] 2012년 총선에서 비례대표 국회의원에 뽑힌 필리핀 출신 이 자스민 씨에 대한 인종차별성 인신공격 역시 같은 맥락에서 생각해볼 문제이다. 이 사건의 배경에는 "반만년 역사에 빛나는 단일민족(単一民族)에 대한 한국인의 자부심"이 자리하고 있다.[24] 하지만 '세계 유일의 단일민족'이라는 말은 앞으로 본격적으로 도래하게 될 다인종, 다문화사회에서는 부적합한 말이 될 것이다. 보다 더 개방된 자세로 다른 문화, 다른 피부색을 가진 사람들과 함께 어울려 살아갈 준비를 해야 할 것이다.

다문화사회로 진입한다는 의미는 그동안 단일민족을 상징처럼 고수했던 한국 사회가 다양한 문화적 현상으로부터 기인하는 '다름', 즉 '차이'를 어떤 관점에서 볼

---

23) 2012년 4월 18일 여성가족부의 국제비교지표(EBS, ESS)를 활용한 조사에서 국민의 86.5%가 한국인의 순수 혈통을 중시하는 것으로 나타났다. 여전히 한국인 조상을 가지는 것을 중요시한다는 의미였다. 아울러 문화공존에도 부정적이었다. 국제비교지표를 활용한 조사에서 '문화공존'에 찬성한다는 비율은 유럽 18개국(74%)에 비해 한국은 36%로 현저히 낮게 나타났다. 이와 같은 결과는 우리나라에 존재하는 '다름'을 인정하지 못하는 폐쇄성과 혈연 중심의 배타성을 여실히 보여준다고 할 수 있다(매일경제, 2012).

24) 이 사건은 평균적 한국인에게 깊이 뿌리내린 집단무의식의 일단을 보여준다. 우리나라 국민의 머리에 심어져 있는 단군까지 이어진 같은 핏줄의 한민족이라는 문화적 상징은 인종적 순혈주의(純血主義)와 분리 불가능하다. 예컨대 2010년까지 사용된 국정(國定) 고등학교 국사 교과서는 "우리 민족은 반만년 이상의 유구한 역사를 가지고 있고, 세계사에서 보기 드문 단일민족국가로서의 전통을 이어오고 있다"고 기술했다. 이런 생각이 당연하게 여겨지는 상황에서 '우리보다 열등한 나라 출신이자 짙은 피부 색깔을 가진' 이자스민의 코리안 드림을 탐탁지 않게 보는 한국인이 의외로 많은 것이 현실이다(조선일보, 2012).

것인가를 생각해야 한다는 것이다. 여기에는 타문화에 대한 이해와 존중의 시각이 필요하다. 그리고 그것은 타문화의 문화적 차이를 인식하고 타문화를 인정하고자 하는 태도에서 시작된다. 이와 같은 태도는 다른 문화에 대한 지식을 습득하고 이해하는 능력을 위한 기반이 된다. 그럼으로써 개인은 다른 문화의 특정한 맥락 속에서 자신의 행동을 적절하게 변화시킬 수 있고, 다른 문화 출신의 사람들과 효과적으로 소통할 수 있게 된다. 그리고 이러한 태도는 개인이 가진 편견과 고정관념을 돌이켜 생각해보고 반성하는 능력으로부터 비롯될 수 있다.

현재 우리가 해결해야 할 중요한 과제는 서로 다름에 대한 배려와 존중, 차이를 인정하고 더불어 살아갈 수 있는 소양을 키우는 것이다. 그것이 '인간다움'이며, 인간 발달의 흔적이다. 우리는 이것을 개인이 지녀야 할 '다문화적 감수성'이라고 부른다. 다문화적 감수성은 문화적 차이에서 비롯한 오해와 충돌을 조정할 수 있는 중재 능력이다. 하지만 이는 다른 나라의 역사, 언어, 문화 등을 학습하고 몇 번의 해외여행을 통해 습득되는 것이 아니다. 일상에서 부딪히는 모든 현상에 관심을 갖고 그속에서 '다양성'을 발견하여 '다름'을 인정하고 '존중'하는 관계를 경험하여 익히는 것이 다문화 감수성을 습득하는 것이라고 할 수 있겠다.

다문화 감수성은 인간이 태어나면서 본유적으로 생성되는 것이 아니라 마치 학습의 과정이 전제되는 것과 같이 배움을 통해 함양해야 한다. 즉, 다문화 감수성의 함양을 통해 다문화적 인간이 될 수 있는 것이다. 다문화적 인간이란 다양한 방법으로 사물을 인식하고, 평가하고, 행동할 수 있는 개인을 의미하는 것으로, 문화 사이에 존재하는 차이를 받아들이고 인정하는 능력을 가진 인간을 뜻한다(Banks, 1988: Gudykunst & Kim, 1984). 이런 능력은 다문화사회를 살아가는 시민의 자질, 즉 다문화 시민성을 구성한다.

다문화 감수성은 이미 여러 학자에 의해 시민성의 차원에서 논의된 바 있다. 그들의 논의는 주로 다문화 감수성을 가정, 학교, 지역사회의 영역에서 어떻게 경험되고 발현되는가에 초점을 두고 있다. 이 글은 주체가 어떻게 시민이 되어가는가를 가정, 학교, 지역사회 같은 교육환경의 장에서 인간발달의 주체로서 경험자가 개인적으로, 사회적으로, 초국가적으로 어떤 역량을 중점으로 성장하는가를 중점적으로 이야기할 것이다.

2. 다문화 시민성에 관한 논의

다문화적 민주사회의 구성원인 시민을 기르기 위한 교육에서 시민성에 대한 논의는 필수적으로 선행되어야 하지만, 시민성의 본질에 대한 논의는 여전히 계속 되고 있다. Kymlicka(1995: 284)는 시티즌십(Citizenship)의 개념을 '법적 지위로서의 시 티즌십'과 '바람직한 시민의 덕성 및 활동으로서의 시티즌십'으로 정의했다. 시티즌 십의 이러한 다중적 의미로 인해 국내에서는 시티즌십을 '시민성' 혹은 '시민권'으 로 번역하여 사용한다. 하지만 엄밀한 의미에서 양자는 차이가 있다. '시민권'은 개 인과 국가 간의 관계 내에서의 권리와 의무에 관한 개념이고, '시민성'은 '시민으로 서의 덕성'을 의미한다. 일부 연구에서는 두 용어가 시티즌십이 내포하는 의미를 모 두 포괄하지 못하므로 시티즌십을 그대로 사용하기도 한다(최현, 2007; Faulks, 2000). 그 러나 시민권을 포함한 시티즌십이라는 용어는 중요한 정치적인 개념을 포함하게 되므로 논의의 범위가 광범위해진다. 또한 시민권은 교육의 내용은 될 수 있지만, 교육의 목표는 될 수 없다. 따라서 이 장에서는 민주시민교육의 목표로서의 시민성 에 초점을 두고자 한다.

교육적 목표로서 시민성의 개념을 추출할 수 있는 대표적인 사례는 국가교육 과정으로 볼 수 있다. 국가교육과정은 공교육의 근간이자 국가에서 기르고자 하는 인간상을 구체적으로 구현하는 문서이기 때문이다. 2009 개정교육과정에서 추구하 는 인간상은 다음과 같다.

우리나라 교육은 홍익인간의 이념 아래 모든 국민으로 하여금 인격을 도야하고,

자주적 생활 능력과 민주 시민으로서 필요한 자질을 갖추게 하여 인간다운 삶을 영위하게 하고, 민주 국가의 발전과 인류 공영의 이상을 실현하는 데 이바지하게 함을 목적으로 하고 있다(교육과학기술부, 2012).

위의 인간상에서 알 수 있듯이, '민주 시민으로서 필요한 자질'은 특정 교과의 목표가 아니라 국가교육과정 전반의 주요한 목표이다. 사회과는 특히 그러한 목표를 더욱 강조하는 교과라고 할 수 있다. 사회과 목표로서 민주 시민의 자질 개념은 교육과정 시기별로 확대되어 왔으며, '국민'에서 '시민'으로, 그리고 참여지향적인 개념으로 변화했다(이운발, 2005; 김명정, 2012). 일례로 2009 개정 사회과 교육과정에서는 사회과에서 기르고자 하는 민주 시민으로 "사회생활을 영위하는 데 필요한 지식을 바탕으로 인권 존중, 관용과 타협의 정신, 사회 정의의 실현, 공동체 의식, 참여와 책임 의식 등의 민주적 가치와 태도를 함양하고, 나아가 개인적·사회적 문제를 합리적으로 해결하는 능력을 길러 개인의 발전은 물론, 사회, 국가, 인류의 발전에 기여할 수 있는 자질을 갖춘 사람(교육과학기술부, 2012)"이라고 서술했다. '인류' 같은 단어가 있기는 하지만, 이러한 시민적 자질은 여전히 국민국가에 근거한 국가적 시민성의 개념으로 볼 수 있다.

시민성은 "개인이나 공동체 간의 관련성으로 정의(최병두, 2011)"되며, 시대와 사회에 따라 변화하는 개념이다. 그러므로 다문화사회에서 요구되는 시민성을 재구조화해야 한다(김영순, 2010; 구정화·박선웅, 2011; 장원순, 2004; 추병완, 2008). 김영순(2010)은 다문화사회에서는 "다문화 역량을 보유한 시민을 양성"해야 한다고 주장하면서, 그 내용적 요소로 '핵심역량 정의 및 선정 프로젝트(DeSeCo Project)'에서 제시하는 능력이 포함될 수 있다고 제안했다. 또한 장원순(2004: 202)은 '다문화적 시민성'을 "문화 다양성과 입헌 및 담론민주주의에 고유한 개념, 가치, 신념, 행동패턴들을 이해하고 이에 기반을 두어 민주적인 대화를 통해 자신이 속한 문화를 구성하고 공통문화를 창출할 수 있는 시민의 자질"로 정의하고, 그 구성요소로 "문화적 능력, 시민적 능력, 민주적인 간문화 능력"을 설정했다. 그리고 추병완(2008)은 다문화사회에서 "완전한 인간이 되기 위해서는 문화적 이해에 근거한 상호 이해와 인정이 필요"하다고 강조했다. 이러한 연구들은 다문화사회에서의 시민성의 내용과 범위에 관한 이론적인 논의를 제기하며, 개인의 다문화 역량과 다문화 감수성을 강조하는 측면이 있다.

한편, 구정화 · 박선웅(2011)은 다문화 시민성의 내용과 인지적 · 가치적 · 기능적 측면에서 하위 목표를 추출하기 위해 전문가 집단을 대상으로 델파이 조사를 했다. 그 결과, 다문화교육의 목표로서 다문화 시민성의 내용으로는 인권과 불평등과 그에 대한 사회구조적 원인을 파악하여 참여와 연대를 하고, 집단 간 차이와 다양성을 인정하고 자신의 문화 정체성에 대한 이해 요소가 선정되었다. 이러한 연구 결과는 사회적 변혁을 강조하는 비판적 다문화주의의 관점에서 요구되는 시민성을 포함한다고 볼 수 있다(박휴용, 2012; McLaren, 1995). 이와 유사하게 김영순 · 정소민(2013: 86)은 "다문화사회에서 요구되는 시민성을 비판적 다문화주의에서 지향하는 시민의 자질"로 봐야 한다고 주장했다. "대부분의 다문화교육학자들은 자유주의자(liberalists)와 비판적 다문화주의자(critical multiculturalists)로 나눌 수 있다(Miller-Lane, Howard, & Halagao, 2007: 558)"는 지적과 같이, 국내의 다문화 시민성에 관한 연구들도 이러한 경향으로 나뉜다고 분석할 수 있다. 그러나 민주시민교육의 목표로서 다문화 시민성을 논의할 때는 각 경향에서 추구하는 시민성을 모두 고려할 필요가 있다. 자유주의적 다문화주의와 비판적 다문화주의가 가정하는 철학적 가정과 논의의 기반은 다르지만, 각각의 관점에서 주장하는 다문화 시민성은 모두 교육적인 시사점을 제공하기 때문이다. 즉 시민은 공동체 속의 개인이라는 점을 고려할 때, 다문화사회 시민은 개인 간의 관계와 개인과 사회와의 관계 모두에서 요구되는 자질인 다문화 감수성뿐만 아니라 사회개혁을 위한 비판적 사고와 행위 능력까지 모두 필요하다.

이러한 관점에서 현행 국가교육과정에서 제시한 시민성을 분석하면, 2009 개정교육과정에서 목표로 하는 '민주 시민으로서 필요한 자질'에 '사회정의 실현'과 '사회적 문제를 합리적으로 해결' 등의 내용이 포함되어 있다는 점을 상기할 때, 비판적 다문화주의에서 추구하는 시민성의 핵심적인 요소인 사회적 변혁의 측면은 어느 정도 고려되고 있다고 볼 수 있다. 여전히 '사회정의'와 '사회적 문제'의 범위에 인종, 민족, 언어, 성, 장애 등의 다양한 다문화 영역에서의 소수자가 억압받는 사회적 구조까지 포함하느냐에 대한 논란은 있을 수 있지만, 교육내용의 선정을 통해 재구조화될 여지가 있다. 그러나 자유주의적 다문화주의에서 강조하는 다문화 역량 및 다문화 감수성에 대한 자질은 현재의 국가교육과정에서 포괄하고 있지 못하다. 따라서 이 글에서는 다문화 시민성을 크게 개인적 차원, 사회적 차원, 초국가적 차원으로 구분하여 제시하고자 한다.

3. 다문화 시민되기

1) 개인적 차원: 다문화 감수성

다문화적으로 되어가는 과정이란 다양한 방식으로 인식하고 평가하고 생각하고 행동할 수 있는 역량을 발달시켜 나가는 과정이다. 이 과정에서 중요한 것은 국가 내 그리고 국가 간에 존재하는 문화적 다양성을 이해하고 그것을 조율하는 방법을 학습하는 것이다. 다문화적 인간은 "간(間)문화적으로 되어가는 과정에서 한 단계 더 높은 수준에 도달하는 사람이며, 인지적·정서적·행동적 특성은 특정 문화권에 제한되어 있기보다는 그것을 초월하여 성장하고자 한다"(Gudykunst & Kim, 1984; Bennett, 2007 재인용).

또한 간문화적 인간의 특징은 다음과 같다(Ibid.). 첫째, 자신의 문화적 고정관념에 정면으로 도전해보고(예: 문화충격 혹은 역동적 불균형), 자신의 세계관이 어떻게 자신의 문화에 의해 형성되었는지를 생각해보게 하는 일들을 경험한 적이 있다. 둘째, 원활한 문화교류를 위해 촉진자, 촉매자로 일할 수 있다. 셋째, 자신의 자민족중심주의의 근원을 인정함과 동시에 타문화에 대해서도 객관성을 유지한다. 넷째, 문화 간 접촉을 보다 정확하게 해석·평가하고, 두 문화 사이에서 의사소통의 연결고리 역할을 할 수 있게 하는 '제3세계적 관점(third world perspective)'이 발달해 있다. 다섯째, 문화적 공감(cultural empathy)과 타자의 세계관에 대한 상상적 참여의 특징을 보인다.

이와 같이 다문화적 역량을 발달시켜 나가는 과정은 다문화교육의 주된 목적 이다. 다문화적 역량은 자신과 다른 문화적 환경 속에서 자신의 문화적 정체성을 잠시 보류하도록 한다. 그리고 주류문화와 토착문화 사이에 존재하는 다양한 이분법적 경계 긋기의 문제를 극복하게 할 뿐만 아니라 다문화주의를 '정상적인 인간의 경험'으로 인식하게 한다.

다문화 감수성 또한 다문화사회에 사는 우리에게 필요한 자질 중 하나로 서로 다름에 대한 배려와 존중, 차이를 인정하고 더불어 살아갈 수 있는 능력을 키우는 것이다. 그것은 다문화 감수성을 기르는 것이며, 이는 배움을 통해 함양될 수 있다. Chen과 Starosta(2000)는 다문화 감수성의 구성요소를 크게 자아 존중감, 자기 조정력, 개방성, 공감, 상호작용 참여, 판단 보류의 6가지를 제시했다. 첫째, 자아 존중감은 문화 간 의사소통에 있어서 자신감을 갖고 긍정적인 자세로 남을 존중하며, 자신도 그만큼 존중받을 수 있다는 믿음을 의미한다. 둘째, 자기 조정력은 타문화의 사람과 상호작용할 때 타협, 감정적 호소, 자제 등 각 문화적 상황에 맞게 행동할 수 있는 능력이다. 셋째, 개방성은 다른 문화를 수용하고 인정하고자 하는 태도를 의미한다. 넷째, 공감은 상대방의 입장이 되어 생각하는 능력이고, 다섯째, 상호작용 참여는 특정한 문화적 맥락 속에서 상황과 주제를 인지하는 것이다. 여섯째, 판단 보류는 상대방에 대한 판단을 최대한 보류하고 이해하려는 능력을 의미한다. 다문화 감수성은 단지 정의적인 특성을 나타내는 개념이 아니라 "인지, 정성, 행동적인 특성들이 통합된 개념"(배재정, 2010: 148)이라고 볼 수 있다.

다문화 감수성은 타문화에 대해 유연하고 개방적인 태도와 관련이 깊다. 이는 문화에 대한 지식을 습득하는 것만으로는 얻을 수 없으며, 경험을 통해 고정관념을 발견하고 그것을 되돌아보며 얻는 깨달음과 성찰의 과정을 통해 발달된다. 다문화 감수성 발달 요인에는 개방성, 자기 인식, 사회정의 같은 기질적인 요소와 문화 경험, 교육적 경험, 집단 경험 지지 같은 경험적인 요소가 있다(Garmon, 2000). 첫째, 개방성은 타인의 생각이나 의견을 수용하는 정도를 의미한다. 둘째, 자기 인식은 스스로의 신념, 태도에 대한 이해 정도이며, 셋째, 사회정의는 사회적인 평등권을 인정받는 것을 뜻한다. 넷째, 문화 경험은 타문화와 직접 상호작용하는 것이고, 다섯째, 교육적 경험은 타문화에 대한 경험을 학습하는 것이며, 마지막으로 집단 경험 지지는 다른 집단의 사람들과 같은 경험을 공유하고 그것을 지지하는 것이다.

이와 같이 문화는 경험적으로 내면화되고 체득되는 것이며, 이러한 과정 속에서 다양한 문화 간 차이를 민감하게 느낄 수 있는 다문화 감수성이 함양될 수 있다. 그래서 다문화 감수성은 태어날 때 자연스럽게 타고나는 것이 아니며 교육과 훈련에 의해 발달되기도 하고 퇴보되기도 하는 유동적인 능력이다(Bennett, 1993). 즉, 다문화 감수성은 정적인 개념이 아니라 다문화적 개념과 교육에 의해 역동적으로 변화하는 과정으로 볼 수 있다.

Bennett(1993)은 인지적 · 정의적 · 행동적 측면에서 다문화 감수성 발달단계(Developmental Model of Intercultural Sensitivity, DMIS)를 제시했다. 다문화 감수성 발달은 문화적 차이를 경험하게 됨으로써 이를 인식하는 의식구조나 문화적 차이에 대한 태도 및 행동이 체계화되는 과정이다. 이러한 과정을 통해 다문화 감수성이 발달할수록 문화 간 차이를 인정하고, 자신의 정체성을 더욱 풍부하게 해주며, 궁극적으로 다문화사회에서 요구하는 다문화 정체성을 확립할 수 있게 된다(김영주 외, 2010).

다문화 감수성의 발달 과정은 발전적이고 예측 가능한 일련의 연속체로, 이는 다문화 감수성이 정적인 단계가 아니라 계속 변화해가는 과정에 있는 단계임을 나타낸다. 또한 다문화 감수성은 사회 · 문화의 영향으로 인해 개인이 잠재적으로 갖게 되는 발달단계가 개인마다 다르게 나타난다.

2) 사회적 차원: 상호 의존성

인간은 혼자 살 수 없는 사회적 존재이다. 이 언명으로부터 인간관계의 상호 의존성이라는 개념을 가져올 수 있다. 상호 의존성은 사회적 인간의 삶을 표방하며, 근본적으로 다른 사람과의 관계를 의미한다. 관계는 사회적 상호 의존을 바탕으로 하여 이루어진다(Johnson & Johnson, 2000). 긍정적인 관계를 형성하기 위해서는 다양한 배경을 가진 개인과 효과적으로 상호관계를 맺을 필요가 있다. 긍정적인 상호작용의 경험은 인지적으로나 정의적으로 바람직하다는 믿음에 기초해 있다(정문성, 2000). 긍정적인 인간관계는 긍정적인 교류를 통한 사회적 상호작용의 순환에 바탕을 두고, 타자와의 공존과 평등을 지향하는 바람직한 인간으로 성장하게 한다.

상호 의존성은 다문화사회를 맞이한 우리 사회에서도 매우 중요한 화두이다. 다문화사회의 특성을 반영하고 있는 다양성은 다른 관점을 지닌 구성원 간의 갈등을 예상할 수도 있지만, 협력을 통한 문화 창조의 가능성도 내포하고 있다. 상호 협력을 통해 사회적인 문제를 해결함에 있어서 다양한 관점을 지닌 구성원의 집단은 동종 집단의 구성원에 비해 구성원 간의 관계에 있어서 한 가지 관점 이상의 유연성과 합리성을 보일 수 있다. 또한 다양한 개인 간의 상호작용은 스테레오타입과 편견을 줄일 수 있고, 긍정적인 인간관계를 증가시킨다. 스테레오타입이 줄어드는 것은 다양한 구성원과의 직접적인 접촉과 상호작용을 통해서만 가능하다.

다양한 개인이 함께 행한다는 것은 반드시 긍정적인 성과만을 기대할 수는 없다(Johnson & Johnson, 1989). 다양성은 상대적으로 늘 새로운 것이며 구성원 간의 경험을 풍부하게 해주지만 갈등도 함께 존재하고 있다. 다양한 개인 간의 상호작용은 오히려 스테레오타입을 만들어내거나 부정적인 인간관계를 만들 수 있다. 또한 실제 접촉을 통해 스테레오타입이 확정되고 확대되며 편견이 강화될 수도 있다. 다양성이 점차 증가되고 있음을 부인할 수 없는 현실을 인지한다면, 다양한 개인 간의 긍정적인 관계 형성을 위한 사회적 상호작용을 효율적으로 발전시키는 일이 무엇보다 필요하다.

인간은 몇몇 속성에 있어서는 보편적인 것을 공유하지만 본질적으로 동일하지 않다. 인간 개개인은 각자 독특함을 지닌 이종적인 면을 가지고 있다. 개인을 유사하게 하거나 구별 짓게 하여 동종의 집단으로 창출해냄으로써 다양성에 대처하려는 것은 비현실적인 일이다. 따라서 이종성이 잠재적으로 지니고 있는 부정적 결과를 최소화하고 다양성의 가치를 활용하는 노력이 필요하다. 다양성은 기회와 도전을 제공한다. 개인 간의 다양성을 존중하고 그 가치를 지속적으로 생산하기 위한 교육의 실천을 통해 사회적 상호 의존성을 발전시킬 수 있다. 교육은 차별과 편견을 제거함으로써 다수자와 소수계층의 관계를 증진시킬 수 있다.

관계는 서로 간의 공통된 목표, 관심사, 활동 그리고 가치를 발견할 때 시작된다. 타인과의 긍정적인 관계 형성을 위해서는 첫째, 타인을 존중하고 수용해야 한다. 타인을 존중하고 수용하기 위해서는 자기 자신에 대한 이해가 선행되어야 한다. 자신의 가치를 긍정적으로 평가할수록 다른 사람들을 긍정적인 시각으로 볼 수 있고 쉽게 받아들일 수 있다. 자신을 수용하고 존중하는 것이 다른 사람의 수용을 강화시키고 자기 인식을 발전시킬 수 있다. 둘째, 다른 사람에게 열린 마음을 가져야 한다(Johnson & Johnson, 2000). 열린 마음을 가지고 자신을 드러내는 것은 자신의 생각과 발상을 다른 사람에게 알림으로써 소통할 수 있는 지름길이 되고 관계도 커질 수 있다.

다양한 개인과의 긍정적인 관계 형성과 사회적 상호 의존성의 발달 과정에 방해요소가 작용할 수 있다. 방해요소를 살펴보면 다음과 같다(Johnson & Johnson, 2010).

① 스테레오타입(고정관념): 고정관념은 인식적인 정보가 아니라 어떤 집단들을 비교할 수 있게 하는 것이며, 개인과 집단이 함께 믿는 것이다(Nieto, 2010; Ashmore & Del Boca, 1979). 고정관념은 내가 속한 집단과 다른 집단을 구분하고, 우리가 다른 집단의 행동을 어떻게 받아들이고 기억하는지에 영향을 주는 권력과 같으며(Fiske, 1993; Fiske & Morling, 1996), 한 구성원의 행동을 한 집단 전체의 것으로 확대하고, 희생양을 필요로 한다.

② 편견(선입관): 편견은 무엇인가를 속단하는 것을 의미한다. 일반적인 편견은 '종족 중심주의'이다. 자신이 속한 종족, 문화, 국가가 다른 부류보다 올바른 것이고 더 나은 것이라고 생각하는 것이다. 고정관념은 편견을 불러일으키고 지속시킨다(Campbell, 2010; Johnson & Johnson, 2002).

③ 차별: 편견을 가지고 행동하는 것이 차별이다. 편견을 가지고 어떤 집단에 잘못된 행동을 함으로써 해를 끼치는 것이다. 이것은 자신들이 누리는 혜택과 기회를 다른 집단이 누리지 못하게 하는 것이다(Campbell, 2010).

④ 귀인이론: 귀인이론은 어떤 일이 무슨 이유로 일어났는지를 설명하는 것이다. 어떤 행동과 일을 이유와 연결시키는 것이다. 모든 행동과 일은 여러 가지 원인으로 인해 발생할 수 있지만, 소수집단의 불행의 원인을 그들의 행동 탓으로 연결시킨다.

고정관념, 편견, 차별과 귀인이론은 변할 수 있다. 다른 사람에 대한 정보가 많을수록, 시간과 에너지를 많이 투자할수록 그 사람의 성격과 행동을 정확하게 살펴려고 노력할수록 줄어든다.

사회적 상호 의존성은 사회적 경험 활동을 할 때 공동의 목표 성취를 위해 개인이 가지는 태도나 생각 등을 나타내는 것이다. 사회적 상호 의존성은 사회적 경험의 과정에서 타인과의 적극적인 상호작용을 통해 관계 맺기를 형성하고 공동의 목표를 공유하면서 함께 성취해나갈 때 개개인의 행동이 서로에게 영향을 줄 수 있다는 것을 인지하는 것이다. 사회적 상호 의존성 이론에서는 집단 내에서 공유한 목표를 각각의 개인이 성취하고 성취의 결과가 다른 사람들의 행동에 영향을 미칠 때 사회적 상호 의존성이 존재한다고 본다(Deutsh, 1949; Johnson & Johnson, 1989, 2003). 긍정적인 상호 의존성은 효과적인 행동과 긍정적인 사회·심리과정을 거쳐 상호작용을 증진시키고 인간관계를 더욱 증진시킬 수 있게 된다.

다문화 감수성의 발달은 개인적 경험이 사회적 경험으로 나아가는 과정에 정체성의 발달을 유도하여 개인의 삶을 긍정적인 방향으로 이끌 수 있게 하고, 이를 통해 긍정적인 상호 의존성을 경험하게 할 수 있다. 사람은 인간관계를 통한 사회적 상호작용에 의해 성장하고 변화할 수 있게 된다. 학습 과정에서의 상호작용 활동은 학습자들의 행동 변화에 영향을 미칠 수 있다. 사회적 상호 의존성을 경험하는 개인 은 협동을 통해 타인이 성공해야 자신도 성공할 수 있음을 인식하게 되고 모두에게 이익이 되는 결과를 얻으려고 노력한다(정문성, 2000). 협동은 경쟁적이거나 개인주의 적인 노력보다 더 높은 개인 간의 끌어당김을 촉진시킨다(Johnson & Johnson, 2010). 협 동학습은 학습 동료 학습자 간의 상호작용에 의해 공동 목표를 해결하는 과정이기 때문에 학습자의 인지적·정의적 영역에서 긍정적인 효과가 있다(Johnson & Johnson, 1975). 쿠퍼(Cooper et. al., 1980)는 협동학습을 통한 사회적 경험은 긍정적인 대인관계를 증진시켰다는 결과를 보여주었다(Johnson & Johnson, 1989).

3) 초국적 차원: 공동체의식

우리 사회 구성원 간의 대인관계를 증진시키는 것이 상호 의존성이라면 국경 을 넘는 초국적 상황에서의 상호 의존성은 공동체의식으로부터 시작된다. 공동체 의식은 구성원의 소속감, 구성원이 중요하다는 느낌, 그리고 구성원의 요구가 상호 관계를 통해 충족될 것이라는 공유된 신념 혹은 공유된 믿음(McMillan & Chavis, 1986) 으로 공동체가 유지되고 발전하는 데 근간이 된다(진교훈, 1995).

공동체의 사회질서는 사회구성원이 공유하고 있는 사회적 가치에 기초하고 있 으며(Etzioni, 1996), 공동체의식은 공동체를 유지 발전시키고자 하는 집단구성원 간의 공통된 의식으로 개개인의 집단에서 찾는 자기 인식과 다른 구성원과의 연대의 체 험에 기반을 두어 갖게 되는 공유된 의식을 말한다고 볼 수 있다. 그러나 전 지구적 문제해결의 출발점이 되는 공동체의식의 개념은 사회구성원의 소속감 및 사회적 연대의식을 넘어서서 지구와 인류 전체에 대한 책임과 의무를 가져야 하는 실천적 의식으로서의 전 지구적 공동체의식으로 발전시켜야 한다.

이러한 맥락에서 샌델(Sandel)은 구성적 공동체(constructive community)를 주장하면서 구성원 간에 공동의 실천과 목적, 공동의 정체성을 공유하며 도덕적으로 결속되어 있는 공동체의식을 규정하고(이범웅, 1997), 공동체의 문화를 함께 공유하면서 공동체가 지향하는 이익과 공동선을 우선시하는 공동체적 삶의 자세를 강조한다.

현대사회는 다양한 유형의 국제이주가 폭발적으로 증가하고 있는 이주의 시대(the age of migration)에 살고 있다(Castle & Miller, 2013). 국가 간 경계를 넘는 국제이주의 전 지구화(globalization)는 이주자의 사회적 관계망을 일차원적 관계를 넘어선 다차원적 관계로 확장시켰고, 이들이 정착하는 정주국에는 이주자의 모국과 정주국을 연결하는 초국적인 사회적 공간을 형성시켰다. 이에 따라 정주국에는 전 지구적 공동체가 만들어졌고, 구성원의 다양성은 더욱 증대되었다. 이처럼 세계화의 흐름은 세계를 하나의 '지구마을 공동체'로 만들고 있으며, 이에 따라 구성원의 의식의 변화를 요구하게 되었다.

세계는 기술적 · 경제적 · 정치적 · 생태적으로 상호 의존하고 있기 때문에 각 개인이나 각 나라의 문제는 결코 단독적으로 해결할 수 없다. 특히 식량 문제, 노동 문제, 이주 문제, 환경 문제, 기아 문제, 빈곤 문제, 전쟁 문제 등과 같이 국가 간의 협동적인 노력을 요구하는 문제가 점차적으로 증가하고 있다. 전 지구적 공동체에 살고 있는 다양한 개인은 어떤 개인의 문제도 더 이상 개인만의 문제가 아니라 개인의 문제가 집단의 문제로, 집단의 문제가 국가의 문제로, 국가의 문제가 지구적 문제로 서로 밀접한 관계를 맺고 있음을 알게 되었다.

이처럼 국가 간의 상호 의존성이 증가함에 따라 한 사회 속에 살고 있는 개인에게도 상이한 문화적 배경을 지닌 사람들과 상호작용을 통해 밀접한 관계 맺기를 요구하게 되었다. 국제이주로 인한 전 지구적 시대의 공동체 구성원은 상이한 문화를 가진 사람들과의 초국적 경험을 발전시켜 다양한 문제를 해결하면서 함께 살아가야 하기 때문이다. 또한 구성원의 권리와 이익이 평등한 가치를 누려야 한다는 목소리가 커지게 되면서 공동체 구성원은 누구도 불평등하거나 소외받지 않아야 하며 누구라도 동등한 권리를 누릴 수 있어야 한다. 공동체 구성원의 평등한 권리는 공동체의 존속과 발전에 기여할 수 있는 전 지구적 공동체의식으로 발현되어 사회적 통합의 근원이 될 수 있다.

지속 가능한 다문화사회의 성숙한 다문화 시민으로 성장하기 위해서는 공동체의 가치를 인식하고 모든 사람을 고유한 권리와 가치를 지닌 소중한 존재로 여기며, 다양성에 가치를 부여하고 다양성을 존중하고 이해할 수 있어야 한다. 긍정적인 믿음을 갖고 경쟁적 관계를 넘어서 다양성을 존중하고 세계의 문제에 능동적으로 대처하여 사랑의 관계, 협력의 관계를 만들어나갈 수 있어야 한다. 또한 인간적인 삶과 행복을 누리고 풍성한 삶을 사는 사회를 만드는 데 이바지할 수 있어야 한다. 공동체 문화를 조성하기 위해서는 공통의 목표와 공유된 가치를 기반으로 적절한 행동에 대한 정의를 내려야 한다.

4. 민주주의를 위한 시민 교육

앞서 살펴보았듯이 다문화 시민성 역량은 세계화의 흐름 속에서 상이한 문화적 배경을 지닌 사람들에게 다른 문화권의 사람들과 상호작용을 통해 밀접한 관계 맺기에 필요한 역량이라고 할 수 있다. 다문화 시민성 역량을 통해 개인은 각자가 속한 사회의 문화를 수정하기도 하고, 해당 문화로부터 어떤 영향을 받기도 했다. 다문화적 환경 속에서 이루어지는 교육은 다문화사회에서 살아가는 시민이 긍정적인 다문화적 민주주의 공동체를 구성하고 유지할 수 있도록 뒷받침해야 한다. 따라서 학교에서의 다문화교육은 앞에서 이야기한 다문화사회의 인간발달의 전제와 동일하다고 볼 수 있다. 즉 개인적 차원, 사회적 차원의 역량은 결국 초국적 차원의 공동체의식 역량으로 귀결될 수 있다.

공동체가 존속하기 위해서는 구성원이 공동체 안에서의 삶의 질을 향상시키기 위한 공통의 목표와 가치를 공유해야 한다. 사회적 존재인 인간은 경쟁과 개인주의

만이 팽배한 공동체에서는 그에 일치하는 가치에 따라 행동한다. 그러나 공동체는 구성원이 나 자신보다 다른 사람들, 또 공동체 전체를 먼저 생각하는 가치가 공유되지 않는다면 존속되기 어렵다(Johnson & Johnson, 2002). 이러한 공동체는 단지 한 국가 혹은 집단을 의미하는 것이 아니라 다양한 층위의 공간적 요소들을 포함한다. 즉, '지방적 · 국가적 · 지구적 층위의 다규모성(최병두, 2011: 181)'을 포괄하는 공동체이다.

공동체 문화를 조성하기 위해서는 공통의 목표와 공유된 가치를 기반으로 적절한 행동에 대한 정의를 내려야 한다. 학교에서 다문화적 민주시민을 양성하기 위해서는 통합적 협상과 협동을 바탕으로 한 가치를 설정해야 한다. 다시 말해, 공익과 다른 사람들의 복지를 위한 헌신적인 노력, 존중하는 마음, 통합을 위한 행동, 다른 구성원에 대한 보살핌, 다른 사람의 어려움에 대한 연민, 그리고 다양성을 이해하는 마음이 필요하다. 또한 사회적 쟁점에 대해 숙고하고 타당한 결론을 내리는 능력, 자신의 생각을 설득력 있게 주장하는 능력, 서로 다른 입장의 우열을 가려내는 능력, 공식적으로 채택된 결정에 대한 의사 표현 능력과 결정된 것을 실행하는 능력, 시민역량을 갖춘 젊은이들이 다양한 관점을 가지고 결론을 내리는 방법을 배우는 것은 매우 중요하다. 이와 같은 평등, 정의, 배려, 시민의 책임의식 등은 타인과의 관계를 이루는 목적이자 수단이다. 그리고 이러한 민주적인 절차의 본질과 가치는 교육과정과 교수방법을 통해, 그리고 긍정적인 갈등해결과 협동을 실천함으로써 습득된다.

시민성을 학습함으로써 얻을 수 있는 이점은 다음과 같다. 우선, 시민성은 어린이와 청소년에게 그들의 행동을 안내하는 데 필요한 내적 힘을 제공하며, 그들의 행동을 통제하는 데 필요한 내적 원리를 제공한다. 또한 학교 관리 차원에서 시민성을 가르치는 것은 학교가 무엇을 기준으로 운영되고 있는지를 짐작하게 해준다. 그 가치는 교육과정, 교수법, 자원을 어떻게 결정해야 할지 안내하며, 교육과정의 요소를 선택하게 하는 기준을 제시한다. 그리고 시민성은 교직원들이 학부모, 학생, 방문자에게 무엇이 중요하고 왜 그러한지에 대해 말할 수 있는 구조를 제공한다. 시민성은 학생들이 민주사회의 일원으로 살아가기 위해, 학생들을 더 나은 사람으로 만들기 위해, 따뜻한 공동체를 만들기 위해 반드시 배워야 한다.

민주주의가 생존하기 위해서는 민주시민의 미덕에 의존하며, 민주주의 사회를 구성하는 각 개인의 행복이 없다면 민주주의 또한 퇴보하게 된다. 학교는 직접적으로 다문화 감수성을 향상시킬 수 있는 교육과정 제공을 통해, 자발적인 사회적 역할의 제도화를 통해, 집단 영향을 통해, 학교에서의 일상생활을 통해 민주적 가치를 가르칠 수 있어야 한다. 궁극적으로 민주적 가치들은 학교 구성원 간, 그리고 학교를 둘러싼 이해관계자 간의 상호작용을 위한 구조를 제공하고 지속 가능한 다문화 사회를 유지하는 데 필수적이기 때문이다.

현재 한국의 다문화교육에 대한 인식은 다문화인이 한국 사회에 적응하도록 하는 교육이나 훈련으로 생각하는 경우가 대부분이다. 그러므로 다문화교육에 대한 바른 인식이 먼저 필요하다. 다문화교육은 소수인 다문화인을 교육시키는 것에 한정된 것이 아니라, 다수인 한국 사람들을 개혁시키는 것을 포함한다. 더욱이 다문화교육의 핵심이라 할 수 있는 차별 철폐와 편견을 없애려면 소수자에 대한 교육이 아니라 다수자를 위한 소수자 이해교육으로 의식을 전환해야 하며, 다문화교육도 소수자를 위한 교육이 아니라 다수자를 위한 교육으로 나아가야 한다. 다문화교육은 소수자인 다문화인에 대한 정책 지원이나 그들을 다수인 한국 사회에 동화시키는 것이나 문화적응 교육 같은 것이 아니다. 진정한 의미에 있어 다문화교육은 함께 더불어 평등하게 살아가는 것을 배우는 것이다. 그러기 위해서는 다수자의 의식 전환이 선행되어야 한다. 이러한 의식 전환은 학교에서 다문화교육을 통해 이루어져야 하며, 모든 학교는 다문화주의를 지향하는 학교가 되어야 한다. 그 이유는 학교를 통해 민주주의가 학습되며, 학생들이 학교를 통해 민주주의를 배워야 하기 때문이다.

학교에서 다문화적 민주시민을 양성하기 위해서는 통합적 협상과 협동을 바탕에 둔 가치를 설정해야 한다. 다시 말해, 공익과 다른 사람들의 복지를 위한 헌신적인 노력, 존중하는 마음, 통합을 위한 행동, 다른 구성원을 보살핌, 다른 사람의 어려움에 대한 연민, 그리고 다양성을 이해하는 마음이 필요하다. 또한 사회적 쟁점에 대해 숙고하고 타당한 결론을 내리는 능력, 자신의 생각을 설득력 있게 주장하는 능력, 서로 다른 입장의 우열을 가려내는 능력, 공식적으로 채택된 결정에 대한 의사표현 능력과 결정된 것을 실행하는 능력, 시민역량을 갖춘 젊은이들이 다양한 관점을 가지고 결론을 내리는 방법을 배우는 것은 매우 중요하다. 이와 같은 평등, 정의, 배려, 시민의 책임의식 등은 타인과의 관계를 이루는 목적이자 수단이다. 그리고 이러한 민주적인 절차의 본질과 가치는 교육과정과 교수방법을 통해, 그리고 긍정적인 갈등해결과 협동을 실천함으로써 습득된다.

함께 생각하기

1. 중등교육기관에서 경험한 다문화교육의 특징을 생각해보자. 그것은 누구에 대해, 어떠한 관점에서 이루어졌는가? 또한 가장 기억에 남는 내용은 무엇인가?

2. 학교교육을 통해 다문화시민으로서 요구되는 개인적 · 사회적 · 초국적 차원의 역량을 어떻게 경험을 했는지를 이야기해보자.

참고문헌

강영안(2005). 타자의 얼굴: 레비나스의 철학, 문학과 지성사.

교육과학기술부(2012). 사회과 교육과정 교육과학기술부 고시 제2012-14호[별책 7].

구정화·박선웅(2011). 다문화 시민성 함양을 위한 다문화교육의 목표 체계 구성. 시민교육연구 43(3), 1-27.

김명정(2012). 사회과 교육과정에 나타난 시민교육 목표와 내용의 변천 ― 고등학교 일반사회 영역을 중심으로, 시민교육연구 44(2), 1-28.

김영순(2010). 다문화사회와 시민교육: 다문화 역량을 중심으로, 시민인문학 18, 33-59.

김영순·정소민(2013). 교육기부 활동을 통한 대학생의 다문화 시민성 함양 과정에 관한 연구, 한국교육 40(1), 81-108.

김영주·박초아·박혜원·정민자·김말경(2010). 표준 교육 과정에 따른 유아의 다문화 감수성 키우기, 울산대학교출판부.

박휴용(2012). 다문화주의에 대한 비판적 이해와 비판적 다문화교육론, 교육철학연구 34(2), 49-77.

배재정(2010). 유아교사의 다문화적 감수성 발달 및 평가 방안 탐색: DMIS와 IDI의 적용 및 활용, 어린이미디어 연구 9(3), 143-165.

안상수 외(2012). 2012 국민다문화수용성조사 보고서, 여성가족부.

이범웅(1997). 공동체주의의 종합적 기능에 관한 복합체계론적 연구. 서울대학교대학원 박사학위논문.

이운발(2005). 교육과정 개정기에 따른 사회과 목표로서의 '민주시민'에 대한 의미와 시사점, 사회과교육 44(2), 83-105.

장원순(2004). 다문화적 시민교육의 성격과 방법, 초등사회과교육 11(2), 191-210.

정문성(2000). 협동학습의 실제 ― Simulation을 중심으로 ― , 열린교육연구 8(2), 35-49.

진교훈(1995). 사회공동체와 시민윤리, 한국정신문화연구원, 93-112.

최병두(2011). 다문화사회와 지구·지방적 시민성: 일본의 다문화공생 개념과 관련하여, 한국지역지리학회지 17(2), 181-203.

최현(2007). 한국인의 다문화 시티즌십: 다문화 의식을 중심으로, 시민사회와 NGO 5(2), 142-227.

추병완(2008). 다문화적 시민성 함양을 위한 도덕과 교육 방안, 초등도덕교육 27, 25-60.

Ashmore, R. & Del Boca, R. (1979). "Sex stereotypes and implicit personality theory: Toward a cognitive-social psychological conceptualization," Sex Roles 5, 219-248.

Banks, J. A. (1988). Multiethnic Education: Theory and Practice, Boston: Allen & Bacon.

Bennett, M. J. (1993). "Towards ethnorelativism: A development Model of Intercultural Sensitivity", in Paige, R. M. (Ed.), Education for intercultural experience (pp. 21-71). Yarmouth, ME: Intercultural Press.

Bennett, C. I. (2009). 다문화교육 이론과 실제(김옥순 외 역). 서울: 학지사(원저 2007년 출판).

Campbell, D. E. (2012). 민주주의와 다문화교육(김영순 외 역). 서울: 학지사(원저 2010년 출판).

Castle, S. & Miller, M. J. (2013). 이주의 시대(한국이민학회 역). 서울: 일조각.

Chen, G. M. & Starosta, W. J. (2000). The Development and Validation of the Intercultural Sensitivity Scale,

The Annual Meeting of the National Communication Association Report, 2-22.

Deutsh, M. (1949). A theory of cooperation and competition. Human Relations 2, 129-152.

Etzioni, A. (1996). A moderate communitarian proposal. Political Theory 24(2), 155-156.

Faulks, K. (2005). 시티즌십(이병천 · 이종두 · 이세형 역). 서울: 아르케(원저 2000년 출판).

Fiske, S. (1993). Controlling other people: The impact of power on stereotyping, American Psychologist 48, 621-628.

Fiske, S. & Morling, B. (1996). Stereotyping as a function of personal control motives and capacity constraints: The odd couple of power and anxiety, In R. Sorrentino & E. Higgins(Vol. Eds.), Handbook of motivation and cognition: Vol. 3. The interpersonal context. 322-346. New York: Guilford.

Garmon, M. A. (2000). Changing Reservice Teachers' Attitudes/Beliefs about Diversity, Journal of Teacher Education 55(3), 201-213.

Gudykunst, W. B. & Kim, Y. Y. (1984). Communicating with Strangers: An Approaches to Intercultural Communication, MA: Addison-Wesley.

Johnson, D. W. and Johnson, R. T. (1975). Learning together and alone, Englewood Cliffs, N. J.: Prentice-Hall.

_____(1989). Cooperation and competition: Theory research, Edina, MN: Interaction Book Company.

_____(2000). "Cooperative learning, values, and culturally plural classrooms," In M. Leicester, C. Modgill, & S. Modgil (Eds.). Values, the classrooms, and cultural diversity (89-100). London: Cassell PLC.

_____(2010). 다문화교육과 인간관계(김영순 외 역, 2010). 서울: 교육과학사(원저 2002년 출판).

Kymlicka, W. (1995). Multicultural Citizenship. Oxford: Clarendon.

McMillan, D. G. & Chavis, D. M. (1986). Sense of community. Journal of Community Psychology 14, 6-24.

Miller-Lane, J., Howard, T. C. & Halagao, P. E. (2007). Civic Multicultural Competence: Searching for Common Ground in Democratic Education, Theory & Research in Social Education 35(4), 551-573.

Nieto, S. (2010). Language, Culture, and Teaching: Critical Perspectives (2nd. ed.), Taylor & Francis.

매일경제, 국민 64%, 다문화 공존에 부정적……, 여성가족부 조사(2016년 4월 19일자).

연합뉴스, 다문화 학생 곧 1%…… 매년 6천 명 늘어(2012년 3월 12일자).

조선일보, [윤평중 칼럼] 인종적 순혈주의는 파시즘을 부른다(2012년 8월 13일자).

II

한국 내의 문화 다양성

세계화의 상황이 지속되면서 많은 국가들은 인류의 보편적 가치와 평등을 수호하면서 상이한 가치체계와 삶의 방식을 이해하려 하고 있다. UN, UNESCO, 유럽의회 등에서도 문화적 다양성을 의제로 하여 사회적 결합과 정의 그리고 포용과 실천을 지향하고 있다. 문화 다양성에 대한 개념은 인류학적 측면에서 그리고 사회학적 측면에서 다양하게 정의할 수 있다.

인류학적 측면에서 문화 다양성은 여러 다양한 문화가 존재한다는 의미를 넘어 사회문화적 맥락에 따라 중층적으로 이해할 수 있는 개념이다(Geertz, 1973). 사회에 존재하는 다양성 그 자체는 가치중립적이다. 하지만 문화 다양성은 중립적이지 않은 것으로 정치적·사회적·관계적 맥락을 함께 고려해야 한다(Arnesen, et al., 2008). 문화는 상호작용을 통해 변화하며 그 과정에 개인의 해석과 관점 및 가치관이 작용함으로써 선택되거나 배제되기 때문이다.

사회학적 측면에서 문화적 다양성이란 민족성, 계급, 젠더, 종교, 장애 등에 기초한 구조적 차별과 사회·경제적 구별 짓기를 없애려는 접근이다(이동성 외, 2013). 따라서 문화적 다양성 개념은 개인과 집단 그리고 공동체를 함께 고려해야 하며, 우호적인 인간관계와 균등한 기회를 통해 중심과 주변의 경계 및 다수와 소수의 범주를 없애는 상황을 전제한다.

UNESCO는 제31차 총회(2001년 10월 프랑스 파리에서 개최)에서 「문화 다양성 선언」을 채택하고 문화 간 차이에 대한 존중과 탈중심화된 다원주의의 탈근대적 가치를 지향한다(UNESCO Universal Declaration on Cultural Diversity). 특히 제33차 총회(2005년 10월 프랑스 파리에서 개최)에서는 '문화적 표현의 다양성 보호와 증진을 위한 협약'을 통해 모든 문화와 인종이 인류 문화에 기여해 왔다는 신념을 바탕에 두고 인류사회의 기준이 되는 가치와 사회적 관습의 총체를 통합하려는 인류학적 토대를 강조했다.

다양성의 원리는 끊임없는 투쟁 과정을 통해 타자를 발견하고 인정하고 존중함으로써 문화적 특수성에서 비롯된 가치들을 보호하고 증진시키고자 하는 변화의 움직임을 내포한다(김성금, 2015). 최근 한국 사회에서 나타나는 주목할 만한 인구·사회학적 변화는 결혼 이민자, 외국인 근로자, 북한이탈주민, 외국인 유학생의 증가로 인한 민족적 · 문화적 다양성이라 할 수 있다.

　한국 사회의 문화 다양성은 우리 사회 전반의 요구에 의해 다양한 민족의 유입 현상으로 나타나게 되었다. 가장 두드러진 문제는 전통적인 남아선호사상으로 인한 결혼적령기 여성의 부족 현상이 경제발전의 불균형이 심각했던 농어촌을 중심으로 나타나게 되었고, 이를 해결하기 위해 '농촌총각 장가보내기 운동' 등을 통해 결혼 이민자의 수가 증가하게 되었다.

　그리고 한국 사회는 경제적 성장에 대한 열망과 상대적으로 낮은 블루칼라에 대한 인식 및 3D 기피현상으로 인해 외국인 근로자의 필요성이 대두되었다. 이를 위해 한국 정부는 단순생산직에 종사할 외국인 근로자 유입정책을 적극적으로 펼치기 시작했다. 1991년 '해외투자기업 연수생제'를 시작으로 1993년 '산업연수생제', 2000년도의 '연수취업제', 2004년 '고용허가제'를 통해 현재까지 외국인 근로자의 유입이 매년 증가하고 있다.

　또한 한국은 휴전 이후 70년 분단의 시기를 겪으면서 북한의 외교관, 외화벌이꾼, 군인 등 국경 이동이 비교적 자유로운 신분을 가진 사람들이 정치적인 이유로 망명했다. 한국 정부는 이들을 '월남 귀순 용사'로 대우함으로써 이들을 통해 남북한 체제의 비교를 통해 남한 체제의 우월성을 강조했다. 1990년대 중반 이후에는 북한이 만성적인 경제난과 자연재해로 인해 극심한 식량난을 겪으면서 '월남 귀순 용사'가 아닌 보통 사람들이 다양한 경로를 통해 유입되기 시작했다. 1990년 후반부터는 매년 급증했고, 최근에는 가족을 동반한 북한 이탈이 증가하고 있다.

　한편 한국 사회는 신자유주의 경제체제로 인해 학벌 중심의 인식이 팽배해졌고, 이로 인해 대학 진학률이 증가했다. 1990년대에는 대학 진학률이 불과 27.1%였지만, 2010년에는 75.4%에 달했다(2015년 교육기본통계발표 붙임자료). 이처럼 대학 입학자 수의 증가가 가능했던 것은 그들을 수용할 만한 고등교육기관의 수가 질적인 보장을 고려하지 않은 채 양적으로 증가했기 때문이다. 2011년도에 발표한 교육과학기술부 자료에 의하면, 최고 진학률을 기록했던 2010년의 고등교육기관은 대학 185개교, 전문대학 152개교에 달했다. 이후 학령인구 급감으로 인한 대학의 정원

미달, 재외 한국인 유학생 증가로 인한 우리나라 유학 수지의 적자 현상 등 외국인 유학생 유치에 대한 정책적 필요성이 대두했다. 이러한 요구는 한국 사회의 지속성 유지를 위한 고학력 친한(親韓) 외국 인력 양성을 통한 국가경쟁력 확대 노력으로 이어졌다.

한국 사회의 이러한 민족적 · 문화적 다양성은 다문화사회로의 진입을 가속화시키고 있다. 민족적 · 문화적 다양성은 개별 특성을 유지하면서도 하나의 사회를 이루며 공존할 수 있는 '이상적인 요구'로서 다문화사회의 본질적인 문제와 관련된다(Banks, 2008). 이에 한국 사회는 모든 소수자의 보편적인 인권과 사회정의, 그리고 다양성의 공존을 가능하게 하는 가치와 신념체계, 경험과 세계관 그리고 대화 방식을 공유해야 한다. 따라서 제2부에는 한국 내 소수자의 문화 다양성을 이해하기 위한 내용으로 구성했다.

5장에서는 결혼이민자의 문화 다양성을 살펴보았다. 결혼이민자의 현황과 특성을 통해 이들이 다양한 정체성을 유지한 채 한국 사회 내에서 사회통합을 이룰 수 있는 방안을 살펴보았다.

6장에서는 외국인 근로자의 문화 다양성을 살펴보았다. 외국인 근로자의 특성 및 현황 그리고 이들의 어려움을 통해 외국인 근로자 정책이 나아가야 할 방향이 무엇인지를 기술했다.

7장에서는 북한이탈주민의 문화 다양성을 살펴보았다. 북한이탈주민의 개념 및 현황 그리고 이들의 정착 과정을 통해 북한이탈주민에게 요구되는 정책의 방향이 어떠한지를 알아보고 이들이 한국 사회 내에서 정착할 수 있는 방안을 짚어보았다.

8장에서는 외국인 유학생의 문화 다양성을 살펴보았다. 외국인 유학생의 현황과 외국인 유학생 지원정책 그리고 외국인 유학생의 적응과 어려움을 통해 이들이 한국 사회 내에서 공존할 수 있는 방안에 대해 살펴보았다.

5장
결혼이민자

정지현 · 김창아

한국 내의 결혼이민자의 현황과 특성은 어떠하며, 결혼이민자는 어떻게 다양한 정체성을 유지한 채 한국 사회 내에서 공존하며 사회통합을 이룰 수 있는가? 이장에서는 결혼이민자에 대한 탐색을 통해 한국 내의 문화 다양성을 이해하는 것을 목표로 한다.

1. 결혼이민자의 개념 및 현황

1) 결혼이민자의 개념

결혼이민자의 개념은 다양하게 정의된다. 먼저, 재한외국인처우기본법의 제2조 제3호에는 대한민국 국민과 혼인한 적이 있거나 혼인관계에 있는 재한외국인에 대해 남녀를 구분하지 않고 '결혼이민자'라는 용어를 사용하고 있다. 한국 정부에서는 2006년 '결혼이민자 종합대책', '여성 결혼이민자 가족의 사회통합지원 대책' 등과 같은 공식 문서에서 '결혼이민자'라는 용어를 사용하고 있다. 설동훈 등(2005)은 '결혼이주여성'이라는 표현을 사용할 경우 그 대립쌍인 '남성 결혼이민자'를 '결혼이주남성'이라고 표현할 수밖에 없으므로 국제용례를 좇아 '결혼이민자'라는 개념을 사용한다고 했다. 한건수(2006)도 '결혼이민자'라는 용어를 사용하고 있는데, 그 이유는 기존의 연구들이 국제결혼을 통해 한국으로 이주하는 아시아권 여성들을 이주여성화라는 관점에서 결혼과 여성 인권 등에 집중해 왔기 때문에 상대적으로 간과되어 온 비아시아권 여성뿐만 아니라 남성 결혼이민자도 포함한 포괄적인 이주민을 대상으로 사용하는 개념이다.

따라서 이 장에서 '결혼이민자'라는 표현을 사용하는 것은 법적 용어로서의 의미뿐만 아니라, 여성 결혼이민자에 한정하지 않고 한국 사회에서 실질적으로 결혼이민이 진행되고 있는 현실을 반영하고자 함이다. 결혼이민자가 다양한 정체성을 유지한 채 한국 사회 내에서 공존하며 사회통합을 이루기 위해 이들이 겪는 사회 · 문화적 갈등과 양상을 살펴보고자 한다.

2) 결혼이민자 정책 현황

한국의 이민정책은 단계별로 출입국정책, 외국인력활용정책, 사회통합정책의 3단계로 나눌 수 있다(이혜경, 2011). 한국은 전통 이민국이나 유럽의 선진 이민국들에 비하면 역사가 짧고 이와 관련한 정책적 경험도 많지 않다. 한국의 이민정책은 정부 수립 후부터 이민자의 유출과 유입, 그리고 정책의 형성과 시기별 전환에 따라 다음과 같이 3단계로 나눌 수 있다. 제1기는 초기 출국이민이 주를 이루던 1960~1987년 사이의 시기, 제2기는 이주노동자가 유입되는 1988~2003년 사이의 시기, 제3기는 이주노동자와 함께 결혼이민자가 크게 증가한 2004부터 현재까지의 시기이다.

정책의 시기별 내용과 특징은 다음과 같다.

(1) 제1기: 내국인 출국이민정책(1960~1987)

한국의 이민정책은 1960년대 이후부터 가시적으로 나타나기 시작했다. 한국 이민정책의 제1기는 1960년대부터 1987년까지 경제성장과 달러를 획득하기 위한 국가적 요구와 경제적 빈곤을 해결하기 위한 개인적 요구로 인해 정부가 적극적으로 한국인의 해외이민과 노동이민을 장려하던 시기이다. 그 당시 정부는 국민노동력의 해외취업을 적극적으로 장려함으로써 국내의 노동인력 과잉 문제와 실업자 증가 문제 등을 해결하고 한국경제의 발전에 사용할 외화를 획득하기 위한 계획을 추진한 것이었다. 1963년 정부는 '산업역군수출'이라는 이름으로 서독과 특별고용 계약을 통해 광부와 간호사를 출국이주노동자로 파견했고, 1965년에는 베트남으로 한국군인의 파병과 함께 해외이주와 이주노동자의 파견을 추진했으며, 1970년대에는 중동의 산유국들을 중심으로 이주노동자를 파견했다. 그러나 1988년 서울올림픽 이후 한국의 경제성장과 국가적 위상 등이 높아지면서 해외로 이주하는 이주노동자의 수는 크게 축소되어 한국의 이민정책이 내국인의 이주노동 송출 관련 업무에서 벗어나 외국인 이민자의 유입상황을 관리하고 지원하는 입국이민정책으로 전환하는 시기를 맞이하게 되었다.

(2) 제2기: 이주노동자 입국이민정책(1988~2003)

이민정책의 제2기는 1988년 서울올림픽 개최로 한국이 주변국에 알려지고 한국의 경제성장과 국가의 신뢰가 높아지면서 코리안드림을 꿈꾸는 주변의 동남아시아 저개발국가들의 노동력이 한국으로 유입되기 시작하는 1988년부터 2003년까지의 시기이다. 1980년대는 국내경기가 호황국면이었으나, 정치적·경제적 투쟁과 함께 국내 노동자의 3D 기피 현상이 나타나기 시작했다. 1990년에는 한국과 중국이 역사적인 공식 외교관계를 수립하며, 이를 기회로 재중한국동포가 한국으로 이주하기 시작했고, 이들과 함께 동남아시아의 이주노동자가 동시에 유입되기 시작했다.

(3) 제3기: 결혼이민자 다문화정책(2004~현재)

이민정책의 제3기는 한국 사회에서 저출산·고령화의 사회 문제가 심각하게 대두하면서 여성 결혼이민자의 수가 크게 증가하는 2004년부터 현재까지의 시기이다. 당시 한국 사회에는 농촌총각의 결혼과 저출산으로 인한 노동생산성 인구감소 문제의 해결을 기대하는 사회적 요구에 따른 정책적 대응으로 이민정책이 진행되어 왔다. 한국 사회로 유입된 최초의 결혼이민자는 1980년대부터 통일교의 국제결혼이 늘어나기 시작하면서 종교를 통해 유입된 일본 여성 결혼이민자였다. 이후 1990년대에 들어서면서 한·중수교의 영향과 한국의 농촌총각 장가보내기의 영향으로 재중동포여성과의 결혼이 늘어나기 시작했으며, 이후 필리핀, 태국, 몽골, 베트남 등으로 확산되면서 결혼이민자의 수는 더욱 증가하기 시작했다.

세계화에 따른 국내외적 상황 속에서 한국 정부는 국민과 재한외국인의 공존과 통합을 지향하기 위해 2006년 5월 26일에 '외국인정책기본방향및추진체계'를 시행했다. 그 후속조치로 '재한외국인처우기본법'을 만들어 2007년 5월 17일 공포, 7월 18일부터 시행했다. 그리고 2009년 9월 11일에 '다문화가족정책위원회규정'을 제정하고 더욱 가시적인 여성 결혼이민자 지원과 동화정책을 추진했다. 또한 2011년 1월에는 '2011년 외국인정책시행계획'을 확정하고, '적극적 개방, 질 높은 사회통합, 질서 있는 이민행정, 외국인 인권옹호'라는 4대 정책을 발의했다. 이는 외국인의 인권을 존중하고 외국인과 더불어 살아가는 열린사회와 공존과 상생을 위한 사회통합을 지향하는 정책으로 볼 수 있다.

3) 결혼이민자 현황

초기 한국 정부의 이민정책은 법무부와 외교부를 중심으로 시행되었고, 한국인의 해외이주와 해외노동자 파견을 지원하는 송출이민정책이 주요 내용이었다. 그러나 이러한 이민정책은 한국의 경제적 위상이 변화하고 세계화에 따른 자본의 국제 이동이 활발해지면서 한국으로의 외국인의 이주가 크게 증가하기 시작하면서 변화를 겪게 되었다. 또한 한국 사회 내에는 저출산·고령화, 노동인구 감소, 농어촌생활 기피 같은 일련의 사회 현상을 경험함으로써 이에 대응하기 위한 전략으로 다국적 출신의 유입이민정책을 추진했다. 1990년대 초 이주노동자를 중심으로 한 인구유입정책에서 2000년대 이후 국제결혼이 급격히 증가하면서 새로운 가족의 모형을 탄생시켰다. 국제결혼을 통한 이민자의 증가는 한국 사회의 다인종화 및 다민족화를 촉진하고 있으며, 이를 통해 정부가 결혼이주여성과 가족, 그리고 자녀 교육에 관심을 가지고 다문화정책과 교육에 집중하는 계기가 되었다.

인구통계분석 전문가들은 한국이 2020년에는 외국인 체류자가 300만 명에 이를 것이라고 전망한다. 이와 같은 인구는 총인구의 약 8% 수준으로 영국, 독일, 프

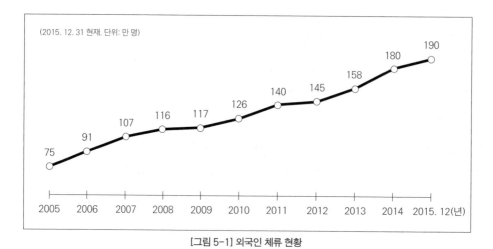

[그림 5-1] 외국인 체류 현황

출처: 행정자치부 2015년도 지방자치단체 외국인 주민 현황

랑스의 현재 외국인 체류 비율과 거의 비슷한 수준이다. 한국 사회의 생산가능인구는 2016년 3,700만 명을 정점으로 감소하고 있다. 또한 2017년에는 65세 이상의 고령인구가 유소년인구를 초과하는 등 한국의 인구구조가 크게 고령화할 것으로 보인다(이지연 외, 2012). 2015년 12월 현재 외국인 체류자는 189만 9,519명으로 나타났다(법무부 출입국ㆍ외국인정책본부 통계월보, 2015년 12월).

[그림 5-1]과 같은 수치는 현재 한국 내 외국인의 비율이 주민등록인구의 3.4%를 기록한 2014년보다 증가했다는 사실을 나타낸다. 행정자치부는 통계자료를 통해 유형에 따라 외국인 근로자가 41.8%, 외국인 주민의 자녀가 12%, 결혼이민자가 10.2% 순이라고 밝혔다(행정자치부, 2015).

결혼이민자 체류 현황은 15만 1,608명(법무부 출입국ㆍ외국인정책본부 통계월보, 2015. 12)으로 다문화가족지원법이 개정된 2008년도 12만 2,552명에 비해 약 19.2% 증가했다. 〈표 5-1〉과 같이 증가율은 다소 낮아지는 경향을 보이지만, 그 수는 계속해서 증가하고 있다. 이들 중 한국인으로의 귀화자 숫자는 약 200% 증가율을 보이

〈표 5-1〉 결혼이민자 체류 현황

(2015. 12. 31 현재, 단위: 명)

연도	2010	2011	2012	2013	2014	2014. 11.	2015. 12.
인원(명)	141,654	144,681	148,498	150,865	150,994	151,347	151,608
전년 대비 증감률(%)	–	2.1	2.6	1.6	0.1	–	0.2

출처: 법무부 출입국ㆍ외국인정책본부 통계월보, 2015. 12.

〈표 5-2〉 결혼이민자 거주 지역별 분포 현황

(2015. 21. 31 현재, 단위: 명)

계	경기	서울	경남	인천	충남	경북	부산	전남
151,608	41,403	28,240	9,826	9,126	8,420	7,648	6,931	6,737
	전북	대구	충북	강원	대전	광주	울산	제주
	5,955	4,895	4,784	3,684	3,501	3,309	3,242	2,171

출처: 법무부 출입국ㆍ외국인정책본부 통계월보, 2015. 12.

고 있다.

결혼이민자의 지역별 분포 현황을 보면 경기지역에 결혼이민자 전체의 약 37%가 거주하고 있는 것으로 나타났다. 〈표 5-2〉와 같이 서울 · 경기지역을 합치면 전체 결혼이민자의 절반 이상(52%)이 거주하고 있다.

성별로는 여성이 전체 결혼이민자의 84.6%를 차지하고 있으며, 〈표 5-3〉과 같이 결혼이주여성의 국적별 현황은 중국, 베트남, 일본, 필리핀 순으로 높다는 것을 확인할 수 있다.

결혼이민자 및 귀화자의 평균 자녀에 대한 통계는 2012년에 이어 2015년 실시되었으나, 2016년 2월 현재 집계가 발표되지 않았다. 이에 대한 대안으로 확인할 수 있는 결혼이민자 및 귀화자의 자녀에 대한 통계는 교육부 자료를 통해 유추할 수 있다.

교육부 통계에 의하면, 고등교육기관을 제외한 국내 교육기관에 재학 중인 다문화학생 수는 8만 2,536명으로 전년 대비 1만 4,730명(21.7%) 증가한 수치이다. 아래의 〈표 5-4〉와 같이 국내 출신 다문화가정 자녀뿐만 아니라 중도입국 자녀와 외국인가정 자녀를 포함한다. 이를 학제별로 살펴보면, 2015년 학제별 다문화학생 수

〈표 5-3〉 결혼이민자의 국적별 · 성별 현황

(2015. 21. 31 현재, 단위: 명)

국적 구분	계	중국[1)	한국계	베트남	일본	필리핀	캄보 디아	태국	몽골	기타
전체	151,608	58,788	23,130	40,847	12,861	11,367	4,555	2,821	2,384	17,985
	(100%)	(38.8%)		(26.9%)	(8.5%)	(7.5%)	(3.0%)	(1.9%)	(1.6%)	(11.9%)
남자	23,272 – – – (15.4%)	11,879	7,190	894	1,220	328	45	75	104	8,727
여자	128,336 – – – (84.6%)	46,909	15,940	39,953	11,641	11,039	4,510	2,746	2,280	9,258

출처: 법무부 출입국 · 외국인정책본부 통계월보, 2015. 12.

---

1) 한국계 포함

구분		계	초등학교	중학교	고등학교	각종학교
2015	국내 출생	68,099	50,191	11,054	6,688	166
	중도입국	6,261	3,965	1,389	723	184
	외국인가정	8,176	6,006	1,384	735	51
	소계	82,536	60,162	13,827	8,146	401
2014	국내 출생	57,498	41,546	10,316	5,562	74
	중도입국	5,602	3,262	1,386	750	204
	외국인가정	4,706	3,417	804	422	63
	소계	67,806	48,225	12,506	6,734	341
2013	국내 출생	45,814	32,823	9,162	3,793	36
	중도입국	4,922	3,006	1,143	565	208
	외국인가정	5,044	3,531	975	500	38
	소계	55,780	39,360	11,280	4,858	282
2012	국내 출생	40,040	29,282	8,194	2,536	28
	중도입국	4,288	2,669	985	547	87
	외국인가정	2,626	1,789	448	326	63
	소계	46,954	33,740	9,627	3,409	178

주 1) 다문화학생 수 = 국제결혼가정 자녀(국내출생 자녀 + 중도입국 자녀) + 외국인가정 자녀
　 2) 국내 출생: 한국인과 결혼한 외국인 배우자 사이에서 출생한 자녀 중 국내에서 출생한 자녀
　 3) 중도입국: 국제결혼가정 자녀 중 외국에서 태어나 부모와 함께 중도에 국내로 입국한 자녀
　 4) 외국인가정: 외국인 사이에서 출생한 자녀

출처: 2015년 교육부 통계자료

는 전년 대비 초등학교 1만 1,937명(24.8%), 중학교 1,321명(10.6%), 고등학교 1,412명(21.0%), 각종학교 60명(17.6%)이 증가했다는 것을 알 수 있다. 이를 출생 유형별로 살펴보면, 2015년 현재 국내 출생이 6만 8,099명(82.5%)으로 가장 많은 비중을 차지하고 있으며, 외국인가정 8,176명(9.9%), 중도입국 6,261명(7.6%) 순의 비중을 나타내고 있다.

4) 결혼이민자의 연구동향

결혼이민자에 관한 연구는 다양한 유형으로 진행되어 오고 있다. 결혼이주여성의 다문화정책 수용 및 지원정책과 발전 방향에 대한 연구들,[2) 결혼이민자의 정착과 사회통합에 관한 연구들(강휘원, 2006; 김혜순, 2008; 전경옥, 2007; 박채복, 2008; 최현실, 2009; 최종렬, 2010; 황정미, 2010; 전형권 · 이승희, 2011; 민무숙, 2011; 김영미 외, 2015; 최병두 · 정유리, 2015), 국제인권과 결혼이주여성의 법적권리에 관한 연구들(홍성필, 2007; 형근혜, 2011), 결혼이주여성의 정체성과 정체성 재구성에 대한 연구들(정경운, 2007; 서운석, 2009; 박신규, 2010; 이민경, 2015), 결혼이민자의 일상생활의 어려움과 적응에 관한 연구들(김영란, 2006; 김혜자, 2008; 설동훈 · 윤홍식, 2008; 윤혜미, 2009; 양인숙 · 민무숙, 2010; 이한우 · 송형철, 2015; 이은경, 2015; 현채승, 2015; 서덕희, 2015; 이현심, 2015), 결혼이주여성의 자녀양육에 관한 연구들(김영주, 2010; 정명희, 2013; 김낙홍 · 백인경, 2015; 이유나, 2015; 엄미선 · 조용주, 2015) 등 다각적인 관점에서 연구가 진행되고 있다.

2. 결혼이민자의 특성

1) 결혼이민자의 특성

결혼이민자는 '결혼'이라는 특성과 '이민자'라는 특성을 동시에 고려한다(황미혜, 2012). 사회적 차원에서 결혼이민은 4가지 주요한 접근 방향인 동화론적 관점, 다원론적 관점, 심리학적 관점, 인구통계학적 관점에서 이해할 수 있다(Cretser & Leon, 1982). 그러나 다원론적 관점은 미국인의 가치에 일치하는 것으로 다른 인종에게 적

---

2) 김이선 외, 2006; 설동훈, 2006; 이삼식 외, 2007; 서범석, 2010; 민가영, 2011; 김렬, 2011; 김경숙, 2014.

용하기에는 한계가 있다(Glazer, 1993). 따라서 여기에서는 결혼이민을 동화론적 관점, 심리학적 관점, 인구통계학적 관점으로 살펴보고자 한다.

동화론적 관점의 첫 번째 단계는 문화적응 동화이다. 동화주의의 관점에서 소수집단이 직업이나 다른 기회를 획득하기 위해서는 지배문화를 배워야 한다는 지배문화에 대한 흡수와 적응을 전제로 한다. 두 번째 단계는 구조적 동화이다. 구조적 동화는 소수집단이 지배집단과 친밀해진 후 거대한 관료구조와 교육적·정치적·제도적인 진입이 이루어진다. 세 번째 단계는 결혼 동화이다. 배우자의 선택은 자신들의 주된 관계 속에서 이루어질 수 있기 때문이다. 네 번째 단계는 정체성 동화이다. 정체성 동화에서 태도수용 동화는 편견이 없는 상태에서, 행동수용 동화는 차별이 없는 상태에서, 시민으로서의 동화는 가치갈등이 없는 상태에서 이루어진다(Gordon, 1964).

심리학적 관점은 앞서 제시한 동화론적 관점과 달리한다. 이 관점에서는 이민족 간의 결혼이 동화나 인구통계학 또는 계층적 특성보다는 심리적인 요인과 더 관계가 있다고 믿는다. 다른 인종과 결혼하는 것을 부적절하게 억압된 결과에서 비롯된 일탈유형으로 보고, 반대 성(性)의 부모에 대해 사회적으로 용납되지 않는 충동을 피하기 위한 잠재의식, 즉 자부심과 죄의식의 표출이라고 보았다. 예를 들어 타인종과 결혼한 백인은 주류집단의 한 구성원으로서 소수민족집단에 대한 편견의 역사, 인종차별 그리고 억압에 대한 책임을 지고 처벌을 받아야 한다고 느끼기 때문이다(Grierr & Cobb, 1968; Biegel, 1966; Brayboy, 1966; Shon, 2001 재인용).

인구통계학적 관점은 타민족과의 결혼에 대해 동종집단 내의 성비율이나 지역사회의 집단 크기의 불균형의 결과로 본다. 특정 집단 내에서 남성과 여성의 수가 균형적이지 않을 경우에는 동종집단 내에서 결혼이 성립할 수 없기 때문에 국제결혼에 대한 요구가 높아질 수밖에 없다. 한국 사회의 국제결혼 성립과정, 즉 결혼이민은 배우자 선택과정의 원리인 '결혼경사 현상(marriage gradient)'으로 설명할 수 있다. 결혼경사 현상은 배우자를 선택할 때 대부분의 여성이 사회·경제적인 측면뿐만 아니라, 그 외의 여러 측면에서 자신보다 나은 수준의 남성을 배우자로 찾는 경향을 말한다. 한국 남성들은 개인적 자원이 열악하여 국내에서 결혼상대를 찾기 어렵게 되면서 대안의 하나로 국가적 자원의 우월성을 이용하여 한국보다 국가경쟁력이 뒤진 나라에서 결혼 상대자를 선택하게 되는 것이다. 이러한 결혼경사 현상은 결혼적령기를 넘긴 높은 연령, 낮은 학력, 초혼보다는 재혼, 도시보다는 농촌, 그리고 낮은 경제적 수준의 한국 남성에게서 일어나고 있는 특징으로 확인할 수 있다(김경신, 2006; 윤형숙, 2004).

한국 사회 내에서 결혼이민자는 소수자의 특성을 지닌다. Louis Wirth(1945)는 소수자를 "신체적 · 문화적 특징 때문에 그들이 사는 사회의 다른 사람들로부터 배제되고 차별 대상으로 인식되는 집단"이라고 정의했다. 그리고 Mary Douglas(1966)는 인간사회 질서의 근본에는 순수와 위험으로 대비되는 상징체계가 존재하는데, 질서가 부여된 '순수'라는 상징체계에는 '우리'가 존재하고 그 외부에 오염된 대상인 '위험'이라는 상징체계에는 일탈적이고 파괴적인 '타자'가 존재하는데, 이 '타자'의 개념이 소수자에 해당한다고 했다. 국제법상에서 소수자의 정의는 Caportorti가 1977년 UN에 제출한 「인종, 종교 및 언어상의 소수자 권리에 관한 보고서(Study on the Rights of Persons belonging to Ethnic, Religious and Linguistic Minorities)」에서 "소수자는 거주국 내의 다수자에 비해 수적인 열세, 취약한 지위, 다른 인종, 종교, 언어적 특질을 가지고 있으며, 그들 고유의 문화, 전통, 종교 및 언어를 유지하려는 강한 유대감을 갖고 있는 사람들이다"라고 했다. 한국 사회 내에서 결혼이민자의 특성 역시 소수자 집단으로서 타 집단과의 구별성, 권력적 열세, 차별 대우, 집단의식 등으로 정의할 수 있다.

국제결혼이 증가하면서 2015년 기준 한국의 결혼이민자는 15만 1,608명으로, 앞으로도 그 수는 지속적으로 증가할 것으로 예상하고 있다. 한국의 여성 결혼이민자는 12만 8,260명(84.6%)이고, 남성 결혼이민자는 2만 3,348명(15.4%)이다.(법무부 출입국 · 외국인 정책월보, 2015년 12월). 한국의 결혼이민자는 주로 한국 남성과 외국 여성 간의 결혼이라는 '이주여성화'의 특성을 지니고 있으므로 이에 대해 살펴보고자 한다.

2) 한국 내의 여성 결혼이민자

한국 내의 여성 결혼이민자의 국적은 아시아권 위주의 여성이 가장 높은 비율을 차지하고 있으나 그들의 국적은 시기적으로 다소 다르게 나타나고 있다. 1990년 대까지는 종교단체를 통한 일본 여성과의 국제결혼이 대다수를 차지했으며 조선족 여성도 다수를 차지했으나, 2000년대 초부터는 결혼이민자의 국적이 다변화되어 동남아시아 국적의 여성과 결혼하는 비율이 높아졌다(법무부·출입국 외국인 정책본부, 2012). 한국 남성의 국제결혼이 동남아시아 지역으로 확대된 배경에는 대만이나 일본이 국제결혼 강화정책을 실시하면서 동남아시아 이주 희망 여성들이 대만이나 일본을 대신하여 한국으로 시선을 돌리게 된 것이다. 이들 동남아시아 국가는 대부분 개발도상국이며, 국제결혼을 선호하는 여성 중 다수는 경제적으로 발전된 한국에서 살거나 본국 가족을 경제적으로 지원할 목적에서 국제결혼을 선택하는 것으로 나타나고 있다(박재규, 2006; 정기선 외, 2007).

단일민족을 표방해 온 한국 사회는 짧은 이민의 역사 속에 비약적인 이민이 이루어지고 있는 현실로 인해 많은 문제를 내포하고 있다. 특히 한국인 남성과 결혼한 동남아시아 출신의 여성 결혼이민의 증가는 향후 한국 사회가 당면하게 될 문제들을 예상할 수 있게 한다. 여성 결혼이민자의 대다수가 한국 사회의 주변부에 있는 남성들과 결혼하기 때문에 사회·경제적으로 빈곤층에 속해 있다. 이들은 결혼을 통해 한국에서 살고 있지만, 여전히 모국의 가족들을 위한 경제적인 지원의 책임감을 가진 채 한국의 가족문화 속에 편입되어 가족구성원으로서 역할을 감당해야 한다는 부담감을 가지고 살아간다. 특히 아시아권의 여성 결혼이민자는 대부분은 한국어 사용능력이 낮기 때문에 경제활동이나 사회활동 참여에도 어려움을 겪고 있다(김한곤, 2009; 박재규, 2010).

결혼이민자는 초국적 결혼을 통해 새로운 가족관계를 만들고, 두 개 이상 국가의 경계에 걸쳐 삶을 영위해나간다. 이들은 출신지인 모국과 정주국을 가로지르는 초국적 삶의 실천과 사회적 연결망 속에서 자신의 정체성을 재구성하고 있다(임지혜 외, 2014).

특히 여성 결혼이민자는 모국의 가족과 정주국의 가족 사이에서 '초국적 딸', '초국적 아내', '초국적 어머니' 사이에서 갈등을 느끼기도 한다. 이들은 두 개의 로컬 사이에서 불완전한 협상을 지속하며 딜레마를 겪으면서 새로운 길 찾기를 시도한다.

여성 결혼이민자는 친밀함의 감정적 교류뿐만 아니라 송금이나 경제적 거래 같은 상호작용을 통해 모국의 가족, 친척, 친구들과 긴밀하게 연결된 것을 알 수 있다. 특히, 송금은 모국 가족과의 유대관계를 유지하게끔 하는 중요한 연결고리 역할을 한다. 이들이 한국에서 벌어 모국에 송금하는 돈은 이들이 모국에 미치는 영향력을 가시화하고 사회경제적 지위를 높이는 사회적 자본으로 활용될 수도 있다. 여성 결혼이민자는 모국으로의 송금과 현재 정주국에서의 생활을 위한 저금 사이에서 갈등하는 모습을 보이고 있었다.

아기 교육하는 데 돈도 들고, 신랑도 많이 버는 편이 아니라서 그냥 여유 좀 있으면 보내야지 하는 마음이 있는데, 여윳 돈이 없어서……. (임지혜 외, 2014: 중국 결혼이주여성)

제가 버는 거는 통장에 넣어두었지만, 베트남에 안 보내요. 나중에 모아서 한국에 집 사고 싶어요. (……) 남편이 반대해서요. 여기도 살기 힘든데 왜 자꾸 보내고 싶어 하냐? 결혼하러 온 거냐? 아니면 돈 벌고 싶어서 온 거냐? 많이 따져요. 제 생각에는 남편이 그런 생각 가지는 것 맞아요. (임지혜 외, 2014: 베트남 결혼이주여성)

위의 사례를 통해 여성 결혼이민자는 '초국적 가족'이라는 유대관계 속에서 초국적 젠더의 딜레마를 경험하고 있다는 것을 알 수 있다. 그들은 '초국적 결혼'을 통해 복수의 로컬을 가로지르는 가족관계로서 '초국적 가족'을 형성한다. 이러한 관계는 여성 결혼이민자에게 한국의 가족 안에서는 '아내'와 '어머니'의 역할을 수행하고, 모국의 가족에게는 '딸'의 역할을 수행하도록 한다. 그렇기 때문에 여성 결혼이민자는 두 개의 가족으로부터 요구되는 각각의 역할로부터 부름을 받게 되고, 그 역할들이 서로 어긋나거나 마주쳐 부딪히는 갈등의 순간을 경험한다.

그들은 '초국적 딸'로서 '초국적 아내'로서 또한 '초국적 어머니'로서 그들이 존재하고 관계해야 할 가족의 경계를 다시 고민하게 되는 것이다. 이들은 한국의 새로운 가족을 부양하기 위한 저금과 지리적인 거리감을 가진 초국적 딸로서 해야 할 역할의 공백을 메우기 위한 수단으로서의 송금 사이에서 갈등하고 있다.

여성 결혼이민자는 이러한 갈등의 순간에 초국적 가족관계 안에서 자신의 위치를 결정하고 상대로부터 인정받고자 다양한 전략을 구사한다. 모국 부모님의 초청이주는 경제적 부양의무로서 송금을 대체하는 전략적인 행위 중 하나라고 볼 수 있다. 초청이주의 본래 목적은 여성 결혼이민자의 자녀양육을 돕는 것이지만, 대부분은 초청이주를 통해 한국에서 일자리를 찾고 경제적 소득을 창출한다. 이처럼 초국적 가족의 중심에 위치한 여성 결혼이민자는 자신에게 요구되는 다양한 역할과 그에 따라 정체성을 조정해야 하는 갈등을 느끼며 두 개의 로컬 사이에서 불완전한 협상을 지속하고 있다.

3. 결혼이민정책의 방향

한국 정부는 결혼이민자의 한국 정착을 돕고 포용적 다문화사회를 만들어나간다는 목표하에 다양한 지원정책을 진행해 왔다. 2006년 「여성 결혼이민자가족의 사회통합지원정책」을 시작으로 2008년에는 「다문화가족지원법」이 제정되었고, 이에 따라 「제1차 다문화가족정책기본계획 2010~2012」, 「제2차 다문화가족정책기본계획 2013~2017」이 순차적으로 수립 · 추진되었다. 정부 차원의 지원정책의 가장 큰 목표는 결혼이민자가 한국에 안정적으로 정착 · 생활하는 것을 돕는 것이다(다문화가족정책위원회, 2013).

　　이처럼 정부가 지원하는 정책은 시기에 따라 그 내용 및 목표를 나누어볼 수
있다. 첫째, 결혼이주여성이 급증하기 시작한 2000년대 초 · 중반의 정책은 결혼이
주여성 및 그들 자녀의 한국 사회 적응에 주안점을 두었다. 결혼이주여성이 한국어
및 한국문화 적응을 통해 한국어로 의사소통하고 한국의 역사와 문화를 보다 깊이
이해하여 장기적인 정착, 즉 귀화의 과정으로 이어질 수 있게 했다. 둘째, 이주민의
체류기간이 장기화되고 자녀의 출산 및 양육 등 결혼이주여성의 사회적 욕구가 다
양해짐에 따라 정책의 목표가 정착과 적응의 관점에서 나아가 실질적인 자립과 사
회통합의 관점으로 변모하게 되었다.

1) 교육지원정책

　　결혼이주여성에 대한 교육지원정책은 여성가족부와 각 지방자치단체를 중심
으로 이루어지고 있다. 여성가족부는 2001년 여성부, 2005년 여성가족부, 2008년
여성부에서 2010년 이후 여성가족부라는 명칭을 사용한다. 결혼이주여성과 관련한
여성가족부의 정책은 2007년 가족통합팀의 설치로부터 시작되었다. 이후 2012년
에는 다문화가족지원과를 신설하여 결혼이주여성에 대한 교육적 지원을 강화하고
있다.

　　지방자치단체의 지원정책으로 대표적인 것은 2008년 경상북도가 구축한 한국
생활적응지원시스템(www.gb.go.kr)이다. 여성가족부가 가족통합팀을 설치한 1년 뒤부
터 결혼이민여성이 언어, 문화, 생활양식이 다른 한국생활에 쉽게 적응할 수 있도록
온라인 서비스를 제공하기 시작했다. 이 시스템은 2016년에도 한국생활에 필요한
체류와 국적, 인권과 법률, 생활복지 등의 정보들을 안내하고 결혼이민자를 위해 한
국어강좌와 문화예절, 컴퓨터 배우기, 자녀들을 위한 전래동화 등 다양한 온라인 교
육 서비스를 제공하고 있다. 또한 한국산업인력공단 및 구인전문기관과 연계하여

구인·구직정보 안내를 제공한다. 이 밖에 취업에 필요한 지식 제공, 지역별 취업지원기관 소개와 정부 및 지역별 지원정책 정보 제공, 결혼이민자의 한국생활을 도와줄 수 있는 자원봉사 안내 및 자원봉사 지원신청 서비스를 제공한다는 특징이 있다.

2) 취업지원정책

결혼이민자가 국내 노동시장에 미치는 효과는 매우 중요하다. 결혼이민자의 경제활동 참여는 한국인과 소통하는 중요한 통로가 될 수 있으며, 사회통합을 위해서도 무엇보다 중요한 과제라고 할 수 있다. 결혼이민자가 외국으로부터 이주한 이민자라는 이유로 차별받지 않도록 법적·제도적으로 보호해야 한다.

결혼이민자의 자립은 결혼이민자 자신뿐만 아니라 다문화가족의 안정된 생활과 직결된 문제이다. 이는 개인적 차원과 사회적 차원에서 표출된다. 개인적 차원에서 대부분의 여성 결혼이민자는 체류기간이 길어지고 사회적응 수준이나 지역사회와의 관계가 긴밀해질수록 취업활동에 대한 욕구가 강하게 나타난다(황정미·문경희·양혜우·정승희, 2009). 사회적 차원에서 여성 결혼이민자는 자신이 속한 가정의 경제상태에 따라 취업욕구가 다르게 나타나는데, 대부분 그들의 취업욕구는 증가한다. 이는 아시아국가 출신의 여성과 결혼하는 대부분 한국 남성들의 사회·경제적 지위가 낮고(장서영·이로미·장인자, 2010; 이규용·박성재·강혜정, 2011), 이들 대부분이 농촌 및 도시 저소득층 지역에 거주하고 있기 때문이다(이혜경, 2005; 김정석, 2009; 김승권·조애저·민현주, 2010). 여성 결혼이민자의 노동시장 참여를 통한 경제적 통합은 이민자의 유입으로 인해 발생하는 사회적 비용 감소의 측면에서도 중요한 의미를 갖는다. 따라서 결혼이민자의 사회통합은 단지 이민자에게 복지혜택을 제공하는 데서 그치는 것이 아니라, 그들이 자신의 삶을 주체적으로 살아갈 수 있도록 돕는 방향으로 나아가야 할 것이다(민무숙·김이선·이춘아·이소영, 2009).

적절한 취업지원 및 노동시장 참여는 여성 결혼이민자 개인뿐만 아니라 하나의 사회단위로서 다문화가족의 질 높은 사회통합을 이끌어내기 위해서도 중요한 과제이다. 여성 결혼이민자의 경제활동 참여가 다문화사회의 통합을 위한 중요한 정책 과제가 되면서 이와 관련한 연구도 활발하게 이루어지고 있다. 그러나 앞서 살펴본 바와 같이 지금까지의 연구들은 주로 여성 결혼이민자의 경제활동 참여에 미치는 원인을 밝혀내는 데 집중되어 있다(설동훈, 2006; 민무숙 외, 2009; 황정미 외, 2009; 김승권 외, 2010; 장서영 외, 2010). 이들 연구는 여성 결혼이민자의 취업에 영향을 미치는 요인으로 인적 특성, 배경, 직업훈련 경험, 한국어능력 등 개인적 역량에 초점을 맞추거나 취업을 가로막는 한국 사회의 장애요건들, 예를 들어 가사 및 육아부담, 시부모 및 남편과의 관계 등 가족적 요인들을 강조하는 실태조사 성격이 강하다. 따라서 여성 결혼이민자가 온전한 한국 사회의 구성원으로서 다양한 사회활동에 참여하기 위해서는 보다 구체적이고 현실성 있는 지원 방안의 제시가 요구된다.

함께 생각하기

1. 결혼이민자가 겪는 어려움은 무엇인지 세 가지 이상 기술하고, 구체적인 해결방안에 대해 토론해보자.

2. 남성 결혼이민자의 유형과 특징을 생각해보고 연구가 부족한 이유를 논의해보자.

참고문헌

구차순(2007). 결혼이주여성의 다문화가족 적응에 관한 연구. 한국가족복지학 20, 319-360.

김경숙(2014). 한국의 여성 결혼이주자정책: 상호문화주의적 조망과 함의, 디지털융복합연구, Vol.12 No.9, 21-33.

김낙흥 · 백인경(2015). 결혼이주여성의 양육효능감 및 양육스트레스가 자녀의 유아교육기관 생활적응, 사회적 능력, 또래 유능성에 미치는 영향, 幼兒 敎育學論集, Vol.19 No.1, 365-384.

김렬(2011). 결혼이주여성의 문화접변에 대한 정책지원의 효과, 한국정책과학학회보, Vol.15 No.4, 285-308.

김영미 · 김일광 · 박수선 · 이종길 · 양재식(2015). 결혼이주여성의 사회통합을 위한 여가 활성화 정책 방안, 한국체육학회지-인문사회과학, Vol.54 No.5, 77-87.

김영주(2010). 결혼이주여성의 자녀 출산 · 양육 정책에 대한 비판적 고찰: 젠더관점과 다문화관점을 중심으로 한국인구학, Vol.33 No.1, 51-73.

김태자 · 권복순(2012). 베트남 결혼이주여성의 통과의례 경험에 관한 질적 연구, 한국지역사회복지학 43집, 89-114.

민가영(2011). 결혼이주여성의 다문화정책 수용과정과 그 효과에 관한 연구, 사회과학연구, Vol.22 No.1, 83-104.

서덕희(2015). 문화(文化)의 다차원성에 비추어 본 농촌 결혼이주여성의 갈등과 대응, 人文社會科學硏究, Vol.49 No.-, [KCI 등재], 121-148.

엄미선 · 조용주(2015). 국제결혼이주여성이 지각한 사회적지지가 생활만족도에 미치는 영향: 문화적응스트레스의 매개효과를 중심으로, 한국 사회복지교육, Vol.32 No.-, 23-46.

이민경(2015). 중국 출신 고학력 결혼이주여성들의 자녀교육을 통해서 본 정체성 재구성: 대구 · 경북 지역 이주여성을 중심으로, 한국교육학연구, Vol.21 No.2, 147-171.

이유나(2015). 다문화가정 결혼이주여성의 어머니 되어가기에 관한 질적 연구: 일본인 어머니를 중심으로, 한국일본교육학연구, Vol.20 No.1, 65-85.

이은경(2015). 한국 사회 이주민의 생활세계, 민족연구, Vol.62 No.-, 72-92.

이은주 · 전미경(2014). 출신국의 사회 · 문화적 맥락에서 이해한 베트남 결혼이주여성의 적응경험 연구. 한국가정관리학회지 32(5), 63-86.

이지연 · 한명희 · 정성훈 · 최용성 · 장지영 · 배종우 · 김유경 · 김혜련(2012). 한국에서 다문화가족의 혼인, 출생, 자녀의 추이에 대한 통계적 고찰 및 주산기 정책 전망, 대한주산의학회잡지 23-2, 76-86.

이한우 · 송형철(2015). 경영컨설팅리뷰, 공주대학교 KNU 경영컨설팅연구소 Vol.6 No.2, 35-59.

이현심(2015). 여성결혼이주자의 일상생활의 어려움, STSS지속가능과학회 학술대회, Vol. No.5, 2015, 147-150.

정명희(2013). 사회적지지가 결혼이주여성의 자녀 양육방식에 미치는 영향 연구 — 부모효능감을 중심으로, 청소년학연구, Vol.20 No.8, 257-276.

최병두 · 정유리(2015). 결혼이주자의 이주 및 정착과정에서 나타나는 사회적 네트워크 변화에 관한 연구, 현대사회와 다문화, Vol.5 No.1, 20-57.

현채승(2015). 결혼 이주 여성 적응 사례연구, 연세상담코칭연구, Vol.3 No.-, 309-329.

국가법령정보기본센터. www.law.go.kr 재한외국인처우기본법(2012).

행정자치부, 2015년도 지방자치단체 외국인 주민 현황 http://www.moi.go.kr/frt/bbs/type001/commonSelectBoardArticle.do?bbsId=BBSMSTR_000000000014&nttId=46327

6장
외국인 근로자

정지현

한국 내 외국인 근로자의 현황과 특성은 어떠하며, 외국인 근로자 정책은 어떠한 방향으로 나아가야 외국인 근로자가 한국 사회 내에서 다수자와 함께 공존할 수 있는가? 이 장에서는 외국인 근로자에 대한 탐색을 통해 한국 내의 문화 다양성을 이해하는 것을 목표로 한다.

1. 외국인 근로자의 현황 및 기존 연구

국제법상에서 외국인 근로자의 개념을 규정하고 있는 문서로는 ILO협약, UN협약, EU협약 등이 있다. ILO협약에서는 외국인 근로자를 "이주노동자의 기회 및 처우의 평등 증진에 관한 협약에서 고용될 목적으로 한 나라에서 타국으로 이동하는 혹은 이주해 온 자를 말하며, 그 나라에서 이주노동자로 합법적으로 인정된 자를 포함한다"고 정의하고, 불법이주자는 이주노동자로 인정하지 않고 있다. UN협약에서는 외국인 근로자를 "이주노동자가 모국이 아닌 타국에서 유급활동에 종사할 예정이거나, 이에 종사하고 있거나, 또는 종사해 온 사람"으로 정의하고, "별도로 언급하지 않는 한 성별, 인종, 피부색, 언어, 종교적 신념, 정치적 또는 기타의 의견, 민족적, 종족적 또는 사회적 출신, 국적, 연령, 경제적 지위, 재산, 혼인상의 지위, 출생신분 등 어떠한 차별 없이 모든 이주노동자와 그 가족에 적용된다"고 규정하며, 미등록·비합법 이주노동자도 협약의 주요 대상임을 밝히고 있다. EU협약에서는 외국인 근로자를 "자영업이 아닌 기업에 고용된 신분이어야 하고, 보수를 목적으로 고용된 사람"으로, "보수 있는 직업을 갖기 위해 다른 체결국의 영토에 거주하도록 허가받은 상대 체결국의 국민"으로 정의하고 있다.

한국에서 외국인 근로자는 일정 기간 동안 타국에 이주해 돈을 버는 사람을 의미하며, 외국인 노동자, 이주노동자, 이민 노동자, 초빙 노동자, 단기 노동자, 계약노동자, 이방인 노동자, 이주근로자 등 여러 가지 명칭으로 불리고 있다(설동훈, 1997: 전영평 외, 2010). 인권단체 등에서 외국인 노동자는 다른 국적을 전제로 하는 배타적인 개념이라 하여 이주노동자라는 호칭을 선호하고 있다. 설동훈(2002)은 "대한민국 국적을 갖고 있지 않고 직업의 종류와 상관없이 노동을 함으로써 급여를 받는 자"로 정의하고, 「외국인 근로자의 고용 등에 관한 법률(이하 '외국인 고용법'이라 한다)」에서 '외국인 근로자'로 정의하고 있다. 또한 「출입국관리법」 제18조 제1항과 제2항에 "외국인이 대한민국에서 취업하려면 대통령령으로 정하는 바에 따라 취업활동을 할 수 있는 체류자격을 받아야 하며, 제1항에 따른 체류자격을 가진 외국인은 지정된 기업이 아닌 곳에서 취업해서는 아니 된다"라는 규정에 따라 미등록 이주노동자는 '외국인 근로자'의 개념에서 배제하고 있다.

21세기는 전 지구적 불평등의 심화로 인해 출신국을 떠나 보다 나은 삶의 터전을 향해 이동하는 국제이주가 증가하고 있다. 그러나 국제이주를 통해 이동한 외국인 근로자의 삶은 현실적 혹은 법적으로 보호를 받지 못하고 있는 취약한 상태에 놓여 있다. UN에 따르면, 2013년 현재 세계 이주자는 2억 3,200만 명으로 전 세계 인구의 3.2%를 차지한다. 그중에서 아시아 지역 이주자는 7,100만 명, 유럽 지역의 이주자는 7,200만 명으로, 대부분의 이주자가 아시아와 유럽에서 발생하고 있다. 특히 최근에는 선진국의 저출산 · 고령화 등 인구구조의 변화로 인해 아시아 지역 내에서의 노동이주가 활발하게 이루어지고 있다.

이러한 변화에 따라 베트남, 인도네시아, 필리핀 등 개발도상국에서는 외화 획득 및 경제 개발을 목적으로 노동력 송출을 증대시키고 있으며, 한국, 일본, 대만, 홍콩, 싱가포르 등 상대적으로 선진화된 국가에서는 부족한 노동력을 채우기 위한 방편으로 외국인 근로자를 수용하고 있다.

한국은 대표적인 노동 수용국으로, 2016년 5월 말 현재 취업자격 체류외국인은 60만 7,589명이다. 이러한 수치는 법무부나 통계청에 의해 보고된 것으로, 불법취업 체류 외국인을 포함한 미확인 외국인 근로자의 수는 더욱 많을 것으로 예측되고 있다. 한국은 지난 2013년 12월 20일 외국인력정책위원회를 설립하고, 2014년에는 외국 인력 유입규모를 5만 3천 명으로 결정했다. 특히 제조업, 어업, 농축산업 등에서는 외국인 근로자 신규 고용한도를 사업장 규모와 상관없이 허용 인원의 20%까지 초과할 수 있도록 함으로써 외국 인력의 유입을 급증시키고 있다.

노동인력이 국외에서 유입되는 경우는 다음과 같이 구분할 수 있다.

첫째, 정식이민에 의한 이동으로, 미국, 캐나다, 호주 등은 숙련된 노동자이거나 친지가 해당 국가에 정착해 있는 경우 등이다. 둘째, 단기간의 체류를 이유로 입국이 허가되는 계약노동자이다. 셋째, 전문직 종사자로 다른 국가에서 일하는 숙련노동자이다. 넷째, 밀입국하거나 취업과 상관없는 비자 혹은 비자가 완료되었음에도 귀국하지 않고 불법으로 체류하는 노동자이다. 다섯째, 난민이나 비호신청자(refugee and asylum seeker)이다.

국제사회에서는 1990년 12월 18일 "모든 이주노동자와 그 가족의 권리보호에 관한 국제협약(International Convention on the Protection of the Rights of All Migrant Workers and Members of Their Families, 이하 '이주노동자권리협약'이라 약칭함)"을 채택하여 2003년 7월 1일로 발효했다. 이 협약은 외국인 근로자와 그 가족을 사회적 실체로 인정하고 그들의 권리보호를 구체화하고 명문화한 첫 번째 협약으로, 한 사회에서 차별을 야기할 수 있는 사회적 문제에 대해 인권과 정책적 접근을 시사한다.

1980년대 말부터 한국 사회는 경제적 고도성장, 저출산, 고령화, 고학력, 3D업종의 기피현상으로 인해 인력난을 겪으면서 외국인 근로자의 유입이 급증했다. 초기에는 관광비자 또는 단기 방문 비자로 한국에 들어와서 일하기 시작하다가, 특히 1988년 이후부터는 저숙련직을 중심으로 개발도상국 출신의 젊은 남성이 유입되었다. 현재 한국의 많은 연구자들은 외국인 근로자의 상황을 〈표 6-1〉과 같이 뵈닝(1984)의 이주 4단계로 설명하고 있다. 정경화(2003)의 연구에서 1단계는 단기체류 미혼남성 노동자 중심, 2단계는 장기체류 기혼자 여성 비율의 증가, 3단계는 가족상봉과 노인 비율의 증가, 4단계는 2세와 3세의 탄생으로 이입국 적응 및 영구이민이 증가한다고 했다. 4단계 중에서 현재 한국의 이주유형은 1, 2단계를 거치고 있다고 했다. 이정환 등(2007)은 4단계까지 진입했다고 주장하고, 김병조(2009)는 2단계에서 3단계로 이행하는 과정에 있으나 부분적으로는 4단계 진입 논의가 이루어지고 있다고 했다.

한국에서 외국인 근로자의 유형은 세 가지로 분류할 수 있다(차용호, 2015).

첫째, 법적 지위에 따른 분류이다. 외국인 출입국 및 체류, 노동활동 등을 통제하기 위해 비자나 체류허가증, 취업허가증 등 관련서류를 구비해야 한다.

둘째, 국적과 혈통에 따른 분류이다. 한국은 2003년 7월 31일 통과된 '외국인고용법'에 따라 2004년 8월부터 시행되고 있는 현행 '고용허가제'를 일반 외국인 근로자를 대상으로 하는 '일반고용허가제'와 외국국적동포를 대상으로 하는 '특례고용

〈표 6-1〉 뵈닝의 이주 4단계 모형

단계		시기	비고
1단계	이주 시작	1988~1992년	88서울올림픽 이후 ~ 산업연수생제도 도입 전
2단계	이주 지속	1993~2004년	산업연수생제도 실시 이후 ~ 고용허가제 병행실시 전
3단계	가족 재결합	해당 없음	제도적 원천 봉쇄
4단계	영구 정착	2004년 이후~현재	고용허가제 병행실시 이후 ~ 현재

출처: 임선일(2010) 연구에서 재인용

허가제'로 구분하고 있다. 특례고용허가제는 외국국적동포에 대한 포용정책의 일환으로 2007년 3월부터 시행되고 있다. 이 제도는 북방동포 등에 대해 최장 5년간 자유로운 출입국과 취업기회를 부여하는 방문취업(H-2)의 복수비자(M)를 발급하고 있다. 방문취업비자를 소지한 재외동포는 친척방문, 관광, 상업적 용무 등은 물론 정해진 절차와 규정에 따라 허용된 다양한 업종(서비스업 · 제조업 · 농축산업 · 어업 · 건설업)에서 취업활동을 할 수 있다.

셋째, 체류자격에 따른 분류이다. 외국인 근로자를 분류하는 가장 쉬운 방법으로, 체류자격에 따라 전문기술인력과 단순기능인력으로 분류하는 것이다. 한국에서 출입국관리법 시행령 상 전문기술인력은 E-1(교수), E-2(회화지도), E-3(연구), E-4(기술지도), E-5(전문기술인력) E-6(예술흥행)의 일부 및 E-7(특정 활동)에 해당되는 전문직 종사자를 의미한다. 이에 반해 단순기능인력은 고용허가제와 방문취업제로 입국한 산업연수(D-3, E-8), 비전문취업(E-9), 방문취업(H-2) 자격에 해당하는 사람들로, 이들 대부분은 제조업, 건설업, 어업, 농축산업 및 32개 서비스 업종에서 생산기능, 서비스 · 판매 및 단순 직종분야에 종사하고 있다.

한국의 외국 인력 유입은 1991년 '해외투자기업연수생제'를 시작으로 1993년 '산업연수생제', 2000년도의 '연수취업제'를 거쳐 변화했다. 그러나 이러한 산업연수생제도는 노동자를 연수생이라는 신분으로 활용함으로써 노동법의 보호로부터 소외시키고, 불법체류를 악용한 인권침해 문제 등을 대두시켰다. 이에 따라 2003년 송출비리 방지 및 외국인 근로자 균등대우를 위해 「외국인 근로자의 고용 등에 관한 법률」을 제정했다. 이후 2004년 '고용허가제'가 수립되면서 산업연수생제와 동시에 시행되었다. 그러나 2007년에는 산업연수생제가 폐지되고, 고용허가제로 일원화시킴으로써 고용허가제만으로 외국 인력을 유입할 수 있도록 했다. 고용관리 측면에서 외국인 근로자의 취업기간은 정주화 방지를 위해 3년으로 설정하고 있다. 만료 후 사용자가 재고용할 경우에는 1회에 한정하여 2년 미만 범위(1년 10개월)에서 고용연장이 가능하다.

한국 정부는 전문기술인력에 대해서는 고급인력을 선별적으로 도입하여 경제·사회적 효과의 극대화를 시도하고 있다. 또한 단순기능인력에 대해서는 국내 노동시장을 교란하지 않는 선에서 최소한의 노동자를 수용하여 일정 기간 체류 후에는 고용허가제의 순환원칙에 따라 반드시 귀환하도록 함으로써 사회적 비용을 최소화하고자 하는 차별배제정책을 펼치고 있다. 이러한 정책은 송출국과 유입국의 사회·경제적 발전 효과를 고려하기 때문이다. 외국인 근로자가 영구 정착할 경우에 유입국 사회에서는 이민자와 그 자녀가 하층으로 자리 잡게 될 것이고, 송출국 사회에서는 인구감소와 생산기반구조의 약화를 초래할 가능성이 크다고 보는 것이다. 이러한 정책적 측면에서 한국 정부는 외국인 근로자가 한국에서 거주하는 동안 한국의 뿌리산업 유지에 이바지하도록 적응과 통합에 집중함으로써 외국인 근로자의 장기 체류 및 정주화를 막고 있다. 외국인 근로자를 근로자가 아닌 노동력에만 초점을 맞춘 이러한 정책에 대해 외국인 근로자의 귀환이주와 재통합에 대한 새로운 논의가 이루어져야 할 필요가 있다.

현재 외국인 근로자에 대한 연구는 다양한 측면에서 이루어지고 있다. 이들 연구를 분류하면, 외국인 근로자의 정책을 다룬 연구로는 정책의 사각지대에 있는 이주노동자의 가족정책에 대한 연구(함인희, 2006), 한국의 다문화정책을 위한 시론적 분석으로 1990년대 이후 현재에 이르는 이주노동자정책의 형성과 변화의 인과적 기제를 밝힌 연구(심보선, 2007), 초국가시대 외국인 근로자 기관 운영 실태와 정책 지원방안을 모색하기 위해 외국인 근로자 기관의 운영 현황과 프로그램 운영 현황에 대해 분석한 연구(임영언·이소영·김나경, 2011), '방문자' 메타포에 뿌리를 둔 한국의 이주노동자정책에 대한 메타포 전환을 위한 연구(최인영, 2015), 도시 공간의 이주노동자 파업과 노동조합의 이민자정책의 변화를 분석한 연구(신동규, 2015) 등이 있다.

외국인 근로자 관련법에 대한 연구로는 유엔 국제인권조약 및 이주노동자권리협약을 중심으로 이주노동자 권리 보호를 위한 국제인권규범 수용에 관한 연구(이경숙, 2008), 이주노동자와 노동법에 관련된 문제에 관한 연구(선미란, 2011), 이주정책 개방성과의 상관성을 중심으로 한국 사회 이주노동자 권리에 관한 연구(김용권, 2014)가 있다.

고용허가제 개선 방안에 대한 연구로는 2003년에 공포된 외국인 근로자의 고용 등에 관한 법률에서 지적되었던 여러 문제점이 법개정을 통해 보완되었음에도 미흡한 부분에 대해 외국인 근로자의 헌법상 근로권보장과 고용허가제의 쟁점사항을 분석한 연구(손윤석, 2013; 김종세, 2015)가 있다.

이주노동자의 보건정책 및 인권에 관한 연구로는 이주노동자의 의료 인권에 관한 연구(부종식, 2012), 제조업 외국인 근로자의 산업안전보건과 사업장 변경의 딜레마에 대한 연구(김혜선 · 정진주, 2015), 한국 내 외국인 이주노동자의 의료서비스에 대한 인식 및 이용에 영향을 미치는 요인을 분석한 연구(김성호, 2015)가 있다.

교육적 차원의 연구로는 한국, 일본, 대만의 교육을 비교하여 이주노동자에 대한 태도에 영향을 미치는 교육의 효과를 분석한 연구(김석호 · 신인철 · 김병수, 2011), 몽골학교 학부모들의 학교 선택과 그 의미화를 중심으로 이주근로자 가정 학부모들이 한국 사회에서 체류하는 동안 어떻게 자녀교육을 기획하고 실천하며 의미화하는지를 그들이 맺는 사회적 · 관계사회적 관계망과 자녀교육에 대한 연구(이민경 · 김경근, 2012), 자녀양육과 교육을 중심으로 미등록 이주노동자 가정의 탈영토화 및 재영토화 과정을 분석한 연구(이민경 · 김경근, 2014)가 있다.

시민교육 차원의 연구로는 생산직 이주근로자 고용 한국 회사 내 한국인 근로자의 다문화 감수성에 관한 연구(정지현 · 김영순, 2012)와 고등학생의 잠재적 인식 유형과 다문화 교육경험에 따른 차이, 고등학생들이 외국인 노동자의 문화를 인정하고 기본권을 보장해주는 것에 대해 어떻게 인식하는지를 조사하고, 그들의 인식에 다문화교육 경험이 그들의 인식에 어떤 영행을 미치는지를 분석한 연구(강운선, 2014)가 있다.

그 밖의 연구로는 이주근로자의 사회적 지지와 문화적응 정도를 파악함으로써 이주근로자의 유입정책에 따른 문화적 통합전략 방안을 모색한 연구(임영언, 2008), 스리랑카 이주노동자의 생활만족도에 영향을 미치는 요인에 관한 연구(이주성, 2011), 이주노동자의 모국문화유지행동이 심리적 안녕에 미치는 긍정적인 영향을 미친

다는 모국문화유지행동의 긍정성에 관한 실증연구(윤영삼, 2015), 이주노동자의 스포
츠 활동 참여가 사회적응 및 생활만족도에 미치는 영향에 대한 연구(문한식·허현미, 2015), 산업재해를 경험한 이주노동자들의 구체적 삶의 경험과 산업재해의 의미와
본질을 드러내는 연구(노지현, 2015) 등이 있다.

2. 외국인 근로자의 체류자격

한국에 체류하는 외국인이 취업활동을 하기 위해서는 반드시 취업활동을 할
수 있는 체류자격을 가져야 할 뿐만 아니라 지정된 근무처에서 근무해야 한다.

취업활동을 할 수 있는 체류자격은 단기취업(C-4), 교수(E-1)부터 특정활동(E-7)
까지, 비전문취업(E-9), 선원취업(E-10) 및 관광취업(H-1), 방문취업(H-2) 등의 체류자
격을 말하고, 이 경우 취업활동은 해당 체류자격의 범위에 속하는 취업활동만 할 수
있다. 다음 〈표 6-2〉는 외국인의 체류자격을 분류한 것이다.

〈표 6-2〉 외국인의 체류자격 분류(총 36종)

(1) 비취업자격(17종)		
계열	체류자격	활동범위
A계열	외교 (A-1)	대한민국정부가 접수한 외국정부의 외교사절단이나 영사기관의 구성원, 동등한 특권과 면제를 받는 사람과 그 가족
	공무 (A-2)	대한민국정부가 승인한 외국정부 또는 국제기구의 공무를 수행하는 사람과 그 가족
	협정 (A-3)	대한민국정부와의 협정에 의하여 외국인등록이 면제되거나 면제할 필요가 있다고 인정되는 사람과 그 가족
B계열	사증면제 (B-1)	대한민국과 사증면제협정을 체결한 국가의 국민으로서 그 협정에 따른 활동을 하려는 사람
	관광·통과 (B-2)	관광·통과 등의 목적으로 대한민국에 사증 없이 입국하려는 사람

계열	체류자격	활동범위
C계열	일시취재 (C-1)	일시적인 취재 또는 보도활동을 하려는 사람
	단기종합 (C-3)	친지 방문, 친선 경기, 각종 행사, 회의 참가, 학술자료 수집 등 영리를 목적으로 하지 아니하고 90일을 넘지 않는 기간 동안 체류하려는 사람
D계열	문화예술 (D-1)	수익을 목적으로 하지 않는 학술 또는 예술 관련 활동을 하려는 사람
	유학 (D-2)	전문대학 이상의 교육기관 또는 학술연구기관에서 정규과정의 교육을 받거나 특정 연구를 하려는 사람
	기술연수 (D-3)	법무부장관이 정하는 연수조건을 갖춘 사람으로서 국내의 사업체에서 연수를 받으려는 사람
	일반연수 (D-4)	법무부장관이 정하는 요건을 갖춘 교육기관이나 기업체, 단체 등에서 교육 또는 연구를 받거나 연구 활동에 종사하려는 사람
	취재 (D-5)	외국의 신문, 방송 등 보도기관으로부터 파견 또는 외국보도기관과의 계약에 따라 국내에 주재하면서 취재 또는 보도활동을 하려는 사람
	종교 (D-6)	외국의 종교단체 또는 사회복지단체로부터 파견되어 종교활동을 하려는 사람과 대한민국 내의 종교단체 또는 사회복지단체의 초청을 받아 사회복지활동을 하려는 사람
	주재 (D-7)	가. 외국의 공공기관·단체 또는 회사의 본사, 지사, 그 밖의 사업소 등에서 1년 이상 근무한 사람으로서 대한민국에 있는 그 계열회사, 자회사, 지점 또는 사무소 등에 필수 전문인력으로 파견되어 근무하려는 사람 나. 「자본과 금융투자업에 관한 법률」 제9조 제15항 제1호에 따른 상장법인 또는 「공공기관의 운영에 관한 법률」 제4조에 따른 공공기관이 설립한 해외현지법인이나 해외지점에서 1년 이상 근무한 사람으로서 대한민국에 있는 그 본사나 본점에 파견되어 전문적인 지식·기술 또는 기능을 제공하거나 전수받으려는 사람
	기업투자 (D-8)	가. 「외국인 투자촉진법」에 다른 외국투자기업의 경영·관리 또는 생산·기술 분야에 종사하려는 필수 전문인력 나. 산업재산권이나 지식재산권을 보유하는 등 우수한 기술력으로 「벤처기업 육성에 관한 특별조치법」 제2조 제1항 제2호 다목에 따른 벤처기업을 설립한 사람으로서 같은 법 제25조에 따라 벤처기업 확인을 받은 사람
	무역경영 (D-9)	대한민국에 회사를 설립하여 경영하거나 무역, 그 밖의 영리사업을 위한 활동을 하려는 사람으로서 필수 전문인력에 해당하는 사람
	구직 (D-10)	교수(E-1)부터 특정활동(E-7)까지의 체류자격에 해당하는 분야에 취업하기 위하여 연수나 구직활동 등을 하려는 사람으로서 법무부장관이 인정하는 사람

(2) 취업가능자격(16종)

계열	체류자격	활동범위
C계열 일부	단기취업 (C-4)	일시 흥행, 광고·패션모델, 강의·강연, 연구, 기술지도 등 수익을 목적으로 단기간 취업활동을 하려는 사람

E계열	교수 (E-1)	「고등교육법」에 따른 자격요건을 갖춘 외국인으로서 전문대학 이상의 교육기관이나 이에 준하는 기관에서 전문 분야의 교육 또는 연구 · 지도 활동에 종사하려는 사람	
	회화지도 (E-2)	법무부장관이 정하는 자격요건을 갖춘 외국인으로서 외국어전문학원, 초등학교 이상의 교육기관 및 부설어학연구소, 방송사 및 기업체 부설 어학연수원, 그 밖에 이에 준하는 기관 또는 단체에서 외국어 회화지도에 종사하려는 사람	
	연구 (E-3)	대한민국 내 공 · 사 기관으로부터 초청을 받아 각종 연구소에서 자연과학 분야의 연구 또는 산업상 고도기술의 연구 · 개발에 종사하려는 사람	
	기술지도 (E-4)	자연과학 분야의 전문지식 또는 산업상 특수한 분야에 속하는 기술을 제공하기 위하여 대한민국 내 공 · 사 기관으로부터 초청을 받아 종사하려는 사람	
	전문직종 (E-5)	대한민국 법률에 따라 자격이 인정된 외국의 변호사, 공인회계사, 의사, 그 밖에 국가공인 자격이 있는 사람으로서 대한민국 법률에 따라 할 수 있도록 되어 있는 법률, 회계, 의료 등의 전문업무에 종사하려는 사람	
	예술흥행 (E-6)	수익이 따르는 음악, 미술, 문학 등의 예술활동과 수익을 목적으로 하는 연예, 연주, 연극, 운동경기, 광고 · 패션모델, 그 밖에 이에 준하는 활동을 하려는 사람	
	특정활동 (E-7)	대한민국 내 공 · 사 기관 등과의 계약에 따라 법무부장관이 특별히 지정하는 활동에 종사하려는 사람	
	비전문취업 (E-9)	「외국인 근로자의 고용 등에 관한 법률」에 따른 국내 취업요건을 갖춘 사람	
	선원취업 (E-10)	다음 각목에 해당하는 사람과 그 사업체에서 6개월 이상 노무를 제공할 것을 조건으로 선원근로계약을 체결한 외국인으로서 「선원법」 제2조 제6호에 따른 부원에 해당하는 사람	
F계열 일부	거주 (F-2)	가. 국민의 미성년 외국인 자녀 또는 영주(F-5) 체류자격을 가지고 있는 사람의 배우자 및 그의 미성년 자녀 나. 국민과 혼인관계(사실상의 혼인관계를 포함한다)에서 출생한 사람으로서 법무부장관이 인정하는 사람 다. 난민의 인정을 받은 사람 라. 「외국인투자촉진법」에 따른 외국투자가 마. 영주(F-5) 체류자격을 상실한 사람 중 국내 생활관계의 권익보호 등을 고려하여 법무부장관이 국내에서 계속 체류해야 할 필요가 있다고 인정하는 사람 바. 외교(A-1)부터 협정(A-3)까지의 체류자격 외의 체류자격으로 대한민국에 7년 이상 계속 체류하여 생활 근거지가 국내에 있는 사람으로서 법무부장관이 인정하는 사람 사. 비전문취업(E-9), 선원취업(E-10) 또는 방문취업(H-2) 체류자격으로 취업활동을 하고 있는 사람으로서 과거 10년 이내에 법무부장관이 정하는 체류자격으로 4년 이상의 기간 동안 취업활동을 한 사실이 있는 사람 아. 「국가공무원법」 또는 「지방공무원법」에 따라 공무원으로 임용된 사람으로서 법무부장관이 인정하는 사람 자. 나이, 학력, 소득 등이 법무부장관이 정하여 고시하는 기준에 해당하는 사람 차. 투자지역, 투자대상, 투자금액 등 법무부장관이 정하여 고시하는 기준에 따라 부동산 등 자산에 투자한 사람 카. 자목이나 차목에 해당하는 사람의 배우자 및 자녀	

II. 한국 내의 문화 다양성

F계열 일부	재외동포 (F-4)	「재외동포출입국과 법적 지위에 관한 법률」 제2조 제2호에 해당하는 사람
	영주 (F-5)	법 제46조 제1항 각 호의 강제퇴거 대상이 아닌 사람으로서 다음 각 목의 어느 하나에 해당하는 사람 가. 대한민국 「민법」에 따른 성년이고, 본인 또는 동반가족이 생계를 유지할 능력이 있으며, 품행이 단정하고 대한민국에 계속 거주하는 데에 필요한 기본 소양을 갖추는 등 법무부장관이 정하는 조건을 갖춘 사람으로서, 주재(D-7)부터 특정활동(E-7)까지의 체류자격이나 거주(F-2) 체류자격으로 5년 이상 대한민국에 체류하고 있는 사람 나. 국민 또는 영주(F-5) 체류자격을 가진 사람의 배우자 또는 미성년 자녀로서 대한민국에 2년 이상 체류하고 있는 사람 및 대한민국에서 출생한 것을 이유로 법 제23조에 따라 체류자격 부여 신청을 한 사람으로서 출생 당시 그의 부 또는 모가 영주(F-5) 체류자격으로 대한민국에 체류하고 있는 사람 중 생계유지 능력, 품행, 기본적 소양 등을 고려한 결과 대한민국에 계속 거주할 필요가 있다고 법무부장관이 인정하는 사람 다. 「외국인투자촉진법」에 따라 미화 50만 달러 이상을 투자한 외국투자가로서 5명 이상의 국민을 고용하고 있는 사람 라. 재외동포(F-4) 체류자격으로 대한민국에 2년 이상 계속 체류하고 있는 사람으로서 생계유지 능력, 품행, 기본적 소양 등을 고려하여 대한민국에 계속 거주할 필요가 있다고 법무부장관이 인정하는 사람 마. 「재외동포의 출입국과 법적 지위에 관한 법률」 제2조 제2호에 외국국적동포로서 「국적법」에 따른 국적 취득 요건을 갖춘 사람 바. 사. 아. 자 …… 생략
	결혼이민 (F-6)	가. 국민의 배우자 나. 국민과 혼인관계에서 출생한 자녀를 양육하고 있는 부 또는 모로서 법무부장관이 인정하는 사람 다. 국민인 배우자와 혼인한 상태로 국내에 체류하던 중 그 배우자가 사망이나 실종, 그 밖에 자신에게 책임이 없는 사유로 정상적인 혼인관계를 유지할 수 없는 사람으로서 법무부장관이 인정하는 사람
H계열	관광취업 (H-1)	대한민국과 "관광취업"에 관한 협정이나 양해각서 등을 체결한 국가의 국민으로서 협정 등의 내용에 따라 관광과 취업활동을 하려는 사람
	방문취업 (H-2)	체류자격에 해당하는 사람: 「재외동포출입국과 법적 지위에 관한 법률」 제2조 제2호에 따른 외국국적동포에 해당하고, 다음의 어느 하나에 해당하는 만 25세 이상인 사람 중에서 나목의 활동범위 내에서 체류하려는 사람 1) 출생 당시에 대한민국 국민이었던 사람으로서 가족관계등록부, 폐쇄등록부 또는 제적부에 등재되어 있는 사람 및 그 직계비속 2) 국내에 주소를 둔 대한민국 국민 또는 영주(F-5) 체류자격 마목에 해당하는 사람인 8촌 이내의 혈족 또는 4촌 이내의 인척으로부터 초청을 받은 사람 3) 「국가유공자 등 예우 및 지원에 관한 법률」 제4조에 따른 독립유공자와 그 유족 또는 그 가족에 해당하는 사람

계열	체류자격	활동범위
H계열	방문취업 (H-2)	4) 대한민국에 특별한 공로가 있거나 대한민국의 국익 증진에 기여한 사람 5) 유학(D-2) 체류자격으로 1학기 이상 재학 중인 사람의 부모 및 배우자 6) 국내 외국인의 체류질서 유지를 위하여 법무부장관이 정하는 기준 및 절차에 따라 자진하여 출국한 사람 7) 1)부터 6)까지의 규정에 해당하지 않는 사람으로서 법무부장관이 정하여 고시하는 한국말 시험, 추첨 등의 절차에 따라 선정된 사람 나. 활동범위 1) 방문, 친척과의 일시 동거, 관광, 요양, 견학, 친선경기, 비영리문화예술활동, 회의 참석, 학술자료 수집, 시장조사 · 업무연락 · 계약 등 상업적 용무, 그 밖에 이와 유사한 목적의 활동 　가) 작물재배업 　나) 축산업 　다) 작물재배 및 축산 관련 서비스업 　라) 연근해 어업 　마) 양식 어업 　바) 소금채취업 　사) 제조업, 다만 상시 사용하는 근로자 수가 300명 미만이거나 자본금이 80억 원 이하인 경우에만 해당한다. 　아) 하수 폐수 및 분뇨 처리업 　자) 폐기물 수집운반 처리 및 원료재생업 　차) 건설업, 다만 발전소 · 제철소 · 석유화학 · 건설현장의 건설업체 중 건설면허가 산업환경설비인 경우는 제외한다. 　카) 산동물 도매업 　타) 기타 산업용 농산물 및 산동물 도매업 　파) 가정용품 도매업 　하) 기계장비 및 관련 물품 도매업 　거) 너) 더) 러) …… 생략

(3) 기타(3종)

계열	체류자격	활동범위
F계열 일부	방문동거 (F-1)	가. 친척 방문, 가족 동거, 피부양, 가사정리. 그 밖에 이와 유사한 목적으로 체류하려는 사람으로서 법무부장관이 인정하는 사람 나. 다음 어느 하나에 해당하는 사람의 가사보조인 　1) 외교(A-1), 공무(A-2) 체류자격에 해당하는 사람 　2) 미화 50만 달러 이상을 투자한 외국투자가로서 기업투자(D-8), 거주(F-2), 영주(F-5), 결혼이민자(F-6) 체류자격에 해당하는 사람 　3) 정보기술(IT), 전자상거래 등 기업정보화, 생물산업(BT), 나노기술(NT) 분야 등 법무부장관이 정하는 첨단정보기술 업체에 투자한 외국투자가로서 기업투자(D-8), 거주(F-2), 영주(F-5), 결혼이민자(F-6) 체류자격에 해당하는 사람

F계열 일부	방문동거 (F-1)	4) 취재(D-5), 주재(D-7), 무역경영(D-9), 교수(E-1)부터 특정활동(E-7)까지의 체류자격에 해당하거나 그 체류자격에서 거주(F-2) 바목 또는 영주(F-5) 가목의 체류자격으로 변경한 전문인력으로서 법무부장관이 인정하는 사람 다. 외교(A-1)부터 협정(A-3)까지의 체류자격에 해당하는 사람과 외국인등록을 마친 사람의 동거인으로서 그 세대에 속하지 않는 사람 라. 그 밖에 부득이한 사유로 직업활동에 종사하지 않고 대한민국에 장기간 체류하여야 할 사정이 있다고 인정되는 사람
	동반 (F-3)	문화예술(D-1)부터 특정활동(E-7)까지의 체류자격에 해당하는 사람의 배우자 및 미성년 자녀로서 배우자가 없는 사람
G계열	기타 (G-1)	외교(A-1)부터 결혼이민(F-6)까지, 관광취업(H-1) 또는 방문취업(H-2) 체류자격에 해당하지 않는 사람으로서 법무부장관이 인정하는 사람

3. 한국 내 외국인 근로자의 어려움

취업을 목적으로 한국에 체류하고 있는 외국인 근로자는 한국 사회의 적응, 언어, 직장 내의 인간관계 문제, 차별대우 등 이들이 겪고 있는 어려움은 여러 연구를 통해 나타나고 있다.

이주성(2011)의 연구에는 스리랑카 이주노동자의 생활만족도에 대한 조사에서 이들의 생활만족도가 지역별로 차이가 있으며, 상당히 많은 노동자가 건강보험에 가입되어 있지 않는 등 의료서비스 이용의 사각지대에 놓여 있는 것으로 나타났다.

산업재해를 당한 이주노동자가 산업재해를 겪으면서 산업재해 이전과 이후의 경험과정을 분석한 연구(노지현, 2015)에 의하면, 이주노동자, 특히 미등록 이주노동자는 산업재해를 당하고도 산재라는 제도적 서비스를 받지 못한 경우가 많았다.

제 손가락이 아주 조금 떨어졌어요. 일 센치 조금 넘습니다. 저는 그 손가락이 너무나 소중했지만, 한국 의사 선생님, 간호사 선생님은 약하게 취급했습니다. 한국 사람 환자들도 많았습니다. "손가락 하나 없어진 거 아무것도 아니다"라고 말했습니다. 손가락 없어진 게 어떻게 아무것도 아니라고 하는지 모르겠습니다. 한국 병원에서는 외국인 손가락 하나 없어진 것쯤은 아무것도 아닌 것처럼 취급합니다.

(태국 출신 노동자)

이주근로자는 산재사고를 당했으나 치료를 제대로 받지 못하고 응급처치만 받은 후 계속 작업에 투입할 정도로 이들을 고용한 고용주들은 산업재해에 대한 인식이 부족했다. 산재사고에 대해서는 등록 이주노동자와 미등록 이주노동자의 구별이 없었으나, 특히 미등록 이주노동자의 경우에는 대부분 합의로 마무리하고, 그 합의 수준은 이들이 입은 신체적·심리적 상해에 비해 지나치게 약소한 것으로 드러났다.

정지현·김영순의 연구(2012)에서는 한국 회사에서 이주근로자와 가장 가까운 곳에서 함께 일하면서 일상적으로 접촉하고 있는 한국인 근로자의 경험을 통해 이주근로자의 어려움을 파악할 수 있었다.

사장님은 모두들 앞에서 공공연하게…… "이러니 니들이 가난한 거야……" 하세요. 사장님이 애들을 불러서 아무도 없는 데서 말씀하시면 좋겠다고 생각하면서 저도 매일 애들 땜에 스트레스를 받게 되니까 사장님 말씀이 백번 이해가 돼요.

(한국인 근로자 L)

한국인 근로자는 다른 사람이 타문화를 가진 사람의 인격적인 차별과 무시하는 태도에 대해 경시하지만, 자신도 자문화만을 존중하고 타문화를 차별하는 태도를 가지고 있었다.

한국이 다문화사회가 될 수밖에 없는 이유는 알아요. 하지만 유전자가 좋은 나라 애들을 들어오게 하면 좋은데…… 한국 수준이 점점 떨어지고 있는 것 같아요. 그리고 이제 애들이 우리 일자리까지 침범해 오고 있으니 솔직히 겁이 좀 나요. 앞으로 이러다 한국 사람들은 모두 직장 잃고 이주근로자 천국이 될 것 같아 무서워요.

(한국인 근로자 B)

한국인 근로자는 한국의 사회변화를 인지하지만, 이주근로자의 문화가 확산되어가는 것을 두려워하고, 그러한 변화가 자신을 위협한다고 여기는 부정적인 고정관념을 가지고 문화적인 우열을 가르며 한국 회사 내의 이주근로자의 문화를 부정적으로 평가하고 있었다.

연구에서 한국인 근로자의 다문화 감수성이 자민족중심주의의 가장 낮은 단계인 부정 단계에 많이 놓여 있는 것을 볼 수 있었다. 따라서 이주근로자를 고용한 한국 회사의 한국인 근로자에 대한 다문화시민의 자질 및 다문화 역량 강화를 위해서는 다문화 감수성을 습득하고 향상시킬 수 있는 다문화 감수성 교육이 필요하다.

특히 이주근로자와 함께 근무한 기간이 짧은 한국인 근로자에 대한 다문화 감수성 습득을 위한 교육이 시급하고, 이주근로자와 함께 근무한 기간이 긴 한국인 근로자에 대해서는 다문화 감수성 발달을 도울 수 있는 교육을 통해 이를 더 증진 · 확장시켜야 하겠다. 즉, 부정 단계에 있는 한국인 근로자에게는 단순한 문화적인 차이를 지각하는 교육을, 방어 단계에 있는 한국인 근로자에게는 다른 문화권에 있는 사람도 동등하다는 인식 개선 교육을, 최소화 단계에 있는 한국인 근로자에게는 자문화중심주의에서 문화상대주의로의 관점 변화 교육을, 수용 단계에 있는 한국인 근로자에게는 자신의 정체성을 잃지 않으면서 타문화를 수용하는 교육을, 적응 단계에 있는 한국인 근로자에게는 자신의 문화적 정체성을 확장하는 교육을, 통합 단계에 있는 한국인 근로자에게는 다른 문화 세계와 자유로이 이동하는 통합 교육을 제안하고 있다. 미래 한국 사회가 사회적 비용을 줄이고 다문화사회의 성공적인 안착을 위해 우리 사회 다수 구성원에 대한 다문화교육의 일환으로 한국 회사 내 한국인 근로자를 대상으로 하는 다문화 감수성 교육이 절실하다고 본다.

4. 외국인 근로자 정책의 방향

이민은 국가와 국가 간의 경계를 넘는 사람들의 이주를 의미한다. 이민은 외국에서의 중·장기 체류와 관련한 자국민에 대한 송출국의 정책과제에 비해 유입국의 입장에서 외국인의 입국과 입국 후의 사회적 적응·수용·관리 등에 대한 정책과제의 비중이 상대적으로 중요하다. 이러한 특성 때문에 많은 국가의 이민정책은 입국자를 대상으로 시행되는 입국이민정책 개념으로 이해할 수 있다. 한국은 1980년대 이전까지는 정부 차원에서 노동이주가 장려되어 출국이민정책이 더 중요하게 다루어졌지만, 1990년대 이후부터는 외국인 근로자의 유입이 많아지면서 입국이민정책에 비중을 두게 되었다.

1960년대 이후 한국은 경제적 빈곤 탈피에 대한 개인적·국가적 요구로 인해 정부주도의 송출이민정책이 이루어졌다. 그러나 1980년대 말부터 한국 경제의 고도성장과 1988년 서울올림픽의 개최로 국가의 위상이 높아지면서 동남아시아 주변의 개발도상국가들로부터 노동력이 유입되기 시작했다. 한국의 이민정책의 제1기는 바로 1988년부터 2003년까지의 시기이다. 1980년대는 경제적으로는 호황기를 맞이했으나, 1987년 노동자의 대규모 투쟁으로 인해 국내 노동자의 노동시간 단축과 임금인상 등 노동자의 권익 확대와 더불어 3D업종 기피현상이 나타나면서 정책적 변화가 일어나기 시작했다.

1990년 한국과 중국이 역사적인 공식외교관계를 수립했다. 이 시기에 재중한국동포가 한국으로 일자리를 찾아 이주하면서 이들과 함께 동남아시아의 근로자가 동시에 유입되었다. 한국 정부는 1991년 제조업 부문의 인력난을 해소하기 위해 해외투자기업 '산업연수생제도'를 실시하여 1만 명의 외국인 근로자를 받아들이면서 공식적으로 외국인 근로자의 유입을 인정했다. 이후 1993년 추가로 1만 명의 산업연수생을 유입했는데, 이 제도는 많은 문제를 안고 있었다. 이 제도는 외국인 근로자에 대한 산업재해나 의료보험 등이 적용되지 않았고, 임금 수준이나 노동조건이 매우 열악했다. 실제로 1995년 네팔 산업연수생은 열악한 노동환경과 저임금에 분노하는 시위를 하는 등 시민단체와 노동단체의 항의도 그치지 않았다. 이후 노동부는 산업연수생에게 최저임금제 적용, 산재 적용, 폭행 금지 등의 근로기준법을 적용할 것을 시도했지만, 결국 2003년에 이 제도를 폐지하고 '고용허가제'로 전환했다.

한편 이 시기에 미국이나 유럽 거주의 해외동포는 문제가 없었지만, 중국이나 구소련 지역에 거주하고 있는 동포는 한국에 자유롭게 출입할 수 없는 차별적 대우가 있다고 지적되었다. 이에 한국 정부는 2007년 해외동포에 대해 입국과 취업의 문을 개방하는 외국 국적의 한국인 동포방문취업제도를 실시했다. 본격적이고 합법적인 근로자의 유입은 2007년부터 시작되었다고 볼 수 있다. 지속적으로 증가하고 있는 외국인 근로자의 한국 사회 정주화의 고민과 더불어 사회통합을 위한 한국 정부의 이민정책에 대한 변화의 필요성이 대두하기 시작했다.

윤인진(2008)은 미래 우리나라는 경제가능인구의 부족으로, 2030~50년 사이에 총 150만 명 이상의 외국인 근로자를 도입해야 할 것으로 예견했다. 외국인 근로자는 이주 후 체류국가의 이질적인 문화로 인해 많은 갈등을 겪게 된다. 최근 유럽에서는 이러한 갈등이 프랑스 이주민 2세의 폭동, 영국과 스페인의 테러 등 사회적 문제를 발생시키고 있다. 이는 외국인 노동력에 의해 뿌리산업이 유지되고 있는 많은 나라들이 외국인 근로자로 하여금 '에스닉노동자'로서의 신분을 유지하기를 원하지만, 집단을 형성하여 자신의 '에스니시티'를 발전시키는 것을 원하지 않고 있기 때문이다.

외국인 노동자는 자국민의 기술력으로 대체할 수 없는 저숙련 노동을 제공하면서 에스닉집단을 형성해갈 것이다(Siu, 1952; Castles, 1986, 2006; 정재각, 2011). 미래의 이주는 국민국가의 구조를 넘어 초국가적 성격을 띠기 때문에 국민국가의 구조에 기반을 두어 이주자를 분리하고 통제하려는 정책은 시정되어야 한다. 이제 한국은 유럽의 이주정책과 다른 한국적 이주정책을 통해 외국인 근로자의 '에스니시티'를 인정하고, 이들과의 사회통합을 위한 정책적 방안에 관심을 두어야 한다.

외국인 근로자와의 사회통합을 위한 정책은 인간 존엄성의 가치와 에스니시티의 가치를 함께 고려해야 한다. 인간 존엄성의 가치 측면에서 외국인 근로자에 대한 정책은 그들에 대한 편견이나 고정관념에 대한 문제를 해결하기 위한 교육적 노력뿐만 아니라, 한국인 근로자와 함께 그들의 인권을 보장할 수 있도록 해야 한다. 앞서 살펴본 바와 같이 외국인 근로자는 경제적 목적을 성취하기 위해 한국 생활을 시작하게 되었지만, 열악한 작업환경 속에서 편견과 고정관념을 감수하며 자신의 업무를 수행하고 있다. 현대 산업사회가 인류에게 크게 공헌한 생산성과 효율성의 증대는 아이러니하게도 인간소외 현상을 유발했다. 특히 한국은 해방 이후 비약적인 경제성장을 경험했지만, 그 이면에는 많은 노동자의 희생이 있었다. 한국 근로자의 근무시간과 업무강도는 세계적인 수준이지만, 근무환경이나 산업재해에 대한 대처는 그렇지 못하다. 근로자에 대한 이러한 처우는 외국인 근로자의 작업현장에 대한 유인가와 근무지로서의 한국에 대한 매력도를 낮게 하는 주요 요인으로 작용할 수 있다. 기본적인 인권조차 보장되지 않을 경우, 현재 한국의 경제를 유지하는 데 큰 역할을 하는 외국인 근로자의 지속적인 활동은 기대하기 어려울 것이다. 따라서 거시적인 측면에서 외국인 근로자에 대한 정책적 접근은 생산현장의 근로자에 대한 근로환경의 개선 및 권리보장과 함께 이루어져야 할 것이다.

외국인 근로자와의 사회통합을 위해서는 그들의 개별 특성을 고려한 에스니시티의 가치 접근이 요구된다. 외국인 근로자가 갖는 개별 특성은 그들의 개인적 경험뿐만 아니라 민족적 또는 국가적 특징을 반영한 것으로 볼 수 있다. 또한 근로자 개인에게 내재된 출신국의 문화는 이주에 따른 한국 문화와의 접촉을 통해 역동적으로 발현될 수 있다. 즉, 외국인 근로자는 그들의 특성이라는 변수 외에도 한국 생활 중에서 어떠한 문화를 어떻게 접촉하느냐에 따라 다른 문제를 경험할 수 있다. 따라서 외국인 근로자와의 사회통합을 위한 미시적 접근은 외국인 근로자의 출신국과 한국에 대한 개별적·집단적 특성에 대한 기본적이고 기초적인 연구를 바탕으로 그 역동성을 고려하여 유연하게 이루어져야 할 것이다.

1. 다문화교육을 평등교육이라고 정의할 때, 외국인 근로자는 현재 정당한 대우를 받고 있는지 자료를 찾아 토론해보시오.

2. 외국인 근로자의 출신국 중 한 국가를 선택하여 그 나라의 문화에 대해 알고 있는 것을 기록하고, 우리가 알고 있는 것과 현실은 어떠한 차이가 있는지 해당 국가 출신 외국인 근로자의 견해를 들어보시오.

참고문헌

강운선(2014). 다문화정책에 대한 고등학생의 잠재적 인식 유형과 다문화 교육경험에 따른 차이, 현대사회와 다문화 4(1), 119-142.

김석호 · 신인철 · 김병수(2011). 이주노동자에 대한 태도에 영향을 미치는 교육의 효과 분해: 한국, 일본, 대만 비교연구, 한국인구학 34(1), 129-157.

김성호(2015). 한국 내 외국인 이주노동자들의 의료서비스에 대한 인식 및 이용에 영향을 미치는 요인, 문화콘텐츠연구 18, 255-297.

김용권(2014). 한국 사회 이주노동자 권리에 관한 연구: 이주 정책 개방성과의 상관성을 중심으로, 한국평화연구학회 학술회의, 2014-1, 745-757.

김종세(2015). 외국인 근로자의 헌법상 근로권보장과 고용허가제의 쟁점사항, 漢陽法學 26(4), 127-146.

김혜선 · 정진주(2015). 제조업 외국인 근로자의 산업안전보건과 사업장 변경의 딜레마, 산업노동연구 21(2), 261-301.

노지현(2015). 산업재해를 겪은 후 여성 이주노동자들의 삶에 대한 연구-Giorgi 현상학 연구 접근, 한국 사회복지질적연구 9(1), 315-347.

노지현(2015). 산업재해를 경험한 이주노동자들의 삶에 관한 연구, 서강대학교 신학대학원 박사논문.

문한식 · 허현미(2015). 이주노동자들의 스포츠 활동 참여가 사회적응 및 생활만족도에 미치는 영향, 한국스포츠사회학회지 28(2), 65-852.

박근수 · 송병국(2015). 이주노동자의 교육프로그램 참여: 사회적지지 및 문화적응 간의 관계 분석, 순천향 인문과학논총 34(2), 319-353.

부종식(2012). 이주노동자의 의료인권, 생명윤리정책연구 6(1), 69-81.

선미란(2011). 이주노동자와 노동법에 관련된 문제에 관한 소고, 高凰論集 48, 167-189.

손윤석(2013). 이주노동자의 고용허가제 개선 방안, 법학연구 49, 1-23.

신동규(2015). 도시 공간의 이주노동자 파업과 노동조합의 이민자 정책의 변화, 서양사연구 52, 113-143.

심보선(2007). 온정주의 이주노동자 정책의 형성과 변화—한국의 다문화정책을 위한 시론적 분석—, 담론 201, 10(2), 41-76.

윤영삼(2015). 이주노동자의 심리적 안녕에 영향을 미치는 모국문화유지행동—모국문화유지행동의 긍정성에 관한 실증연구—, 인적자원관리연구, 22(4), 165-186.

이경숙(2008). 이주노동자 권리 보호를 위한 국제인권규범 수용에 관한 연구: 유엔 국제인권조약 및 이주노동자권리협약을 중심으로, 法學硏究 11(2), 189-221.

이민경 · 김경근(2012). 이주근로자 가정의 사회적 관계망과 자녀교육 기획: 몽골학교 학부모들의 학교선택과 그 의미화를 중심으로, 한국교육학연구 18(1), 253-281.

이민경 · 김경근(2014). 미등록 이주노동자 가정의 탈영토화, 재영토화 과정 분석: 자녀양육과 교육을 중심으로, 한국교육학연구 20(2), 101-133.

이주성(2011). 이주노동자의 생활만족도에 영향을 미치는 요인에 관한 연구—스리랑카 이주노동자를 중심으로—, 호남대학교 대학원 박사학위논문.

임선일(2010). 에스니시티의 변형을 통한 한국 사회 이주노동자의 문화변용 연구, 산업노동연구 16(2), 381-424.

임영언(2008). 국제 이주근로자의 유입정책에 따른 문화적 통합전략 방안모색, 전남대학교 세계한상문화연구단 국내학술회의 2008-11, 385-409.

임영언 · 이소영 · 김나경(2011). 초국가시대 외국인 근로자 기관 운영 실태와 정책 지원방안, 전남대학교 세계한상문화연구단 국제학술회의 2011-2, 325-358.

정지현, 김영순(2012). 생산직 이주근로자 고용 한국 회사 내 한국인 근로자의 다문화 감수성에 관한 연구. 교육문화연구 18(4), 139-162.

최인영(2015). 방문자와 이방인: 이주노동자에 대한 메타포의 전환을 위하여. 사회이론 47, 265-306.

함인희(2006). 이주 노동자 가족정책: 정책의 사각지대. 한국 사회학회 심포지엄 논문집, 22-27.

법무부통계월보 http://www.immigration.go.kr/doc_html/attach/imm/f2016//20160127246667_3_3.xls.files/WorkBook.html

7장
북한이탈주민

김창아 · 정지현

한국 내의 북한이탈주민의 현황과 특성은 어떠하며 북한이탈주민은 어떻게 다양한 정체성을 유지한 채 한국 사회 내에서 공존하며 사회통합을 이룰 수 있는가? 이 장에서는 북한이탈주민에 대한 탐색을 통해 한국 내의 문화 다양성을 이해하는 것을 목표로 한다.

1. 북한이탈주민의 개념 및 현황

1) 북한이탈주민의 개념

북한이탈주민은 해외에서 유입된 이주자처럼 남한의 새로운 환경에 적응해야 하는 이질적 존재이면서도 우리와 혈연 · 언어 · 지역적 동질성을 갖고 있는 특수한 집단이다. 북한이탈주민은 북한에 주소, 직계가족, 배우자, 직장 등을 두고 있으며, 북한을 벗어난 후 외국 국적을 취득하지 아니한 사람으로, 1997년 이후 이루어진 법률 제정에 의한 개념어이다.

위의 조건을 만족하지 못하는 경우 북한이탈주민의 개념에 포함되지 않는다. 즉 북한에 거주하나 중국 국적을 보유하고 있는 재북화교(在北华侨), 북한 국적을 보유하나 중국에 거주하고 있는 북한 국적을 가진 중국동포, 그리고 북한에 거주한 적이 없으며 북한을 벗어난 사실도 없는 제3국에서 출생한 북한이탈주민 자녀, 예를 들어 북한이탈주민이 남한에 정착한 후에 출생한 자녀는 북한이탈주민에 포함되지 않는다. 통일부(2013)는 이들을 북한이탈주민에 대한 유사개념으로 설명한다.

북한이탈주민에 대한 다양한 명칭의 변화는 우리의 시대상과 함께 그들에 대한 시각이 포함된다. 이향규(2007)는 분단과 체제 선택적 이주시기(1945~1953), 냉전과 정치적 망명시기(1953~1993), 탈냉전과 주민의 이주시기(1993년 이후)로 구분했다. 분단과 체제 선택적 이주시기에는 '월남자'라는 명칭이 사용되었다. 냉전과 정치적 망명시기에 이들을 표현하는 용어는 대부분 '귀순(歸順)'이라는 단어를 포함한다. 사전적 의미에서 '귀순'이라는 단어는 "적이었던 사람이 반항심을 버리고 스스로 돌아서서 복종하거나 순종함"이라는 뜻이 있다. 즉, 이 용어에는 냉전시대의 북한과 북한사람에 대한 대립적 시각이 그 저변에 자리하고 있음을 알 수 있다. 이후 탈냉전과 주민의 이주시기에는 북한동포, 탈북민, 새터민라는 용어가 사용되었다.

'귀순'이 적대관계 혹은 헤겔주의적 사고하에서 포섭의 대상임을 나타내는 용어라면, '동포'는 민족 동질성을, '탈북민'은 견고한 국경을 넘은 그들의 힘든 여정을 강조한 용어라고 볼 수 있다. 이와 달리 북한이탈주민은 그들의 현상적 측면, 즉 북한이라는 자신의 생활터전을 벗어난 것에 초점을 맞춘 용어라고 할 수 있다. 한때 우리 사회에서 '자유귀순용사'로 불리기도 했던 이들은 국가와 민족의 구성원으로서 복합적 정체성을 보여주고 있다. 앞서 살펴본 바와 같이 '북한이탈주민'을 지칭하는 용어는 시대적 특징에 따라 바뀌었고(이향규, 2007), 가정에서 차지하는 부모의 역할을 고려할 때, 다문화교육 관점에서는 북한이탈주민뿐만 아니라 그들의 가족과 자녀를 포함하여 개념을 재정의할 필요가 있다.

북한이탈주민의 증가와 더불어 이들의 입국 형태와 연령의 변화에도 주목할 필요가 있다. 성인 남성 중심으로 이루어지던 북한이탈주민의 입국은 가족 단위 중심 또는 단독으로 입국하는 북한이탈청소년 중심으로 변화했다(통일부, 2012). 현재 입국 인원 중 6~20세 학령기 청소년이 18% 정도 차지하고 있다. 그러나 이들 중 일부는 남북한 간 이질화된 문화 및 탈북 과정에서의 학업공백 등의 이유로 남한사회뿐만 아니라 학교에도 정착하지 못하고 있다. 따라서 북한이탈주민과 관련한 연구는 북한이탈주민의 자녀와 그들의 가정을 포함하여 살펴볼 것이다.

2) 북한이탈주민의 현황

한국 사회는 1980년대 이후 경제 성장을 바탕으로 국제사회에서 위상을 높여 가고 있는데, 이에 비해 북한은 정치적으로 폐쇄적이고 배타적이며 반민주적인 집단이라는 인식과 1990년대 중반 이후 식량사정의 악화로 경제적으로 낙후된 국가라는 이미지를 얻고 있다. 이러한 정치적 · 경제적 이유 등으로 인해 탈북자의 수가 매년 증가하고 있는 실정이다.

1990년부터 1993년 사이에 북한 땅을 떠나 남한 사회에 정착한 탈북자의 수는 매년 10명 내외에 불과했으나, 1999년에는 100명 정도의 탈북자가 입국했으며, 2001년부터는 매년 천 명이 넘는 탈북자가 입국했다. 또한 2006년도에는 탈북자의 수가 2배로 증가하여 2천 명을 넘기고, 2009년에는 최고 2,914명에 이르게 되었다. 김정은 정권이 들어서면서 국경통제 강화와 탈북 여건이 악화되어 2012년에는 1,502명, 2014년에는 1,397명으로 감소하여 입국하는 수가 줄어들고 있다. 여성의 입국비율은 1989년 이전에는 7%에 불과했으나, 1997년 35%, 2000년 42% 등 꾸준히 증가했다. 이러한 증가세에 따라 2002년 여성의 입국비율은 남성비율을 넘어섰고, 2014년에는 70%를 기록했다.

북한이탈주민의 증가 추세는 이들이 한국 사회로의 입국에 성공한 경우로 제한된 것이다. 현재 국내 NGO들은 중국, 러시아, 몽골, 동남아 지역에도 다수의 탈북자가 있는 것으로 보고 있다. 러시아와 동남아 지역 및 몽골에서는 부분적으로 탈북자를 난민으로 인정하여 우호적 입장을 취하고 있다(KBS 한국방송남북교류협력기획단, 2003). 하지만 중국은 북한과의 외교적 이유로 탈북자를 난민으로 인정하지 않고, 탈북자를 체포하여 북으로 강제 송환시키고 있다.

3) 북한이탈주민의 연구 동향

북한이탈주민에 대한 연구는 해방 이후 꾸준히 이루어져왔다(윤혜순, 2014). 그러나 이들에 대한 연구가 본격적으로 시작된 것은 1990년대 후반이라고 할 수 있다. 1990년대 후반에 이루어진 연구들은 주로 탈북의 원인을 밝히는 연구(북한연구소, 1994; 김병로, 1994; 황무임, 1998), 북한이탈주민의 정착을 돕기 위한 국가적 지원에 관련한 연구(이종훈, 1996; 이학수, 1998)이다. 하지만 최근 들어 북한이탈주민의 안정적 정착을 위해 지역사회의 지원이 필요함을 주장하는 북한이탈주민의 사회적응에 관한 연구(송영민·이광옥, 2013; 설진배 외, 2014; 전지현, 2014), 북한이탈주민에 관한 교육(강보선, 2013; 조혜영·권정윤, 2013), 북한이탈주민의 복지(오영훈·박미은, 2011), 북한이탈주민에 대한 남한 사람들의 인식에 관한 연구(신미녀, 2009; 이수정·양계민, 2013), 북한이탈주민이 거주지 선택의 요인으로서 사회적 연결망에 관한 연구(최정호·박선미, 2013) 등이 이루어지고 있다.

북한이탈주민 자녀와 관련한 연구는 1990년대 이후부터 활발해진 다각적인 접근을 통해 이루어졌다. 이들에 대한 연구는 연구의 필요성과 특성을 나타내는 탐색적 연구(민성길·전우택·윤덕룡, 1999; 정진곤, 2011), 교육정책에 대한 연구(맹영임·길은배·최현보, 2012), 관련 교사 연구(김현아·방기연, 2012; 구정화, 2012; 이정우, 2006; 홍미화, 2014) 등이 있다. 민성길·전우택·윤덕룡(1999), 정진곤(2011)은 북한이탈주민 자녀의 특성에 대한 연구이다. 이들은 북한을 탈출하면서 그들이 경험하게 된 고통과 가족해체 등에 따른 양육결핍, 그리고 학교 부적응에 의한 학업중단이라는 문제의 원인을 규명했다. 그러나 민성길·전우택·윤덕룡(1999)은 북한이탈주민 자녀의 경험을 '단순하고 궁핍'한 것으로, 정진곤(2011)은 그들의 특성을 정서적 불안, 비자율성, 이분법적 사고 등으로 규정하고 있다. 또한 정진곤(2011)의 연구는 북한이탈청소년을 위한 대안학교인 여명학교 교사의 인터뷰를 통해 북한이탈청소년의 생활을 탐색한 연구이다. 그는 연구를 통해 북한이탈청소년의 경험에서 "북한에서는 배고파서 못 살겠고, 중국은 무서워서 못 살겠고, 남한에서는 몰라서 못 살겠다"라는 말에 주목했다. 이러한 사실은 기존의 북한이탈주민의 특성을 집단화하여 제시함으로써 우리 사회의 우월성을 나타내는 동시에 상대적으로 북한이탈주민과 그들의 자녀에 대해 일종의 '결핍된 자'라는 고정관념을 확대·재생산하고 있다는 것을 나타낸다.

이렇듯 북한이탈주민에 대한 연구는 1990년대 후반 이래로 그들을 결핍론적 관점에서, 이들의 남한사회에 대한 적응을 지원하는 차원에서 꾸준히 이루어지고 있다. 그러나 이와 함께 최근에는 그들 역시 우리와 유사한 사고방식을 갖고 있으며, 그들의 개별성을 존중할 뿐만 아니라 나아가 통합의 관점에서 우리 사회가 갖는 그들에 대한 고정관념과 부정적 인식을 함께 해소해야 한다는 방향으로 논의가 이어져가고 있다.

2. 북한이탈주민의 정착 과정

북한이탈주민은 사회주의 통치체제에 대한 불만이나 자유민주주의 체제에 대한 신념보다는 생존과 관련한 경제적 문제가 탈북 배경이 되고 있다. 그럼에도 불구하고 북한이탈주민은 공산주의 체제의 노동 현장에 익숙하여 업무성과의 비효율성, 경쟁관계에 있는 동료 간 의사결정과정에서의 갈등, 상사와의 인간관계 등과 같은 기본적인 이해가 부족한 것으로 나타나고 있다(이찬 외, 2007). 이로 인해 북한이탈주민은 사회적 부적응으로 인한 경제적 궁핍과 좌절을 경험하게 된다.

이들은 한국에 입국한 후 3개월간 하나원에서 한국 사회에서의 조기정착교육을 받으며 새로운 인생을 시작하게 된다. 사회주의 사회에서 살아온 북한이탈주민은 민주주의 사회인 남한에 정착하면서 새 삶에 대한 기대가 높은 상태로 사회에 진출하게 된다. 제3국을 떠돌면서 국적 없이 숨어 살았던 북한이탈주민은 남한 사람들과 같은 언어를 사용하면서 신분을 위장하지 않고 합법적으로 직장에 다닐 수 있다는 기대감을 가지고 사회에 진출하지만 이들의 현실에는 보이지 않는 두터운 장벽이 있음을 알게 된다. 이들은 외국인보다 못한 편견과 차별로 이방인으로 취급받기도 하고, 이 때문에 조선족으로 위장하여 신분을 감추면서 살아가기도 한다(김영순, 2014). 이들의 자녀들 또한 성장 과정에서 정체성 혼란과 갈등을 겪기도 한다.

북한 체제와 문화에 익숙한 북한이탈주민은 자본주의 경제구조 속에서의 적응의 어려움, 남한 사회 문화의 차이를 느끼며 문화적인 이질감 등을 경험하게 된다. 정부 또한 초기에는 시혜적인 차원에서 정착금을 지원했으나, 이후에는 직업훈련 또는 자격 취득 및 취업 시 장려금을 주는 제도로 바뀌었다.

이는 크게 북한이탈주민이 직업훈련에 있어서 다양한 기회와 선택의 폭을 넓히기 위한 방안으로 직업훈련 취업보호제도와 북한이탈주민을 고용하는 사업주에게 지원하는 고용지원금 제도로 설명할 수 있다. 직업훈련비를 지원하는 내일배움카드제(직업훈련개발계좌제)는 북한이탈주민의 직업훈련 기회와 선택의 폭을 넓히기 위한 방안으로 실시하는 것이며, 고용지원금 제도는 사업주가 북한이탈주민을 고용할 경우 매월 50~70만 원 범위 내에서 임금의 50%를 최대 3년까지 지원받는 제도이다.

이와 함께 탈북과 정착 과정에서 심리적 불안, 언어, 직업, 자녀 양육과 교육, 북한에 있는 가족에 대한 그리움과 죄책감, 남한 사회에서의 인간관계, 정체성 혼란 등 심신의 건강과 삶을 위협하는 수많은 문제를 안고 있다(박은숙 외, 2009). 박은숙(2014, 59)의 연구에서 북한이탈주민은 자신의 신분을 노출하는 경우에 북한이탈주민에 대한 편견으로 인해 직장 내 동료와의 인간관계에서 더 힘든 점이 있었던 것으로 나타났다.

> "첫 번째 직장은 제가 북한 사람인 걸 알았고, 두 번째 직장은 아직도 몰라요. 첫 직장에서 제가 항상 느낀 게 북한에서 왔다는 애기를 했을 때 관계가 서먹해지거나 지속되지 않더라고요. 그래서 두 번째 회사를 옮길 때에는 북한에서 왔다는 애기를 안 했어요."

(박은숙, 2014: 연구참여자 36세 여성, 계약직공무원)

남한과 적대적 관계에 있는 북한의 정치적 이미지로 인해 남한 사회에는 북한이탈주민에 대한 부정적 인식이 편견과 멸시 등과 같은 사회적 차별로 나타나고 있다(이수정·양계민, 2013). 북한이탈주민의 수가 늘어나면서 북한이탈주민의 입주를 반대하는 움직임, 북한이탈주민의 자녀들을 자신들의 자녀가 다니는 학교에 배정하지 말라는 요구 등 한국인으로서 누려야 할 기본적 권리와 인권을 보장받지 못한 채 소수자로서 외로움과 소외, 차별적 대우를 당하고 있다(선우현, 2012). 이러한 사회적 차별은 북한이탈주민의 심리적 적응을 어렵게 만드는 요인으로 작용하여 잠재적인 분노와 열등감, 복수심의 근원이 될 수 있다.

> "교회 처음에 다니다가 지금은 안 다녀요. 그게 편견이 확실히 있어요. …… 어디 갔다가 한국 사람하고 뜻하지 않게 대화를 하게 되잖아요. 어디서 오셨어요? 이렇게 물어보거든요. 근데 말투가 확실히 다르니까 거기서 벌써 사람들이 느끼더라고요."

(선우현, 2012: 연구참여자 D)

남한주민이 북한이탈주민에 대해 편견을 갖는다고 지레짐작하여 경계를 짓는 경우를 살펴볼 수 있다. 이런 이유로 연구참여자 D와 같이 스스로 북한이탈주민이 아니고 조선족으로 자신의 신분을 숨기기도 한다.

북한은 국가 권력의 유지를 위해 나라 밖의 문화와 소식을 통제하고 왜곡해 온 폐쇄된 사회구조를 지니고 있다. 북한이탈주민은 탈북 후 새로운 환경에 대한 다양한 문화적 충격과 함께 정체성의 혼란을 경험하게 된다. 특히 탈북청소년의 경우 탈북과 도피 과정에서 가족 해체를 경험하게 되면서 심리적 불안과 함께 정체성 혼란이 가중된다.

정체성은 태생적으로 습득되는 것이 아니라 부모 등 '의미 있는 타자'들과의 상호작용 속에서 형성된다(Hall, 1992/2000). 부모는 가족이라는 울타리를 통해 자녀에게 사회적 역할과 정체성을 형성시켜 사회적 주체로 성장할 수 있도록 돕는 역할을 한다. 정체성 형성시기에 가족의 해체는 '의미 있는 타자'들의 부재를 의미하는 것이며, 이로 인한 정체성의 혼란은 한국 사회에서 새로운 삶을 살아가는 데 장애가 될 수 있다.

반면에 정지현 외(2015) 연구에서는 남한에서 청소년기를 보낸 북한이탈주민이 자신의 삶에 대한 내러티브를 통해 스스로의 정체성을 끊임없이 재구성해가는 모습을 보여주고 있다. Yon(2000, 14)은 구성주의적 관점에서 과정으로서의 정체성을 강조했고, Simon(2011)은 정체성이 사회적 상호작용을 통해 끊임없이 협상되고 재구성되는 역동성을 갖는다고 설명했다. 따라서 북한이탈주민은 자신의 사회적 관계 내에서 자신의 위치를 정치화(定置化)·다변화시키는 전략을 통해 자신의 정체성을 재구성하고 있다.

"처음에는 안 그랬는데, 이제는 그냥 강원도나 뭐 다른 지방에서 이사 왔다고 생각하고 있어요. 생각해보니까 북한이나 남한이나 한 나라이니까 평안도에서 경기도로 이사했다고 생각해도 틀린 건 아니잖아요."

(정지현 외, 2015: 북한이탈주민 C. 2015. 08. 22)

북한이탈주민 자녀의 어려움은 학교생활을 통해서도 드러나고 있다. 북한이탈주민 자녀를 지도하는 초등교사들은 북한이탈주민 자녀들이 처한 어려운 상황을 통해 배려와 책임의 필요성을 경험하고 있는 것으로 나타났다(김창아 외, 2015). 북한이탈주민 자녀들은 학교생활의 적응 문제, 학습부진, 또래와의 코드 부적합 등으로 인해 위축되어 있기도 하지만 때로는 문제행동을 표출시키기도 한다.

> "○○를 의도적으로 따돌리지는 않았어요. 어떻게 생각하면 아이들 사이에 웃음 코드가 안 맞는 거예요. 얘는 이해를 못하고 여기서 애들이 왜 웃지? 이걸 이해를 못해요, 말이 안 통하니까……. (후략)"
>
> (김창아 외, 2015: 북한이탈주민 자녀 담당 초등교사 A)

북한이탈주민 자녀의 문제의 이면에는 남북 분단 70년이 만들어놓은 언어문화의 차이와 함께 이들을 낙인찍는 편견이 작용하고 있음을 알 수 있다.

> "이전 담임선생님한테 먼저 얘기를 들었어요. 얘는 조심해야 되고, 그냥 놔두라고요. (중략) 크게 사고 칠 수도 있다고. (중략) 일단 첫인상이 너무 무서웠어요. 머리에 칼 상처가 너무 많아서. (중략) 만약에 그 선생님이 그런 선입견을 안 줬으면 다른 애들이랑 똑같이 대했을 텐데, 그걸 듣고 애를 바라봤기 때문에 두렵고, 무섭고……. (후략)"
>
> (김창아 외, 2015: 북한이탈주민 자녀 담당 초등교사 C)

이전 담임을 통해 생성된 부정적 인식은 이후에도 그 학생과 정상적인 관계 맺기를 어렵게 했다. 이처럼 C 교사에게 이전 담임교사가 들려준 타인의 주관적인 이야기는 북한이탈주민 자녀에 대해 두렵고 무섭다는 부정적 편견을 형성하게 하는 시작점이 되어 '의도적 외면'이라는 자아 지시 효과로 나타나고 있는 모습을 볼 수 있다.

"제가 봤을 때는 엄마들이 일단 그 아이에 대한 의지가 없는 것 같아요. 부모님
이 좀 아이를 감싸주고 챙겨줘야 할 부분인데, 그게 좀 잘 안 되는 거죠. (중략) 학부
모가 조금 의식이 변하고 마음이 변하면 아이는 엄마랑 학교에 있는 선생님만으로
도 충분히 어느 정도 변화될 수 있다고 생각해요. (중략) 나는 학부모 교육에 돈을
썼으면 좋겠어요."

(김창아 외, 2015: 북한이탈주민 자녀 담당 초등교사 B)

또한 열악한 경제 사정, 부모의 애정표현 부족, 기본 습관의 부재 등도 나타나
고 있다. 이는 북한이탈주민 자녀에 대한 교육에 앞서 학부모 교육의 중요성이 강조
되는 이유이다. 즉, 북한이탈주민 자녀의 교육적 변화를 위해서는 학부모 교육이 선
행되어야 한다는 것이다.

"나는 혼자서 외로이 있는 애들을 못 봐. 탈북 애들이 아니라도. (중략) 이 안에서
개도 즐겁게 살아야 할 거 아니야. (중략) 자기가 생각지도 않은 탈북이라는 테두리
안에 갇혀 있다는 생각을 할 수도 있겠구나 하는 생각이 들어서. (중략) 화합해야 된
다는 거를 노력했지."

(김창아 외, 2015: 북한이탈주민 자녀 담당 초등교사 D)

북한이탈주민 자녀들은 일반 아이들과 차이가 있다는 인식을 하는 순간, 이러
한 차이들이 그들을 위축되게 한다. 특히 북한이탈주민 자녀들 중 고학년인 경우에
는 자신의 가정환경을 일반 가정의 아이들과 비교하며 갈등을 느끼는 경우도 많다.
초등교사 D는 북한이탈주민 자녀들의 학교 적응과 이들의 발전을 위해서는 학부모
와 교사가 소수자의 아픔에 대해 상황·맥락적으로 공감하고 그들의 입장에서 교
육적 책임을 다해야 할 것을 강조했다.

교육적 측면에서는 북한이탈주민의 교육도 필요하지만, 그 자녀의 교육에 강
조점을 두어야 한다. 북한이탈주민 자녀의 교육이 원활하게 이루어지기 위해서는

다음과 같은 점에 유의해야 한다. 첫째, 북한이탈주민 자녀의 교육을 담당하는 초등교사의 인식은 주관적 경험에 의해 많은 차이가 나타나므로 교사와 예비교사들을 대상으로 하는 북한이탈주민 자녀 교육에 관한 총괄적이고 일관성 있는 국가적 차원의 지침 제시와 경험 교육이 요구된다. 둘째, 교사와 예비교사들에 대한 교육에는 북한이탈주민과 그들의 부모에 대한 객관적이고 사실적인 정보 및 그들이 가진 다양성의 긍정적 측면에 대한 내용이 포함되어야 한다. 셋째, 북한이탈주민 자녀와 학부모에 대해서도 한국 교육체제 이해와 자녀교육 연수, 심리 · 정서 지원, 경제적 지원 등과 같이 그들이 필요로 하는 개별 프로그램을 제공함으로써 공감대 형성과 확대를 위한 지속적인 교육의 장이 요구된다. 북한이탈주민 자녀의 교육을 위한 이러한 노력은 사회적 발전이라는 목적을 떠나 같은 시대를 공유하고 함께 살아가는 자의 책임이자 의무일 것이다.

3. 북한이탈주민 정책의 방향

1950년대부터 시대적 배경과 변화에 따라 북한이탈주민을 부르는 호칭도 다양하며, 북한이탈주민을 대상으로 하는 지원정책도 여러 차례 변천했다. 1950년 한국전쟁 이후 '월남자'라 불렀으나 1962년 4월 「국가유공자 및 월남귀순용사 특별원호법」이 제정되면서 '월남귀순자'에서 '귀순용사'로 '국가유공자'와 동등하게 원호 대상자로 우대하면서 체계적으로 지원하기 시작했다. 이 지원정책은 직장과 주택을 무상으로 제공하고, 대학진학 등 다양한 혜택을 제공했다. 하지만 1980년대 후반을 넘어서면서부터 탈북자 수가 급증하면서 이러한 혜택이 사라지기 시작했다.

냉전적인 남북관계가 지배했던 1990년대 초반까지 한국 정부는 '자유귀순용사'로서 탈북자들을 정치적으로 환영하면서도 적대국의 시민이라는 낙인과 함께 철저한 감시와 통제를 병행하는 환대와 의심의 이중적인 정책을 펼쳤다. 통일부에

〈표 7-1〉 북한이탈주민 정책 변천과정

주관부처	관점	목표
원호처 · 보훈처('2~'3)	귀순용사	체제경쟁
보건사회부('3~'6)	북한동포	취약계층 보호
통일부('7~현재)	탈북민	원호처 · 보훈처('2~'3)

따르면, 북한이탈주민 정책 변천과정은 〈표 7-1〉과 같다(김영순, 2014).

〈표 7-1〉에서도 알 수 있듯이 북한이탈주민에 대한 정책의 변화는 이들을 지원하는 주관부처의 변화를 통해서도 확인할 수 있다. 북한이탈주민을 지원하는 주관부처는 법률에 의해 규정된다. 북한이탈주민을 지원하는 법률상 주요 근거는 헌법과 북한이탈주민의 보호 및 정착지원에 관한 법률에 있다. 대한민국헌법 제1장 제3조는 북한이탈주민의 법적 지위와 관련한 것으로 "대한민국의 영토는 한반도와 그 부속도서"로 명시한다. 이 조항에 의해 이탈 이전의 북한주민도 대한민국 영토 내 거주자로 취급한다. 그러나 북한은 국제사회에서 이미 독립된 정부로 인정받고 있으며 의사결정권을 행사하고 있다. 따라서 북한과 그 주민을 헌법에 의해 대한민국의 영토와 주권을 인정하는 것은 현실성이 결여된다는 논의가 있다.

그러나 이덕연(2013)은 현실의 한계를 수용하는 것은 일종의 현실회피이며, 헌법의 규범력을 부정하거나 경시하는 대응에 불과하다고 주장한다. 즉, 대한민국헌법에 의하면 '한반도'라는 대한민국 영토 내에서 생활하는 북한이탈주민은 이탈 이전에 이미 대한민국의 거주자가 되는 것이다.

헌법상 북한이탈주민, 특히 중국 등 제3국에 체류 중인 북한이탈주민은 원칙적으로 대한민국 국민으로 인정되며 이들에 대한 보호는 국가의 헌법적 의무이다. 북한이탈주민에 대한 법률적 지원은 1962년 「국가유공자 및 월남귀순자특별원호법」 제정으로 시작되었다(송인호, 2012). 이후 이 법은 「국가유공자 등 특별원호법」(1975. 12. 31)으로 개정하고, 별도로 「월남귀순용사 특별보상법」(1978. 12. 6)을 신설함으로써 지원에 차별을 두었다. 그러나 「월남귀순용사 특별보상법」은 과도한 지원이라는 비판에 따라 「귀순북한동포 보호법」으로 개정(1993. 6. 11)했다. 현재 북한이탈주민은 「북한이탈주민의 보호 및 정착지원에 관한 법률」에 의해 지원받는다.

북한이탈주민의 지원정책에는 초기 시설보호 지원, 주거 지원, 교육 지원, 의료 지원, 신변보호, 직업훈련 지원, 취업 지원 등이 있다. 재정적 지원이나 정착 지원을 위한 교육프로그램도 중요하지만, 남북한의 정치적 체제의 차이로 인한 언어 · 문화적 경계 허물기가 우선되어야 한다. 또한 일관성 있는 정착지원 정책을 통해 북한이탈주민의 조기정착 환경을 조성해야 한다. 이를 위해서는 취업 및 경제활동을 위한 직업교육이나 실생활에 활용할 수 있는 체계적인 교육 시스템이 개발되어야 한다. 무엇보다 북한이탈주민의 성공적인 조기정착을 지원하기 위해서는 현물 위주의 지원방식에서 탈피하여 자립 · 자활을 지원하는 프로그램을 활성화시켜야 한다. 초기 정착지원금으로 지급되고 있는 정착금의 경우, 가족단위보다는 단독으로 받는 경우가 유리하여 가족이 함께 들어오더라도 서로 헤어져 사는 등 가족해체가 발생하고 있다. 이를 개선하기 위한 제도적 장치를 마련할 필요가 있다. 한편 탈북으로 인한 심리적 불안과 갈등을 해소시켜줄 수 있는 상담심리 전문가, 법률적 지식을 조언해줄 법률 전문가, 사회복지 · 취업 · 의료 · 조사 및 교육 등 각 분야에 전문 인력을 육성하여 효율적인 도움을 제공해야 한다.

북한이탈주민의 조기정착을 위한 정부의 지원정책이 성과를 거두기 위해서는 두 가지 노력이 필요하다. 첫째, 북한이탈주민을 바라보는 남한 주민의 인식전환이다. 남한 주민은 냉전체제하의 교육의 영향으로, 북한이탈주민을 부정적 · 배타적인 존재로, 정부의 지원에 의존하는 존재로 인식하고 있다. 이제는 북한이탈주민을 한국 사회에서 함께 살아가는 같은 민족으로서 공동체의식을 가지고 바라보고 대해야 한다. 둘째, 남한사회를 바라보는 북한이탈주민의 인식전환이다. 정부는 북한이탈주민이 남한으로 이동하기 전 단계에서부터 그들에게 남한사회는 개인의 노력과 책임이 필요한 자본주의 체제임을 인식시켜야 한다. 북한이탈주민의 인식전환과 아울러 한국 사회의 구성원으로서 경제적 능력과 사회 · 문화적 능력을 갖출 수 있도록 정부와 민간의 지원과 관리가 지속적으로 전개되어야 한다.

북한이탈주민은 우리의 국민이며, 앞으로 통일 한반도에서 우리와 함께 살아갈 주역이다. 북한이탈주민이 남한사회에 잘 적응할 수 있도록 하는 것이 다가올 통일시대를 준비하는 우리의 역할이 될 것이다.

함께 생각하기

1. '북한이탈주민' 하면 떠오르는 단어를 이야기하고, 자신이 부여한 그 단어의 의미를 설명해보자.

2. 북한이탈주민과 관련한 자료를 최소 3개 이상의 미디어를 통해 수집해보고, 미디어가 정보를 재생산하는 방식에 대해 토론해보자.

참고문헌

강보선(2013). 북한이탈주민 대상 교육용 어휘의 유형 및 선정 방법 연구. 國語敎育學硏究 47, 125-152.

고수현(2014). 북한이탈청소년 교육복지정책의 산출분석: 교육양극화와 교육복지소외의 관점에서. 복지상담교육연구 3(1), 29-55.

김병로(1994). 집중분석 2: 탈북자 발생 배경 분석. 통일한국 126, 34-37.

김영순(2014). 인천 논현동 북한이탈주민 공동체의 경계 짓기와 경계 넘기. 로컬리티 인문학 12, 121-154.

맹영임 · 길은배 · 최현보(2013). 탈북청소년 사회통합을 위한 정책방안 연구. 한국청소년개발원 연구보고 13-R05, 2013. 12.

민성길 · 전우택 · 윤덕룡(1999). 북한 청소년의 생활과 발달에 대한 연구. 신경정신의학회 152, 1047-1062.

박은숙(2014). 북한이탈주민의 직장생활부적응에 영향을 미치는 요인 연구―이직의도를 중심으로―. 숭실대학교 박사학위논문.

북한연구소(1977). 배가 고파 월남했다. 북한 63호, 132-135.

북한연구소 편집부(1994). 어느 탈북자의 고백. 北韓 270, 46-49.

설진배 · 송은희 · 이은미(2014). 북한이탈주민의 사회통합 방안: 경제적 적응이 심리적 적응에 미치는 영향. 한국동북아논총 70, 157-174.

송영민 · 이광옥(2013). 북한이탈주민의 한국 사회 적응과 여가와의 관계. 관광연구저널 27(2), 97-113.

신미녀(2009). 남한주민과 북한이탈주민의 상호인식 ―한국 사회정착에서 제기되는 문제를 중심으로. 북한학연구 5(2), 119-143.

오경석 · 전진헌(2012). 한국에서의 다문화주의: 현실과 쟁점, 서울: 한울.

오영훈 · 박미은(2011). 북한이탈주민의 복지욕구와 지원방안. 사회과학연구 20(1), 1-16.

우영호(2008). 북한이탈주민의 대학생활적응에 관한 연구. 북한대학원대학교 석사학위논문.

윤혜순(2014). 탈북청소년 연구동향과 과제. 청소년학연구 21(11), 125-149.

이부미(2012). 북한이탈 청소년들의 학습경험 및 정체성 재구성에 대한 내러티브 탐구. 교육인류학연구 15(2), 23-57.

이수정 · 양계민(2013). 북한출신주민과의 지역사회 내 접촉수준에 따른 남한출신주민의 태도의 차이: 인천 논현동 지역 거주자를 중심으로. 北韓硏究學會報 17(1), 395-421.

이정우(2006). 탈북 청소년의 사회화 과정에 대한 질적 연구. 사회과교육 45(1), 195-219.

이찬 · 이용환 · 이윤조 · 신재호 · 홍윤선 · 최홍주(2007). 새터민의 기초직업능력진단. 한국농업교육학회논집 39(3). 213-238.

이향규(2007). 새터민청소년의 학교 적응 실태와 과제. 인간연구 12, 1-17.

정지현 · 최희 · 김영순(2015). 한국 언어문화 리터러시에 나타난 북한이탈대학생의 경험에 관한 연구. 한국언어문화학 12(3). 183-209.

최윤형 · 김수연(2013). 대한민국은 우릴 받아줬지만, 한국인들은 탈북자를 받아준 적이 없어요: 댓글에 나타난 남한사람들의 탈북자에 대한 인식과 공공 PR의 과제. 한국광고홍보학보 15(3), 188-220.

추병완(2011). 북한이탈주민에 대한 고정관념 해소를 위한 교수 전략. 통일문제연구 55, 29-61.

통일부(2013). 2013 북한이탈주민 정착지원 업무 실무편람. 통일부.

한만길(2010). 탈북청소년의 교육 종단연구 1. 한국교육개발원.

Simon. B. (2011). Collective identity and political engagement. In A. E. Azzi, X. Chryssochoou, B. Klandermans & B. Simon (Eds). Identity and participation in culturally diverse societies (pp. 135–157). West Sussex, UK: Wiley–Blackwell, A John Wiley & Sons.

Yon, D. A. (2000). Elusive culture: Schooling, race, and identity in global time. New York: State University of New York Press.

8장
외국인 유학생

정지현 · 김창아

한국 내의 외국인 유학생의 현황과 특성은 어떠하며, 이들은 어떻게 다양한 정체성을 유지한 채 한국 사회 내에서 공존할 수 있는가? 이 장에서는 외국인 유학생에 대한 탐색을 통해 한국 내의 문화 다양성을 이해하는 것을 목표로 한다.

1. 외국인 유학생의 현황

국내 외국인 유학생은 2006년부터 꾸준히 늘어나고 있다. 2004년에는 1만 6,832명, 2006년에는 2배에 달하는 3만 2,557명으로 증가했고, 2008년에도 약 2배에 달하는 6만 3,952명으로 늘어났으며, 2010년에는 8만 3,842명, 2015년 12월 말에는 9만 1,332명으로 증가했다(법무부 출입국외국인정책본부 통계월보, 2015년 12월). 외국인 유학생은 한국의 드라마, K-POP 같은 미디어를 통한 한류 확산, 경제 성장에 따른 한국 이미지의 고양, 정부 및 대학의 외국인 유학생 유치 전략, 세종학당 등의 한국

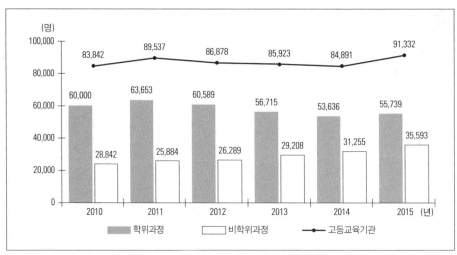

[그림 8-1] 국내 외국인 유학생의 추이

출처: 교육부 2015년 교육기본통계

어 보급 노력으로 인한 세계 각국의 관심에 따라 지속적인 증가 추세를 보이고 있다.

그러나 〈표 8-1〉을 살펴보면, 비교적 장기체류가 요구되는 학위과정은 2010년에 비해 줄어든 반면, 단기체류 과정에 속하는 연수는 증가하고 있음을 알 수 있다. 한국 체류 외국인 유학생의 출신국에 따른 비율은 2015년을 기준으로 중국 62.6%, 베트남 4.6%, 몽골 3.8%, 미국 3.0%, 일본 2.6% 순으로 나타난다(2015년 교육기본통계자료). 중국인 유학생의 비중은 2006년 이후 지속적으로 가장 높지만, 2009년 78.0%로 정점을 찍은 이후에는 62.6%로 상당히 감소하고 있다.

유네스코 통계연구소에서는 국경을 넘는 학생들의 이동을 '국제 유학생(internationally mobile students)'이라 정의한다. 또한 국제 유학생은 유학을 간 국가에서 특정 프로그램을 통해 교육받는 체류 기간을 기준으로, 외국에서 공부하고자 하는 단계와 수준에 맞는 자격을 갖추고 입국하는 유학 이전의 선행 교육의 기준으로 "자신이 공부하고 있는 국가의 시민이 아닌 사람"으로 정의하고 있다. 즉, UNESCO가 규정한 정의에서는 1년 이하의 단기 교환 프로그램에 오는 학생은 국제 유학생에 포함시키지 않는다.

UNESCO의 정의와 달리 OECD에서 규정한 국제 유학생은 "특정 프로그램에 최소한 한 학기 이상의 전일제 학생으로 등록한 외국인 학생"을 의미한다(황정미,

〈표 8-1〉 한국 체류 외국인 유학생 수

(단위: 명, %)

구분	총계	학위과정				비학위과정	
		소계	전문학사/ 학사	석사	박사	어학 연수생	기타 연수생
2015	91,332	55,739 (61.0)	32,972 (36.1)	16,441 (18.0)	6,326 (6.9)	22,178 (24.3)	13,415 (14.7)
2014	84,891	53,636 (63.2)	32,101 (37.8)	15,826 (18.6)	5,709 (6.7)	18,543 (21.8)	12,712 (15.0)
2013	85,923	56,715 (66.0)	35,503 (41.3)	16,115 (18.8)	5,097 (5.9)	17,498 (20.4)	11,710 (13.6)
2012	86,878	60,589 (69.7)	40,551 (46.7)	15,399 (17.7)	4,639 (5.3)	16,639 (19.2)	9,650 (11.1)
2011	89,537	63,653 (71.1)	44,641 (49.9)	14,516 (16.2)	4,496 (5.0)	18,424 (20.6)	7,460 (8.3)
2010	83,842	60,000 (71.6)	43,709 (52.1)	12,480 (14.9)	3,811 (4.5)	17,064 (20.4)	6,778 (8.1)
2009	75,850	50,591 (66.7)	36,525 (48.2)	10,697 (14.1)	3,369 (4.4)	20,088 (26.5)	5,171 (6.8)
2008	63,952	40,585 (63.5)	28,197 (44.1)	9,143 (14.3)	3,245 (5.1)	19,521 (30.5)	3,846 (6.0)
2007	49,270	32,056 (65.1)	22,171 (45.0)	7,247 (14.7)	2,638 (5.4)	14,184 (28.8)	3,030 (6.1)
2006	32,557	22,624 (69.5)	15,268 (46.9)	5,183(15.9)	2,173 (6.7)	7,938 (24.4)	1,995 (6.1)

주 1) 외국인 유학생 비율 ( ) = 해당 과정 외국인 유학생 수 / 전체 외국인 유학생 수 × 100

2) 외국인 유학생 수에는 전문대학, 일반대학, 산업대학, 교육대학, 방송통신대학, 기술대학, 각종학교, 원격대학 형태의 평생교육시설, 사이버대학, 사내대학 형태의 평생교육시설, 전공대학, 기능대학, 대학원의 학위과정에 있는 외국인 유학생이 포함됨

3) 비학위과정 기타 연수생에는 교육과정공동운영생, 교환연수생, 방문연수생, 기타 연수생이 포함됨

4) 교육과정공동운영생은 2014년도부터 별도 구분되었으며, 학위과정 및 비학위과정에 관계없이 비학위과정(기타 연수생)에 포함됨

출처: 교육부 2015년 교육기본통계

2011). 그러나 자국의 모교에 등록한 학생이 단기간의 연수를 위해 다른 나라 교육기관에 중복 등록한 경우, 수업료 납부를 기준으로 자격을 구분한다. 자국의 교육기관에 계속해서 수업료를 지불하고 있는 학생의 경우는 유학 중인 외국인 유학생에 포함시키지 않는다.

즉, UNESCO에서는 수학 중인 국가의 시민권 여부, 수업 기간과 등록 및 수업료 납부 기관이라는 네 가지 조건을 만족할 때 '국제 유학생'이라고 정의하는 반면, OECD에서는 수업 기간과 상관없이 학생의 국적, 등록과 수업료 납부 기관이라는 세 가지 조건에 의해서만 국제 유학생 여부를 정의한다는 차이가 있다. 또한 UNES-CO의 정의는 자국으로 유입되는 유학생과 타국으로 유출되는 유학생을 모두 포함하지만, OECD의 정의는 타국으로 유출되는 유학생 중 자국의 학교에 등록을 유지하고 있는 유학생은 제외하고 있음을 알 수 있다.

한편 한국은 고등교육법시행령에 따라 국제 유학생을 외국인 유학생으로 칭하며, 이를 외국인 또는 재외 국민으로 국내의 대학 및 대학원에서 수학하거나 연구하는 학생으로 정의하고 있다. 다시 말해 외국인 유학생은 한국 국적을 소지하고 있지 않고 국내 대학의 학부과정, 대학원의 정규과정 및 연구과정, 대학부설 어학연수 과정에 재학하고 있는 외국인 학생을 의미한다. 이러한 측면에서 볼 때, 한국에서의 외국인 유학생에 대한 정의는 수학 기간에 대한 규정이 없는 UNESCO보다는 OECD의 정의와 유사성이 있지만, 공부를 위해 한국에서 다른 나라로 유출되는 학생을 포함하지 않음으로써 그 범위가 보다 좁다는 것을 알 수 있다.

2. 외국인 유학생 지원정책

한국 정부와 대학 간의 적극적인 외국인 유학생 유치 정책은 우수 인재 유치를 통한 국가 경쟁력 확보, 국가 간의 가교 역할을 할 인적자본 형성, 타 인종·타문화와의 소통 및 경험 부여 등 경제적인 효과와 더불어 캠퍼스 국제화에 도움이 된다고 평가되고 있다(법무부 출입국·외국인정책본부, 2010).

정부의 외국인 유학생 유치 및 지원을 위한 정책으로 2004년에는 '외국인 유학생 유치 확대 종합 방안(Study Korea Project)'을 발표했고, 2008년에는 '외국인 유학생 유치 확대 발전 방안'을 발표했다. 외국인 유학생 지원사업은 2010년까지 5만 명 유치를 목표로 했으나 2008년 조기 달성됨에 따라 2008년 교육과학기술부에서는 '외국인 유학생 지원 발전 방안'을 발표했다. 또한 2009년에는 미래 아시아를 이끌 차세대 리더를 양성한다는 목표로 대학 간 학생교환 프로그램인 '캠퍼스 아시아(CAMPUS Asia: Collective Action for Mobility of University Students in Asia)' 정책을 마련했다.

정부의 외국인 유학생 유치 및 지원 정책은 양적으로 성장했으나, 그에 따른 역기능도 나타나게 되었다. 외국인 유학생의 수학능력 부족으로 대학생활에서의 중도탈락과 불법취업 등 한국 대학에 대한 부정적 이미지가 확산될 우려가 제기되었다. 양적인 확대와 함께 우수학생 유치 및 국내 대학의 역량강화를 위한 질적 관리 강화가 요구됨에 따라 2011년 9월 교육과학기술부는 외국인 유학생 유치·관리의 모범적 기준을 제시했다. 또한 국내 대학들의 우수 외국인 유학생 유치를 위한 발판을 마련하기 위해 2011년 5월 '우수 외국인 유학생 유치·관리 선진화 방안'을 수립하고, 그 후속조치로 '외국인 유학생 유치·관리 역량인증제'를 도입하여 외국인 유학생 정책의 질적인 관리를 강화했다.

그리고 긍정적 국가 이미지 형성에 기여하고 한국 고등교육 브랜드 가치의 질적 제고를 도모하기 위한 방안으로 2012년 4월 30일 제12차 교육개혁협의회를 개최하여 '외국인 유학생 유치 확대(Study Korea) 2020 추진 계획'을 논의했다. 이 계획을 통해 2020년까지 외국인 유학생 20만 명을 국내에 유치한 후 이들을 활용하여 친한(親韓), 지한(知韓) 인적자원의 네트워크를 구축하고자 했다. 그리고 유학생 지원 조직 체계를 정책적으로 보완하여 '정부초청 외국인 장학생 사업(GKS: Global Korea Scholarship)' 규모의 확대, '한국유학시스템을 통한 홍보 활성화', '유학생 정주 여건 개선 및 취업 연계' 등 세부 추진과제를 지원할 예정이다. 또한 국내 대학의 다양한 국제화

모델 마련을 통해 한국 고등교육의 글로벌 경쟁력을 강화한다는 내용을 포함하고 있다.

외국인 유학생 유치를 위한 정부의 정책은 유학생을 대상으로 한 기초연구에 근거하여 이루어져야 한다. 그러나 현재 정책 수립을 위한 유학생 연구는 중국 유학 생을 대상으로 하는 것이 대부분이다. 따라서 유학생의 다양한 출신국 배경에 따른 다각적인 연구가 필요하다.

3. 외국인 유학생의 적응과 어려움

외국인 유학생에게 유학 기간은 자국의 문화를 가지고 새로운 사회로 이주하 여 그 사회의 문화를 배우고 환경에 적응하면서 살아가는 시기이다. 유학 기간의 적 응 여부에 따라 한국에 대한 인식과 개인의 지적 욕구, 그리고 사회·심리적 욕구가 좌우된다. 이처럼 개인의 성취 목표와 미래의 삶의 방향에 영향을 줄 수 있는 유학 기간의 적응은 유학생활뿐만 아니라 삶의 성공과 실패에 영향을 줄 수 있다.

1) 유학생활 적응

심리학적 측면에서 적응(adjustment)은 개인이 주변 환경과 능동적인 상호작용을 하는 것을 의미한다(Lazarus, 1976). 개인은 주어진 환경 속에서 자신의 욕구를 충족하 면서 생존하기 위해 사회적·물리적 환경을 변화시키기도 하고, 자신을 맞추어 환 경의 다양한 요구에 대처하기도 한다. 즉, 적응은 개인이 자신과 관계를 맺고 있는 외부 환경과 상호작용하면서 환경의 요구에 맞도록 자신을 변화시키거나 환경을 자신에게 변화시킴으로써 환경에 효과적으로 대응하는 것이다(김윤경, 2010).

문화적응(acculturation)은 두 개 혹은 그 이상의 문화집단과 그 구성원이 접촉하는 과정에서 생긴 문화적·심리적 변화의 과정이다(Berry, 2003). 문화적응은 서로 다른 배경을 가진 사람과 문화가 만나게 되면서 발생한 문화접촉(culture contact) 또는 문화 간 접촉(intercultural contact)의 결과로 일어나는 변화(Redfield, Linton & Herskovits, 1936)이다. 따라서 적응은 개인과 환경의 상호 변화를 말하며, 이는 소수자와 다수자의 변화를 의미한다.

초기 사회학자들은 주로 이주한 집단과 관련한 적응양상을 연구했고, 그 이후 심리학자들은 문화적응을 문화접촉 과정에서 파생된 집단 수준에서의 변화와 더불어 인간의 인지적·정서적·행동적 측면의 변화를 포함한 보다 개인적이고 구체적인 개념으로 이해했다(Berry, 1997).

문화적응 집단에 속한 사람들은 문화 간 상호작용 과정에서 문화적 갈등이나 문화적응 스트레스를 경험하게 된다. 문화적응 스트레스는 개인의 적응능력을 넘어서는 내적·외적 요구로서의 스트레스 개념에 바탕을 두고(Lazarus & Folkman, 1984), 문화적응 과정에서 발생한 긴장 또는 스트레스(Hovey & Magana, 2002)와 사회적·문화적 요소까지 확장한 심리적 혼란과 부적응 행동을 포함하고 있다(Berry & Kim, 1987).

문화적응 스트레스에 영향을 주는 요인에는 이주한 국가의 특성, 문화에 적응하고자 하는 집단의 유형, 문화적응 유형, 개인의 특성, 사회적 지지 등이 있다(Berry, 1997). 이주한 국가의 특성이 타문화에 대해 개방적이지 못할 때 이주자가 집단에 적응한다는 것은 매우 개방적이고 수용적인 사람들에게조차 어려운 과정이며, 이것이 문화적응 스트레스로 지각될 수 있다(Berry & Kim, 1987). 다문화를 지향하는 국가에서 겪는 문화적응 스트레스와 단일문화를 주창하는 국가에서 겪는 문화적응 스트레스는 차이를 보일 수 있다. 그리고 타 문화권에서 지속적으로 생활해야 하는 집단과 파견근무자나 유학생과 같이 일시적으로 머무르는 사람들이 갖게 되는 문화적응 스트레스는 차이가 날 수 있다.

문화적응과 관련한 문화접촉은 하나의 스트레스 상황이 될 수 있으며, 문화적응은 이를 극복해가는 과정으로 정서적(Affective)·행동적(Behavior)·인지적(Cognitive)

요소와 관련된다. Ward, Bochner & Furnham(2001)은 이 개념을 문화적응 ABC이론으로 설명한다. Ward 등(2001)은 이주자의 심리적 안정감, 만족감 등의 정서에 초점을 둔 스트레스 적응 이론, 문화 간 접촉 상황에 적절한 기술과 행동의 습득에 초점을 둔 문화학습 이론, 문화 간 접촉에 따른 집단 소속감과 사회적 정체감의 변화과정에 초점을 둔 사회정체감 이론을 동시에 고려했다. 즉 문화적응을 위한 정서적(Affective) 측면으로는 문화 간 이동 과정에서 발생하는 스트레스와 익숙하지 않은 장소, 사람, 관습으로 야기된 심리적 불안의 스트레스 대처 기술을 습득하고, 행동적(Behavior) 측면은 문화에 대한 지식, 언어능력, 타문화 사람들과 효과적으로 상호작용하는 능력을 배우며, 인지적(Cognitive) 측면에서는 타문화와의 접촉에서 발생할 수 있는 일들에 대해 다면적인 시각으로 접근하는 방법적 측면을 마련하고자 했다(정지숙, 2013: 12).

외국인 유학생은 일반적인 이주자와 달리 학업적인 성취목표와 한정된 체류계획을 가지고 있기 때문에 문화적응 스트레스에도 차이가 있다. 유학생의 경우는 언어장벽, 학업에서의 어려움, 재정적 어려움, 사회적 지지의 감소, 인종·민족적 차별 등 다양한 스트레스를 경험하는 경우가 많다. 이처럼 문화적응 스트레스는 이주자뿐만 아니라 유학생에게도 예외가 될 수 없다.

유학생활의 적응은 유학 기간 중 대학 내에서 학업 및 학교생활에 대한 것이 크게 작용한다. 즉, 유학생활의 적응은 대학생활의 적응이라고 할 수 있다. 따라서 유학 기간 중 대학 내에서의 대인관계나 동아리 활동, 유학생 커뮤니티 활동, 연구실 활동 등을 통해 심리적 지지 기반을 확보함으로써 스트레스에 대처하고 소속감을 갖는 것이 필요하다.

Baker & Siryk(1984)는 개인의 내적인 적응과 주위 환경의 적응을 모두 포함하여 대학생활의 적응을 네 가지로 구분했다.

첫째, 학업적응(Academic Adjustment)이다. 학업적응은 대학의 학업에 대한 요구에 학생들이 성공적으로 적응하는지를 평가하는 것이다. 이는 인지적 학습능력, 학업동기, 학업 욕구와 행동, 시간관리 능력, 명확한 목표 인식, 학업 목표에 대한 몰입

정도 등이 중요한 구성요소이다.

둘째, 사회적 적응(Social Adjustment)이다. 사회적 적응은 학생들이 대학이라는 사회적 환경에 적응하는 정도를 말한다. 여기에는 사회적 관계의 지원조직 형성, 새로운 사회적 관계의 관리능력, 교수, 교직원, 친구들과의 원활한 의사소통로 포함한다.

셋째, 개인-정서적 적응(Personal-Emotional Adjustment)이다. 개인-정서적 적응은 대학 내에서 타인과의 원만한 상호관계성, 삶의 방향, 자기가치, 자기존재의 본질과 위치와 역할, 개인의 인격형성 등 자기탐색 과정을 통한 정서적 적응과 관련된다.

넷째, 대학환경 적응(Institutional Adjustment)이다. 대학환경 적응은 다니고 있는 대학의 교육이나 커리큘럼의 적절성, 유학생의 학습을 실질적으로 도울 수 있는 교수환경, 교육의 효율성을 지원하기 위한 물리적 환경 등에 대한 만족도 등을 의미한다.

따라서 외국인 유학생의 대학생활 적응이란 학업 및 대학이라는 사회적 환경에 대한 자신의 삶의 방향을 설정하고 자신의 생활을 유의미한 것으로 바꾸어나가는 개인적 노력으로서의 적응뿐만 아니라 유학생이 상호관계를 통해 정서적 지지와 학업 성취를 지원하는 교육적 환경 구축을 통한 사회적 변화를 의미한다.

외국인 유학생은 단순히 신체적으로만 이동한 것이 아니라, 자국의 언어와 문화와 신념체계 등을 가지고 낯선 곳으로 이동했기 때문에 자국에서의 대학생활에 비해 한국에서의 유학생활은 훨씬 더 어려운 문화적응 과정을 겪게 된다. Oberg(1960)는 문화충격(cultural shock)이론을 통해 타문화를 접촉할 때 경험하게 되는 정서적 반응을 네 가지로 분류했다.

첫 번째는 밀월(honeymoon) 단계로, 새로운 문화를 접하며 황홀, 감탄, 열정을 느끼는 시기로서, 한국에 처음 온 외국인 유학생은 한국이라는 나라와 사회, 문화, 대학의 환경과 체제에 대해 설렘과 기대감을 갖는다. 두 번째는 문화충격 단계로, 새로운 문화와 기존 문화의 차이에 대한 어려움에 직면하게 된다. 이 시기에는 주변에 있는 자국 사람들에게 의존하려는 모습을 보인다. 세 번째는 회복 단계로, 위기를 해결하고 새로운 문화를 배워가며 자신이 속한 지역의 사람들과 공감대를 가지고 차이를 수용하는 등 문화적응 문제가 서서히 해결되어간다. 네 번째는 동화·적용·수용이 이루어지는 단계로, 자신에게 맞는 적응 방법을 선택하여 새로운 환경을 즐기게 된다.

2) 유학생활 적응에 관한 선행연구

외국인 유학생은 뚜렷한 목표를 가지고 정해진 기간 내에 그 목표를 달성하기 위해 자발적으로 새로운 문화에 유입되어 온 자아중심성이 강한 청년기에 해당하는 사람들이 많다. 이들은 자신의 정체성을 확고하게 가지고 새로운 문화를 접하기 때문에 언어와 대인관계, 타문화에 대한 적응에 어려움이 따르는 것은 당연하다. 또한 이들은 모국에 대한 향수, 가족이나 지인들에 대한 그리움 등과 같은 정서적 문제에도 적응해야 한다.

대학생의 적응과 관련된 문제는 단지 개인의 문제일 뿐만 아니라 개인을 둘러싼 환경의 문제이다(Barker & Siryk, 1984). 즉, 대학생 적응 문제의 범위는 학업적응, 사회적응, 개인-정서적 적응, 대학 환경 적응과 같이 개인 내적인 문제와 개인을 둘러싼 환경 문제를 포함한다.

미국에 유학 중인 학생들의 적응에 대한 한 연구에서는 이를 보다 세분하여 첫째는 음식, 교통, 기후, 경제, 보건 등의 생활 문제, 둘째는 교육체제, 학습방법, 언어 능력 등의 학업 문제, 셋째는 문화적응 스트레스, 차별, 규칙, 규율 등의 사회문화적 문제, 넷째는 향수병, 외로움, 우울, 정체성 상실 등의 심리적 적응 문제로 제시했다(Tesang, 2002).

한국에서도 개인과 환경의 복합적인 작용 속에서 나타나는 유학생의 적응 문제는 대학생활에서의 학업 문제와 대인관계 문제, 그리고 개인의 심리적 문제와 관련이 있다고 본다(김은정·오경자·이정윤, 1992). 현재 한국에 체류 중인 외국인 유학생 중 대다수를 차지하는 중국인 유학생 대상의 한 연구는 중국인 유학생이 한국 대학생활에서의 적응에 있어서 학업적인 스트레스, 경제적인 스트레스, 대인관계에서의 스트레스, 정서적인 스트레스, 미래와 취업에 대한 부담감으로 인한 스트레스, 학교의 제도에 대한 스트레스를 경험한다고 했다(하정희, 2008). 이러한 문제는 외국인 연구자의 관점에서도 유사하게 나타난다. Zou Zhendong(2009)의 부산지역 중국인 유학생의 대학생활 적응에 관한 연구에서, 중국인 유학생의 대학생활 적응에는 한국인과의 대인관계가 중요한 요인으로 작용한다고 했다. 유학생의 대학생활 적응에 대해 여러 연구에서 공통적으로 지적되는 요인으로 대인관계의 어려움을 언급했다.

또한 유학생의 대학생활 적응에 영향을 미치는 요인으로 문화적응 스트레스로 확인된 연구도 있었다(이예슬·김은하, 2015; 이미정 외, 2015). 대학생활 적응에는 문화적응 스트레스의 하위요인인 지각된 차별, 두려움, 적대감 등이 영향을 미치고 있었고, 이러한 문화적응 스트레스가 높을수록 대학생활 적응의 수준이 낮아지는 것으로 나타났다.

유학생 유치를 위해 정부를 비롯한 각 대학의 적극적인 행보에도 불구하고 유학생이 문화적응 과정에서 겪는 사회적·심리적 어려움에 대한 관심은 여전히 저조하다. 김영순 외(2013)는 문화적응의 문제가 이주민으로서 비주류문화에 속하는 외국인 유학생의 문제일 뿐만 아니라 이주사회의 구성원으로서 주류문화에 속하는 한국인에게도 적용될 수 있다는 관점에서 유학생을 받아들이는 사회가 이들을 이해하고 적응하려는 노력이 필요하다고 했다. 이에 외국인 유학생을 지도하는 '교수자'의 관점에서 교수자의 적응 경험을 조망하여 문화적응의 영역에 보다 새로운 관점을 제시했다. 이 연구는 한국인 지도교수가 외국인 유학생을 지도하고 의사소통하는 데 나타나는 문제를 언어적 의미 해석의 문제, 문화의 차이에서 오는 문화 간 충돌의 문제, 한국인 학생과 외국인 학생들 사이 갈등관계의 문제, 앞의 세 가지 문제를 극복하기 위해 외국인 유학생과의 원활한 의사소통 방안 문제의 차원으로 나누어 제시했다.

의사소통의 언어적 의미 해석의 문제는 가장 빈번하게 발생한다. 속담이나 관용어를 잘 알지 못하거나, 문화적 이해가 기반이 되지 않고 한국인 교수자의 의도와 다르게 언어를 잘못 이해하게 될 경우, 반대로 외국인 유학생의 부족한 언어적 표현 때문에 한국인 교수자가 이를 잘못 해석하고 오해하게 되는 경우를 포함한다. 아래에 제시한 인용은 김영순 외(2013)에서 발췌한 것으로 연구참여자 3은 외국 유학 경험이 없는 교수자이다.

> "외국인 유학생이 지도교수한테 상담하러 가면 '너 집에 가' 이러는데 학생들은 진짜 '공부 그만하고 집에 가라' 이렇게 받아들이는 거예요. 그리고 공대 쪽 교수님들을 어려워해요. 유학생은 교수 한마디에 집에 가겠다는 거예요. …… (중략) …… 처음에 몽골학생을 만났는데 몽골과의 문화적 차이로 연구실에 들어왔을 때 '가까이 와서 앉아라' 이렇게 얘기했는데 바로 앞에 앉는 거예요."
>
> (김금희 외, 2013: 연구참여자 3)

위의 인용에서도 알 수 있듯이, 교수자는 한국에서 지도교수로서 제자에게 흔히 할 수 있는 말을 외국인 유학생에게 했다. 그러나 이 말을 들은 외국인 유학생은 한국 학생과 달리 지도교수가 자신을 '거부'하고 '부정'하는 것으로 오해했다. 이러한 오해는 문화 간 차이에서 오는 충돌에 의한 것이며 생활양식 및 가치관의 문제로서, 짧은 시간 동안 변할 수 있는 것이 아니라 지속적으로 습득하고 체화해야 하는 것이다. 즉, 한국인 교수자와 외국인 유학생은 서로의 다름을 존중하고 이해하는 자세가 반드시 필요하다.

이러한 관계에서 '유학'이라는 경험을 공유하는 것은 비록 입장은 다르지만 한국에 유학 온 학생을 더욱 세심하게 배려할 수 있는 원천이 될 수 있다. 다음에 제시한 인용에서 연구참여자 5는 언어학을 전공했으며 영국에서 6년간 유학생활을 한 경험이 있다.

> "태국 학생의 경우 옆에 쭈그리고 앉아요. 태국에서는 선생님보다 머리가 위에

있으면 안 된다며. ……(중략)…… 높은 사람과 구별하는 행동은 문화차이에서 오는 것 같은데 나는 이런 것이 불편해요. 다 같은 사람이기에 그냥 편하게 하라고 말하죠."

(김영순 외, 2013: 연구참여자 5)

위의 인용에서 제시한 교수자는 자신이 경험한 영국에서 보낸 6년간의 유학생활을 떠올리며 현재 국내의 한 대학에서 약 10년째 외국인 유학생을 지도하고 있다. 인용에서는 의사소통 및 문화 간 충돌을 해소하기 위해 교수자가 외국인 유학생을 더욱 배려하는 모습을 확인할 수 있다.

그러나 많은 경우, 한국인 학생들이 외국인 유학생에 대한 교수자의 배려를 '역차별'로 느끼기도 한다는 것은 아래의 인용들을 통해서도 알 수 있다. 한국인 학생들 스스로 '차별받고 있다'는 감정과 인식은 외국인 유학생과 한국인 유학생의 관계에 있어 갈등을 일으키는 소지가 된다.

"실제로 똑같이 대해야 하는 것을 어떻게 보면, 한국인 학생들이 조금 질투를 하면서 오히려 차별하는 것으로 비칠 때가 있어요. '저 교수님은 유학생만 좋아해' 이런 생각을 갖고 있어요. 제가 느껴요, 한국인한테."

(김영순 외, 2013: 연구참여자 3)

"외국인을 대하는 그런 부분들을 오히려 더 배려하면 그것이 차별이 아닐까. 역차별, 한국 역차별 이런다니까. 한국 애들이 그런 얘기를 해. 왜 설날과 명절 때는 외국인 학생들만 초대하느냐고. 그럼 나는 외국인 애들한테 한국의 명절을 보여주고 싶다고 그러지."

(김영순 외, 2013: 연구참여자 2)

위에서 인용한 연구참여자 2는 독일에서 5년간 문화교육학을 전공하며 유학생활을 한 경험이 있다. 외국인 유학생과 한국인 학생, 나아가 교수자와의 원활한 의사소통 및 성공적인 상호문화적응을 위해 교수자 대부분이 정기적 혹은 비정기적인 모임을 갖고 있었다. 한 연구참여자는 자신을 '매개체'로 비유하며 모임을 통해 교수자와 외국인 유학생, 한국인 유학생의 각각의 입장에서 다양성을 수용할 수 있는 소통의 기회를 제공하고 있었다.

> "한국인 학생과 외국인 학생이 친해지기 위해서는 물론 교육도 필요하죠. 그런데 내가 볼 때는 교육이라고 하기보단 같이 수업을 듣고 한국사람, 외국인학생, 대학원생이 같이 일하니까 거기서 같이 식사를 하고 이야기를 하게 되고."

(김영순 외, 2013: 연구참여자 3)

유학경험을 통해 타문화에 대한 접촉과 교류가 선행적으로 이루어졌던 교수자는 자신의 경험을 토대로 문화적 차이를 인식하고 문화적 정체성을 확장하는 문화상대주의적 관점을 갖고 있었다. 또한 지속적으로 외국인 유학생을 지도함으로써 문화적 유연성이 내면화되고 다문화를 이해하는 '수용'과 '적응' 및 '통합'의 단계에 있는 것으로 확인되었다. 반면 타문화 접촉이 없었던 교수자는 다문화 감수성 발달의 초기단계인 타문화에 대한 방어의 태도를 보였으나, 10년 이상 다양한 문화를 가진 외국인 유학생과 상호작용함으로써 유사성을 인식하고 문화적 차이를 수용하는 과정을 통해 자신의 관점 및 행동의 변화를 자발적으로 느끼고 실천하고 있었다. 그러나 다문화 감수성에 대한 차이는 개인의 경험과 시행착오를 겪고 있었다. 이러한 과정 속에서 고정관념을 돌이켜봄으로써 문화적 차이를 인식하고 다양한 상황에서 적절한 행동을 취하고 있었다. 결론적으로 유학 경험의 유무에 따라 발달단계에 차이가 있으나, 유학생 지도 경험을 통해 교수자들의 다문화 감수성은 보다 높은 차원에 위치했다.

한국에 유학 중인 외국인 학생들의 문화적응과 관련한 심층연구 중 하나는 박우진(2014)의 연구일 것이다. 그는 중국인 유학생이 한국에서 겪는 문화적응의 어려움을 소시오드라마[3]를 통해 경험의 본질과 의미를 발견하고자 했다. 중국인 유학생은 한국에서의 학교생활을 통해 보다 생생한 한국어와 문화를 공부하고자 유학을 결심했다. 그러나 그는 한국어가 부족하여 자신감이 없었고 자신의 감정을 표현하지 못했다. 이러한 그의 모습은 그가 기대했던 한국에서 생활하면서 한국 문화를 적극적으로 수용하고 경험하는 것이 아니었다. 그러나 소시오드라마를 통해 신문지를 찢는 행위, 벽에 천을 던지고 소리 지르고 욕하는 행위와 같이 평소에 갖고 있던 분노를 표출하는 행위를 보조자아와 다른 참여자의 역할을 통해 배운 행위, 속마음 및 무생물 역할 등 비언어적 행위와 같은 역할 바꾸기 기법을 활용한 행위를 통해 표출했다. 즉, 소시오드라마 참여자들은 이 경험을 통해 한국에서 어려움을 대처할 수 있는 방법을 배움으로써 정서의 변화와 자기성장의 계기를 갖게 되었다.

연구참여자들은 유학을 위해 2년 이상의 한국 체류기간을 갖고 있으며, 한국어 능력 5급 이상의 문화적응 과정을 겪는 중국 출신 유학생이다. 중국 출신 유학생은 학부생부터 박사과정생까지 비교적 높은 학력의 소유자들로, 3~4명씩 소그룹을 구성하여 총 4개의 집단으로 활동했는데, 중국에 대한 편견으로 무시당하는 경험을 했다는 공통점이 있었다. 이들은 아르바이트하는 과정에서 느낀 경험을 예로 들며, 중국과 북한을 연결하는 한국인의 극단적인 편견에 불편함을 호소했다. 아래의 인용은 참여자 J의 진술을 인용한 것으로, 그는 학부 3학년으로 5급의 한국어 능력을 가지고 있다.

"그거는 막 학교에서, 학교에서 음, 일단 학, 한국 학생이 저 보면, 왜냐면 어떤 극단적인 학생 있냐면, 자꾸 중국과 북한 막 연결되어서 만약에 중국, 중국 때문에 북한, 한국 사이가 안 좋게 돼서, 이런, 이런 식으로 막 중국 이렇게 도움이 없으면,

---

3) 박우진(2014)의 연구에 따르면, 소시오드라마(Sociodrama)는 집단 내 집단성원과의 관계집단의 공통된 갈등과 사회적인 문제를 깊이 있게 다루는 행위화 기법이다(Moreno, 1964). 1921년 비엔나에서 전쟁 후 혼란한 사회를 재조명하고 해결하기 위해 어릿광대로 분장한 왕을 등장시키고 빈 의자를 사용하여 관객이 왕의 역할을 탐색하도록 한 것이 최초의 소시오드라마이다. 소시오드라마는 집단치료로서 개인과 집단의 심리정서적인 문제와 사회적응 문제집단의 공유된 문제를 해결하기 위해 활용되고 있다(Baker, 1995).

북한은 금방 망할지도, 수도 있고……."

(박우진, 2014: 참여자 J)

위의 진술에서 나타나듯이 참여자 J는 사회주의 사상이라는 측면에서는 공통점이 있지만, 엄연한 문화적 차이가 있는 중국과 북한을 동일시하며 부정적으로 평가하는 한국 학생에 대해 불편함을 느꼈다. 참여자 J는 한국어에서 5급이라는 높은 평가를 받았지만, 교과서에서 제시하지 않는 상황에서 대화를 이어가거나 불편한 상황을 해소할 수 있을지에 대해서는 알지 못했다.

참여자들은 다른 참여자들과 보조자아가 역할을 할 때, 행동과 표정과 분위기를 관찰하면서 자신의 역할을 자신감 있게 수행했다. 이들은 역할 모델을 통해 한국에서 어려움에 대처할 수 있는 방법을 배울 수 있었다. 아래의 인용은 석사과정생인 중국인 유학생 K의 진술로, 소시오드라마에 참여하는 과정 속에서 유학생활 중 자신이 경험하거나 경험할 수도 있는 다양한 상황을 슬기롭게 극복할 방안을 탐색했다.

"(술 역할) 오늘 처음부터는 일단 술 역할 했, 했기 때문에 일단 다른 사람이 어떻게 하는 건지, 다음에는 이게 내가 하면 어떻게 말해야 될까 라는 생각도, 계속 어떻게 사람 보는 과정에도 계속 생각해보고, 그래서 그 역할 할 때는 또 전에 보다 더, 어, 더 생각대로 말한 거 같아요. 이번에는 이번, 이번에 그 뭐지? 이렇게 소시오드라마 통해서도 음, 전에 보다 많이 좋아진 거 같아요."

(박우진, 2014: 참여자 K)

중국인 유학생은 한국어능력 부족으로 대학생활의 어려움과 차별을 경험했고, 한국에서의 적극적인 문화적응과 수용에 장애가 되었다. 중국인 유학생의 소시오드라마 경험을 통해 한국 문화에 대한 긍정적인 이해와 인식의 변화를 알 수 있었다.

1. 외국인 유학생이 겪는 부적응 현상에 대해 생각해보고 이를 범주화해보자.

2. 위에서 범주화한 문제 중 개인이 스스로 극복할 수 있는 것은 무엇이며, 다른 사람의 도움이 필요한 것은 무엇인지 토의해보자.

참고문헌

교육과학기술부(2008). 2012년까지 외국인 유학생 10만 명 유치 — 'Study Korea Project 발전방안' 수립.

교육인적자원부(2001). 국내 외국인 유학생 유치 확대 종합방안(안). 서울.

_____(2004). 외국인 유학생 유치 확대 종합방안('Study Korea' 프로젝트).

김영순 · 김금희 · 전예은(2013). 외국인 대학원생을 지도하는 한국인 교수자의 다문화 감수성에 관한
　　　연구. 인문과학연구 37, 461-488.

김윤경(2010). 대학생활 적응의 영향 요인에 관한 연구 — 빈곤대학생과 일반대학생의 비교를 중심으로 —
　　　. 충남대학교 대학원 석사학위논문.

김은정 · 오경자 · 이정윤(1992). 자기 지각, 사회적 지지 및 대처 행동이 대학생활의 적응에 미치는 영향,
　　　한국심리학회 연차 학술발표 논문집 1992년 제1호, 525-534.

박우진(2014). 문화적응 어려움을 겪는 중국 유학생의 소시오드라마 경험, 숭실대학교 대학원
　　　박사학위논문.

법무부 출입국 · 외국인정책본부(2010). 2010년 출입국 · 외국인정책 연감, 법무부.

성적지향 · 성별정체성(SOGI) 법정책연구회(2014). 한국LGBTI커뮤니티 사회적 욕구조사 최종결과보고서
　　　18.

이미정 · 우루쿤치에브 아들백 · 박수정 · 아이고자에바 아이게림(2015). 중앙아시아 유학생들이 경험하는
　　　문화적응 스트레스 요인 연구, 교육문화연구 21(5), 283-307.

이예슬 · 김은하(2015). 중국인 유학생의 문화적응에 따른 군집유형과 문화적응 스트레스와 대학생활
　　　적응에 관한 연구, 한국심리학회지 학교 12(3). 295-316.

정선주(2014). 소설 『완득이』를 통해 본 한국 사회의 다문화 판타지 고찰: 지젝의 이데올로기론을
　　　중심으로. 다문화교육연구 7(2), 129-158.

정지숙(2013). 재한 중국인 유학생의 문화 · 심리사회적 적응을 위한 REBT 프로그램 개발 및 효과,
　　　명지대학교 대학원 박사학위논문.

하정희(2008). 중국유학생의 대학생활 적응에 대한 질적 연구, 한국심리학회지: 상담 및 심리치료 20(2),
　　　473-496.

황정미 · 문경희 · 신미나(2011). 연구보고서: 교육이주의 추이와 미래 정책과제. 한국여성정책연구원
　　　고려대학교 아세아문제연구소.

Baker, R. L. (1995). The Social Work Dictionary, Washington DC. NASW Press. Intercultural Relations 31,
　　　199-222.

Baker, R. W., McNeil, O. V. & Siryk, B. (1984). Journal of Counseling Psychology. Expectation and reality in
　　　freshmen adjustment to college to college.

Berry, J. W. (1997). Immigration, acculturation and adaptation. Applied Psychology: An International Review
　　　46(1), 5-68.

_____(2003). Conceptual approaches to acculturation. In K. Chun, P. Balls-Organista & G. Marin (Eds.),
　　　Acculturation: Advances in theory, measurement and applied research (pp. 17-37). Washington, DC:
　　　American Psychological Association.

Berry, J. W., Kim, U. C., Minde, T. & Mok, D. (1987). Comparative studies of acculturative stress.
　　　International Migration Review 21(3), 491-511.

Hovey, J. D. & Magana, C. G. (2002a). Cognitive, affective and physiological expressions of anxiety symptomatology among Mexican migrant Farmworkers: Predictors and generational differences. Community Mental Health Journal 38(3), 223−237.

Lazarus, R. S. & Fllkman, S. (1984). Stress, appraisal and coping. New York: Springer−Verlag.

Lazarus, R. S. (1976). Psychological stress and the coping process. New York: McGraw−Hill.

Moreno, Z. L. (1964). Psychodrama: Firstvolume. 3rd ed., New York. Beacon House.

Oberg, K. (1960). Culture shock: Adjustment to new cultural environments. Practical Anthropology 7, 177−182.

Redfield, R., Linton, R. & Herskovits, M. J. (1936). Memorandum for thestudy of acculturation, American Anthropologist 38(1), 149−152.

Tesang, W. (2002). International students' strategies for Well−Being. College Students Journal 36(4), 591−597.

UNESCO Institute for Statistics (2009). Global Education Digest 2009: Comparing Education Statistics Across the World.

Ward, C., Bochner, S. & Furnham, A. (2001). The Psychology of Culture shock (2nd ed.). East Sussex: Routledge.

Zou Zhendong (2009). 부산지역 중국유학생의 대학생활 적응에 관한 연구. 부경대학교 대학원 석사학위논문.

III

외국의 다문화교육 정책 사례

3부에서는 국가별 '다문화교육' 정책을 살펴보고, 이를 통해 한국의 다문화교육 정책에 대한 시사점을 생각해볼 것이다. 다문화교육을 작은따옴표 안에 쓴 이유는 국가별로 이를 지칭하는 명칭이 상이하기 때문이다. 예를 들어, 일부 국가에서는 '다문화교육(multicultural education)'이라는 용어 대신에 '상호문화교육(intercultural education)', '반인종차별교육(antiracist education)' 등을 사용하기도 한다. 다양한 민족, 인종, 문화, 언어, 종교집단에게 보다 평등한 교육을 제공하기 위해 국가에서 구사하는 다양한 교육정책과 전략을 '다문화교육' 정책이라고 부르도록 하겠다.

'다문화교육'과 '외국'이라는 두 단어를 조합했을 때, 떠오르는 나라는 어디인가? 대다수의 사람들은 특별한 고민 없이 미국이나 캐나다 혹은 프랑스나 호주 등과 같은 서구권 나라를 생각한다. 이는 다문화교육 정책에 대한 상당 부분이 이들 나라에 대한 것일 뿐 아니라 한국에 도입된 다문화교육의 기반이 대부분 서구권의 학문적 연구들을 바탕으로 하기 때문이다. 하지만 흔히 떠올리는 이들 서구권 나라 외에도 한국과 지리적으로 가까운 나라인 중국이나 일본 역시 대표적인 다문화국가이며, 말레이시아, 싱가포르, 인도 등의 다양한 아시아권 국가들도 다문화사회라고 할 수 있다. 이뿐만 아니라 아프리카, 유럽, 남미, 중앙아시아 권역의 많은 나라들에서도 다양한 집단과 관련한 교육정책과 전략에 대한 논의가 진행되고 있다.

특히 한국에 거주하는 이주민 대부분이 아시아인임을 상기할 때, 아시아의 많은 나라들이 다원화되어 있다는 점을 기억하고 이들 국가에서 어떤 정책을 펴고 있는지에 관심을 가질 필요가 있다. 보다 구체적으로 살펴보면 중국의 경우 전체 인구의 92%가 한족이지만, 공식 자료에 의하면 56개의 민족집단으로 이루어진 국가이다. 또한 말레이시아는 민족적으로나 종교적으로나 다양성이 높다. 일본은 우리나라가 그러했듯이 스스로를 단일민족국가로 보아왔지만, 이미 한 세기 이전부터 이민자의 거주가 있어왔다(Befu, 2006). 일본 내 소수집단으로는 아이누인, 오키나와인, 부라쿠민인, 한국인, 중국인, 대만인 등이 있다(Banks, 2009).

여러 국가에서 이루어지는 다문화교육은 국가를 가로지르는 공통점도 있으나, 그것이 실행된 국가적 · 문화적 · 정치적인 특수한 맥락을 반영하기도 한다. 다문화

교육의 초창기 움직임은 미국에서 있었다고 할 수 있지만, 다문화주의가 정부의 공식적인 정책으로 채택된 곳은 캐나다(1971년)와 호주(1978년)이다. 또한 유럽에서는 1970년대 제2차 세계대전 직후 노동력에 대한 수요 증가로 많은 이들이 영국으로 급격하게 유입되었고, 이들에 대한 대응으로 영국은 다문화교육의 초기 단계를 구상하여 도입했다. 이후에 다문화교육은 일본과 인도 같은 아시아 국가에서 발전되었으며, 남아프리카에서는 인종차별과 화해의 역사로 인해 독특한 경로를 보이고 있다(Banks, 2009).

동화주의에 기반을 둔 정책적 구조는 비백인에게 구조적인 차별과 배제로 작용했으며, 이는 1960년대와 1970년대에 걸친 민족부흥운동(ethnic revitalization movements)을 촉발시키게 되었다. 민족부흥운동은 미국의 흑인시민권운동에서 시작되었으며, 캐나다의 원주민(Canadian First Nations)과 프랑스인, 영국의 서인도 제도인과 아시아인, 네덜란드의 인도네시아인과 수리남인, 호주의 원주민 등이 이러한 운동 행렬에 참여했다. 그들은 이러한 운동을 통해 학교나 대학 같은 국가 내의 기관들이 자신들의 희망과 꿈에 보다 더 잘 부응할 수 있기를 요구했다(Banks, 2009). 즉 민족부흥운동은 자기결정권을 지니고, 사회에 소속되어 평등하게 살고자 하는 열망이 표출된 것이라고 할 수 있다.

뱅크스(Banks, 2009)와 많은 다문화교육자들이 주장했듯이 "다문화교육은 다양한 인종·민족·문화·사회계층·언어집단의 학생들에게 교육 평등을 실현하기 위한 학교 개혁의 접근법"이다. 이는 사회에 존재하는 불평등이 교육과정, 교과서, 교사의 태도와 기대, 학생-교사 간 상호작용, 학교에서 사용되는 언어, 학교문화 등에 반영된다고 가정하기 때문이다(Banks, 2009). 다문화교육의 목적에 대해서는 학자들 간에 어느 정도 일치되었다고 볼 수 있지만, 다문화교육이 해석되고 도입되는 방식이나 다문화교육의 범주와 경계에 대해서는 국가마다 다른 양상을 보인다. 예를 들면, 미국을 비롯한 다른 서구권 국가에 다문화교육이 도입된 초기 단계에는 인종·민족·언어적 소수집단에 초점이 있었다. 그러나 여성과 장애인운동을 거치면서 미국의 다문화교육은 조금씩 성(gender)과 예외성(exceptionality)을 포함하는 방향으로 확장되고 있다(Banks, 2009).

　유럽권 국가에는 오랫동안 언어적이고 문화적인 소수집단이 거주해 왔다. 예를 들어 프랑스와 스페인에는 바스크인이, 덴마크에는 독일인이, 독일에는 덴마크인이, 영국에는 웰시인, 스코틀랜드인, 유대인이 살아왔다. 또한 제2차 세계대전 이후에 삶의 질을 향상시키고자 식민지 국가에서 유럽으로 넘어온 수많은 이민자로 인해 유럽 내의 다양성이 더욱 증가되었다(Banks, 2009).

　한편 미국, 캐나다, 호주의 경우에는 유럽인이 대륙 탐방을 하고 정착하게 되면서 다양성이 증가하게 되었다. 즉 유럽의 정착자가 쫓아낸 토착인, 아프리카에서 미국으로 건너온 흑인, 자신의 종교적·정치적·경제적 꿈을 이루기 위해 정착한 이주민과 난민으로 인해 다양성이 증가했다. 이들 국가는 지난 40여 년 동안 민족적·인종적·언어적으로 더욱 다양해져 왔다(Banks, 2009). 남미와 아프리카에서도 민족적·인종적·문화적·언어적·종교적 다양성이 존재한다. 9장부터 11장에 걸쳐 여러 나라에서 다문화교육이 어떻게 이루어졌는지 역사적 개관을 기술했고, 12장에서는 독일의 유럽학교 사례를 다루었다.

9장
서구의 다문화교육

정소민 · 오영훈

　　서구사회는 한국에 비해 일찍이 다문화사회를 경험했다. 그러나 그 발달 배경은 국가의 형성과정에 따라 나라별로 차이가 있다. 다문화교육 정책 역시 나라별로 차이가 있는데, 이는 다문화사회의 발달 배경보다 더욱 다양하게 나타난다. 미국, 캐나다, 호주, 영국이 다문화사회가 된 배경과 다문화교육 정책의 특징은 무엇인가? 이 장에서는 서구의 다문화사회 사례를 살펴봄으로써 한국 다문화교육에 대한 시사점을 얻고자 한다.

1. 미국

1) 다문화사회의 형성

미국은 국가형성 단계에서 이미 다문화사회를 구성했다. 1620년에 영국 청교도인 102명이 메이플라워(Mayflower)호를 타고 아메리카 대륙에 도착하면서부터 미국의 이민사는 본격적으로 시작되었다. 이전까지 아메리카 대륙의 주류였던 원주민의 문화와 상관없이 이민자는 영국계 백인 청교도문화를 미국의 주류문화로 삼았다. 이들에 이어 주로 북부와 서부 유럽 사람들이 미국으로 건너왔는데, 19세기 초까지는 기존의 청교도 문화와 큰 갈등이 발생하지 않았다. 이후 19세기 말 남부, 중부, 동부 유럽 출신들이 미국으로 유입되면서 문화적 갈등이 시작되었다.

2) 다문화사회의 대응

동화주의는 미국의 다문화사회 형성 초기에 발생한 사회적 갈등을 해결하기 위한 전략으로 제시되었다. 1909년 커벌리(E. Cubberly)가 주창한 동화주의는 미국에 새로 이주한 이들에게 청교도문화를 그대로 수용하도록 요구하는 정책 방향이다. 하지만 새로운 이주자는 기존의 문화에 완전히 동화될 수 없을뿐더러 동화되었다고 하더라도 이들에 대한 차별과 편견이 사라지지 않았기 때문에 동화주의는 실패했다(장한업, 2009).

그 후에 등장한 용광로(melting pot) 이론은 용광로 속에서 여러 물질이 녹아 하나의 새로운 물질로 만들어지듯이 여러 나라의 문화를 녹여 하나의 새로운 문화를 만들겠다는 의미를 갖고 있다. 그러나 하나의 문화로 만들겠다는 목적 중심의 정책은 청교도문화와 소수민족의 문화를 함께 녹여내는 데 실패했고, 이에 대한 대안으로 샐러드 볼(salad bowl) 이론이 등장했다. 다양한 채소를 양념에 무쳐내는 샐러드는 한 그릇에 담아도 각 재료 고유의 맛이 나는 것에 비유한 것이다. 이 이론도 지속적인 지지를 받지 못했고, '다문화주의'라는 새로운 형태의 이론이 등장했다. 이는 제2차 세계대전 이후 미국에서 발생한 대규모의 민권운동, 인디언을 비롯한 소수인종의 권리주장, 유럽계 미국인의 민족부흥론 등의 결과로 생성되었다(장한업, 2009: 108).

3) 다문화교육의 방향

제2차 세계대전 이후 발생한 미국의 민권과 민족에 대한 관심과 사회적 움직임은 교육에도 반영되었다. 즉, 미국의 다문화교육은 여러 집단의 민권운동에서 출발했다고 할 수 있다. 다양한 민권운동은 미국 내 다문화교육의 범위를 확장하는 데

[그림 9-1] 마틴 루터 킹 동상

출처: https://pixabay.com/ko

영향을 끼쳤다. 예를 들어, 1960년대에 여러 유색인종은 공공기관에서 이루어지는 사회적 차별에 대해 항의했고, 이들 기관 중 하나인 학교에서의 획기적인 교육과정 개혁을 요구했다. 또한 1960년 후반과 1970년대 초반에 걸친 여권신장운동은 교육과정에서 여성에 대한 내용을 다루는 데 기여했다. 이처럼 다문화교육은 인종과 민족뿐만 아니라 성, 나이, 종교, 사회계층, 성적 소수자, 장애 등과 관련한 학교개혁운동으로 확장되었다. 미국의 다문화교육학자인 베넷(Bennett, 1995)은 다문화교육의 네 차원으로 평등지향운동, 교육과정개혁, 다문화적 역량, 사회정의지향교육을 제시한 바 있다.

2. 캐나다

캐나다는 안정적으로 다문화주의 정책을 구현하고 있는 국가로 알려져 있으며, 공식 언어로 영어와 프랑스어를 채택하고 있다. 이러한 다문화주의 국가로의 성장에 있어 중요한 배경을 살펴보면 다음과 같다.

1) 다문화사회의 형성

1967년 신이민법이 제정된 이후, 점수제에 따른 선별적 이민정책에 따라 기존 제조업 중심의 이민자에서 고학력 · 전문직 이민자, 아시아 · 아프리카 · 중남미 등으로부터의 이민이 증가하게 되었다. 1969년 '공용어법'이 제정되면서 고용에 있어 이중언어능력을 필수적으로 요구하게 되었고, 이러한 2언어 2문화주의는 앵글로색슨계 중심의 사회적 일체성을 해체시키고 다문화주의적 토대를 형성했다(황진영, 2014).

공식적으로 국가이념으로서 다문화주의를 표방하게 된 시기는 1971년 피에르 트뤼도(Pierre E. Trudeau) 수상이 캐나다를 다문화주의 국가로 선언하면서부터이다. 그 후 1988년 7월 캐나다 다문화주의 법(Canadian multiculturalism act)을 제정하면서 캐나다는 다문화주의 국가로서 확고한 기틀을 다지기 시작했다. 이 법은 캐나다 사회의 근본적인 특성으로서 다문화주의를 인정하도록 하고, 모든 개인이 다양성을 존중받으면서 법적으로 평등한 대우와 보호를 받을 수 있도록 보장한다(배상식·장흔성, 2014). 캐나다는 소수집단의 언어와 문화를 존중하고 이를 바탕으로 통합사회를 구축하고자 하는 특징을 가지고 있어 캐나다의 다문화주의는 '모자이크 다문화주의'라고 불리기도 한다.

캐나다 연방정부는 다문화주의 원칙을 옹호하고 다양한 지역사회를 지원하기 위한 목적으로 1991년에 '다문화주의와 시민권부(Department of Multiculturalism and Citizenship)'를 설립했다. 이는 1993년에 '캐나다 문화유산부(Department of Canadian Heritage)'로 변경 및 확대되었다. 이 부서에서는 모든 인종·민족의 캐나다인이 문화 간 이해와 참여를 통해 캐나다를 더욱 발전시키기 위한 각종 프로그램 및 행사를 주도하고 있다. 또한 캐나다의 각 중앙 부처에서는 다문화주의 법을 원활하게 시행하기 위해 다양한 프로그램을 실시해 왔다. 일례로, 이민자 정착과 적응 프로그램인 ISAP(Immigrant Settlement and Adaption Program), 이민자 언어 지원 프로그램인 LINC(Language Instruction for Newcomers to Canada), 난민 정착 지원 프로그램인 RAP(The Resettlement Assistance Program) 등이 있다.

2) 다문화교육의 방향

캐나다 연방정부나 주정부의 교육부에서도 다문화주의를 반영하기 위한 교육정책을 실시하고 있다.[1] 캐나다의 대표적인 다문화교육 정책은 이중언어 교육이라

---

1) 캐나다의 교육은 주와 영토 관할로 이루어진다. 연방정부 소속의 교육부는 없다. 캐나다주교육부장관협의회

고 할 수 있다. 1971년 트뤼도 수상이 "캐나다에 이중언어는 있지만 공식문화는 존재하지 않는다"는 다문화주의 정책을 공표한 이후 여러 주에서는 공립학교에서 이중언어교육제도가 실시되었다. 예를 들어, 온타리오 주에서는 1977년 '소수민족 언어학습 프로그램'을 발표했고, 이를 바탕으로 공립학교에서는 44개의 비공용어를 주당 2시간 반씩 지도했다(황진영, 2014). 주 교육부에서는 이러한 이중언어교육과 함께 다문화주의 교육에 대한 지원체제를 구축하고 있다. 캐나다는 외부적으로 성공적인 다문화교육 국가로 알려져 있음에도 내부에서는 성찰과 반성의 목소리가 존재한다. 그 예로 조쉬(Joshee, 2009)의 연구는 캐나다 다문화교육이 신자유주의 기조의 영향을 받고 있음을 우려한다.

조쉬(Joshee, 2009)는 캐나다 내에서 가장 큰 교육구인 토론토 교육구(Toronto District School Board)의 다문화교육 프로그램에 대해 논의했다. 토론토 교육구에는 27만 명 이상의 학생이 재학 중이며, 그중 영어를 모국어로 하지 않는 학생의 수가 절반에 가깝다. 토론토 교육구는 1998년 7개의 학교구가 통합되면서 만들어졌다. 통합 직후에 인권정책, 종교적 편의에 관한 가이드라인, 고용평등정책 등을 기반으로 하여 다양성(diversity) 정책의 기초를 만들었다. 토론토 교육구에서 추구하는 '평등' 이니셔티브가 잘 드러나는 프로그램은 '도심지역 모델학교(Model Schools for Inner Cities)'라고 할 수 있다. 이 프로그램은 경제적으로 불리한 배경을 가진 학생들의 욕구를 강조한다. 빈곤은 일반 학교에서의 성취에 영향을 미치는 다른 종류의 사회적 불평등과 연결된다는 점을 상기하면서 토론토 교육구에서는 모델학교의 교육에 있어 네 가지 핵심적인 요소를 다음과 같이 선정했다(Joshee, 2009).

① 형평성: 기회의 격차를 줄여서 교육적 평등과 형평성을 이루어야 한다.
② 지역사회: 학교는 지역사회의 심장이 되어야 한다.
③ 포괄성: 포괄적인 문화는 학교, 지역사회, 학생, 교직원의 모든 측면을 존중하

(CMEC, the Council of Ministers of Education for Canada)는 국제사회에서 캐나다 교육을 대표하는 역할을 하며, 각 주와 준주가 헌법에 따라 교육에 대한 책임을 완수하도록 하는 데 기여하는 기관이다.

고 반영하는 것이다.

④ 기대: 성취가 높을수록 자기존중감이 강화된다. 그리고 자기존중감은 성취에
있어 중요한 역할을 한다. 모든 학생은 경제적 혹은 문화적 배경과 무관하게
자신이 할 수 있는 가장 높은 단계의 성과를 이룰 수 있다고 여겨져야 한다.

이 프로그램은 이들 네 가지 요소를 통해 경제적 혹은 문화적 배경이 상대적으로 불리한 입장에 있는 학생들을 위해 시작되었으며, 이들의 학업 성취에 초점을 맞추고 있다는 것을 알 수 있다. 도심지역 모델학교 추진위원회는 교육과정에서 사회정의 문제를 다루고, 학생들이 비판적 사고 기술을 개발하도록 지도하면 평등과 공평을 이뤄낼 수 있다고 주장했다. 이에 대해 조쉬(Joshee, 2009)는 프로그램 관련 문서에서는 그러한 관점이 발견되지 않았다고 주장했다.

또한 조쉬(Joshee, 2009)는 캐나다의 다문화교육이 신자유주의의 영향을 받았음을 주장했다. 그는 토론토 교육구의 도심지역 모델학교 프로그램이 표면적으로 강

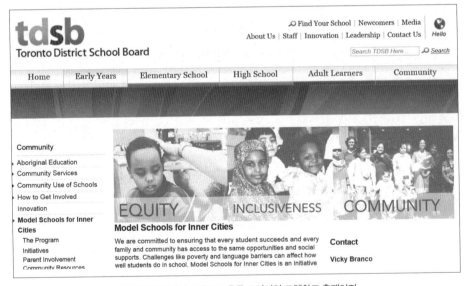

[그림 9-2] 캐나다 토론토 교육구 도심지역 모델학교 홈페이지

출처: http://www.tdsb.on.ca/Community/ModelSchoolsforInnerCities.aspx

조하는 다문화적 관점과 가치가 실제 프로그램 운영에 있어서는 잘 구현되지 않고 있음을 주장했다. 그가 근거로 제시한 자료는 도심지역 모델학교 추진위원회가 제공한 모델학교의 하루에 관한 내러티브이다. 내러티브의 주요 인물은 한부모 이민자 가정의 구성원으로, 다음과 같은 이야기이다.

아이들의 엄마는 영어를 잘하지 못하고, 아이들의 끼니를 챙겨주지 못한다. 이 아이들은 학교에서 주는 따뜻한 아침밥을 먹고, '이웃 보조자'가 제공하는 따뜻한 점심을 먹으며, 저녁에는 학교위원회에서 준비한 도시락을 먹는다. 또한 아이들이 의료 진료를 필요로 할 때, 학교에서는 막내아이에게 병원 진료를 받을 수 있게 해주고, 엄마가 부족한 영어로 병원 예약을 하지 않아도 되게끔 편의를 제공한다. 학교는 아이 엄마에게 이러한 모든 분야와 관련해 도움을 준다. 첫째아이는 학교 공부에서 어려움을 겪고 있어 방과 후의 보충수업을 들어야 한다. 엄마가 가진 유일한 능력은 자신의 막내아이에게 우루두어로 동화책을 읽어주는 것으로 묘사된다. 막내아이는 학교를 기반으로 한 보육 시설에 다닌다(Joshee, 2009: 220-221).

조쉬(Joshee, 2009)는 위의 내러티브를 제시하며 "학교는 어떻게 묘사되고 있는가? 사회정의 원칙에 기반을 둔 지역사회의 허브로서의 역할을 하는가? 아니면 단지 자애롭게 아이를 돌보는 역할을 하는가?"라고 하며 학교에 대한 근본적인 성찰을 촉구한다.

이와 함께 그는 다음의 또 다른 예를 들면서 사회정의를 기반으로 하는 어젠다가 학교 현장에서 작동하지 않음을 지적했다. 2007년에 퍼그로브 학교(Firgrove School)에서는 흑인문화 프로그램을, 윌로파크 학교(Willowpark School)에서는 타밀어와 벵골어 언어교실을 개최했다. 조쉬(Joshee, 2009)는 이들 학교가 기본적으로 문해 및 수리점수, 사회적 기능을 향상시키며, 위기에 처한 청소년을 참여시키는 데 목적이 있었다는 한계를 갖는다고 비판했다. 조쉬의 연구는 한국의 다문화교육이 학교 현장에서 실천되는 현실을 비판적으로 돌아보게 한다.

3. 호주

1) 다문화사회의 형성

'이민자의 나라'로 불리는 호주에는 원래 200~400개의 언어를 사용하는 부족과 인종이 살고 있었다. 호주의 이민자 유입은 1700년대 후반부터 유럽으로부터 시작되었다. 영국에서 산업혁명을 거치면서 궁핍한 사람들이 증가하게 되자 범죄자를 수용할 감옥으로 호주를 식민지화한 것이 발단이 되었다.

2) 다문화사회의 대응

호주는 전체 인구의 약 25%가 해외에서 출생했거나 그들의 부 또는 모가 이민자 출신이다. 지난 50여 년간 이민자 및 그들 자녀와 관련된 정책을 이끄는 모델과 관련하여 호주는 동화주의 입장을 바꾸어 공식적으로 다문화주의를 도입하게 되었다. 호주의 교육은 이러한 정책적 기조의 변화와 관련하여 중대한 변화를 겪어 왔다. 호주의 이민은 제도적 · 법적 장치의 존재 유무와 그 성격에 따라 다음 〈표 9-1〉과 같이 네 단계로 나눌 수 있다.

〈표 9-1〉 호주의 시기별 이민정책(전영기 · 최은수, 2014: 57의 내용을 표로 재구성)

단계	시기	내용
제1기	1788~1900년	유럽으로부터의 인구 유입기
제2기	1901~1945년	연방정부 설립 후 국가 차원의 이민정책 실시기
제3기	1945~1972년	이민부 설립과 이민법 제정으로 본격적인 이민정책 및 이민자 정착 지원정책 실시기
제4기	1973년 이후	다문화호주로 대표되는 다문화정책 시작 후 현재

제1기 초기 40여 년간은 영국의 식민정책에 따라 영국 재소자가 전체 인구의 82%를 차지했으나, 1840년부터 유럽 내 국가로부터 자유이민이 늘어나게 되었다. 제1기 호주 이민은 1840년대 가뭄으로 인한 기아를 피하기 위해 호주로 이주한 아일랜드계, 1850년대 금광개발에 따른 유럽 및 중국계의 이주, 1860년대 멜라네시아계의 사탕수수산업 등의 농업이주 등으로 경제적 동기에 의한 이민이 많았다(전영기 · 최은수, 2014: 58).

제2기는 1901년 호주에 연방정부가 수립되면서 국가적으로 이민정책을 실시하는 시기이다. 호주 연방정부에서는 1901년 이민(제한)법[the immigration(restriction) act 1901]과 1903년 시민권법(naturalisation act 1903)을 제정했는데, 이 두 법은 백호주의 정책을 바탕으로 한다. 제2기까지는 차별적인 이민정책을 통해 인종적인 순수성을 지키려는 정책지향을 보인다(전영기 · 최은수, 2014).

제2차 세계대전 이후 전쟁과 산업자본주의를 경험하면서 인구 증가 없이는 경제 발전을 비롯한 국가 존속이 어렵다는 위기의식이 생겨났다. 1945년 연방정부 내에 이민부(department of immigration)가 신설되었고, 초대 이민부 장관인 아서 칼웰(Arthur Calwell)은 "인구를 증가시키지 않으면 자멸할 수 있다(populate or perish)"라는 슬로건을 내세웠다. 이 당시의 이민자 지원정책은 이민자가 호주 사회에 빨리 적응하고 호주 경제에 보탬이 되는 인력으로서 정착할 수 있도록 동화주의에 기반을 둔 정책이었다(전영기 · 최은수, 2014).

1961년 연방 총선을 앞두고 대학가에서는 백호주의 정책 철폐를 요구하는 시위가 발생했는데, 이는 이민자 단체와 학생운동 단체, 원주민 단체들이 함께 연대하여 인종차별 척결 캠페인을 벌이는 계기가 되었다. 이와 같은 반백호주의 운동에 대한 호주 기득권 주류사회에서는 우려와 반발의 목소리가 높았다. 그러던 중 1965년 호주로부터 추방 위기에 처한 피지 출신 아동인 낸시 프라사드(Nancy Prasad)를 원주민 인권운동가인 찰리 퍼킨스(Chalie Perkins)가 공항에서 납치하는 사건이 발생했다. 이 사건은 백호주의에 대한 국제적 비난을 확산시키는 결과를 가져왔고 시민권운동으로 연결되었다. 이처럼 다문화적 이슈가 사회적으로 부각되면서 백호주의 정책이 폐지되었다(심성보, 2014).

앞서 살펴보았듯이, 영국인이 호주에 정착했던 초창기부터 호주의 이주민 정책을 이끄는 기조는 동화주의였으나, 1960년대 후반 들어 비영국인 이주민의 비율이 증가하게 되면서 그러한 정책은 변화를 맞이하게 되었다. 즉, 영어를 말하지 못하는 아이들의 수와 학업을 이수하지 못한 채 학교를 자퇴하는 경우가 점점 증가했기 때문이다. 이와 더불어, 이주민 유권자의 영향이 증가하면서 동화주의 정책을 버리고 그 대안으로 '통합' 정책을 펴게 되었다고도 할 수 있다. 그 후 1970년대에 이르러 통합 모델의 한계로 인해 다문화주의라는 대안적 정책이 필요하게 되었다(Inglis, 2009).

제4기에는 백호주의 정책이 폐지되고 호주 산업구조가 변화하면서 이민정책에 변화가 생겼다. 1973년 당시 이민부 장관인 알 그라스비(Al Grassby)는 공식적인 보고서를 통해 백호주의 정책의 폐지를 선언했다. 호주 다문화주의의 발달에 있어서 정책적인 이정표로는 갈라비 보고서(Galbally, 1978)를 꼽을 수 있다. 갈라비 보고서에서는 호주 정부가 민족 기관에 대한 직접적인 재정 지원과 '비영어권 출신(NESB: non-English-speaking backgrounds)'에 대한 예산을 제공해야 한다고 제안했다. 특히 이전에 사용되었던 행정 용어인 '이주민(immigrant)'을 '비영어권 출신'으로 대체했다는 점에 주목할 필요가 있다. '이주민'이라는 용어가 넓은 범주의 다양성을 대변하지 못한다는 불만이 생겨났고, 1996년 정부 수준 담화에서 공식적으로 교체되었다. 현재 가장 흔하게 사용되는 정책 용어는 '문화적ㆍ언어적으로 다양한 사람(CALD: culturally and linguistically diverse)'이다(Inglis, 2009).

이후 1981년에 프레이저(Fraser) 수상은 호주의 정책기조로 다문화주의를 선포했다(전영기ㆍ최은수, 2014). '다문화적인 호주를 위한 국가적 의제(National Agenda for a Multicultural Australia)'는 1989년에 호주 정부가 지원했던 첫 번째 정책 이니셔티브에 관한 요약본이다.

그러나 1996년 호와드(John Howard) 자유-국민당 연립정부(1996~2007)가 집권하면서 호주 다문화주의는 쇠퇴기를 맞이했다. 호와드 정부는 아시아 이민의 축소를 요청하고, 다문화주의를 비판했다. 동시에, 다문화주의로부터 멀어지는 변화를 반영하여 주 기반의 민족적 소수집단을 위한 제도들도 그 이름을 바꾸었다(Inglis, 2009).

이에 대해 호주이민자가 강하게 반발하자 호와드 정부는 비차별적 이민 프로그램을 실시했고, 2007년 러드(Rudd) 노동당 정부가 들어서면서 다양성을 강조하는 정책으로 전환하게 되었다(심성보, 2014). 2007년에 들어와서 '다문화적(multicultural)'이라는 단어는 '시민권(citizenship)'이라는 용어로 교체되었다. 2007년 11월 총선 직전까지도 정부 내 '인권과 동등한 권익위원회(HREOC: Human Rights and Equal Opportunity Commission)'에서는 다문화주의에 대한 회부를 요구하는 포지션 페이퍼를 제출했다. 러드정부가 새롭게 들어서면서 교육 문제에 관해 발표를 많이 했지만, 2008년 3월까지도 '다문화주의'와 관련한 내용에 관한 발표는 없었다(Inglis, 2009). 심성보(2014)가 지적했듯이 호주 다문화주의 정책은 '사회운동의 결과'이기도 하지만, 정부의 정책 의지가 좀 더 강력하게 작용하여 '국가 정책으로 시행된 사회적 구성물'이라고 볼 수 있다.

3) 다문화교육의 방향

다문화주의 정책의 변화는 교육에도 영향을 미쳤다. 1960년대까지는 동화주의 모델에 따라 이민자가 곧 사회에 흡수될 것이라고 여겼기 때문에 호주 내 학교에서는 비영어권 출신의 학생들에 대한 특별한 교육을 제공하지 않았다. 그러나 1960년대부터 학교에 비영어권 출신 배경의 학생들이 증가하면서 그들이 호주에서 출생한 또래에 비해 성취가 뒤떨어지는 현상이 발견되었다. 초기에는 이러한 문제의 원인으로 비영어권 출신 배경의 학생들이 영어에 유창하지 못한 점이 지목되었고, 이로 인해 영어에 대한 특별 지도를 강조하게 되었다. 1969년에 뉴사우스웨일스 주에서는 아홉 개의 학교에서 ESL 지도 파일럿 프로젝트를 시작했고, 1970년에는 호주 이민국이 이 프로그램에 대해 재정 지원을 했다. 이 당시만 해도 호주 다문화교육의 중심은 ESL 프로그램이었고, 한편으로는 모국어 학습을 통한 문화 유지였다 (Inglis, 2009).

잉글리스(Inglis, 2009)에 따르면, 호주 다문화교육의 특징은 학교 문화와 잠재적 교육과정을 다룬다는 점, 다문화적 관점을 제공하고 간문화적 의사소통을 강조한다는 점이다. 예를 들어, 학교와 이주자 부모 간의 의사소통을 향상시키고 이해를 증진시키고자 학교 행사나 공지를 할 때 학부모의 다양한 언어로 번역하여 제공하고 통역사를 사용한다. 또한 학교 콘서트와 활동에 이주민의 문화를 포괄하기도 한다.

호주의 이와 같은 다문화교육의 목표는 누구의 '문화'가 의식적으로 혹은 무의식적으로 학교 교육과정에 포함되어 있는가에 대한 문제를 직접적으로 다룬다. 비록 수학이나 과학과 같이 고정된 '사실'을 바탕으로 교육과정이 구성된다 하더라도 교사는 다양성을 강조하는 수업 자료를 사용할 수 있다. 예를 들어, 다른 셈하기 체계, 중동과 아시아의 과학적 기여 등을 다루면서 말이다(Inglis, 2009).

다양성에 대한 호주의 교육적 대응이 지닌 다면적인 특성은 뉴사우스웨일스 주 교육부에서 만든 "1983년 다문화교육 정책(1983 Multicultural Education Policy)"에서 잘 드러난다. 이 보고서에서는 다문화교육을 "다문화주의를 기초적인 사회적 가치로 수용하는 것을 바탕으로 하는 과정"이라고 서술했다. 이는 해당 학생이 별로 없어 별도의 ESL 수업을 제공할 필요가 없는 학교에서도 다문화교육을 실시해야 한다는 것을 의미한다. "1983년 다문화교육 정책"은 2005년에 "문화 다양성과 지역 관계 정책: 학교 다문화교육"으로 이름이 바뀌었다. 이 정책에서는 이전 정책에서 강조한 문화 및 언어적 유지는 더 이상 강조되지 않는다. 그 대신 조화, 관용, 적극적인 시민을 강조한다(Inglis, 2009).

4. 영국

1) 다문화사회의 형성

제2차 세계대전 이후 영국에는 인도, 아프리카, 독일, 폴란드 등으로부터 유입된 난민, 섬유공장에 취업하고자 이주한 사람들 등으로 이민자가 증가했다. 톰린슨(Tomlinson, 2009)이 정리한 바 있듯이, 시민권운동의 일환으로 다문화교육이 발전한 미국의 역사와는 달리, 영국에서는 이전 식민지로부터 이주한 어린이들을 실용적으로 대응하기 위해 다문화교육의 형태로 볼 수 있는 활동이 시작되었다.

유럽연합 집행기관(European Commission)에서 2009년에 실시한 EMILIE 연구 프로젝트에 따르면, 영국 내 소수민족 학생의 비율이 점차 늘어나고 있는 것으로 나타났다. 영국의 초등교육에 해당하는 4~11세 학생 중 20.6%, 중등학교에 속하는 11~16세 연령의 학생 중 16.8%에 해당하는 학생들이 소수인종으로 조사되었다. 이들은 특히 잉글랜드 지역 부분에 밀집해 있는데, 2005년 통계(European commission, 2009; 김선미, 2011 재인용)에 따르면 런던 수도권 중심에 위치한 학교에 재학 중인 학생의 44%가 소수인종으로 보고되었다.

2) 다문화사회의 대응

1960년대 영국에는 이주민 자녀를 통합하기 위한 국가 정책이 없었다. 영국 정부는 자신의 자녀가 너무 많은 이주민 자녀들과 한 학교에 있으면 교육적으로 해로울 것이라는 백인 학부모의 우려에 적절하게 대응할 수 없었다. 이 당시 대다수의 교사는 소수민족 학생과 그 배경에 대한 지식이 부족했고, 이주민 배경의 학생과 제조업에 종사하는 계층의 학생들에 대해 낮은 기대를 갖고 있었다(Coard, 1971; Tomlinson, 2009 재인용).

　대다수 교사는 또한 피부색과 문화적 차이로 정의할 수 있는 인종이 그 학생들을 받아들이는 데 장벽이라는 점을 인식했다. 1960년대를 지나면서 동화주의에 대한 열기는 식었지만, 비영어권 학생에게 영어를 가르치는 문제, 이주민 아이들이 새로운 사회에 적응하도록 돕는 문제, 소수자 집단에 속한다는 것이 어떠한지를 이해하는 문제, 다인종 및 다문화사회에서의 교육적 요구를 조정하는 문제 등이 산재해 있었다(Tomlinson, 2009).

　1970년대에 불록 경(Lord Bullock) 위원회에서 제출한 보고서는 소수자 학생이 자신의 문화와 언어를 버리면 안 된다고 정부를 설득하는 데 많은 영향을 끼쳤다. 1973년과 1981년 사이에 인종과 평등위원회(Commission for Racial and Equality)라는 정부 소속 위원회와 연구자들이 작성한 일련의 보고서에서는 소수집단의 청소년들을 위한 교육을 향상시키기 위한 방안을 제안했다. 지방정부에서는 다문화정책을 구상하기 시작했고, 소수집단 학생이 다니는 학교에 근무하는 교사는 백인 중심의 교육과정에 의문을 제기하기 시작했다. 중앙정부에서는 마침내 다원론적 입장을 받아들였고, "영국은 다문화, 다민족 사회이다. 교육과정은 현재 우리 사회를 구성하는 다른 문화와 인종에 대한 공감어린 이해를 반영해야 한다"고 강조했다(DES, 1997, 4: 239 Tomlinson, 2009 재인용).

　1980년대 초반에 들어와서야 학교에서 다양하고 새롭게 이루어지는 다양한 교육활동을 지칭하기 위한 용어로 '다문화교육'을 사용했다. 이러한 교육 활동으로는 모국어 교육 실시, 교과목 내 민족중심성 삭제, 기독교가 아닌 종교 포함 등을 예로 들 수 있다. 이 시기에 인종주의와 파시즘에 반대하는 교사연합에서는 교육과정 변화에 앞서 교사 스스로 자신이 가진 인종주의에 대한 자각이 필요하다고 주장하기도 했다(Tomlinson, 2009).

　또한 1980년대 영국에서는 다문화교육에 대한 좌파-우파 학자들 간의 논쟁이 있었다. 좌파 지향의 학자들은 다문화교육이 명목상으로만 인종차별을 폐지하고, 동화주의적이며 인종적인 정의를 지지하지 않는다고 주장했다(Mullard, 1982; Troyna,

1986). 반면, 우파 지향의 학자들은 다민족집단이 분열을 초래한다고 공격했다. 이러한 뜨거운 논란에도 불구하고 1980년대 동안 다문화적 방향에는 상당한 진전이 있었다(Tomlinson, 2009).

인종과 평등위원회에서 발간한 중간보고서에서는 소수집단 아동에 대한 교육을 연구한 결과 의도적이고 비의도적인 형태로 학교에서 인종주의와 차별이 나타나고 있다고 논의했다(DES, 1981, p. 14; Tomlinson, 2009: 250 재인용). 이 위원회에서 발간한 최종 보고서에는 다문화 및 반인종주의 교육과정의 목표가 관용적이고 지식을 갖춘 시민을 양성하고자 하는 교육과 동일하다고 보았다(DES, 1985, p. 324; Tomlinson, 2009 재인용).

1986년에 설립된 영국의 중등교육 수료시험(GCSE) 위원회는 시험 출제에 있어 문화적이고 언어적인 다양성을 고려할 것을 요구받았다. 영국 내 120곳의 백인 우세 지역에서 교육과정 프로젝트에 대한 교육지원 보조금을 통해 충분한 자금이 확보되었다. 일부 지방정부에서는 다문화와 반인종주의 정책을 내기도 했다. 소수집단 학생의 교육 성취와 그들이 학교에서 어떻게 다루어지는지의 문제가 정책에서 고려되었고, 교사양성대학에서는 다문화사회에 대비하기 위한 예비교사 교육이 요구되었다. 런던에 위치한 교육연구소 내에 다문화교육센터가 설립되었고, 이는 간문화연구센터(Center for Intercultural Studies)가 되었다(Gundara, 2000; Tomlinson, 2009 재인용). 그러나 다문화 혹은 반인종주의로 불린 발전의 모습은 좌파적인 평등주의, 정치적인 전복, 전통적인 영국의 가치에 대한 위협으로 여겨졌다. 백인 학부모가 자신의 자녀를 소수집단 학생이 함께 다니는 학교에서 전학시키는 경우도 계속 발생했다.

1988년 교육개혁법(Education Reform Act)은 교육의 시장화를 도입했고, 이는 소수집단 학생이 교육 시스템 안으로 공평하게 융합되는 데 걸림돌이 되었다. 교육의 시장화 개념이 들어오면서 학부모와 학생은 자유롭게 학교를 선택할 수 있게 되었다. 학교 선택에 있어서 학교별로 시험 점수 결과를 제시한 발간물이 활용되었다. 한 연구에서는 학교 선택이 사회계층과 민족에 영향을 받으며, 이에 따라 인종적이고 민족적인 분리가 가속화되었다고 분석했다(Gewirtz, Ball & Bowe, 1995; Tomlinson, 2009 재인용).

교육과정 내용은 교육부장관이 지정한 집단에서 만들었는데, 이는 교육과정에 정치적인 개입이 이루어졌음을 보여준다. 종교 교육은 대부분 기독교적 특징을 반영했다. 마거릿 대처 수상은 역사교육과정에 영국 역사를 충분히 포함할 것을 주장했고, 자신의 회고록에서 다문화교육에 대한 불편한 감정을 기록한 바 있다.

1990년대 초기 존 메이어(John Major) 정부 아래에서 인종은 "부재한 현재(absent presence)"[Apple, 1999; Tomlinson, 2009: 252 재인용]가 되었다. 정부는 백인 학생에 대한 더욱 높아진 제외율, 런던 내 학교에 무슬림 학생들을 위한 공간 부족, 1993년에 발생한 백인 인종주의자 학생에 의해 흑인학생인 스티븐 로렌스(Stephen Lawrence) 살해 등에 대한 문제를 모른 척했다. 1993년 스티븐 로렌스 살인 사건은 영국 내 인종의 역사에 대한 전환점이 되었고, 그 결과 인종관계법(Race Relations Act)이 제정되었다(Macpherson, 1999; Tomlinson, 2009 재인용). 일부 소수집단은 학교에서 잘 생활하고 상위 교육 진입에 성공적이었다. 그러나 여전히 소수민족집단은 낮은 사회경제집단의 일부분에 속했으며, 그들의 사회적 계층과 교외지역 거주는 그들에게 불리하게 작용했다.

1997년 새 노동당 정부가 선출되었고, 토니 블레어 장관은 평등한 사회를 만들기 위한 수단으로서 교육에 헌신할 것이라고 확언했다. 도심지역을 중심으로 교육 액션 구역이 설치되었다. 액션 구역은 'Excellence in Cities' 프로그램에 포함되었다. 이 프로그램은 소수집단 학생들이 지닌 학교 애착과 행동에 초점을 두었다. 1998년에 발간된 Crick 보고서는 국가 교육과정에서 시민성과 다양성 지도에 관해 보고했다. 1999년 영국의 교육과정평가원(QCA)과 교육취업부(DfEE)에서는 민족적으로 다양한 사회에서 긍정적인 참여를 할 수 있는 학생 상을 제시했다. 이러한 비전에 대한 믿음은 시민교육의 발전으로 연결되었고, 2002년에는 국가 교육과정에 시민성이 도입되었다.

또한 2000년에 교사연수기관(Teacher Training Agency)에서는 모든 교원 연수생이 학생들에게 문화적으로 다양한 사회를 준비하도록 지도할 수 있는 역량을 갖추어야 한다고 주장했다. 이 주장은 실질적인 강좌로 이어지지 않았다. 그러나 2004년에 교사연수기관이 다른 조직으로 개편되면서 교사용 홈페이지(www.multiverse.ac.uk)

에 민족 이슈에 관한 정보를 제공했고, 부가적인 언어로서 영어에 대한 홈페이지 (www.naldic.org.uk)를 개설했다. 2005년에 General Teaching Council은 모든 학생이 다민족적이고 다문화적인 사회에서 살아가기 위한 준비를 하게 한다고 선언하고 아카이브 네트워크를 구축했다. 이처럼 새 노동당의 선언은 영국을 다문화적이고 다인종적이며 통합적인 사회로 규정하고자 했다(Tomlinson, 2009).

그러나 2005년 영국의 도시에서 발생한 극단적 이슬람 집단에 의한 국제적인 테러리즘에 대한 공포는 영국의 정체성을 구성하는 것과 시민성의 조건은 무엇이며, 사회통합은 무엇을 의미하는가에 대한 논의를 불러일으켰다. 또한 일부 정치인이 낮은 학업 성취에 대해 흑인 집단을 비난하는 경우도 있었다(Tomlinson, 2009).

2007년에 고든 브라운이 선출되면서 의회에서 '교육'이라는 단어는 사라졌다. 이와 동시에 다문화교육에서 사용되는 언어도 사라졌다. 그러나 교육을 통해 다문화사회에서 일종의 통일을 생성해야 한다는 정치적 관심이 완전히 사라진 것은 아니었다.

3) 다문화교육의 방향

앞서 살펴본 바와 같이 영국에서는 항상 국가정체성과 문화유산에 대한 대립적인 논쟁이 있어왔다. 다문화주의, 이주, 다양성에 대한 적대감은 후기 제국주의적 인종주의와 결합하여 다문화사회를 위한 교육적 과제의 수행에 어려움을 초래했다. 그럼에도 불구하고 다문화교육과 반인종주의 교육으로 묘사할 수 있는 정책과 실천은 평등, 정의, 사회통합 같은 광의의 사회적 프로젝트의 밑바탕이 되었다고 할 수 있다.

영국 정부는 다문화교육에 대한 자문기구 역할을 하는 '통합과 화합위원회(The Commission on Integration and Cohesion)'를 구성했다. '통합'은 "다양한 배경의 사람들이 지역과 국가가 혼재된 공간에서 차이에 대해 응답하는 것", '화합'은 "우리의 다양하고 복잡한 사회가 다양성을 유지하면서도 공동의 가치에 기반을 두고 함께하는 것"으로 정의되었다(김선미, 2011). 김선미(2011)에 따르면, 영국의 교육정책은 반인종교육과 다문화교육을 지향한다. 즉, 종교적 혹은 인종적으로 소수자라는 이유로 차별을 받지 않으며 사회 발전에 있어서 다양성이 긍정적인 역할을 한다는 것을 강조했다. 영국에서는 집단 상호 간의 관계 개선에 주목하며 문화 간 상호적 접근에 따라 인종 간의 문화 갈등을 해소하기 위한 통합 및 융합 교육을 강조한다(Gundara, 2000).

함께 생각하기

1. 미국, 캐나다, 호주, 영국이 다문화사회가 된 배경을 현재 우리 사회의 다문화사회 형성과 비교하여 설명해보자.

2. 미국, 캐나다, 호주, 영국의 다문화교육 정책의 특징을 기술하고 우리 사회에 시사하는 점은 무엇인지 토론해보자.

참고문헌

배상식 · 장흔성(2014). 캐나다의 다문화교육정책에서 나타나는 도덕교육적 함의. 초등도덕교육 44, 181-214.

심성보(2014). 호주 다문화주의의 역사적 변화와 다문화교육 정책. 초등도덕교육 45, 183-208.

장한업(2009). 프랑스의 상호문화교육과 미국의 다문화교육의 비교연구. 프랑스어문교육 32, 105-121.

전영기 · 최은수(2014). 사회통합을 위한 호주의 이민정책과 이민자 정착지원 프로그램—성인이민자영어교육프로그램(AMEP)을 중심으로—. 평생교육 · HRD 연구 10(2), 51-75.

황진영(2014). 북미 다문화사회 이중언어교육 정책 분석. 한국어교육연구 1, 191-215.

Ajegbo, K. (2007). Curriculum review on diversity and citizenship: The Ajegbo Report. London: Department for Education and Skills (DfES).

Apple, M. W. (1999). The absent presence of race in educational reform. Race, Ethnicity and Education 2(1), 9-16.

Banks, J. A. (2009). Multicultural education Dimensions and paradigms, in Banks, J. A. (Ed.). (2009). The Routledge international companion to multicultural education. Routledge.

Bullock, A. (1975). A language for life: The Bullock Report. London: Her Majesty's Stationaery Office (HMSO).

Coard, B. (1971). How the West Indian child is made educationally subnormal in the British school system. London: New Beacon Books.

Crick, B. (1998). Education for citizenship and the teaching of democracy in schools: The Crick Report. London: Department for Education and Skills(DfES).

Department of Education and Science (DES). (1981). West Indian children in our schools: The Rampton Report. London: Her Majesty's Stationery Office (HMSO).

_____(1985). Education for all: The Swann Report. London: Her Majesty's Stationery Office (HMSO).

_____(1997). Education in schools: A consultative document. London: Author.

Gewirtz, S., Ball, S. J. & Bowe, R. (1995). Markets, choice and equity in education. Buckingham, UK: Open University Press.

Gundara, J. S. (2000). Interculturalism, education and inclusion. London: Paul Chapman.

Mullard, C. (1982). Multiracial education in Britain: From assimilation to cultural pluralism. In J. Tierney (Ed.), Race, migration and schooling (pp. 120-133). London: Holt, Rinehart and Winston.

Troyna, B. (1986). Swann's song: The origins, ideology and implications of education for all. Journal of Education Policy 1, 171-181.

10장
아시아의 다문화교육

정소민

　한국의 다문화현상은 주로 아시아국가로부터 유입된 이주민에 의한 것이다. 그러나 다문화교육과 관련한 대부분의 해외 사례는 서구사회에 대한 것을 중심으로 한다는 한계가 있다. 최근에는 이러한 선행연구의 한계를 인식하여 아시아권 나라에 대한 연구가 수행되고 있으나, 대부분 중국을 중심으로 한다는 또 다른 한계가 나타나고 있다. 다문화교육이 소수자의 특성과 요구에 기반을 두고 인간으로서의 권리를 고려하는 교육임을 생각할 때, 이러한 연구 관행은 지양되어야 할 것이다. 이 장에서는 이러한 관점에서 중국뿐만 아니라 일본, 인도네시아, 말레이시아의 다문화사회로서의 특징과 교육적 특징은 어떠한지를 고찰하고자 한다. 아시아권의 다문화적 특징과 교육에 대한 고찰은 다문화사회를 먼저 경험한 해외 사례로서, 그리고 한국의 다문화가정 구성원의 출신국에 대한 자료로서 한국의 다문화교육에 보다 직접적인 시사점을 제공할 것이다.

1. 중국

1) 다문화사회의 형성

중국은 한족과 55개의 소수민족으로 구성된 거대한 다민족 국가이다. 중국의 인구는 2012년 말을 기준으로 약 13억 5,404만 명이다. 소수민족은 1억 3,790만 명으로 전체 인구의 8.5%를 차지한다. 소수민족 가운데 조선족은 약 200만 명으로 소수민족의 2%에 해당한다. 대부분의 소수민족집단은 그들만의 언어를 가지고 있는데, 120여 개의 소수민족 언어가 존재하며, 이들 중 30개의 언어만이 문자언어를 가지고 20개 언어는 언어사용자가 1,000명 미만이다(Sun, 2004; Zuo, 2007; Postiglione, 2009 재인용). 이러한 다양성에 따라 중국은 모든 민족집단에게 교육적으로 어떻게 접근하고, 교육의 질을 보장할 것인지에 대한 문제에 직면하고 있다(Postiglione, 2009).

중국은 약 90%의 지역에서 기초 교육이 이루어지고 있다. 그러나 여전히 일부 외진 곳에서는 학교교육이 충분히 이루어지지 않고 있다. 중국의 고등교육 시스템은 급속하게 팽창 중이며, 이는 중국의 인구규모와 함께 세계에서 제일 규모가 크다고 할 수 있다. 이와 동시에 소수민족 출신 학생이 대학에 갈 수 있는 기회도 증가했지만, 상위권 대학에 대한 접근 기회는 여전히 주요한 문제로 남아 있다(Postiglione, 2009).

중국 내 학교에서 다민족적 특성이 많이 고려된다고는 볼 수 없지만, 이전에 비하면 점차 인식이 향상되고 있다고 할 수 있다. 중국은 국가적 행사에서 소수민족의 문화를 주요 프로그램에 포함하여 제공한다. 하지만 그것이 학교와 사회 내에서의 민족적 다양성에 대한 것으로 직결되지는 않으며, 이 부분은 여전히 조심스럽게 다루어지고 있는 실정이다. 중국의 민족성은 유기적인 국가 통합 내의 복수성(plurality)으로 여겨진다. 복수성은 중국 내 다양성을 이해하는 데 있어 조화(harmony)만큼이나 중요한 개념이다(Postiglione, 2009).

[그림 10-1] 중국 서안성의 길거리   [그림 10-2] 소수민족 의상을 입은 중국 어린이들

출처: https://pixabay.com/ko   출처: https://pixabay.com/ko

중국 내 소수민족 관련 이데올로기는 다른 나라와의 접촉을 통해 변화해 왔다. 중국의 역사를 돌이켜볼 때, 중국은 세계에서 매우 다원화된 지역 중 하나였으며, 중국 문화의 중심 안으로 많은 집단을 동화하려는 문화적 전통을 가지고 있다. 그러나 이러한 전통은 19세기 중국 내에 침입한 서구 열강과의 접촉 시기를 거치면서 변화가 생기기 시작했다. 20세기 중반에는 지리적으로 가깝고, 중국과 같이 사회주의국가를 표방하는 구소련의 정책을 도입하기 시작했다. 중국 내 많은 학자들은 소수집단 간 국가 정체성을 강화하기 위해서는 문화주의적 입장을 고수해야 한다고 보았다(Ma, 2007a, 2007b). 이와 함께 중화인민공화국이 설립된 이래로 소수민족 교육 정책과 교육의 모습은 변화하는 정치적 풍토에 따라 움직여 왔다(Postiglione, 2009).

2) 다문화교육 정책의 특징

중국의 다문화교육은 소수민족 중심으로 이루어진다. 이를 이해하기 위한 핵심 개념은 중화민족다원일체론(中華民族多元一體論)이다. 중국의 저명한 사회학자이자 민족학자인 페이샤오퉁(費孝通)이 1988년에 처음 제시한 이 개념은 각 민족의 문화를 발전시키면서 동시에 국가의 통일을 유지하며 경제발전을 이루고자 했던 당시 중국의 정세를 반영한다. 중화민족(中華民族)은 중국 내 여러 민족의 집합체를 의미하고, 다원일체(多元一體)는 다양한 소수민족이 함께 이루는 중화민족을 의미한다. 즉, 중화민족다원일체론은 한족과 55개의 소수민족을 모두 포함하여 하나의 중국 민족으로 응집할 것을 강조한다(김정호, 2008).

그의 이론은 그 후 여러 민족학자를 거치며 구체화되어 중국의 민족구조를 설명하는 대표적인 이론으로 여겨지게 되었다. 이는 중국의 특색을 담은 다문화교육 이론이라고 할 수 있는 '다원일체화교육론'으로 자리 잡게 되었다. 1990년대 중반 민족교육학자인 텅씽(滕星)이 제기한 '다원일체화교육이론'은 소수민족에게는 자신의 우수한 민족문화를 학습함과 동시에 한족의 문화도 학습하게 함으로써 주류사회문화에 대한 적응력을 높이도록 하고, 한족에게도 자신의 문화를 학습함과 동시에 소수민족의 문화를 학습하게 함으로써 중화민족은 평등하고 대가족이라는 의식을 강화하게 하자는 주장을 담았다. 즉, 다원일체화교육은 서로 다른 민족의 문화들이 공존하면서 한족이나 소수민족만의 문화가 아닌 하나의 새로운 문화로서 중화민족문화를 창조하자는 내용을 핵심으로 한다. 21세기에 들어 다원일체화교육이라는 용어는 '다문화통합교육(多元文化整合教育)'이라는 용어로 사용되고 있다(김정호, 2008).

이와 같은 중국의 '다원일체화교육', '다문화통합교육'은 1980년대 말부터 1990년대 초 중국에 전파된 미국 다문화교육의 영향을 많이 받았다. 중국에서는 다문화교육을 '다원문화교육(多元文化教育)'으로 부르며, 이는 소수민족을 대상으로 한다. 미국의 다문화교육은 문화다원주의와 문화상대주의를 중심으로 하는 반면, 중국의 다원일체화교육은 소수민족문화의 다원성을 존중하되 국가와의 일체성을 강조한다. 이러한 차이는 미국과 중국의 서로 다른 역사적 배경에서 기인한다. 즉 미국은 이민자로 구성된 국가이지만, 중국은 1949년 신(新)중국 이전부터 다민족으로 이루어진 국가였다. 따라서 중국으로부터의 분리에 대한 소수민족의 요구가 커지지 않도록 조절하는 정책이 요구되었다. 또한 한족과 비교하여 소수민족의 경제적 · 정치적인 위상이 상대적으로 낮은 점을 고려할 때, 중국은 각 민족의 평등과 번영을 방침으로 하는 소수민족정책을 펴게 되었다. 즉, 중국의 소수민족교육은 각 민족의 문화를 보존하며 국가 발전에 저해가 되지 않도록 소수민족 지역의 경제를 발전시키고, 한족과 공동으로 번영을 추구하기 위한 인재를 양성하는 것을 목표로 한다(김정호, 2008).

1949년 중국혁명으로 중화인민공화국이 수립되었다. 중국 정부는 다양한 영토를 국가 구조 속으로 통합시키기 위해 소수민족의 엘리트와 함께 작업을 했다(Dreyer, 1976). 이러한 작업을 통해 소수민족집단이 규명되고 그들의 언어가 정책적으로 뒷받침되었다. 이 시기에 소수민족에게 한어와 민족어를 가르치는 이중언어교육이 실시되었다. 1951년 제1회 전국소수민족교육회의가 열리면서 민족교육이 강조되었고, 1952년 소수민족 지역의 자치에 관한 정령이 비준되었다. 이에 따라 1952년에 연변이 조선족자치구로 지정되면서 조선족을 대상으로 하는 교육사업도 활발하게 이루어졌다. 연변 인민정부는 모든 공식 문서를 조선어와 중국어(한어) 두 가지로 작성했다. 1956년 제2회 전국소수민족교육회의에서 12개년 계획을 채택하면서 민족문화 교육이 더욱 강조되었다. 이 회의에서는 소수민족의 언어로 하는 수업 강화, 소수민족 언어로 된 교과서 편찬, 소수민족 교사 훈련 등의 결의를 채택했다(김갑수, 2006).

그러나 1956년 정풍운동 이후 1966년 문화혁명에 이르기까지 10년간은 민족교육이 난항을 겪게 되었다. 정풍운동 기간 중에 지도자들은 사회의 다양성과 민족자치보다 국민적 단합, 정치적 중앙집권화를 주장했다. 중국의 모든 민족은 한족(漢族)을 중심으로 단합해야 하고, 중국어가 우위성을 인정받게 되면서 소수민족 교육이 퇴보하게 된다. 이에 따라 수업 지도 언어로 중국어가 사용되기 시작했고, 조선어 수업시간은 최대한으로 축소되었다. 대부분의 조선족 학교는 민족 차별을 없앤다는 명목 아래 한족학교에 통합되었다(김갑수, 2006).

1966년에서부터 1976년에 이르기까지 문화혁명이 일어나면서 민족문화를 지키려는 사람들은 민족분파주의자로 몰려 숙청되었고, 민족교육은 전면적으로 파괴되었다. 이러한 움직임 속에서 '조선어 무용론'이 제기되면서 15년 안에 사용하지 않게 될 조선어를 굳이 배울 필요가 없다는 선전이 유행하기 시작했다. 이에 속아 조선족 부모 중 자신의 아이를 한족학교로 전학시키는 경우가 증가했다. 1965년 연변의 학교는 90% 이상이 단일민족학교였으나, 혁명을 거치면서 그 수가 줄어들었다(김갑수, 2006).

4인방을 추방하면서 문화혁명이 종료되었고, 중국 정부는 이전의 잘못을 바로잡는 정책을 실시했다. 이에 따라 소수민족의 언어사용을 부활시키고, 소수민족학교 건설자금을 증액하고, 소수민족 언어로 교과서를 편찬하게 했다. 교육부에서는 대학 입학생 중 소수민족 학생을 늘리기 위해 각 민족어로 대학 입학시험을 치르게 했다. 이러한 정책적 변화로 조선어 학습시간의 축소 경향이 사라지고, 단일민족학교가 혼합민족학교로 바뀌는 일이 없어지게 되었다(김갑수, 2006).

그런데 1990년대에 들어 개혁개방이 실시되면서 민족어교육에 이상이 나타나게 되었다. 특히 조선족의 경우, 도시 및 한국으로 진출하게 되면서 집거지역이 축소되거나 상실되었다. 이는 조선족학교의 감소로 연결되고, 부실한 교육으로 학생들이 중퇴를 하거나 한족학교로 전학가게 되는 현상으로 나타났다. 즉, 젊은 학생들의 민족어 상실로 이어지고 있다(김갑수, 2006).

2. 일본

1) 다문화사회의 형성

일본은 한국과 마찬가지로 오랫동안 스스로 단일국가라고 인식해 왔다. 그러나 1990년대에 많은 이주민이 유입되면서부터 '다문화'와 '다문화교육'이라는 용어가 일본에서 인기를 끌게 되었다. 1990년 전까지만 해도 일본 내 주된 외국인은 한국인이었으며, 비일본인 인구의 80% 이상을 차지했다. 대부분의 재일한국인은 일제강점기에 일본으로 끌려온 사람들의 후손이었다. 제2차 세계대전 직후 일본이 패전하면서 일본에 징용된 조선인 약 230만 명 중 170만 명이 한국으로 귀국했다. 그러나 한국의 정치적 · 경제적 혼란으로 약 60만 명이 일본에 남았고, 이들과 그 자손이 현재의 재일한국 조선인이다. 오늘날 이들은 '뉴커머(Newcomers)'에 대비되는 용어로, 종종 일본 내 중국인과 함께 '올드커머(Oldcomers)'로 불린다(Hirasawa, 2009). 올드커머는 전쟁 전후인 1947년 5월의 외국인등록령으로 외국인등록의 대상이 되었고, 1952년에는 일방적으로 일본 국적을 취소당해 외국인이 되었다. 이들은 일본 사회에서 열등한 시민으로 대우받았기 때문에 차별을 받았다.

이렇듯 일본은 1990년대에 '뉴커머'가 눈에 띄게 유입되기 전부터 이미 다문화 사회였다. 그러나 재일한국인은 일본의 법에 따라 일본어를 말해야 했고, 일본식 이름을 사용하고 일본의 문화를 습득해야 했기 때문에 그들이 일본 내에서 문화 다양성을 형성한다고는 대체로 고려되지 않았다. 동화를 지향하는 정부의 정책과 사회 환경은 재일한국인에게 '내부의 외부자(outsiders within)'라는 모호한 정체성을 부여했다(Hirasawa, 2009). 예를 들어, 1965년이 되어서야 열린 한일회담 때 올드커머 아이들 중 일본 내 학교에 취학을 희망하는 자에게 입학을 허가하기로 했다. 그러나 일본 정부는 이들에 대해 특별한 지원을 하지 않는다는 것을 전제조건으로 했다. 올드커머 아이들이 동화정책과 교육 속에서 정체성을 지지받지 못하고 괴로워하는 모습을 보고 이를 해결하려는 현장교사들의 노력에도 불구하고 국가적 차원에서는 이

[그림 10-3] 일본 도쿄의 길거리

[그림 10-4] 일본 우에노 거리

러한 문제가 충분히 고려되지 못했다(박영준, 2015).

2000년대 들어서면서 일본 내 소수자 비율은 중국인이 28.2%, 한국인 27.6%, 브라질인(대부분 일본인의 후손) 14.7%, 필리핀인 9.4% 등으로 다양해졌다. 일본계 브라질인과 페루인의 숫자는 1990년 이후로 급속하게 증가했는데, 그 이유는 1990년에 개정된 이민법이 그들에게 특별한 지위를 부여하고 혈통 권리에 근거하여 일본에서 일할 수 있도록 허가했기 때문이다(Hirasawa, 2009).

1980년대에 들어서자 일본은 세계시장에서 경제적으로 급속히 성장하게 되면서 새롭게 발표되는 정책에서는 일본 교육의 '국제화'를 강조했다. 예를 들어, 일본 총리 주관 교육개혁위원회에서 발표한 최종 보고서에서는 '국제화'를 위한 6가지 주요 정책의 개요를 서술한 바 있다. 이는 귀국 학생을 위한 교육 수요 충족, 해외 국가와의 교환학생 증진을 위한 정책, 외국어교육의 향상, 모국어교육 향상, 글로벌 관점에서 고등교육 개혁, 국내 학생들 간의 자기주도적인 사고력과 태도 향상 등으로 요약된다. 이 당시 일본 내의 문화에 대한 인식은 대체로 눈에 드러나는 차이(인종, 민족, 언어)에 국한되어 있었기 때문에 이러한 정책에 다문화교육의 개념이 녹아 있다고 보기는 어렵다(Hirasawa, 2009).

2) 다문화교육 정책의 특징

1980년대 후반에 들어서면서 일본 내 학자와 교육자들은 미국, 캐나다, 호주, 프랑스, 독일, 영국 등의 다문화 및 상호문화교육에 관한 이론과 실천, 역사적 맥락을 접하기 시작했다. 그러나 일본의 다문화교육 전문가인 히라사와(Hirasawa, 2009)는 다문화교육이 1990년대에 뉴커머의 유입이 눈에 띄게 증가하기 시작하면서 일본 교육학자, 교육자, 대중에게 주요한 관심을 받기 시작했다고 한다. 그가 말하는 일본 다문화교육의 특징은 다음과 같다.

1990년대 이전에도 일본 내 다양한 교육 실천과 운동에서 다문화교육을 향한 실질적인 접근을 찾을 수 있다. 이는 ① 귀국 학생을 위한 교육, ② 도와(Dowa) 교육, ③ 재일한국인 학생을 위한 교육[2]으로 구분할 수 있다. 이 중 도와 교육은 부라쿠 차별에 대항하는 교육운동으로서, 일본 교육에 있어 민주주의와 사회정의를 향한 풀뿌리 이니셔티브로 매우 많은 영향을 끼쳤다. 도와 교육의 영향으로 반차별주의를 주장하는 교육자들은 1970년대에 들어서면서 한국 학생들이 자신의 문화적 배경을 자랑스러워하고 한국 이름을 사용하도록 격려하는 교육 전략을 개발하기 시작했다. 또한 이들은 주류의 일본 학생들에게 한국의 식민지배 역사와 그 과정에서 발생한 억압적인 사건들에 대해 비판적으로 이해할 수 있도록 지도하려고 노력했다.

1990년대 직후부터 뉴커머 학생을 대상으로 하는 교육에 대한 관심이 커지면서 한국 학생들에 대한 교육은 '다문화적으로 함께 살기'를 위한 교육의 맥락에서 다루어지기 시작했다. 1984년 개정된 국적법에 따라 한국인 아버지와 일본인 어머니 사이에서 태어난 아이가 일본 국적을 선택할 수 있게 되면서 일본인과 한국인 부모에게서 태어난 아이들 중 대부분은 일본 국적을 선택하고 있다. 이를 통해 한국의 문화를 지닌 일본인 어린이가 점점 증가한다고 볼 수 있다. 이와 같이 시간이 흘러 재일한국인 학생들을 단일적인 집단으로 보기 어려워지자 1970년대와 1980년대에 이루어졌던 한국 학생 관련 교육에서 우세한 관점인 집단 구분을 기반으로 한 접근법은 비판을 받아 왔다. 현재는 다문화교육의 종합적인 이론과 다중적인 정체성에 초점을 두는 새로운 접근법이 중요하다고 볼 수 있다.

한편, 뉴커머 학생에 대한 교육은 새로운 사회적 환경으로 인해 앞서 서술한 여러 교육적 실천 결과로부터 진화해 왔다. 1991년, 일본 교육부에서는 일본어 특별지도를 필요로 하는 비일본인 학생에 대한 통계조사를 실시하기 시작했다. 이들의 절반 이상은 포르투갈어, 중국어, 스페인어 등을 모국어로 하는 학생들이다. 포르투

---

[2] 일례로, 일본 내에서 최초로 발간된 다문화교육에 관한 종합적인 이론적 연구라고 할 수 있는 Kobayashi(1985, p. 346; Hirasawa, Y., 2009, p. 310 재인용)는 "일본 내 비일본인의 존재를 인정하고 그들 자녀의 교육을 보장하며, 일본인 어린이에게 다른 이들과 조화롭게 살아가도록 지도하는 것은 쉬운 일이 아닐 것이다. 우리는 재일한국인 자녀에 대한 교육을 일본의 다문화교육에 있어 가장 시급한 사안으로 고려할 수 있을 것이다. 왜냐하면 한국인은 비일본인 인구의 대다수를 차지해 왔고, 우리가 그들과 과거에 다른 어떤 이들보다도 가장 깊은 관계를 가져왔기 때문이다"라고 서술한 바 있다.

갈어 사용자는 대부분 브라질에서 왔으며, 스페인어 사용자는 대부분 페루와 기타 남미국가에서 왔고, 이들은 대부분 일본인의 후손이다. 이들은 1990년에 개정된 이 민법의 혈통주의를 기반으로 이민자에게 특별한 지위를 부과하게 되면서 일본으로 오게 된 경우이다. 한편 중국어 사용자는 대부분 제2차 세계대전을 거치면서 중국 에서 고아가 된 부모의 자녀들이다.

이들 학생은 학교에서 학업을 잘 따라가기 위해 제2언어로서의 일본어(Japanese as second language; JSL) 수업을 받게 되었다. 통계로 드러나는 숫자는 JSL을 매우 심각하 게 필요로 하는 학생들에 관한 정보일 뿐, 그보다 더 많은 뉴커머 학생들이 일상 및 학교생활에서 어려움에 직면하고 있다. 일례로, 일상생활에서 상대적으로 일본어 를 유창하게 말할 수 있게 되더라도 일본어로 된 교과 내용을 이해하기에는 어려움 을 겪는다고 알려져 있다.

또한 비일본인 학생들 간에도 학교교육의 중요성을 인식하는 정도에 차이가 있다. 일본에 일을 하러 온 브라질 가정의 대다수는 일시적인 체류 후에 브라질로 돌아가기를 기대한다. 이러한 이유로 브라질 학생들의 많은 수가 일본 학교에 등록 하지 않고 일본 내의 브라질 교육과정을 따르고 브라질인이 운영하는 학교에 등록 한다. 반면, 중국에서의 귀환 자녀는 일본 내 혹은 중국과 일본 사이에서 통역, 무역, 사업 등에 종사하며 살기를 바라는 경우가 많다.

이상의 다양한 형태의 교육 개혁은 다문화교육의 핵심적인 요소를 담고 있다 (Hirasawa, 2009). 이는 평등과 사회정의를 추구하는 것, 교육 시스템과 학교문화에 내 재한 억압적 요소에 대해 비판적인 의문을 제기하는 것, 소수집단의 관점에서 주류 교육에 도전하는 것, 소수집단의 삶과 문화에 있어서 변혁적인 가능성을 기대하는 것, 인권 지향적인 교육과정과 비판적 페다고지를 발전시키는 것 등이다.

2000년대 들어 일본에 신보수주의와 신자유주의 바람이 불자 일본 정부는 2006년에 교육 기본법의 개정을 추진했다. 이 법은 제2차 세계대전 종료 후 민주적 인 교육의 기초로 여겨졌다. 많은 보수 정권에서 과거에 이 법을 바꾸려고 시도했으 나 성공하지 못했다. 그러나 이 법은 마침내 교육을 통해 "애국심을 고양"하는 것을 더욱 강조하기 위해 개정되었다. 신보수주의자들은 학교교육에 있어서 인권, 평화, 젠더 감수성을 강조하려 했던 과거의 노력을 "나쁜 전통"이라며 비판했다.

　　다문화교육은 민주주의, 사회정의, 평화, 다양성, 인권을 위한 교육을 지향하며, 지방정부와 풀뿌리 기관들은 다문화교육을 지지해 왔다. 야마와키(Yamawaki, 2005, Hirasawa, 2009 재인용)는 다문화교육과 관련한 지방정부의 유형을 "국제(international) 지향"과 "인권 지향"으로 구분한 바 있다. 국제 지향의 예로는 하마마쓰 시, 인권 지향의 예로는 오사카 시, 통합된 유형으로는 가와사키 시가 해당된다. 그러나 히라사와는 국제 지향 유형이 인권에 덜 관심을 가졌다는 것을 의미하지 않는다고 말한다. 인권 지향 유형은 재일한국인에 대한 차별로부터 시작된 풀뿌리운동과 정책으로부터 기인한 것으로 볼 수 있으며, 국제 지향 유형은 뉴커머에 대한 관심이 증가하면서 생긴 것으로 볼 수 있다. 즉, 인권 지향 유형과 국제 지향 유형은 다문화교육의 주요 대상이 누구인가에 따라 나눈 것이다.

3. 인도네시아

1) 다문화사회의 형성

　　인도네시아인이 생각하는 인도네시아는 '다양성 속의 통일성(Bhinneka Tunggl Ika)'을 특징으로 한다. 인도네시아의 인구는 세계에서 네 번째로 많다. 6천 개 이상의 섬으로 이루어진 나라인데, 이 중 한 개 섬의 면적이 한반도의 네 배나 될 정도로 넓은 국토를 가진 만큼 문화적·언어적·종교적으로 매우 다양하다. 인도네시아의 다양성을 결정짓는 가장 큰 요소는 종교적 다양성, 언어-종족적 다양성, 지역적 다양성이다(김재원, 2007). 인도네시아는 공식적으로 33개 주로 나뉘며, 그 아래 326개의 군과 55개의 구, 3,841개의 면이 존재한다. 군과 구, 면까지 선거를 통해 구성되는 지방의회가 존재한다. 사람이 사는 섬이 6천 개 이상인 인도네시아는 자바 섬이 중심부에 있고, 다른 섬들은 주변부에 위치해 있어 자바 섬과 다른 섬 지방 집단과의 이익 갈등이 있다.

인도네시아의 언어는 742개가 있고, 약 300개의 종족이 있다고 알려져 있다. 언어, 종족적으로 이질적인 사회를 통합하기 위해 인도네시아 정부는 네덜란드에 대한 반식민투쟁의 역사를 강조한다. 또한 인도네시아는 인구의 40% 이상이 쓰는 자바어가 아닌 말레이어를 공용어인 바하사 인도네시아(Bahasa Indonesia)로 채택했다. 인도네시아는 국가 이데올로기로 판차실라(Pancasila)를 교육하며 '인도네시아인'이라는 정체성을 심는 데 역점을 두고 있다(김재원, 2007). 김재원(2007)의 연구에서 나타난 인도네시아의 다문화사회로서의 특징을 살펴보면 다음과 같다.

판차실라(Pancasila)는 '다섯'을 뜻하는 panca와 '원리'를 뜻하는 sila의 합성어이다. 판차실라의 정신은 1945년 공포된 헌법 전문에 수록되면서 인도네시아의 건국이념으로 채택되었다. 판차실라의 내용은 다음과 같다. 전지전능한 유일신에 대한 신앙심, 정의롭고 예의바른 인간성, 인도네시아의 통일, 대중 합의와 대의 제도를 통한 정책에 의한 민주주의, 전 인도네시아 국민을 위한 사회정의이다. 인도네시아의 상징인 국장 가루다(Garuda)에도 판차실라의 정신이 들어 있다.

가루다는 독수리 모양의 새로, 번영의 신의 상징이자 시공을 초월한 것으로 알려진 전설의 새이다. 이 새는 힌두교에서 번영의 신인 비쉬누가 타고 다니는 독수리 형상의 반인반조이다. 가루다의 몸통에 있는 방패는 인도네시아의 주권과 국토의 수호를 상징하며, 방패에 그려진 다섯 개의 그림은 판차실라를 상징적으로 나타낸다. 중앙에 있는 별은 종교, 유일신에 대한 믿음을 나타낸다. 별의 꼭짓점이 다섯 개인 것은 유교가 승인되기 이전 다섯 종교를 나타내는 것이라고 한다.

왼쪽 윗부분의 물소 머리 모양은 민주주의를, 오른쪽 윗부분에 위치한 것은 신성한 나무인 보리수로서 민족주의를 상징하며, 오른쪽 아래의 묵주 모양은 인도주의를, 왼쪽 아래의 벼이삭 모양은 사회정의를 상징한다. 또한 두 발로 잡고 있

[그림 10-5] 정원에서 쉬는 인도네시아 사람들   [그림 10-6] 인도네시아의 상징인 국장 가루다

출처: https://pixabay.com/ko   출처: http://forum.nationstates.net/viewtopic

는 'Bhineka Tunggal Ika'라는 문구는 자바의 고어로서, '다양성 속의 통일'을 의미한다. 또한 가루다의 깃털은 목에 45개, 꼬리에 8개, 날개에 17개가 있는데, 이것은 1945년 8월 17일 인도네시아가 독립했다는 것을 의미한다.

인도네시아가 독립할 때 국가 공용어로 인구의 45%가 썼던 자바어가 아닌 말레이어를 지정한 것은 인도네시아의 민족주의 특징을 잘 드러낸다. 인도네시아의 내셔널리즘은 민족들을 수용하는 것이 목표일 뿐, 자바족 같은 특정한 민족으로의 동화를 추구하지 않는다. 즉, 소수집단에게 국가 정부와 국가교육의 권위를 받아들이도록 강조하며, 그들 민족문화를 보존할 것을 권장한다. 이와 같이 판차실라 정신은 인도네시아의 핵심적인 동력이다. 판차실라 정신에 따라 인도네시아 국민은 다른 민족의 문화와 종교를 인정하고 받아들이는 법을 배웠다고 할 수 있다.

또한 인도네시아는 인구의 87%가 이슬람을 믿음에도 불구하고 이슬람을 국교로 지정하지 않았다. 말레이시아에서 인구의 약 60%만이 이슬람을 믿는데도 이슬람을 국교로 지정한 것과는 대조된다. 인도네시아가 무리하게 이슬람교를 국교로 지정한다면 국가 엘리트 및 그들의 지지기반인 지방 간에 갈등이 생길 수밖에 없고, 지방의 분리독립 움직임을 자극하여 나라가 분열될 수 있기 때문이다. 이 또한 중동이나 말레이시아의 무슬림과는 달리, 인도네시아의 무슬림이 판차실라의 가치를 인정하고 종교의 다양성을 받아들였기 때문으로 해석할 수 있다.

하지만 종교 문제는 인도네시아 내에서 가장 민감한 문제이기도 하다. 인도네시아에도 종교 문제로 인한 유혈충돌이 발생한다. 또 인구의 3%에 지나지 않지만, 경제력과 영향력을 가진 중국계 인도네시아인에 대한 차별도 존재한다. 중국계 인도네시아인은 전체 인구의 3%에 해당하지만 상업의 주도권을 잡고 있으며, 사회적 · 법적 차별을 받고 있다.

2) 다문화교육 정책의 특징

인도네시아의 교육과 종교에 대한 연구에서 퀴퍼스와 유래라와티(Kuipers & Yulaelawati, 2009)는 인도네시아의 공교육 시스템이 세계에서 세 번째로 규모가 크며, 5천만 명 이상이 공교육의 혜택을 보았다고 한다. 인도네시아는 독립 이래 60년 동안 괄목한 만한 교육적 성장을 이루었다. 2004년 기준으로 국민의 90%가 글을 쓰고 읽을 줄 알며, 99%의 여학생이 학교교육을 받았고, 고등교육도 눈에 띄게 성장했다. 인도네시아는 지난 3천 년 동안 호주 문화, 힌두-불교 문화, 이슬람 문화, 독일-유럽 문화 등의 영향을 받아왔다. 이는 인도네시아의 역사와 관련이 있으며, 인도네시아 내 다양성은 인도네시아 교육의 정체성에 많은 영향을 끼쳤다.

먼저 인도네시아인의 삶에서 중요한 영역인 종교를 살펴보면 다음과 같다. 인도네시아에서 공식적으로 인정받는 종교는 여섯 개로, 이슬람교, 개신교, 가톨릭교, 힌두교, 불교, 유교이다. 이 중 이슬람교인은 전체 종교인의 약 86%를 차지한다. 이와 더불어 조상 숭배와 애니미즘 같은 의식을 행하는 부족집단도 많다. 특히 자카르타와 수라바야 지역에는 소규모의 유대인 집단도 있다.

한편, 인도네시아 내 대부분의 교육 환경에서는 국가에서 지정한 공식 언어인 인도네시아어를 사용한다. 그러나 많은 이슬람계 사립학교에서는 국가 교육과정과 관련된 주제를 학습할 때에만 인도네시아어를 사용하는 경우도 있다. 그 외에는 학교가 소재한 지역의 언어를 사용하거나 아랍어를 사용한다. 또한 이슬람 학생은 산트리(santri)의 쿠란에서 제시되는 전통적인 아랍어를 공통언어로 사용하기도 한다.[3] 국가 교육과정 체계는 언어적이고 민족적 다양성 모델의 주요한 자료가 된다. 인도네시아 정부는 교사가 학생의 학습을 구어적으로 돕기 위해 지역의 언어를 사용하는 것을 허가했다. 그러나 대부분의 교과서는 지역 언어로 설명을 제공하지 않고, 인도네시아어로만 인쇄된다. 특히 1999년 이래로 중국어는 학습의 주제로는 허가되었지만, 교수 언어로 사용하지 말 것을 규정하고 있다.

인도네시아는 1998년부터 교과서와 정부 정책의 수립과 실행에 있어 학생들에게서 나타나는 다양성을 반영할 것을 고려했다. 따라서 한때는 교과서와 정부 정책에서 민족적 스테레오타입이 흔하게 발견되었으나, 현재 교과서에서는 이를 명시적으로 드러내지 않는다. 비록 자연스럽게 동일한 민족으로 구성된 학교는 많이 있지만, 민족에 따라 입학을 제한하는 학교는 더 이상 존재하지 않는다. 예를 들어, 자바 중앙의 일부 도시에는 자바 민족집단의 학생들이 압도적으로 많다. 또한 이슬람계 학교, 특히 국가 교육과정을 준수하지 않는 이슬람계 학교에서도 민족적 차이의 중요성을 최소화하는 경향을 가진다(Kuipers & Yulaelawati, 2009).

'인종'이라는 용어는 약 25년 전에 인도네시아의 정체성을 형성하는 부분에서 사라졌다. 학교 같은 공적인 맥락에서 정체성을 설명하고자 할 때 '인종'이라는 범주를 사용하는 사람은 거의 없다. 과거에 인종이라는 용어는 중국인과 유럽인의 정체성에 대해 말할 때 사용되었고, 특정 학교에서 입학의 기초자료로 활용되었다. 그러나 인도네시아에 사는 대부분의 중국인은 자신의 정체성을 언급할 때 '민족'이라는 용어를 사용하는 것을 더욱 편안하게 느낀다.

오늘날 인도네시아의 사회생활 측면에서 가장 감지하기 힘들지만 강력한 것이 사회계급이다. 이는 '특권' 혹은 '사회적 지위'라는 뜻의 인도네시아어 '긍시(gengsi)'라는 단어로 설명된다.[4] 즉, 학생의 정체성은 그들의 가족이 지닌 부와 배경에 따라

---

3) 인도네시아 이슬람의 한 분파이다. 특히 인도네시아 이슬람의 전통분파에 속하는데, 전통 이슬람인 산트리의 교육기관을 '페산트렌(Pesantren)'이라고 한다.

4) 특권이나 사회적 지위라는 의미를 갖는다. 그러나 이와 함께 친척이나 인척 같은 혈연관계를 나타내는 단어이기도 하다. 긍시가 갖는 이러한 의미들은 인도네시아에서 특권이나 사회적 지위가 혈연을 중심으로 형성되어 왔다

특징지어지기도 한다. 일반적으로 도심은 외곽보다 더 낫고, 자바나 발리 같은 내부 섬은 외부 섬보다 열등하다고 여겨진다. 도시 내에서도 일부 학교는 더 좋은 학교라고 생각한다. 예를 들어, 자카르타 내에 위치한 SMA 8은 가장 명석한 학생들을 위한 고등학교로서 명망이 높다. 다른 주요 도시에서도 이와 같은 학교들이 존재한다. 이러한 학교에 다니는 학생은 엘리트 집안 출신인 경향이 있다(Kuipers & Yulaelawati, 2009).

부유한 집안에서는 자녀를 사립학교에 보낼 수도 있다. 이슬람계 학교 시스템 안에서는 특정 페산트렌(Pesantren)이 더 많은 특권을 가지기도 한다. 예를 들어 동부 자바의 Gontor는 엘리트 페산트렌 중 하나로 여겨지고, 이러한 특권 위계조직은 가톨릭 학교 내에도 존재한다. 일반적으로 가톨릭과 개신교 학교는 이슬람 학교에 비해 명문학교라고 생각한다(Kuipers & Yulaelawati, 2009).

이처럼 인도네시아에는 다양한 종교, 민족, 인종이 있다. 인도네시아는 이런 다양성을 지닌 전체 인구를 대상으로 이루어지는 교육 시스템에 대한 고민을 지속적으로 해 왔다. 1990년대부터 인도네시아는 인도네시아어로 '끄사마안(kesetaraan)'이라고 부르는 학력인정 프로그램을 통해 다문화사회에서 교육적 경험의 다양성을 바라보는 새로운 방식을 제시했다. 초등학교, 중학교, 고등학교 각 세 단계에 상응하는 프로그램을 통해 광범위한 군도 국가인 인도네시아 곳곳에서 발생하는 비공식적이고 비형식적인 학습을 인정하고자 한 것이다. 이 프로그램은 현재 초등학교 단계로는 약 50만 명, 중학교 단계로는 150만 명, 고등학교 단계로는 100만 명 이상의 학생이 이용하고 있다. 이 프로그램을 이용하는 학생 중에는 종교학교에 재학 중이거나 인도네시아의 외딴 지역에 거주하거나 중퇴한 경우가 있다. 또한 이 프로그램 이용자 중에는 학교를 중퇴하거나 외국에서 온 이주노동자이거나 홈스쿨링을 받는 사람 혹은 성인 학습자도 있다(Kuipers & Yulaelawati, 2009).

이 학력인정 프로그램에 있어 특별한 점은 공식적으로 인종, 민족, 사회적 정체성을 확립함으로써 '평등'에 초점을 맞추기보다는 공통적인 역량을 기준삼아 각기 다른 종류의 교육적 경험 간의 관계에 초점을 맞추었다는 점이다. 즉, 특정한 국가

는 사실을 유추하게 한다.

정체성에 상응하는 학습 목표를 고정하고 이를 추구하기보다는 역량에 대한 국가적 기준과 관련하여 조율을 이끌어냈다는 점이 특징이다. 학력인정 프로그램은 이와 같이 보다 넓은 범주의 교육 경험을 인정하는 방식을 통해 공식적 교육과 결부되었던 엘리트리즘, 배제, 엄격성을 최소화하고자 했다(Kuipers & Yulaelawati, 2009).

예를 들어, 국가교육 시스템에 속하지 않은 학교에 다니는 학생(예를 들어, 무슬림 학교)이 특정 국가 교육과정 기준에 도달했다고 증명하고 싶을 때, 자신의 교육 경험의 본질을 설명하도록 요구하는 질문 리스트가 담긴 서류를 받고 국가에서 시행하는 시험에 통과하면 된다. 만약 이 시험에 통과하고 그가 한 교육적 경험이 국가 교육과정에 준수한다고 판단되면, 그 학생은 국가 교육 체계에서 제공하는 교육 수준과 동등한 수준을 갖추었다는 증명서를 받을 수 있다(Kuipers & Yulaelawati, 2009).

"다양성 안에서의 통합(Bhinneka Tunggal Ika)"이라는 인도네시아의 모토는 1,000여 개의 섬에 흩어져 살고 있고, 다양한 언어와 방언을 사용하는 300여 개의 민족집단으로 구성된 1억 4,500만 명의 인도네시아 사람들이 국가에 대한 소속감을 느낄 수 있도록 하기 위한 정부의 노력을 잘 보여준다(Thomas & Postlethwaite, 2014).

4. 말레이시아

1) 다문화사회의 형성

말레이시아는 입헌군주제 국가로 오랫동안 유럽 국가들의 식민통치를 받았다. 1511년 포르투갈, 1640년 네덜란드, 1795년 영국에 이르기까지 400여 년을 외세의 지배를 받았다. 1957년 말라야 연방이라는 이름으로 영국으로부터 독립했고, 1963년 싱가포르 자치령과 영국령 보르네오가 합쳐져 오늘날의 말레이시아가 되었다.

2010년 인구조사에 따르면, 말레이시아의 인구는 말레이계와 토착 원주민[북보르네오 지역의 사바(Sabah)와 사라왁(Sarawak)의 원주민]을 합친 부미푸트라(Bumiputra)가 67.4%로 절대 다수를 차지하고, 중국계가 24.6%, 인도계가 7.3%, 기타 민족이 0.7%이다. 말레이시아의 국교는 이슬람교로 이슬람교 신자가 전체 인구의 61.3%이며, 불교가 19.8%, 기독교가 9.2%, 힌두교가 6.3%를 차지한다.

이와 같이 말레이시아는 다양한 인구와 문화로 구성된 다문화 · 다종족 · 다종교 국가이다. 말레이시아는 다수를 차지하는 말레이계와 원주민을 위한 적극적 우대정책을 추진하고 있다. 일반적인 적극적 우대정책은 소수를 우대하는 정책인 점을 고려할 때, 이러한 말레이시아의 적극적 우대정책은 독특하다고 할 수 있다(염철현, 2014).

말레이시아에서 이와 같이 다수를 위한 적극적 우대정책을 시행하게 된 배경을 염철현(2014)은 다음과 같이 요약했다. 1960~70년대에는 말레이계에 비해 중국계가 경제적 주도권을 쥐고 있었는데, 이러한 경제적 기반을 바탕으로 정치권 위상을 확보하고자 하는 중국계와의 정치적 주도권 경쟁이 생기게 되었다. 이러한 갈등으로 유발된 대표적인 사건은 1969년에 국민전선(Barisan Nasional)이 선거에서 패배하자, 일부 중국계가 환호하며 거리행진을 한 사건을 통해 말레이계가 중국계를 공격한 사건이다. 이는 결과적으로 196명이 사망하고, 439명이 부상을 입고, 약 6천 명

[그림 10-7] 말레이시아 쿠알라룸푸르의
전경과 트윈타워

출처: https://pixabay.com/ko

[그림 10-8] 말레이시아의 행정수도인 푸트라자야에
위치한 푸트라 모스크

출처: https://pixabay.com/ko

이 체포되는 등의 참사로 이어졌다.

종족폭동을 계기로 말레이시아는 1971년부터 헌법 153조에 근거하여 빈곤퇴치와 국가통합을 위해 적극적 우대정책을 입안했다. 말레이시아의 적극적 우대정책의 핵심은 다수종족인 말레이계와 토착민을 우대하며, 상대적으로 소수종족인 중국계와 인도계에 대해서는 기득권을 빼앗거나 제외시키는 것이다(염철현, 2014).

또한 말레이시아가 부미푸트라에게 제공하는 다양한 우대 조치에는 공직, 입학, 금융, 주택, 주식보유 등의 다양한 영역이 해당된다. 말레이시아에서 시행하는 우대정책의 대상자는 모든 부미푸트라임에도 불구하고 실제 우대혜택을 받는 계층은 상위 10%에 집중되어 있다. 또한 1971년부터 현재까지 장기간 진행하면서 부작용의 결과로 우대혜택의 폐지 여론도 증가하고 있다.

1. 말레이시아의 적극적 우대정책에 대한 자신의 생각을 정리하고, 다음의 논점에 대해 토론해 보자.

   말레이시아는 다수를 차지하는 말레이인과 원주민에 비해 소수인 중국인의 경제적 지위가 높은 편이기 때문에 다수에 대한 적극적 우대정책을 펴고 있다. 한국의 경우는 다수를 차지하는 한국인이 이주민에 비해 아직은 사회적 · 경제적 · 정치적으로 더 우위를 차지한다. 이에 따라 한국도 다양한 이주민에 대한 인권의 측면에서 적극적 우대정책과 복지정책이 요구되고 있다. 그러나 이러한 요구는 오히려 한국인에 대한 역차별이라는 의견도 함께 제시되고 있다.

2. 다음은 한국에서의 결혼생활 9년차인 몽골 출신 결혼이주여성 나랑토야 씨가 안산시 외국인주민센터에서 발행하는 다국어 잡지 「Harmony Magazine」에 쓴 글이다. 글을 읽고 한국 정부의 이주민 정책 및 한국인을 대상으로 하는 다문화교육이 고려해야 할 점을 기술해보자.

   정부의…… 지원 덕분에 우리는…… 많은 혜택을 받고 있다. ……일상생활에서 불편 없이 쓰는 한국어, 한국을 더더욱 알아가는 나의 일자리……. 이렇게 한국 사회에 물들어 한 일원이 된 듯했다. 그러나 사회가 나를 받아들이기엔 아직 아닌가 보다. 다문화라는 한 단어로 저소득층, 농촌 총각의 배우자, 능력부족 등과 연관시키며 나와 나의 가족을 취약계층으로 취급하고 있다. …… 특히 다문화가정과 접할 기회가 없는 사람들의 눈에 나는 가엾고 안쓰러운 존재이자 가방끈이 짧고 넉넉하지 못한 한 인물에 불과했다. …… 대중매체는 간혹 일어나는 안타까운 사연을 마치 결혼이민자 모두의 삶처럼 보도하고 있다. …… 우리는 그들의 취재로 단순한 가십거리이자 사회적 약자, 그리고 예산만 낭비하는 복지 대상이 되어버리기 일쑤다. 나는 나름 행복하게 잘 살고 있는데 말이다(나랑토야, 2012: 9 「Harmony Magazine」).

참고문헌

구본규(2015). '다문화'는 어떻게 이주민 가족을 비하하는 말이 되었나? — '다문화가족' 만들기와 이주민의 범주화. 동북아 문화연구 42, 5-34.

김재원(2007). 현대의 민족문제와 다문화주의 — 판차실라(Pancasila)의 나라 인도네시아. 민족연구 30, 65-90.

김정호(2008). 중국의 소수민족교육과 다문화교육 — 중국 초등사회과의 다문화교육 내용 탐색 — . 사회과교육 47(1), 103-131.

나랑토야(2012). 한국 사회에 비친 나, Harmony Magazine 29, 안산시 외국인주민센터.

박영준(2015). 일본의 다문화교육의 전개와 문제점. 다문화콘텐츠연구 19, 113-138.

염철현(2014). 말레이시아의 적극적 우대정책(Affirmative Action)의 배경, 성과 그리고 최근 동향. 교육법학연구 26(2), 101-123.

Dreyer, J. T. (1976). China's forty millions: Minority nationalities and national integration on the PRC. Cambridge, MA: Harvard University Press.

Hirasawa, Y. (2009). Multicultural education in Japan. In Banks, J. A. (Ed.). (2009). The Routledge international companion to multicultural education. Routledge.

Kobayashi, T. (1985). Sokatsu: Tabunka Kyouiku no Kadai [Summing up: Issues of multicultural education]. In T. Kobayashi & K. Educhi (Eds.), Tabunka Kyoiku no Hikaku Kenkyu[A comparative study of multicultural education](pp. 337–359). Fukuoka: Kyushu Daigaku Shuppankai.

Kuipers, J. C. & Yulaelawati, E. (2009). Religion, ethnicity, and identity in Indonesian education. In Banks, J. A. (Ed.). (2009). The Routledge international companion to multicultural education. Routledge.

Ma, R. (2007a). Billingual education for Chnia's ethnic minorities. Chinese Education and Society 40(2), 9–25.

_____ (2007b). A new perspective in guiding ethnic relation in the 21st centry: "De–politicization" of ethnicity. Paper read at the Beijing Forum, Beijing, China.

Postiglione, G. A. (2009). The education of ethnic minority groups in China. In Banks, J. A. (Ed.). (2009). The Routledge international companion to multicultural education. Routledge.

Sun, H. (2004). Theorizing over 40 years personal experiences with the creation and development of minority writing systems of China, In M. Zhou & H.

Thomas, R. M. & Postlethwaite, T. N. (2014). Ways to view schooling in ASEAN countries. In Postlethwaite, T. N. & Thomas, R. M. (Eds.). (2014). Schooling in the ASEAN region: primary and secondary education in Indonesia, Malaysia, the Philippines, Singapore, and Thailand. Elsevier.

Yamawaki, K. (2005). Tabunka Kyosei no Tobira [Window to multicultural living–together]. Jichitai Kokusaika Foramu[Forum on internationalization of local authorities] 187, 34–37.

Zuo, X. (2007). China's policy towards minority languages in a globalising age. TCI (Transnational Curriculum Inquiry) 4(1), 80–91.

11장
기타 다문화교육 사례

정소민

이 장에서는 이제까지 한국 사회에서 주목받지 못했던 나라들의 다문화교육과 관련한 정책을 살펴보도록 한다. 이 장에서 소개할 나라들은 소위 선진국으로 분

[그림 11-1] 케이프타운 전경과 테이블마운틴

출처: https://pixabay.com/ko/

류되지도, 한국의 다문화현상에 큰 영향을 주지도 않는 나라들이다. 그러나 이 나라들이 겪고 있는 다문화현상과 그에 대한 대응은 보다 다양해지는 한국의 다문화현상을 또 다른 각도에서 바라볼 수 있도록 할 것이다. 따라서 이 장에서는 "서구 주요 나라와 아시아를 제외한 나라의 다문화교육 정책은 어떠한 특징이 있는가?"에 대해 다룬다.

1. 남아프리카공화국

1) 다문화사회의 형성

남아프리카공화국은 아프리카 대륙에 위치한 나라이다. 17세기 네덜란드인의 이주 이후 이곳에 백인의 유입이 시작되었다. 이후 남아프리카공화국은 1815년에 영국의 식민지가 되면서 백인과 원주민 간의 불평등한 역사가 시작되었다. 남아프리카공화국의 대표적인 인종차별주의를 나타내는 아파르트헤이트(Apartheid)는 '분리'와 '격리'를 의미한다. 또한 이 용어는 소수로 구성된 백인 정부와 다수의 흑인 원주민과의 관계를 적나라하게 나타내는 말이기도 하다.

남아프리카공화국은 이를 극복하여 1961년 5월 영국으로부터 독립했다. 인구의 구성은 백인 13.6%, 흑인 75.2%, 아시아계 및 혼혈인 8.6% 등으로 이루어져 있다. 남아프리카공화국의 공용 언어는 영어와 아프리칸스(Africans)이며, 이외에도 9개의 토착어가 있다. 남아프리카공화국은 특별히 국교를 지정하지 않고 있는 가운데 국민의 대부분은 기독교 신자이다. 이외에도 힌두교와 유대교 그리고 이슬람교와 토착신앙이 공존한다.

2) 다문화교육 정책의 특징

남아프리카공화국의 첫 공식 학교는 1658년에 설립되었다. 공식 교육의 역사는 360여 년이며, 이 중 150년은 노예 경험으로 점철되었다. 1806년에 영국인이 남아프리카에 도착한 후, 학교교육은 보다 체계적으로 이루어졌지만 학교에서는 백인 자녀가 더 선호되었다. 1953년 반투교육법(Bantu Education Act)이 제정되면서 남아프리카공화국에 흑백격리주의정책이 공식적으로 도입되었다(Soudien, 2009).

흑백격리주의정책은 남아프리카공화국의 공식 학교교육을 이해하는 데 있어 매우 중요하다. 인종이 분리된 학교의 주요 목적은 표면적으로는 청소년에게 인종적 정체성을 지도하기 위함이었다. 문화 및 스포츠 활동 혹은 합반 수업을 할 때 외에는 아프리카인, 백인, 유색인, 인디언으로 학생을 구분하여 인종별 교육 시스템에 따라 학교교육을 실시했다(Soudien, 2009).

이러한 상황은 1976년 기독교 학교에 다니는 학생들이 폭동을 일으키면서 변화되기 시작했다. 그 후에 학교 통합은 1976년부터 현재에 이르기까지 이루어졌는데, 사우디엔(Soudien, 2009)에 따르면 주요 기점은 세 시기로 구분할 수 있다. 이는 1976년부터 1990년, 1990년부터 1994년, 1994년부터 현재이다. 이러한 시기 구분은 주로 백인의 학교에서의 경험을 중심으로 한다. 그 이유는 다문화교육으로의 접근을 향상시키고 유의미한 교육실천이 이루어진 곳이 주로 백인 학교이기 때문이다. 국가에서는 학교에 대한 다문화정책과 실질적인 통합을 발전시키지 않았고, 백인 학교에서 사회적 차이에 대한 존중이 주요 이슈였다. 이전의 아프리카계 학교는 인종 구분이 되어 있었고, 이에 따라 아프리카계 학교에서는 다양성, 차이에 관한 문제, 다문화교육에 관한 실질적인 작업이 없었다. 백인계, 유색인계, 인디언계 학교와 달리 아프리카계 학교에서는 다문화주의에 대한 압력을 느끼지 못했다. 사우디엔(Soudien, 2009)은 세 시기별 학교 통합의 모습을 논의했는데, 이를 요약하면 다음과 같다.

먼저 가장 초기에 발생한 통합을 위한 실질적인 시도는 성공회교회와 가톨릭교회가 이끌었다. 가장 먼저 발의된 이니셔티브는 성공회교회에서 만들었는데, 이 교회는 1963년 요하네스버그에 성 바나바스 대학(St. Barnabas College)을 설립했다. 이 학교는 남아프리카공화국에서 처음으로 인종 구분을 하지 않겠다고 선언한 곳이었다(Chisholm, 1999; Soudien, 2009 재인용). 10년 후 가톨릭교회에서는 흑인의식운동에 대한 압력에 대응하면서 이 이니셔티브를 따르게 되었다. 또한 유색인과 인디언 학교에서도 그 당시 아프리카인으로 구분된 아이들의 입학을 받아들이려는 시도를 했다. Coloured Affairs Department의 보호를 공식적으로 받았던 학교에서는 정부의 강한 압력이 있을 때에만 아프리카계 학생을 받아들이지 않았다. 가톨릭교회에서는 소속 학교를 아프리카계 학생에게 개방하도록 했으나, 유색인 학생의 수는 매우 한정되었다. 또한 이는 동화주의적인 관점에서 이루어졌다고 볼 수 있다. 이러한 첫 번째 시기에 일부에서는 남아프리카공화국 학교가 어떤 모습을 추구해야 하는가에 대해 더 깊이 성찰해야 한다고 주장하기도 했다(Soudien, 2009).

한편, 이 시기에는 백인 의식과 타자와의 관련성에 대한 의문이 제기되었다. 남아프리카공화국에서 백인이라는 것이 어떤 의미를 갖는가와 백인이 스스로를 인류의 우두머리가 아니라 인류의 한 부분이라고 받아들이기 위해 어떻게 해야 하는가의 문제이기도 했다. 이러한 문제의식 속에서 백인 사립학교에 흑인 학생을 받아들이는 사안에 대한 논의가 증폭되었고, 이는 문화와 권력에 대해 생각해보는 계기가 되었다. 이와 같은 논의에 있어 중요한 역할을 했던 인물 중 하나는 마이클(Michael) 수녀이다. 그는 통합을 위한 접근법과 관련하여 다음과 같이 말했다(Christie, 1990; Soudien, 2009 재인용).

우리가 말하는 통합은 다른 인종 출신 학생 일부를 현존하는 백인 학교에 들어올 수 있게 하는 것인가? 이들이 또래 백인 학생의 태도와 가치를 받아들임으로써 백인의 삶의 방식을 준수하기를 기대하면서 말이다. 만약 그러하다면, 우리는 이 문제에 대해 좀 더 깊이 생각해야 한다. (중략) 물론 다른 가능성도 있다. 이것은 완전히 다른 유형의 학교를 만드는 것이다. 제각기 다른 인종이 서로 만날 수 있는 그런 곳.

이러한 관점은 주목을 받지 못했다. 그러나 통합에 관한 논쟁에 있어 '동화'와 '문화화'라는 문제를 강력하게 인식하는 계기가 되었다고 할 수 있다. 맥거크(McGurk) 신부는 이러한 관점을 가장 유의미하게 정교화했다. 그는 문화를 보호하는 메커니즘은 심리학적이지만, 동시에 이는 권력 및 특권과도 얽매여 있다고 주장했다. 이러한 목소리에도 불구하고 통합의 첫 번째 단계에서 발생한 움직임은 주로 동화주의적 관점에서 이루어졌다. 즉, 학교 개방을 통해 발탁된 소수의 흑인 학생에게 백인의 교육 기준을 제공할 수 있다는 정도의 논의라고 할 수 있다(Christie, 1990; Soudien, 2009 재인용).

두 번째 통합 단계에서는 사립학교에서 공립학교로 논의의 대상이 변했다. 1980년대 후반에 많은 공립학교에서는 유색인종 학생을 받아들이기 시작했다. 1991년에 흑백격리를 주장하던 정부는 백인 학교에 대해 세 가지 의견을 제안했다. '모델'로 불리는 이들 의견은 학교에 선택권을 주는 것이었다. 모델 A 유형은 독립하여 학교가 자체적으로 온전히 운영권을 갖는 것, 모델 B와 C 유형은 정부의 통제에 놓이는 공립학교로 남되 제한된 수준의 학생 입학 재량권을 갖는 것이었다(Botha, 1991; Soudien, 2009 재인용). 대부분의 학교는 모델 C 유형을 선택했고, 이에 따라 전체 재학생 수의 절반 이하까지 유색인종의 학생을 받아들이도록 허용했다(Folb, 1991; Soudien, 2009 재인용).

이 시기의 공론은 첫 번째 시기에 비해 매우 뜨거웠다. 이 시기에 이루어진 흑인이라는 타인을 알아가기는 관용의 관점에서 인식되었다. 이는 국제적인 다문화교육 담론으로 특징지을 수 있지만, 백인 가부장주의적인 식민지 스타일의 내러티브이기도 하다. 이러한 접근법은 학교에서 소수집단의 문화를 위한 공간을 마련해주도록 장려했다. 더욱이 이러한 양보는 학교생활 변두리에서 발생했다. 특별한 문화의 날이 만들어졌고, 민족 역사가 장려되었다. 그러나 백인 권력이 우세한 것에 대해서는 어떠한 대항도 일어나지 않았다. Grant와 Tate(1995, p. 146; Soudien, 2009 재인용)는 이러한 다문화주의를 인간관계 접근법이라고 지칭한 바 있다. Soudien(1994)은 모델 C 유형의 학교에 근무하는 많은 교사들이 인종주의 같은 논쟁적인 주제를 다루기 꺼려한다는 특징을 보인다고 보고했다(Soudien, 2009).

이상으로 살펴보았듯이, 두 번째 시기의 특징은 백인 학생과 흑인 학생의 인종 분리가 사라졌다는 점과 더불어 타인을 알기라는 형태가 흑백격리 시대의 형태를 이어받았다는 점 역시 중요하다. 이는 백인 학부모가 자신들의 사회적 특권을 지키려고 했다는 점에서 잘 드러난다. Folb(1991)는 백인 부모가 자신의 전통을 지키려고 하며 유색인종 학생을 받아들임에 있어서 엄격한 기준이 적용되어야 한다고 생각한다는 점을 밝혔다(Soudien, 2009).

마지막 세 번째 단계는 1994년에 시작되었다고 할 수 있다. 1994년은 남아프리카공화국에서 처음으로 민주적인 선거가 이루어진 해이다. 이 시기에는 이전의 관행이 깨지기도 하고 유지되기도 하는 양면적인 특징을 지니고 있다. 1996년에 남아프리카학교법(South African Schools Act)이 통과되고, '2005 교육과정'이라는 새로운 교육과정이 도입되었다. 이 교육과정은 그 후 1997년 '국가교육과정(National Curriculum Statements)'으로 수정되었다. 남아프리카학교법은 헌법에 근거하여 학교에서 차별을 금지하고 모든 학생에게 입학을 개방하도록 의무화했다. 그러나 모든 학교가 개방하도록 선언함과 동시에 학교에서 교수 언어, 학교 내 문화적 특성, 방과 후 활동에 관한 학교 정책 등을 결정할 수 있는 권한도 제공했다. 또한 학교에는 교직원을 구성하고 국가로부터 받는 보조금을 보충할 수 있는 기금을 마련할 수 있는 권한도 부여되었다(Soudien, 2009). 1997년부터 시행된 '국가교육과정'은 인종차별주의적·인종차별정책적·기계적 학습 모델에서 해방적이고 국가건설적이며 학습자 중심의 결과에 기반을 둔 교육으로 변환하기 위한 전략이었다. 결과 기반의 교육과정은 시민권과 성차별주의 및 인종차별주의에 반대하는 가치들을 포함했다(Soudien, 2009). 하지만 여전히 흑인 아동이 열등한 존재로 여겨지거나 비치는 인식이 완전히 사라진 것은 아니지만, 통합하려는 노력은 이루어지고 있다.

2. 남미: 쿠바와 브라질, 칠레

1) 다문화사회의 형성

대부분의 남미 국가는 소득 불평등이 세계적으로 높은 수준에 속한다. 또한 이들 국가는 식민시대를 거치면서 백인의 유입으로 인해 다양한 인종으로 구성된 다문화사회를 형성했다는 공통점이 있다. 남미의 여러 국가에서는 극심한 경제적·사회적 불평등으로 인해 다문화교육에 있어 어려움을 겪는다. 남미 국가 내 소수집단과 주류집단 간 임금 격차는 교육기회의 격차와 크게 관련이 있다(Garcia Aracil & Winkler, 2004; Carnoy, 2009 재인용). 높은 수준의 소득 격차는 모두를 위한 교육의 질을 저하시키며, 이로 인해 낮은 사회계층의 학생일수록 학업 성취에 부정적인 영향을 받는다(Carnoy, 2009).

카노이(Carnoy, 2009)는 사회 내 불평등 수준이 매우 높은 남미 국가 두 곳과 이들 국가와 비교하여 경제적·사회적으로 공평한 남미 국가 한 곳을 선정하여 인종, 민족, 소수집단의 상황과 교육 현황을 비교했다. 전자의 예는 브라질과 칠레를, 후자의 예는 쿠바를 선정했다.

2) 다문화교육 정책의 특징

칠레는 17년 동안 동일한 급진파 정당이 집권하면서 학생의 성취를 향상하고 교육 평등을 강조하는 교육정책을 끊임없이 펼쳐 왔으나, 그러한 정책이 성공한 사례는 매우 적다. Carnoy(2009)는 이를 근거로 칠레를 매우 층화된 사회의 예로 보았다. 브라질은 최근까지도 인종 구분 없는 사회로 선언해 왔으나, 실제로는 아프리카계 브라질인과 유럽계 브라질인 사이의 극심한 편차를 보여 왔다(Carnoy, 2009: 938).

[그림 11-2] 1959년
쿠바 혁명을 이끈 피델 카스트로

출처: https://pixabay.com/ko

[그림 11-3] 칠레 토레스 델 페인 파타고니아

출처: https://pixabay.com/ko

이와 함께 브라질에서 나타나는 교사교육 편차와 교사 분배 문제도 인종차별을 나타내는 주요 증거라고 할 수 있다. 구체적인 예로는 저소득가정 자녀가 다니는 학교에 교사 시험 점수가 낮은 교사가 배치되는 경향이 있다는 연구(Carnoy, Luschei et al., 2007: Luschei, 2005)가 있다. 교사 분배에 있어서 또 하나의 중요한 문제는 대부분의 교사가 자신이 자란 곳과 가까운 곳에서 가르치기를 희망한다는 점이다(Lankford, Loeb & Wyckoff, 2002). 이는 교외지역에서 교사를 거의 배출하지 못하거나 질이 낮은 교사를 배출하게 되었을 경우, 자신이 가르치고 싶지 않은 지역에 누군가가 새롭게 배정되어야 함을 의미한다. 만약 그곳이 저소득지역인데다 우세한 언어를 잘 말하지 못하고 가르치기 힘든 가난한 토착 주민이 거주하는 곳이라면, 보다 높은 소득의 지역이나 도심 출신의 젊은 교사는 그곳에 가기를 꺼려할 것이다. 또한 가르치기 어려운 지역 혹은 저소득 교외지역에서 가르치는 교사에게 주어지는 인센티브도 거의 없다.

반면 쿠바의 경우는 브라질이나 칠레와 상이하다. 1959년 이후 쿠바에서 흑인, 백인, 혼혈인 간 노동시장과 학교에서의 차이를 완화하기 위한 작업의 특징은 다음과 같다. 첫째, 대부분 직업 간 금전적 보상은 거의 차이가 없다는 점이다. 높은 임금 혹은 낮은 임금을 받는 직업 간의 차이가 크지 않다. 브라질의 경우 소득 격차가 크다. 따라서 쿠바는 사회계층 간 모든 차이를 줄임으로써 인종적 · 민족적 차이를 줄

여왔다. 흑인은 여전히 경제적·사회적 계층조직에서 가장 하위에 위치하지만, 계층조직의 간격은 매우 짧다. 둘째, 쿠바 혁명 당시 인종 구분 없는 사회를 표방했다. 미국의 달러 경제와 투어리즘 부흥의 영향으로 이러한 표어가 쿠바 사회 내의 인종주의를 완전히 씻어내지는 못했다. 그러나 50년 동안의 평등함을 추구하면서 쿠바 내에서의 인종 담론에는 영구적인 변화가 생겼다.

과거와 오늘날, 이 변화에 있어 가장 중요한 부분은 쿠바의 교육을 동등하게 하는 힘이 되었다. 쿠바의 교육체계 조직은 앞서 살펴본 다른 남미 국가에서의 교사 분배 형태와 대조된다(Carnoy, Gove & Marshall, 2007). 지난 30~40년 동안 쿠바는 교육 수요에 부합하는 고도로 훈련받은 교사 인력을 양성해 왔다. 중앙정부에서 교사를 학교로 배정하고 많은 젊은 교사들이 지방이나 낮은 사회계층의 준교외 출신이기 때문에 교외와 준교외의 초등학교에는 하바나(Havana) 교외에서 가르치는 기능과 비슷한 내용을 가르치는 교사들이 배정된다. 따라서 정부는 지방과 준교외에 거주하는 학생들에게도 대학교육을 받은 부모를 둔 교외에 거주하는 학생들과 동일한 수준의 학교교육을 제공할 수 있다.

만약 아프리카계 쿠바 학생 부모의 교육수준이 낮은 경향이 있다면, 쿠바 정부에서는 가정생활 환경의 영향을 상쇄할 수 있도록 추가적인 가족 활동을 제공함으로써 개입한다. 이와 같이 쿠바는 브라질이나 칠레에 비해 체계적인 교사 훈련과 교사 배정 체계를 통해 가장 소외된 어린이라 하더라도 경제적·사회적 주류집단의 어린이가 받는 동일한 교육을 제공할 수 있는 환경을 구축했다. 물론 쿠바 사회에서도 차이는 여전히 존재하지만, 이러한 차이는 많이 줄어들었다는 연구가 보고된 바 있다(de la Fuente, 1998; Carnoy, 2009 재인용).

남미에서의 다문화교육은 보통 토착 주민에게 그들이 사용하는 토착 언어를 통해 학교교육으로 제공된다. 대부분의 남미 국가 내 역사와 사회 교과는 토착인과 유럽인의 핏줄, 캐리비안, 브라질, 아프리카의 뿌리를 강조한다. 이러한 다문화교육은 해당 민족집단의 역량을 강화하고 그들 문화에 대한 자부심을 갖게 한다. 또한 학습을 더욱 순조롭게 하기도 한다. 이러한 역량강화를 통해 학생과 교사는 경제적이고 사회적인 진보에 있어서 자신들이 학업적으로도 잘하고 온전하게 참여하기 위한 자신들의 권리에 대해 더욱 자신감을 가진다(Carnoy, 2009).

카노이(Carnoy, 2009)의 남미 세 나라에 대한 연구를 통해 교육의 형평성을 추구하는 데 있어 사회경제적인 맥락을 고려하고 교육의 편차를 줄이고자 하는 정부의 노력이 중요하다는 시사점을 얻을 수 있다.

3. 불가리아

1) 다문화사회의 형성

불가리아는 발칸 국가 중 하나로, 150년 전까지 오트만 제국의 일부분이었다. 700년 이상 다양한 민족집단이 불가리아 영토 내에서 함께 살아왔는데, 현재 불가리아 인구에는 아르마니아인, 유대인, 로마니인, 투르크인, 포막(Pomak)인, 블라(Vlah)인, 마케도니아인, 그리스인이 있다. 이들 중 주류집단은 불가리아인이고, 공식 언어는 불가리아어이다. 1989년 민주화의 결과로, 네 가지 소수집단 언어가 현재 공

[그림 11-4] 불가리아

식적으로 인정된다. 이는 아르마니아어, 히브리어, 로마니어, 터키어이다. 이들 집단 출신의 어린이는 일주일에 네 번 모국어로 수업을 받을 수 있다(Kyuchukov, 2009). 통계적으로 볼 때, 불가리아에서 가장 큰 소수집단은 투르크인(10%)이고 그다음은 로마니인(5%)[5]이다(Statistika, 2002; Kyuchukov, 2009 재인용).

2) 다문화교육 정책의 특징

1989년 사회주의에서 민주주의로 정치체제가 바뀌면서 새로운 불가리아 정부는 민주주의의 원리와 인권을 따르겠다고 선언했다. 새로운 정치체제는 교육을 비롯하여 모든 수준의 정치적 삶에 영향을 미쳤다. 사회주의 체제 동안에는 로마니인 어린이는 반드시 학교에 가야 했다. 이것이 오늘날 불가리아에 로마니 출신의 교사, 저널리스트, 물리학자, 간호사 등이 많은 이유이다(Kyuchukov, 2009).

1990년에 불가리아 교육부(NIE, National Institute of Education)는 교사, 학교장, 과학자, 교육자를 대상으로 새로운 교육법에 대한 의견을 수립하기 위해 설문을 실시했다(Valchev, 2004; Kyuchukov, 2009 재인용). 새로운 법의 핵심은 소수 언어 학생에 대한 교육과 학교 시스템의 분권화에 관한 사안이었다. 이 법에 대한 대중의 반응은 매우 부정적이었고, 거리와 학교에서 시위가 발생했다. 사람들은 특히 소수집단에게 그들의 모국어로 가르치겠다는 내용에 반대했다. 반면, 불가리아 내 많은 소수집단은 이 새로운 법을 지지했다. 왜냐하면 새 교육법은 사회주의 사회 내 법에서는 금지되었던 자신의 모국어로 학교에서 공부할 수 있는 기회를 제공하기 때문이었다(Kyuchukov, 2009).

사회주의 정권이 붕괴한 지 1년 후에도 교육 시스템은 전혀 달라지지 않았다.

---

[5] 로마니인은 우리에게 '집시'라고 알려져 있는 민족이다. 이들은 유럽에서 대표적인 소수민족으로, 많은 차별을 받았으며, 제2차 세계대전 당시에는 많은 로마니인이 학살당했다(https://www.ushmm.org/wlc/ko/article. php?ModuleId=10005219 참조).

핵심적인 사안은 교육 시스템의 분권화였다. 분리된 로마니 학급을 담당하는 교사 대상의 인터뷰는 로마니 학생과 학교에서 로마니어로 교육받을 그들의 권리에 대한 교사의 부정적인 태도를 잘 보여주었다(Kyuchukov & Ivanova, 2005). 불가리아 학교 시스템 내에서는 여전히 로마니 어린이를 분리하는 학교가 존재했으며, 대부분의 교사와 학부모는 불가리아인 학생과 로마니 학생이 한 교실에 있는 것을 원하지 않았다. 지난 18년 동안 교육 시스템은 다른 국면에 접어들었다. 오늘날 불가리아의 교육 시스템은 중앙집권적이며, 교육부에서 교육과정, 교과서, 학생 평가, 연구에 이르는 모든 것을 통제한다(Kyuchukov, 2009).

시민권(citizenship) 교육과 상호문화교육은 대부분의 불가리아 교육자에게 새로운 용어이다. 극소수의 연구자만이 상호문화주의, 인권교육, 시민교육, 시민권 교육 영역에 관심을 가진다. 따라서 이들 교육에 대한 분명한 이해도 부족하고, 이들 용어를 종종 섞어서 사용하는 연구자도 있다(Kyuchukov, 2009).

불가리아 내 대부분의 교사와 교육자는 상호문화교육이 소수집단 학생들이 자신의 언어, 문화, 민속, 노래, 전통에 대한 지식을 획득하는 데 도움이 될 것이며, 오직 소수집단 학생에게만 이러한 정보를 지도하면 된다고 생각한다. 주류집단 학생은 상호문화교육의 대상으로 여겨지지 않는다고 한다. 상호문화교육은 소수집단에게 그들의 언어, 역사, 문화를 배울 수 있는 기회를 제공하는 것으로 인식하고 있다. 많은 NGO에서 상호문화교육, 반편견교육, 인권교육에 대한 연수를 제공함에도 불구하고 이러한 개념을 불가리아 학교 내에 도입하려는 시도는 거의 없다. 공개적인 차별과 인종주의가 불가리아 학교 내에서 존재한다(Kyuchukov, 2009).

대부분의 불가리아인 교사와 교육자는 시민권 교육이 모든 민족집단 학생을 위한 것이라고 믿는다. 시민권 교육은 학생들이 살아갈 사회, 정부의 구조, 모든 시민에 대한 인권, 인간으로서 향유해야 할 자유에 대한 지식을 포함한다. 상호문화교육은 소수집단의 언어, 역사, 문화에 집중하는 반면, 시민권 교육은 시민의 인권을 강조한다(Kyuchukov, 2009).

불가리아 교육 시스템은 상호문화교육과 시민권 교육을 도입하려는 시도를 하고 있으나 성공적이지 않았다. 그 이유는 이 두 가지 개념이 교육자들에게 매우 새로운 개념이고, 상호문화교육과 시민권 교육과 관련한 활동 중 일부는 사회주의 시기의 부정적인 함축을 내포하고 있기 때문이다. 인류애, 자유, 평등, 권리 같은 용어는 공산당이 과용했던 단어이며, 고령의 교육자는 이러한 용어를 사회주의 정권과 연결시킨다. 그러나 EU 내에 불가리아가 포함되면서 인권교육, 소수언어교육, 상호문화교육에 관한 국제적인 성명을 인정해야 하기 때문에 교육시스템에도 긍정적인 변화가 생기게 되었다(Kyuchukov, 2009).

4. 러시아

1) 다문화사회의 형성

세계에서 가장 넓은 국토를 가진 러시아 내 다문화현상은 복잡한 양상을 보인다. 먼저, 러시아에 거주하고 있는 민족의 숫자는 130개가 넘는다. 또한 개별 민족이 매우 많음에도 불구하고 전체 인구 중 러시아민족이 차지하는 비율은 약 80%이다. 따라서 이 많은 수의 민족 간 국민정체성을 어떻게 조화시킬 것인가의 문제가 있다.[6]

1993년 12월 12일 국민투표를 통해 확정된 러시아연방헌법은 연방 구성과 정책소관조항의 내용이 그대로 유지되었다. 제65조에 따르면, 연방은 21개의 민족공화국과 6개의 끄라이, 49개의 오블라스찌, 2개의 연방도시, 1개의 자치오블라스찌, 10개의 자치오끄루그로 구성되었다. 이 중 공화국과 자치지역을 포함한 32개가 민

---

6) 러시아에서의 다문화주의와 민족주의에 관해 연구한 김인성(2012)은 러시아 내에서 다문화주의가 갖는 위상을 설명하기 위해 카잔 연방대학의 사회학과 교수인 니자모바 릴리야 라빌리예브나의 논의를 소개했다. 릴리야 교수는 러시아의 사회학 분야에서 다문화주의적 관점이 받아들여지지 않는 이유로 네 가지를 들었다. 자세한 내용은 김인성(2012) 참조.

[그림 11-5] 러시아의 전통인형 마트료시카

출처: https://pixabay.com/ko

[그림 11-6] 상트 바실리 블라제누이 대성당

출처: https://pixabay.com/ko

족에 기반을 둔 연방구성체이고, 나머지 57개는 영토에 기반을 둔 연방구성체로서 구소련 시기의 민족 및 영토의 이중적 연방구성 원리가 그대로 유지되었다. 특히 헌법상 민족공화국과 다른 구성체 사이에 존재하는 지위상의 차이는 다문화주의의 정착과 관련하여 어려움을 유발한다. 예를 들어, 제5조2항에서는 "공화국(국가)은 헌법 및 법률제정권을, 다른 구성체는 지방조례 및 입법권을 보유한다"라고 명시하고 있고, 제68조2항에서는 민족공화국에서 민족언어를 국가언어로 지정할 수 있다고 명시했다(김인성, 2012).

한편 헌법 제72조에서는 인권, 토지, 국유재산, 교육, 조세 등 14개 항목에 대한 공동정책사항이 명시되었는데, 연방정부와 민족정부 간 이 헌법조항에 대한 해석으로 갈등을 겪었다. 연방정부로부터 경제적 혹은 정치적인 특권을 획득하려는 시도가 여러 연방구성체에서 이루어졌으며, 이는 연방-지방 간 자의적 조약으로 맺어졌다. 이러한 조약들로 인해 구성체 간 지위 및 경제적 불균등은 한층 더 심화되었다. 예를 들어, 타타르스탄과 바시코르토스탄 등의 일부 민족공화국은 다른 구성체에 비해 연방으로부터 재정적인 특혜를 많이 받았다. 벨고로드오블라스지와 타타르스탄 간 1인당 예산할당량은 1993년 1 : 1.5에서 1997년 1 : 3으로 그 차이가 두 배로 증가했다. 이와 같은 지역 간 불균등으로 인해 민족적 · 지역적 피해의식이 확산되었고, 민족 간 감정의 골이 깊어지게 되었다(김인성, 2012).

2) 다문화교육 정책의 특징

러시아의 민족적 다양성은 공교육 정책에 강한 영향을 미쳐 왔다. 러시아 내 서로 다른 민족집단에 대한 교육 기회에 영향을 미친 요소는 민족집단의 정치적 지위, 인구통계학적 특성, 민족 언어의 발달수준이다. 각 세 요소를 구체적으로 살펴보면 다음과 같다(Froumin & Zakharov, 2009).

먼저, 러시아연방의 행정 편재는 러시아의 다문화주의를 복잡하게 만드는 요인으로 여겨진다. 러시아연방에는 89개에 달하는 지방정부가 존재하는데, 이 중 32개는 민족단위 지방정부이고 나머지 57개는 영토단위 지방정부이다. 민족영토가 혼합된 형태의 행정 편재는 민족문제 해결을 위한 합의를 어렵게 하는 측면이 있다(김인성, 2012). 민족집단의 정치적 지위는 러시아연합으로부터 영토 자치권을 가졌는지 여부로 판단되었다. 러시아연방의 83개 지역 중 26개 지역은 하나 혹은 두 개의 민족집단의 이름을 따르는 독립체였다. 이러한 민족집단은 '티틀라(titular)'로 불린다. 1993년 러시아 헌법 아래 모든 시민은 민족 정체성에 관계없이 동등한 권리를 향유해야 한다. 그러나 현실은 티틀라 민족집단이 자기 민족집단의 이름을 따른 지역에서 교육에 있어 더 많은 기회를 가진다(Froumin & Zakharov, 2009).

티틀라 민족집단과 달리, 러시아연방의 경계 밖에 거주하는 집단이 있다. 예를 들어, 그리스인, 독일인, 우크라이나인 등의 다른 민족집단이다. 러시아 내 상당수의 민족집단은 자체적인 국가의 지위를 갖지 않는다. 이들 중 일부는 러시아연방 바깥에 널리 산재해 있기도 하고, 일부는 러시아 내에 주로 거주한다. 따라서 러시아 정치 지형에서 민족집단은 각기 다른 지위를 갖고 있으며, 그들이 교육 전략에 영향을 미치는 정도도 다르다(Froumin & Zakharov, 2009).

한편, 정치적 지위와 언어의 발달을 살펴보면 러시아 영토 내에서 150여 개의 언어가 사용된다(Drofa, 1998; Froumin & Zakharov, 2009 재인용). 러시아 헌법은 모든 민족집단이 자신의 모국어를 가지고, 이를 배우고 발전시키는 환경을 창조할 권리를 가진다고 보장한다. 러시아연방의 공식 언어는 러시아어이다. 민족공화국으로 불리는 일부 민족 지역에는 그 지역의 공식 언어를 지정할 권리가 있다. 학교에서는 이들 언어가 수업 언어로 사용되기도 한다. 그러나 러시아어 외의 언어를 사용하기 위한 선택은 언어의 발달수준과 해당 지역 내 토착 인구의 유창성 수준에 따라 결정된다. 러시아 전체 인구의 약 98%, 비러시아 인구의 약 92%가 러시아어로 말한다. 3.1%의 민족적 러시아인은 다른 언어를 사용한다(Goskomstat RF, 2002; Froumin & Zakharov, 2009 재인용).

문어 형태의 발전 수준과 문해 능력에 대한 기준은 교육 과정에서 사용된다. 러시아 내 대부분의 민족집단 언어의 문어 형태는 수백 년 전에 발달했다. 그러나 50개 이상의 집단이 1920년대와 1930년대에 표기 언어를 얻었으며, 일부는 20세기 말에 문자 표기가 가능하게 되었다. 20개 언어는 여전히 구어 언어로 남아 있다(Mikhalchenko & Trushkova, 2003; Froumin & Zakharov, 2009 재인용). 문자가 없는 언어는 초등학교 단계에서조차 교수 언어로 사용할 수 없다.

다음에는 러시아의 종교집단에 대해 살펴보겠다. 러시아의 민족집단은 역사적으로 기독교, 이슬람교, 불교, 유대교 등과 같이 각기 다른 종교적 전통을 갖는다.

1926년 당시 러시아연방 내 민족집단은 169개였다(Krasovickaja, 1992; Froumin & Zakharov, 2009 재인용). 이들의 교육을 위해 1981년에 소위 '민족학교'라고 불리는 새로운 형태의 공립교육기관이 설립되었다. 이들 학교에서는 일반 교과목과 별개로 해당 민족집단의 문학과 역사에 대한 교육을 포함했다. 많은 민족집단이 자신의 문자언어를 가지고 있지 않았기 때문에 정부의 의무는 그들이 자신의 문자를 발달시킬 수 있도록 하는 것이었다. 40개 이상의 민족 언어 문자는 1920년대와 1930년대에 개발되었다. 1929년의 자료에 따르면, 러시아연방 내에 위치한 117개의 대학에서 민족학교에 근무할 교사를 훈련시켰고, 56개 민족 언어로 교과서가 발간되었다. 민족 언어로 지도하는 것은 민족적이고 문화적인 정체성을 형성하기 위함이라기보다는 보편적인 사회주의 교육을 위한 도구로 여겨졌다. 학교 교과서의 내용은 사회주의 이데올로기를 바탕으로 했으며, 이는 민족학교에서도 동일했다(Froumin & Zakharov, 2009).

민족학교의 설립은 국가적으로 추진했던 근대화와 산업화라는 과업을 온전히 따르지 않았다. 점차적으로 산업화와 통합이 우세하게 여겨지기 시작했다. 학교교육의 '러시아화'는 대량교육 개혁을 위한 가장 빠르고 경제적인 수단이었고, 이는 산업 발달을 촉진했다. 1927년과 1956년에 러시아연합에서는 47개 언어로, 1970~1971년에는 27개 언어로, 1987~1988년에는 22개 언어로 수업을 했다(Bacyn & Kuz'min, 1995; Froumin & Zakharov, 2009 재인용). 그 결과, 1989년에는 러시아인이 아닌 민족의 27.6%가 러시아어를 자신의 모국어로 여기게 되었다(Goskomstat RSFSR, 1990; Froumin & Zakharov, 2009 재인용).

1980년대에 시작된 민주화 과정은 교육 시스템의 개혁을 가져왔다. 러시아연합의 헌법은 토착 소수집단과 소수민족 사회의 권리를 보장한다. 이러한 새 민주 헌법에서 보장하는 권리는 민족 정체성의 부활과 민족 정체성을 지지하는 교육에 대한 수요를 증가시켰다. 이러한 수요에 부응하여 교육법은 교육 정책을 개발하고 실행하는 데 있어서 민족집단이 독립적인 실행주체가 될 수 있다고 선언했다. 이를 근거로 언어교육과 교육 내용에 관련된 문제를 강조하는 민족문화 지향적인 비정부조직들이 생겨났다(Froumin & Zakharov, 2009). 이들 조직은 오늘날에는 그 영향력이 매우 적지만 여전히 존재한다. 현재 이들은 일요학교나 문화센터 같은 비공식적 교육의 영역에서 민족 역사와 문화를 가르치는 역할을 한다(Froumin & Zakharov, 2009).

교육법 초기 안에서는 주별 교육 기준에 연합, 지역, 학교 수준의 요소를 구조화하도록 했다. 연방 요소에는 수학, 물리, 생물, 러시아어가, 민족 지역적 요소에는 지역 역사, 지리 등이, 학교 요소에는 선택 과목이 포함되었다. 이와 같은 학교 교육과정 구조는 평가의 문제를 가져왔다.

한편, 1917년 10월 혁명 이후 러시아에서는 모든 민족이 학교에서 자신의 민족어로 교육을 받을 수 있는 권리를 갖게 되었다. 민족어를 바탕으로 정치, 교육, 문화를 도모하고, 각 민족의 의무교육에서 러시아어를 필수과목으로 선정하여 습득을 장려했다. 이와 같은 이중언어교육 정책으로 재소 한국 동포도 극동지역이나 사할린에서 민족 교육을 수행하고, 민족어를 학습할 수 있었다. 그러나 1937년 스탈린이 우리 동포를 중앙아시아로 강제 이주시키면서 민족어 교육이 금지되었다. 이로 인해 대부분의 우리 동포가 민족어를 상실하게 되었다(박갑수, 2006).

함께 생각하기

1. 남미의 여러 국가가 다문화사회를 형성한 배경을 조사하고 그 특징을 기술해보자.

2. 기타 국가 중에서 남미를 제외한 나라 중 한 나라를 선택하여 다문화교육의 정책적 특징을 기술해보고, 이를 다른 나라의 특징과 비교해보자.

참고문헌

김인성(2012). 러시아에서의 민족주의와 다문화주의. 민족연구 50, 23-50.

박갑수(2006). 국어교육과 한국어교육의 성찰. 서울: 서울대학교출판부.

Bacyn, V. K. & Kuz'min, M. N. (1995). Rossijskie etnosy i sovremennaja nacional'naja shkola: Shkola i mir kul'tury jetnosov/Uchenye zapiski INPO [Ethnic minorities in Russia and the modern ethnic school: School and the world of ethnic culture/Scientific notes]. Moscow: Academic Press.

Botha, V. (1991). Draft discussion document: Education for a new South Africa. Cape Town, South Africa: Centre for Intergroup Studies.

Carnoy, M., Gove, A. K. & Marshall, J. (2007). Cuba's economic advantage. Stanford, CA: Stanford University Press.

Carnoy, M., Luschei, T., Lynch, D., Marshall, J., Naranjo, B., Ruby, A. et al. (2007). Improving Panama's educational system for the 21st century economy and society. Unpublished manuscript, University of Pennsylvania, Graduate School of Education, Philadelphia.

Carnoy, M. (2009). Social inequality as a barrier to multicultural education in Latin America. In Banks, J. A. (Ed.). (2009). The Routledge international companion to multicultural education. Routledge.

Christie, P. (1990). Open schools: Racially mixed Catholic schools in South Africa, 1976-1986. Johannesburg, South Africa: Ravan Press.

de la Fuente, A. (1998). Recreating racism: Race and discrimination in Cuba's "special period" (Cuba Paper Briefing Series, No. 18). Washington, DC: Georgetown University, Center for Latin American Studies, Caribbean Project. Retrieved October 22, 2008, from http://www.cubastudygroup.org/index.cfm?FuseAction= Experts.Detail&Expert_id=34

Folb, P. (1991). The open schools movement in South Africa, 1986-1990: Social revolution or epithenomenon? Paper presented at the centre for African Studies Africa seminar, University of Cape Town, South Africa.

Froumin, I. D. & Zakharov, A. (2009). Educational policies for ethnic and cultural groups in Russia. In Banks, J. A. (Ed.). (2009). The Routledge international companion to multicultural education. Routledge.

Garcia Aracil, A. & Winkler, D. (2004). Educación y ethnicidad en Ecuador [Education and ethnicity in Ecuador]. In D. Winkler & S. Cueto (Eds.), Ethnicidad, raza, género, y educación en América Latina [Ethnicity, race, gender, and education in Latin America] (pp. 55–92). Washington, DC: Programa de Promoción de la Reforma Educativa en América Latina y el Caribe (PREAL).

Goskomstat RF. (2002). Vserossijskaja perepis' naselenija: Nacional'nyj sostav i vladenie jazykami, grazhdanstvo [National census: Ethnic composition and language proficiency, citizenship]. Retrieved October 24, 2008, from http://perepis2002.ru/ct/doc/TOM_04_01.xls

Goskomstat RSFSR. (1990). Nacional'nyj sostav naselenija RSFSR po dannym Vsesojuznoj perepisi naselenija 1989 [Ethnic composition of the population in RSFSR according to national population census 1989]. Moscow: Author.

Grant, C. & Tate, W. (1995). Multicultural education through the lens of the multicultural education research literature. In J. Banks & C. Banks (Eds.), The handbook of research on multicultural education(pp. 145–168). New York: Macmillan.

Kyuchukov, H. (2009). Diversity and citizenship education in Bulgaria. In Banks, J. A. (Ed.). (2009). The

Routledge international companion to multicultural education. Routledge.

Lankford, H., Loeb, S. & Wyckoff, J. (2002). Teacher sorting and the plight of urban schools: A descriptive analysis. Educational Evaluation and Policy Analysis 24 (1), 37–62.

Mikhalchenko, V. & Trushkova, Y. (2003). Russian in the modern world. In J. Maurais & M. Morris (Eds.), Languages in a globalizing world (pp. 260–261). Cambridge, UK: Cambridge University Press.

Soudien, C. (2009). Multicultural education in South Africa. In Banks, J. A. (Ed.). (2009). The Routledge international companion to multicultural education. Routledge.

Statistika. (2002). Statistika na Republika Bulgaria [Statistics of the Republic of Bulgaria]. Sofia, Bulgaria: National Statistical Institute.

Valchev, R. (2004). Obrazovatelni iziskvaniya, ocenyavane i grazhdansko obrazovanie [Educational standards, evaluation and citizenship education]. Sofia, Bulgaria: Centar "Otvoreno Obrazovanie." https://www.ushmm.org/wlc/ko/article.php?ModuleId=10005219

12장
독일의 다문화교육 정책과 유럽학교

오영훈

이 장은 다문화교육 정책에 있어서 빼놓을 수 없는 독일의 다문화교육 정책에 대해 이해하는 것을 목표로 한다. 따라서 이 장에서는 사회통합을 지향하는 독일의 다문화교육 정책의 특징을 살펴보고, 베를린 국립 유럽학교의 이중언어교육이 다문화사회로 진입하는 우리나라의 다문화교육에 어떠한 시사점을 제공하는지에 대해 살펴볼 것이다.

1. 독일의 다문화교육 정책의 필요성

독일의 다문화사회 건설 노력이 "완전히 실패했다"고 규정한 앙겔라 메르켈 독일 총리의 발언이 최근 유럽 내 반(反)이주민 정책과 맞물려 뜨거운 논쟁으로 이어지고 있다.

메르켈 총리는 2010년 10월 16일 포츠담에서 기독교민주당(CDU) 청년 당원을 상대로 한 연설에서 "다문화사회를 건설해 공존을 모색하려 했던 (독일의) 접근법은 완전히 실패했다"고 말했다. 또 이주민은 독일어를 배워야 하며, 기독교적 가치를 담은 독일문화도 수용해야 한다고 강조했다.

이러한 발언 내용이 알려지면서 이에 대해 찬반론이 팽팽히 맞서고 있다. 메르켈이 주도하는 기민당(CDU) 의원들은 강력한 지지를 보내는 반면, 반이주민 정책을 우려하는 시민은 거세게 반발하고 있다.

메르켈 총리의 발언은 프랑스와 이탈리아의 집시 추방, 프랑스와 벨기에의 공공장소 부르카 착용 금지 등 최근 유럽 내 반이주민 정책이 잇따르는 가운데 나온 것이어서 논란이 한층 가열될 수밖에 없다.

실제로 독일도 다른 유럽 국가들과 마찬가지로 넘쳐나는 이주민 문제가 사회적 이슈로 떠오른 상황이다. 주류사회에 편입되지 못한 500만여 명의 무슬림 이주민에 대한 경제·문화적 지원 정책은 독일 국민에게 특히 더 민감한 사안으로 부각되고 있다. 대다수 무슬림 이주민은 독일어를 거의 구사하지 못하는 저소득층이거나 정부가 주는 보조금으로 간신히 생활하는 경우가 대부분이다. 더욱이 유럽의 골칫거리로 떠오른 테러의 주범으로도 지목되면서 무슬림 이주민에 대한 독일 사회의 편견은 더 커지고 있고, 유럽 각국 또한 무슬림 간의 사회·문화적 갈등으로 몸살을 앓고 있다.

하지만 독일의 경우 그동안 이주노동자 및 그 자녀들에게 모국어 사용능력을 유지시키는 일 및 학교 수업에 요구되는 독일어를 습득시키는 것이 사회통합에 중요한 요소라고 판단하여 2개 언어 구사능력을 갖추도록 지원하고 있다. 그래서 글로벌 사회에서 요구되는 다양한 외국어 구사능력 그리고 유럽연합의 통합과정 등을 통해 기존의 상호문화교육적 언어정책이 유지되고 있는 실정이다.

이 장에서는 독일의 다문화교육 정책의 흐름과 베를린 주의 일반 공립학교에서 지정되어 실시되고 있는 국립 유럽학교의 외국어 수업모델을 다루고자 한다.

2. 독일의 다문화교육 정책의 흐름

독일은 속인주의를 채택하여 전통적으로 동화주의 정책을 고수하다가 최근에는 속인주의와 속지주의를 혼합하는 정책으로 이주민과 내국인의 사회통합을 유도하고 있다.

독일은 이주민이 사회 문제로 등장한 1970년대 초 외국인 자녀에 대한 교육정책의 일환으로 '외국인교육(Ausländerpädagogik)'을 실시했다. 이 '외국인교육' 프로그램은 외국인 자녀 또는 다른 문화권 출신 아이들을 위한 특수교육이라고도 불린다. 이 프로그램의 목표는 다른 문화적 배경을 지닌 청소년들을 독일 학교와 사회에 동화시키는 것이었다. 이 프로그램은 독일어 사용에 어려움을 겪고 있는 외국인 자녀에게 독일어를 가르치는 데 주안점을 두고 있었다.

그러나 민족적 · 문화적 소수자에게 일방적인 동화를 강요한 '외국인교육' 프로그램에 대한 부정적인 견해는 여러 민족의 문화적 다양성을 인정하는 움직임으로 나타났다. 동화주의 교육 프로그램에 대한 비판으로 타문화의 고유성과 상이성을 이해하는 '상호문화'교육 프로그램이 제시되었다. 이 '상호문화'교육 프로그램은 한 사회를 구성하는 사회집단들의 고유한 문화적 특성이 다양하게 존재하고 있으며, 주류집단의 문화와 비주류집단의 문화가 동등하게 존중되어야 한다는 인식에서 출발한다(오영훈, 2009).

1980년대 중반 독일에서 상호문화 이해교육에 대한 논의는 '다문화사회에서의 상호문화 이해교육'이라는 새로운 관점에서 폭넓게 이루어진다. 이러한 논의는 이주노동자 자녀의 교육에 대한 질적인 전환을 촉구하는 입장에서 민속학, 문화인류학, 사회학에 기초한 문화교육을 강조한다. 이와 관련한 연구로는 클램(1985)의 『상호문화교육(Interkulturelle Erziehung-Versuch einer Eingrezung)』과 디코프(1982)의 『외국인교육(Erziehung Ausländer Kinder als Herausforderung)』이 있다. 특히 이들은 새로운 교육정책, 즉 상호문화 이해교육을 바탕으로 한 독일 사회에서의 외국인 통합정책을 주장하면서 무엇보다도 언어능력 배양을 통한 사회통합의 중요성을 강조했다.

슐테(2001)는 상호문화교육의 전반적인 소개와 함께 독일 이주민 정책의 역사를 개괄하는 형태의 연구를 중심으로 다루었다. 여기에서 상호문화교육 프로그램의 궁극적인 지향점은 사회구성원이 타문화에 대한 편견과 고정관념을 줄이고, 서로 다른 문화집단에 속하는 사람들이 한 사회 속에서 서로 평등하게 상호 공존할 수 있도록 하는 것이라고 주장했다.

폼머린-괴츠(2001)에 따르면, 상호문화교육은 유입된 소수민족들만 변할 것이 아니라, 독일인 역시 다른 문화를 이해하는 교육과정을 밟아야 한다. 특히 모든 문화는 동등한 가치를 지니며, 교실에서 문화의 다양성은 다양한 학습기회를 제공할 뿐만 아니라 지식 확장을 위해서도 필요하다는 것이다.

독일 정부는 독일과 상호 협력계획에 의해 들어온 나라들, 즉 스페인, 터키, 포르투갈, 구 유고슬라비아 어린이들을 위해 그들의 언어를 인정해주고, 우선 그 언어로 교육받으며, 계속해서 그 언어를 공부할 수 있는 길을 열어주었다. 그리고 학계와 주정부, 유럽 동맹 국가들의 압력으로 인해 다른 소수민족의 언어도 인정했다. 결국 1991년 새로운 법을 제정하여 이민자의 언어와 문화를 인정하게 되었다. 유럽 통합을 선도하는 독일 연방정부는 이민 온 어린이들을 독일 학교에 무료로 다닐 수 있게 했고, 그들의 모국어도 제1 또는 제2 외국어로 선택할 수 있게 했다. 독일에서 실시되고 있는 상호문화 이해교육의 형태는 소수민의 전반적인 문화뿐만 아니라 언어까지도 인정하고 이해하는 데 그 목표를 두고 있다.

2005년에는 처음으로 이민법을 개정했는데, 이민법이 도입되었다는 것은 독일 스스로 이민 국가이자 다문화 국가임을 인정한다는 점에서 의미가 있다. 개정된 이민법의 큰 특징은 이민자의 통합정책에 대한 연방정부의 책임을 분명히 하고, 이에 대한 정책 수립 및 예산 지원을 명시했다는 데 있다. 특히 연방정부의 권한과 역할 및 의무의 가이드라인을 명확히 제시했다는 점과 이주민을 위한 통합코스의 개설이 처음으로 모든 이민자에게 적용되는 단일한 과정으로 만들어졌다는 데 의의가 있다(이용승, 2007).

독일 정부는 인구의 약 1/5을 차지하는 외국인의 통합을 강화하기 위한 방안으로 2006년 7월 처음으로 이민자의 사회적 통합을 촉진하기 위해 '이주민 통합 정상회의'를 개최했다. 참석자는 독일 총리와 100여 명의 외국 이주민 단체 대표 및 당국자들이었으며, 이민자 관련 지원 및 규제 방안 등 이민자 통합 촉진을 위한 의견을 교환할 수 있었다. 이처럼 독일 정부가 외국인 통합에 적극 나서고 있는 것은 이 문제가 독일 사회의 안정과 경제 발전에 중요한 역할을 하고 있다는 것을 반영하고 있다.

최근에는 독일인이 상호문화 이해교육에 관심을 가지면서 이주민 자녀를 위해 공존 프로그램을 마련하여 운영하고 있으며, 성공한 이주민 집단을 활용하여 이주민 청소년들의 직업진로교육을 실시하고 있다. 그리고 다문화교사 양성을 위해 교사연수 프로그램에 다문화능력 자격 코스를 개설하고 교수법 및 현장실습 과정을 거치도록 하고 있다.

3. 베를린 국립 유럽학교의 현황

베를린은 독일에서 1학년부터 두 개의 언어로 수업이 실시되는 유일한 모델을 가지고 있는 도시이다. 국립 유럽학교(Staatliche Europa-Schule Berlin)의 목적은 다른 언어를 사용하는 두 학생그룹이 전체의 교육과정에서 이중 언어로 수업을 진행하는 통합교육을 지향하는 데 있다. 베를린 시는 학생들의 언어능력뿐만 아니라 학교에서 각기 다른 문화의 배경을 가진 학생들의 상호문화교육 환경을 조성하는 것을 교육목적 중 하나로 삼고 있다.

사회적 경험과 문화적 활동성은 상대방 언어의 습득과 밀접한 관련이 있다. 이 학교에 다니는 학생들은 각각의 상대방 언어권 문화의 개관을 살펴볼 수 있고, 자신들의 모국어로 문화적 정체성과 민족적 정체성도 유지할 수 있다.

특히, 이 학교는 외국어에 재능이 있는 엘리트교육을 지향하거나 부모가 외교관인 학생들을 위한 곳도 아니다. 이 학교에 입학하려는 학생들이 많을 경우에도 부모의 영향력이나 재정 상태가 중요한 것이 아니라, 추첨을 통해 누구나 입학자격이 주어지고 비용도 전혀 들지 않을 정도로 학생들에게 균등한 기회를 제공해준다.

국립 유럽학교는 1992년 160명의 학생과 6개 초등학교 및 세 가지 이중언어(독일어-영어, 독일어-프랑스어, 독일어-러시아어) 수업으로 출발했으며, 현재는 6,000명 이상의 학생과 Berlin 17개 초등학교(Grundschule)와 13개 중등교육학교(Intergrierte Sekundarschule 혹은 Gymnasium)가 있으며, 9가지 이중언어(영어와 프랑스어, 이탈리아어, 그리스어, 폴란드어, 포르투갈어, 러시아어, 스페인어, 터키어) 수업이 실시되고 있다.

학생들은 이러한 교육을 통해 미래의 일자리를 위한 비전을 경험하고 준비할 수 있으며, 특히 서유럽과 동유럽 간의 교두보 역할을 담당할 수 있다.

학교가 학생들의 미래를 위해 부여할 수 있는 가장 중요한 능력 중의 하나는 학생들에게 다언어 구사 능력을 함양시켜주는 것이다. 또한 두 가지 문화교육을 동시에 실시하는 국립 유럽학교는 외국인 혐오에 대한 모든 행위에도 결정적으로 중요한 역할을 수행한다. 모든 학급에서 다양한 민족과 언어를 사용하는 학생들이 같

〈표 12-1〉 국립 유럽학교의 일반적인 교육과정

교과과정	초등학교	중등학교
독일어 교과과정	모국어 독일어 수업 상대방 언어 수업 수학	모국어 독일어 수업 상대방 언어 수업 수학 물리학 화학
상대방 언어 교과과정	생활수업 역사학 정치교육 지리	역사 사회 지리 생물 정치
동일한 비중을 둔 독일어 또는 상대방 언어 교과과정	자연과학 음악 예술 체육	윤리학 음악 예술 체육

이 생활하면서 학생들은 국적과 인종을 초월하여 동등하게 학습한다. 여기에는 어떠한 선입관이나 편견이 존재하지 않는다. 자신의 문화적 정체성을 유지한 상태에서 이러한 다문화교육을 받게 하는 것이 국립 유럽학교의 설립 이유이다.

국립 유럽학교의 일반적인 교육과정은 〈표 12-1〉과 같다.

4. Joan-Miró 초등학교

Joan-Miró 초등학교는 독일어와 스페인어를 동시에 가르치는 베를린 국립 유럽학교이다. 국립 유럽학교는 함께 성장하는 유럽 속에서 유럽 국민과의 접촉과 서로 다른 문화의 접근을 장려한다. 이것은 스페인어의 경우 자명하게도 라틴아메리카의 세계를 포함한다. 이중언어교육은 유럽 국민 간의 경제와 사회적인 접촉뿐만아니라 관용을 배우는 데도 중요한 역할을 한다.

1) 현황

Joan-Miró 초등학교는 미래 지식사회의 요구를 준비함과 동시에 학생들에게 상호문화 능력과 언어 능력을 장려하고, 독립적인 생활과 자기주도적 학습을 하도록 이끄는 데 목적이 있다.

2015년 1월 기준으로 학생들의 현황을 살펴보면 〈표 12-2〉와 같다.

입학 초기단계에 해당하는 1~2학년은 여학생이 90명, 남학생이 96명, 3학년은 여학생 105명, 남학생 110명, 4학년은 여학생 60명, 남학생 60명, 5학년은 여학생 57명, 남학생은 53명, 6학년은 여학생 47명, 남학생 59명이다.

<表 12-2> 학년별 현황

학년	여학생	남학생	학년별 전체 인원
1~2학년	90	96	186
3학년	105	110	215
4학년	60	60	120
5학년	57	53	110
6학년	47	59	106
비율	49%	51%	737

출처: 학교 홈페이지

<표 12-3> 국적별 현황

국적	여학생	남학생	국적별 전체 인원
유럽(독일 제외)	68	70	138
아프리카	1	2	3
아메리카	28	36	64
아시아	11	5	16
무국적	1	0	1
비율	49%	51%	

<표 12-4> 비독일어권 학생 수

전체 학생 수	비독일어권 학생 수			
여학생과 남학생 수	여학생	남학생	학생 수	비율(%)
737명	255명	263명	518명	70.3

　　학생들의 국적별 현황을 살펴보면, 독일 국적을 제외하고 유럽 출신 학생이 가장 많은 수를 차지하고 있다. 전체 여학생 중 유럽 출신은 68명, 남학생은 70명, 아프리카 국적의 여학생이 1명, 남학생이 2명, 아메리카 국적의 여학생이 28명, 남학

생이 36명, 아시아 출신 여학생이 11명, 남학생이 5명, 무국적자는 1명이다.

비독일어권 학생 수를 살펴보면, 전체 학생 수 737명의 70.3%를 차지한다. 그 중 여학생이 255명, 남학생이 263명이며 전체 비독일어권 학생 수는 518명이다.

2) 교육과정

(1) 영어교육

Joan-Miró 초등학교는 1, 2학년부터 영어 과목을 제2 외국어로 가르치고 있다. 영어 과목은 학생들에게 먼저 노래와 시를 통해 리듬 감각과 언어의 음을 학습하게 하고, 듣기에 대한 이해와 발음을 최우선적으로 강조한다. 학생들은 영어를 놀이식 으로 일상적인 상황에 접목시킴으로써 즐겁게 배울 수 있다.

(2) 영양교육

4학년부터 6학년까지는 자연과학 분야에서 여러 주 동안 '건강한 영양'을 위한 실습 프로젝트를 범교과 프로그램으로 운영하고 있다. 영양교육은 2012년부터 생 활수업과 자연과학에서 실시하고 있다. 이 교육은 4학년 생활수업에서 학생들에게 영양사자격증 취득을 목적으로 도입되었으며, 여기에 범교과 과목인 독일어, 수학, 예술과목이 추가되었다. 2013년부터는 자연과학이 특성화 과목으로 확대되었다. 이 특성화 과목은 전공내용을 바탕으로 다시 여러 주 동안 실습 위주의 프로그램으 로 구성되었다. 포트폴리오 작성하기, 발표하기, 정보 찾기 등 학생들의 연구방법론 강화와 팀별 발표, 피드백 주고받기 등 사회 능력을 강화하는 프로그램들이 영양교 육에서 중요한 요소가 된다. 그 외에 소비자교육과 건강교육 등이 이 과목의 주요 주제로 포함된다.

(3) 방법론 역량 강화

교과와 학년을 넘어서는 트레이닝의 요구가 방법론 역량 강화의 영역에서 발전되어 2009년부터 13명의 학생이 참여하면서 매 학기 한 주간씩 2년의 교과과정으로 운영되었다. 이 그룹 이외에 2011/12년도부터는 몇몇 예비그룹이 형성되어 이 교과과정이 2012/13년도부터는 확고히 자리매김했다. 평가는 프로젝트 주간에 모든 팀이 참여하여 이 교과과정의 내용을 옹호하든지, 아니면 내용을 발전시킬 것인지를 발표하는 것으로 이루어졌다.

방법론 역량 강화를 위한 트레이닝 시간은 고학년 학생들에게 보다 길고 다양한 방법으로 실시되고, 저학년 학생들에게는 다른 방법으로 실시되었다.

2013/14년도부터는 1년 교육과정 내에서 정해진 시기에 4일 동안 운영되었고, '수학의 날'이 추가되었다. 프로젝트 주간에 실시된 방법론은 4학년부터 '방법론-파일'에 분류하여 비치했다.

(4) 매체 역량 강화

학생들의 매체 역량 강화에 대한 장려는 처음부터 교과과정의 중요한 요소이다. 이 교과과정은 방법론 역량 강화와 밀접하게 관련이 있다. 학생들은 방법론 트레이닝을 실시하는 여러 주간에 컴퓨터의 도움으로 마인드맵을 만드는 것과 같이 다양하게 웹 서핑 연습을 한다.

매체 역량 강화는 3학년부터 지속적으로 정해진 과정 내에서 운영된다. 그래서 4학년 학생들은 컴퓨터에 대한 기본 과정과 인터넷에 대한 서핑과정을 배운다. 그 외의 학생들은 다른 컴퓨터 운영기관과 연계하여 규칙적으로 매체교육적인 과정에 참여한다. 또한 학생은 온라인을 통해 자신들이 선호하는 전자서적을 검색하여 점수를 모을 수 있다. 이러한 프로그램은 학교에서 오후에 실시되는 읽기 연습과 관계가 있고, 교사들은 텍스트를 이해하는 다양한 정보를 학생들에게 제공해준다.

5, 6학년부터는 체계적으로 컴퓨터를 다룰 수 있는 방법들을 배우고, 배운 방법들을 발표한다. 교사들은 수업시간에 자신의 블로그나 페이스북을 통해 일주일간의 계획을 학생들에게 보여준다. 매체 역량 강화는 수업시간 내에서만 이루어지는 것은 아니다. 5, 6학년 학생들은 수업 이외의 시간에 자신이 만든 비디오를 편집할 수 있는 다양한 기술을 배울 수 있으며, 자신이 만든 비디오를 컴퓨터 프로젝트 주간에 다른 학생들에게 보여주기 위해 전시할 수 있다.

(5) 학교 밖 프로그램

답사와 탐방 등은 초등학교에서 학생들이 수업과 경험을 동시에 수행할 수 있는 중요한 수단으로 간주된다. 학교라는 장소가 책과 다른 교재를 학습하는 유일한 곳이 아니기 때문에 학생들의 생활과 친숙하고 주위 환경과 소통할 수 있는 곳에서 학습할 경우 학생들의 몸과 마음을 건강하게 할 수 있다. 그래서 학생들은 시내 곳곳을 잘 알 수 있도록 시의 정보지와 지도를 통해 시내를 탐방한다. 또한 환경보호, 영화관, 동물원, 문화, 예술, 음악 등을 경험할 수 있도록 직접 방문하기도 한다.

(6) 학생의회 프로그램

학생의회는 학생들에게 사회의 민주적인 구조를 신뢰할 수 있도록 한다. 다른 사람과의 소통을 존중하고 서로를 위해 사회적인 책임감을 강조하는 것이 이 학교의 가장 중요한 목표이기도 하다.

학생의회는 3학년부터 6학년까지 학년대표들로 구성된다. 교사 한 명이 정기적인 회의를 주도하고, 또 다른 교사가 참석한다. 학생의회는 학교생활에서 중요한 주제를 토론하고, 학생들은 여론조사와 결정에 참여한다. 일반적인 정보는 반대표를 통해 각 반에 통보된다. 이것을 통해 학생들은 자신들의 의견이 소중하다는 것을 경험하게 된다.

이 학교에서 생활세계와 역사, 지학, 자연과학 등의 교과는 스페인어로, 수학과 독일어 수업만 독일어로 가르친다. 예술, 음악 그리고 체육은 교사의 역량에 따라 유동적으로 독일어나 스페인어로 수업한다. 상대방 언어가 제1 외국어이고, 제2 외국어는 영어이다.

5. Finow 초등학교

Finow 초등학교는 이탈리아어와 독일어를 동시에 가르치는 베를린 국립 유럽 학교이며, 함께 성장하는 유럽에서 미래 지식사회의 요구에 대비하기 위해 세워진 학교이다. 이 학교에서는 개인과 사회 및 전문 역량을 강화하는 기본능력 이외에 다음과 같은 세 가지 능력을 장려한다.

① 상호문화적 역량: 세계에 대한 개방성을 습득하기 위해 사회생활의 확충으로서 문화적 다양성을 이해하고, 낯섦을 극복한다. 또한 수업에서 상대방 문화와 언어의 동등성을 인정한다.
② 언어적 역량: 여러 가지 외국어, 특히 두 번째 언어인 이탈리아어를 다른 교과영역에서 습득하고 적용한다.
③ 지향성 역량: 미래의 중요한 문제를 제기하고 행위의 관점을 유도하기 위해 설정된 지식을 중재한다.

1) 현황

Finow 초등학교는 1969년 일반 초등학교로서 개교되었지만, 두 가지 언어인 독일어와 이탈리아어를 가르치는 유럽학교로서 1994/95년에 출발했다. 이 학교는 37개 국가의 학생들이 모여 있기 때문에 모국어와 문화적 배경의 상이성으로 인해 수업시간이나 수업시간 이외에도 개념적으로 이중언어적인 특성이 드러나지 않는 상호문화적 학교이다.

2015/16년도 기준으로 학생들의 현황을 살펴보면 다음과 같다.

입학 초기단계에 해당하는 1~2학년은 여학생이 97명, 남학생이 103명, 3학년은 여학생 48명, 남학생 45명, 4학년은 여학생 48명, 남학생 43명, 5학년은 여학생 44명, 남학생 58명, 6학년은 여학생 40명, 남학생 45명이다.

학생들의 국적별 현황을 살펴보면, 독일 국적을 제외하고 유럽 출신 학생이 가

〈표 12-5〉학년별 현황

학년	여학생	남학생	학년별 전체 인원
1~2학년	97	103	200
3학년	48	45	93
4학년	48	43	91
5학년	44	58	102
6학년	40	45	85
비율	49%	51%	571

출처: 학교 홈페이지

〈표 12-6〉국적별 현황

국적	여학생	남학생	국적별 전체 인원
유럽(독일 제외)	133	142	275
아프리카	2	1	3
아메리카	2	2	4
아시아	7	9	16
무국적	1	1	2
비율	48%	52%	300

<표 12-7> 비독일어권 학생 수

전체 학생 수	비독일어권 학생 수			
여학생과 남학생 수	여학생	남학생	학생 수	비율(%)
571명	252명	266명	518명	90,7

장 많은 수를 차지하고 있다. 전체 여학생 중 유럽 출신은 133명, 남학생은 142명, 아프리카 국적의 여학생이 2명, 남학생이 1명, 아메리카 국적의 여학생이 2명, 남학생이 2명, 아시아 출신 여학생이 7명, 남학생이 9명, 무국적자는 여학생이 1명, 남학생이 1명이다.

비독일어권 학생 수를 살펴보면, 전체 학생 수 571명의 90.7%를 차지한다. 그중 여학생이 252명, 남학생이 266명이며, 전체 비독일어권 학생 수는 518명이다.

2) 목표

학교는 다음과 같은 목표를 가지고 있다.

F: FÜREINANDER(서로를 위해), VONEINANDER(서로에게서), MITEIN-ANDER(함께)처럼 우리는 편안하고 일상적인 것에 함께 가치를 부여한다. 이러한 가치에는 존중과 성찰, 타인을 도와줄 준비와 공손함이 속한다. 여기에 해당하는 주요 모티프는 "함께 생활하고" "서로에게서 배운다"이다.

I: ITALIENISCH(이탈리아어)-DEUTSCH(독일어)처럼 우리는 특히 이탈리아와 독일 문화, 다른 문화권 학생들의 문화를 서로에게 알린다.

N: NATURVERBUNDEN(자연과 연계된)처럼 우리는 건강한 생활을 장려한다. 생태적으로 건강한 음식물 섭취와 많은 운동이 학교생활에서 중요한 요소에 속한다.

O: OFFENHEIT(개방성), ORGANISATION(조직)처럼 우리는 학부모와 함께 행복한 학교생활과 우리를 신뢰하는 학생들의 교육을 위해 공동으로 책임을 진다. 우리는 이렇게 함으로써 개방적이고 서로 신뢰하며 공동의 목표를 발견하여 그것을 실현할 것이다.

W: WISSEN(지식), LERNEN(학습)처럼 우리는 학생들 개인의 재능과 호기심 그리고 지식에 대한 욕구를 장려한다. 우리는 다양한 방법론과 창조성을 통해 학생들에게 공동으로 또는 독립적으로 지식과 능력을 배양하도록 노력할 것이다.

3) 학교생활

(1) 단체 식사

급식은 학생들에게 학교생활에서 중요한 부분이다. 왜냐하면 식사하면서 일반적으로 예절에 대한 공감을 강화시킬 수 있기 때문이다. 동시에 학생들은 식사를 통해 환경교육의 중요성을 배울 뿐만 아니라, 학교생활에서 이탈리아 음식물에 대한 가치를 배울 수 있다. 또한 학생들은 식사를 통해 좋은 음식에 대한 상호문화적 다양성과 서로의 음식 습관을 경험할 수 있다.

(2) 축제

축제는 학생들에게 학교에 대한 소속감을 심어줄 수 있을 뿐만 아니라, 외부에 학교를 홍보할 수 있는 좋은 수단이다. 이 학교에서는 매년 일정한 기간을 정해 전체 학생이 참여하는 축제를 하고, 각 학년마다 매 학기 종강파티를 개최한다. 이렇게 함으로써 교사와 학생 간의 유대감을 강화하고, 학생들에게 소속감과 학습의 동기를 부여할 수 있다.

(3) 학부모의 참여

이 학교는 수업의 질을 더욱 풍요롭게 하기 위해 학부모의 경험시간을 체계적으로 활용하고 있다. 학기 초 각 반에서는 '학부모 협력자'를 선정하여 어떤 학부모가 어떤 지식을 갖고 있으며, 어떻게 접촉하고, 어떤 시간에 학교를 방문할 수 있는지를 확인한다. 이 학교는 학부모들의 자료를 통해 베를린의 다른 이탈리아-독일 교육기관과 네트워크를 구축할 뿐만 아니라, 다른 지역의 초등학교와 교육기관들과 연계하여 학교로 초청하거나 기관답사에 활용한다.

(4) 학부모에게 학교운영에 대한 정보 제공

교사들은 학부모모임 때 다음 달에 학사운영이 내용적으로나 구조적으로 어떻게 구축될지 정보를 설명한다. 교사들은 어떤 대책과 학교 프로그램의 발전계획이 학생들의 수업에 반영될 수 있을지를 분명하게 제시한다. 이때 학부모의 건의사항이 많이 반영되기도 한다. 이렇게 학부모가 학교 운영에 참여함으로써 교사와 학부모 및 학생들 간 신뢰가 형성되어 학생들의 학교 만족도가 상당히 높은 편이다.

6. 한국의 다문화교육을 위한 시사점

독일의 경우 다문화교육과 관련하여 취학 전 단계에서의 언어교육을 강조하고 있다. 그래서 취학 전 단계와 초등학교 언어교육의 보다 밀접한 연계성을 찾아서 보완책을 마련하여 이를 제도화하는 주도 등장하고 있다. 언어가 학습을 하는 데 있어서 최우선적으로 고려해야 할 사항이라는 관점에서 보면, 한국에도 시사하는 바가 크다.

또한 외국어 교육정책의 차원에서 고찰할 경우 국립 유럽학교(SESB)는 한국의 초·중등학교 외국어교육의 방향과 형식의 변화에 대한 필요성을 시사하고 있다. 국립 유럽학교가 언어근접성이 높은 주변 국가들의 언어에 초점을 맞춰 실용적 외국어수업을 한다는 점에서 오로지 영어 몰입수업만을 강조하는 한국교육에서 외국어교육의 다변화를 시도해야 할 것이다. 그리고 언어진단능력 개선, 개별 학생의 특성에 맞는 능력개발, 다름과 차이를 유연하게 다룰 수 있는 문화이해역량이 무엇보다 시급하게 개선되어야 할 것이다. 이것은 다문화가정 학생뿐만 아니라, 모든 학생에게 요구되는 것이기도 하다.

독일 다른 주의 학교교육과 비교할 때 베를린 공립학교에서 실험적으로 시행되는 이중언어 수업모델은 시간적으로 앞설 뿐만 아니라, 규모나 내용에 있어서도 선도적이라 할 수 있다. 베를린 주 당국에서 이렇게 외국어 몰입수업 학교 및 교육 프로그램에 지대한 관심을 나타내는 것은 베를린이 다민족·다문화가 공존하면서 도시와 사회·문화가 발전해 온 점을 말해주는 것이다. 또한 통일된 독일의 수도로서 유럽을 대표하는 글로벌 경제 및 문화도시로 재탄생하기 위한 시도이기도 하다.

이제 한국 사회도 다양한 인종과 문화가 공존하는 '다민족, 다문화사회'로 빠르게 변화하고 있음을 아무도 부인할 수 없다. 이처럼 빠르게 변화하는 사회에서 함께 살아가기 위해서는 서로 협력하고 공존할 줄 아는 공동체적인 삶의 태도와 포용할 수 있는 시민정신을 키워야 한다.

다문화교육은 사회적 통합을 위해 단기적으로 해결점을 찾는 프로젝트를 넘어 체계적인 내용체계를 가지고 지속적으로 추구해야 할 장기적 프로젝트로서 수행되어야 할 것이다. 현재 이루어지고 있는 다문화교육의 대부분이 단기적인 교육적 효과나 문화체험, 축제 등 이벤트성 교육 프로그램에 그치고 있다는 것은 매우 문제시된다. 다문화가정 자녀들은 한국문화와 이(異)문화를 제대로 배움으로써 대외적으로 한국문화를 전 세계에 체계적으로 신속하게 전파하는 자랑스러운 한국인이 될 것이다. 우리와 함께 다문화가정 자녀들이 부모 나라의 문화를 자랑스럽게 여기고 우리 사회의 당당한 일원으로 성장한다면 아시아 공동체, 더 나아가 세계를 상대로 훌륭한 역할을 할 수 있는 글로벌 인재가 될 수 있을 것이다. 이들을 글로벌 인재로 키우느냐 아니면 사회 부적응자로 만드느냐는 우리의 통합적 다문화교육에 달려 있다고 해도 과언이 아니다.

현실사회에서 완전히 실현할 수는 없겠지만, 인도네시아의 국시인 '다양성 속의 조화(Diversity of social culture' but life in UNITY)'라는 문구를 통해 우리 사회의 다문화주의와 다문화교육이 지향해야 할 방향성을 제시해본다. 그래서 다수자들로 하여금 소수자 문화 교육의 중요성에 대한 성찰이 일어나고, 존재의 다름과 같음을 이해하면서 다른 존재자들과도 함께 잘 어울려 살 수 있기를 희망해본다.

함께 생각하기

1. 사회통합을 위한 독일의 다문화교육 정책이 각 주별로 다양하게 이루어지고 있는 반면, "다문화사회의 건설노력이 완전히 실패했다"는 말의 의미를 설명하시오.

2. 국립 유럽학교 시스템을 독일의 다른 주 정부에서는 실시하지 않고 왜 베를린 주에서만 실시하고 있는지, 또한 이 학교가 우리나라 다문화교육 정책에 어떤 시사점을 주는지 설명하시오.

참고문헌

국가인권위원회보고서(2008), 인권 관점에서 다문화교육 실태분석 및 개선방안연구, 국가인권위원회.

오영훈(2009), 다문화교육으로서 상호문화교육-독일의 상호문화교육을 중심으로-, 교육문화연구,
  27~44.

──(2011). 다문화사회 독일의 종교교육-모두 함께하는 종교수업 실험을 중심으로-, 종교문화비평,
  17~47.

이용승(2007). 독일의 다문화 가족 정책, 민족연구 제31호, 한국민족연구원.

정영근(2009). 학교의 이중 언어수업과 상호문화교육-독일 베를린의 공립학교 이중 언어수업 실험모형을
  중심으로-. 교육의 이론과 실천 Vol.14. No.1, 167-185.

Angenendt, Steffen u. a. (2004). Migrations- und Integrationspolitik in Deutschland 2002-2003: der Streit
  um das Zuwanderungsgesetz. In: Bade, Klaus J. u. a.: Migrationsreport, Frankfurt a. M.

Martiniello, M. (2002, 윤진 역). 현대사회와 다문화주의, 한울 아카데미(원저 1997년 출판).

Pommerin-Götze (2001). Gabriele, Interkulturelles Lernen. In: Helbig, Gerhard/Götze, Lutz/Henrici, Gert/
  Krumm, Hans-Jürgen(H. g.) Deutsch als Fremdsprache. Ein internationales Handbuch. 2., Band.
  Berlin/ New York, 973-985.

베를린 유럽학교 홈페이지:

http://www.berlin.de/sen/bildung/besondere_angebote/staatl_europaschule/
http://www.sesb.de/europaschulstandorte/europaschulstandorte.html

Finow 초등학교 홈페이지: http://www.finow-grundschule.cidsnet.de/
Joan-Miró 초등학교 홈페이지: http://www.joan-miro-grundschule.de/

IV

다문화학교와 다문화교수법

4부에서는 다문화학교의 필요성과 의미, 구체적인 유형에 대해 살펴보고 다문화학교에서 이루어지고 있는 다문화교육의 방법적·내용적 측면인 다문화교수법에 대해 함께 고민해볼 것이다.

다문화교육의 핵심은 무엇일까? 교육은 교육이 이루어지는 사회의 특성을 반영한다. 현재 대부분의 나라들은 민주주의를 표방한다. 다문화교육은 교육적 차원에서 민주주의의 주요 가치를 실현하고자 하는 하나의 교육운동이다. 학교는 이러한 교육운동의 주요 장(場)이자, 시민사회에서 제도화된 교육의 장으로서 개인과 사회의 유지와 발전에 중추적인 역할을 한다. 물론 학교 이외의 기관이나 단체에서도 다문화교육은 이루어지지만, 모든 시민이 함께 살아감에 있어서 기본적이고 공통된 교육이 이루어지는 곳은 학교이기에 다문화교육의 근간 또한 학교라고 할 수 있다.

다문화교육은 북미, 유럽, 아시아, 오세아니아 대륙 등에서 사회적·역사적 특성에 따라 나름의 방식으로 특화되어 이루어지고 있다. 북미의 경우 인종차별에서 시작된 인권과 평등교육 사상의 기조를 바탕으로 다문화교육이 이루어지고 있다. 유럽의 경우에는 이주의 역사에 따른 이주민과의 사회통합과 다문화사회로의 진입과 발전을 위한 다문화교육이 이루어지고 있다. 아시아의 경우에는 역사적으로 근접한 국가에서의 이주로 인한 다양한 소수민족의 공존, 식민시대의 경험 및 노동이주 등에 따라 다양한 문화가 혼재하게 되면서 각 나라의 다문화교육에 대한 중요성이 더욱 대두되고 있다. 이와 달리 오세아니아의 경우에는 나라의 출발점 자체가 다문화성을 지니고 있기 때문에 나라의 존속 이유와 발전을 위한 원동력을 다문화교육에서 찾고자 했다. 4부에서는 이러한 다양한 다문화교육 중 한국 사회의 특성과 글로컬 사회로의 변동 패러다임에 부합한 평등 교육의 실현 및 한국의 다문화사회 진입을 돕는 데 그 역할이 기대되는 다문화학교의 특성과 유형을 살펴보고자 한다. 이와 함께 한국의 다문화학교에서 이루어지고 있는 다문화교육의 내용뿐만 아니라 다문화교수법을 함께 고찰할 것이다.

독일의 다문화사회로의 진입 역사는 이주노동자의 유입이 증가함에 따라 정주화 경향이 강해지면서 점차 확대 발생되는 사회적 갈등의 문제를 해결하기 위해 국가가 주도적으로 다문화주의를 표방한다는 특징이 있다(금혜성·임지혜, 2010: 61). 즉, 독일은 이주민 동화 정책에서 나아가 사회문화적 갈등을 해결하기 위한 다각적 해결 방안을 고민하기 시작했다. 이러한 특징은 독일의 다문화주의가 이주민에 의한 문제를 더 이상 개인이나 자국의 문제로 한정하지 않고, 세계적 차원과 인권이라는 '인류보편의 정의'의 측면에서 이해한 데 따른 것이다. 이제 한국 사회도 기존의 독일이나 유럽이 표방했던 다문화 동화 정책의 실패를 타산지석으로 삼아 새로운 다문화교육의 방향을 설정해야 할 것이다. 이러한 측면에서 기존에 강조되었던 결혼 이민자에 대한 동화교육이나 한국어 중심의 다문화교육은 같음을 강조하는 통합을 넘어서야 한다. 즉, 한국의 다문화교육은 개인적 차원과 사회적 차원뿐만 아니라 세계적 차원에서 다름을 인정하고 이해하는 가운데 조화를 추구함으로써 다문화 시민성을 함양하는 과정으로 변화해야 한다.

4부에서는 이러한 세계시민성과 평등교육을 실현하는 다문화교육의 장인 다문화학교와 그 안에서 이루어지는 교육의 특징 및 다문화교수법을 살펴보고자 한다. 법무부 출입국·외국인정책본부에 따르면 2016년 1월 말 현재 국내 체류 외국인은 187만 9,880명이다(2016년 1월 법무부 통계월보). 이는 행정자치부 주민등록인구현황 통계자료에 보고된 한국 총 인구수 5,154만 1,582명의 약 3.6%에 해당한다. 한국은 학계가 말하는 다문화사회로의 진입 평균 비율인 2.5%를 넘어선 오늘날, 이제 단일민족과 혈통주의라는 편견을 버리고 다문화사회로의 올바른 이행을 위한 교육적 차원의 노력이 필요하다. 이에 다문화교육을 그 대안으로 제시할 수 있다. 한국 사회의 다문화교육은 Banks(2008)나 Nieto(2010)가 주장하는 '평등교육의 실현'이라는 관점이 필요하다. 즉, 한국 사회도 다문화교육을 교육 개혁운동의 일환으로 바라보아야 하며, 다문화교육을 수습(修習)하는 장(場)으로서 다문화학교의 필요성을 인지해야 한다. 이러한 관점에서 4부는 다음의 내용을 중심으로 구성했다.

13장에서는 다문화교육을 다시 한 번 정의하고, 이를 토대로 다문화학교의 시작과 발전, 미래의 방향성에 대해 살펴보고자 한다. 14장에서는 13장에서 정의한 다문화학교의 개념을 토대로 한국에 있는 다문화학교에 대한 구체적인 예를 유형별로 제시함으로써 한국 다문화학교의 현실을 고찰하고, 나아가야 할 방향을 다시금 환기해보고자 한다. 미국은 기존 학교의 다문화학교화 혹은 다문화가정 학생(소수자)에 대한 교육의 형평성이라는 측면에서 다문화학교에 대한 논의가 이어지고 있다. 또한 유럽은 기존 학교 내에서의 상호문화 이해교육 또는 이중언어학교로서의 다문화학교가 회자된다. 하지만 이러한 다문화학교의 유형과 특성을 한국에 그대로 가져오기에는 무리가 있다. 많은 학자들의 논의와 같이 한국은 단일민족 혹은 혈통주의의 편견과 동화주의적 관점의 다문화주의 시각이 팽배한 가운데 한국의 사회문화적 요인과 정치적 논리가 맞물려 있기 때문이다. 따라서 현재 설립되어 있는 다문화학교에 대한 다각적인 분석을 통해 한국적 다문화 상황에 맞는 맞춤형 교육을 위한 방향 제시가 필요하다.

15장에서는 다양한 학습자를 대상으로 하는 다문화교육을 위한 다문화교수-학습방법에 대해 다문화교육방법적 측면에 대해 살펴보고자 한다. 교수-학습은 교육의 방법적 측면으로 다문화교육을 실행하기 위한 도구이자 과정이다. 기존의 다양한 교수-학습방법이 있지만, 다문화교수-학습방법은 다문화교육에서 강조하는 다문화적 지식, 기술, 태도를 보다 효과적으로 함양하기 위한 교수-학습방법을 말한다. 이에 15장에서는 다문화교수-학습방법의 연구 동향과 실제에 대해 심도 있게 고찰할 것이다. 특히 교수-학습방법은 비다문화가정 출신의 고등학생과 이질성이 높은 다문화가정 초등학생에 대한 실례를 통해 일반 학교와 다문화학교, 학교 밖 교육과 학교 안 교육의 통합을 모색하도록 할 것이다.

13장
다문화교육과 다문화학교

김영순 · 오영훈 · 조영철

다문화교육에 있어서 다문화학교의 의미는 무엇인가? 이 장에서는 다문화교육에 있어서 빼놓을 수 없는 학교교육기관인 다문화학교의 개념과 의미에 대해 이해하는 것을 목표로 한다. 따라서 이 장에서는 다문화교육과 다문화학교에 대한 필요성과 개념 정의를 먼저 하고, 이후 기존의 연구들에서 제시한 논의를 바탕으로 우리나라의 다문화교육에서는 어떠한 다문화학교가 요구되는지를 살펴볼 것이다.

1. 한국의 다문화교육과 다문화학교의 필요성

다문화는 '다양한 문화'를 가리키는 개념으로 문화에 그 기저를 두고 있는 개념이다. 따라서 문화의 개념을 통해 다문화의 개념을 정의할 수 있을 것으로 본다. 타일러(Tylor, 1871)는 "문화란 사회에서 인간이 획득한 신념, 지식, 예술, 법률, 도덕, 기타 모든 능력과 습관을 포함하는 복합적 총체"라 정의한다. 여기서 문화는 인간이 이룩한 지식, 가치, 신념, 예술, 규범과 법률, 물질적 산물 등을 총칭하는 물질적 · 정신적 산물이다. 즉, 다문화란 문화의 복잡다변성을 이야기하는 개념이다.

한국에서 다문화는 2006년부터 '혼혈'이라는 차별적인 용어를 대신하여 정부에서 사용하는 용어이다. 이때의 다문화는 다인종, 다민족으로 구성된 사회에서 중추적 역할을 하는 주류문화에 대한 하위 개념으로 이해할 수 있다. 이러한 다문화의 개념은 이미 영국과 독일 등에서 시작된 것이다. 미국이나 호주, 캐나다의 경우는 나라의 출발점 자체가 다인종으로 출발했기에 우리나라의 다문화사회로의 이행과는 형태가 다르다. 한국의 경우는 영국과 독일의 경우처럼 국제결혼과 노동이주로 인해 급격한 다문화사회로의 이행 단계를 거쳐 오고 있다.

한국에서 다문화에 대한 논의는 1990년대부터 본격적으로 대두되었다. 한국 사회의 국제이주 개념은 영화 「국제시장」에 등장하는 1960년대 파독광부와 간호사의 경우처럼 노동을 목적으로 한 해외이주에서 시작되었다. 이후 한국의 국제이주는 1980년대 말부터 외국인 노동자가 국내로 유입되면서 전환기를 맞이하게 되었다. 2004년 고용허가제의 도입은 외국인 노동자에 대한 사회적 관심을 촉발했다. 특히, 2006년 한국인 어머니와 주한미군 아버지 사이에서 태어난 미국 풋볼 스타 하인스 워드에 대한 이슈는 한국 사회의 다문화에 대한 관심을 증폭시켰다. 국제이주와 다문화에 대한 관심의 변화는 뉴스 기사를 통해서도 알 수 있는데, '다문화'를 키워드로 한 네이버 뉴스 건수[1]가 2005년 246건에서 2006년 914건, 2007년 3,099건을 거쳐 2015년에는 7만 3,344건까지 증가했다. 학술연구정보서비스(RISS)에서도 2016년 6월 1일 기준으로 '다문화'를 키워드로 하는 학술자료는 총 2만 916건이 검색된다.

2016년 1월에 공개된 법무부 출입국 · 외국인정책본부 통계월보에 따르면 2016년 1월 말 현재 한국 체류 외국인은 187만 9,880명에 이른다. 이 수치는 행정자치부 주민등록인구현황 통계자료에 보고된 우리나라 총 인구수인 5,154만 1,582명의 약 3.6%를 차지하는 것이다. 하지만 이는 우리나라에 거주하고 있는 미등록 외

---

1) 네이버 뉴스 검색 사이트(http://news.naver.com/)를 통해 2016. 06. 01. 검색함

국인(불법체류자)과 귀화자에 대한 인구 통계가 제외된 것으로, 이들을 포함한다면 우리나라 체류 외국인의 수는 이미 250만 명이 넘는 것으로 추산된다. 다문화사회의 기준이 통상 '5% 이상의 외국인'임을 고려할 때, 한국 사회는 이미 다문화사회라 할수 있다(최충옥·모경환 외, 2010).

다문화사회의 단계는 "다문화사회로의 진입-전환-정착 단계"로 설명할 수 있다. 이를 기준으로 할 때, 현재 한국은 외국인 비율이 가시적으로 증가하고 국민 인식이 형성되는 진입 단계를 지나 다문화가족과 이주민 공동체가 형성되고 다문화가족 내 갈등이 증가하는 전환 단계라고 볼 수 있다. 하지만 한국은 아직까지 이주민과 다문화사회에 대한 인식이 부족하고, 이주민 집단의 성장이나 주류사회와의 공론의 장이 증가하는 정착 단계로의 이행 준비가 부족한 실정이다.

2015년 4월 1일에 집계하여 발표한 교육부 자료에 따르면, 2014년 전국에 재학 중인 다문화가정의 초·중·고 학생 수는 6만 7,806명으로 전체 학생 수의 1%를 넘어섰다. 이와 같은 수치는 100명의 학생 중 1명이 다문화가정 학생이라는 것을 나타낸다. 그러나 수도권 및 기타 외국인 노동자나 결혼이민자 여성이 밀집해 있는 지역에서는 다문화가정 학생 수의 비율이 사실상 통계 수치를 훨씬 앞지른다는 것을 알 수 있다. 실례로 경기도 안산 원곡초등학교의 경우 다문화가정 학생의 비

〈표 13-1〉 다문화가정 학생 수 현황[2]

구분	2014년도					2015년도				
	초	중	고	각종	계	초	중	고	각종	계
한국 출생	41,546	10,316	5,562	74	57,498	50,191	11,054	6,688	166	68,099
중도 입국	3,262	1,386	750	204	5,602	3,965	1,389	723	184	6,261
외국인 자녀	3,417	804	422	63	4,706	6,006	1,384	735	51	8,176
계	48,225	12,506	6,734	341	67,806	60,162	13,827	8,146	401	82,536
비율(%)	71.12	18.44	9.93	0.51	100	72.89	16.75	9.87	0.49	100

---

2) 교육부 교육통계(2015. 4. 1) 참조

율이 전체 학생 대비 50%를 넘어선 지 오래이며, 2016년 3월에는 70%를 넘어섰다. 이처럼 특정 지역에서 나타나는 다문화가정 학생 수의 급증은 한국 학부모의 편견에 따른 다문화가정 학생의 전입이라는 요인도 크다.

이제 한국은 단일민족이라는 편협한 시각에서 탈피해야 한다. 오랫동안 한국인에게는 순수혈통의 단일민족이라는 강력한 민족주의 사상이 깊게 자리 잡고 있었다. 하지만 고대 사학자와 인류학자들은 한민족의 기원을 두 가지 설로 설명했다(권주연, 2014). 바이칼 호 부근에서 시작된 종족의 한반도 이주 설과 남아시아에 기원을 둔 종족의 이주 설이다. 고구려 시대 이후에는 활발한 외국과의 교류와 이주로 국제결혼이 시작되었다는 것은 잘 알려진 사실이기도 하다. 흔히 한국의 고유한 성씨로 오인하는 화산 이씨의 경우, 그 기원을 베트남 민족에 둔다. 또한 한국은 중국이나 기타 아시아권 나라와 이미 민족적 혈통에서 하나가 된 지 오래다. 일본 민족과 가장 가까운 민족적 혈통은 한국이며, 한국과 가장 가까운 민족적 혈통은 베트남이다. 한국 사람의 얼굴을 보자. 남방계 민족의 얼굴, 북방계 민족의 얼굴, 이제는 서양형 얼굴까지 정말 다양한 얼굴의 형태를 볼 수 있다. 이 연구를 통해서도 알 수 있듯이 우리 민족은 더 이상 단일민족이 아니라는 것을 주지(周知)해야 한다.

다문화가정 학생의 학교 급별 비율은 2015년 4월 기준으로 볼 때, 초등학교에서는 72.89%, 중학교에서는 16.75%, 고등학교에서는 9.87%, 각종학교에서는 0.45%로 확인된다. 이를 볼 때, 다문화가정 학생의 비율은 초등학교에서 가장 높으며 이어 중등학교, 고등교육기관, 각종학교 순이라는 것을 알 수 있다. 그러나 안타깝게도 다문화가정 학생들은 학업중단의 문제에서 자유롭지 못하다. 2014년 2월 기준의 교육부 통계를 살펴보면, 전체 학생의 학업중단율은 초등학교의 경우 0.5%, 중학교는 0.7%, 고등학교는 1.4%로 나타난다. 이에 반해 다문화가정 학생의 학업중단율은 초등학교 0.8%, 중학교 1.2%, 고등학교 1.8%로 확인된다. 이는 초등교육과 중등교육이라는 국민공통 기본교육과정에서의 학업중단율 차이를 의미하며, 교육의 사회적 재생산 기능을 고려할 때 우리 사회의 미래를 어둡게 하는 요인이라 할 수 있다. 다문화가정 자녀의 학업중단 이유는 여러 가지가 있지만, 흔히 대표적인 것으로 언어 장벽과 가정환경 문제를 꼽는다. 교육부는 언어와 가정환경으로 인한 학업중단을 전체 학업중단자의 90% 이상으로 보고 있다. 이는 다문화가정 학생 수의 증가 비율과 비교했을 때 심각한 수준이다.[3]

다문화가정 학생 수의 급증과 함께 한국이 바람직한 다문화사회로 진입하기 위해서는 교육적 차원의 대안이 필요하다. 학교는 모든 학생들이 문화적 차이와 사회를 본격적으로 경험하게 되는 최초의 공식적인 교육기관이기 때문이다. 이와 관련하여 Bates, Luster & Vandenbelt(2000)는 다문화가정 학생에게 있어서 학교에서의 긍정적인 생활관의 성취 여부는 이후의 사회생활에 지속적으로 영향을 미친다고 말한다. 즉, 긍정적인 가치관의 형성을 바탕으로 한 학교생활은 이후의 사회생활에도 긍정적인 영향을 준다는 것이다. 그러나 다문화가정 학생들은 그들을 보호할 의무를 가진 부모의 역할 부재, 언어 장벽 및 문화부적응에 따른 학습부진, 또래집단에서 이루어지는 왕따 문제에 심각하게 노출되어 있다. 이러한 문제는 단지 언어나 학습에서의 성취 문제로 그 원인을 한정할 수 없으며, 정서적이고 심리적인 요소를 함께 고려해야 한다. 따라서 다문화가정 학생들이 겪는 문제에 대해 한국은 다문화사회로의 정착과 지속적인 발전을 위해 끊임없이 교육적 대안을 모색하고 실천해야 한다.

대안교육은 기존의 정규교육을 통해 해결할 수 없는 문제를 새로운 방식으로 해결하고자 한다(이병환·김영순, 2008). 또한, 대안교육은 수월성과 경쟁력을 강화하는 공교육의 한계를 극복하고자 교육적 평등이라는 측면에서 그 필요성이 강조된다. 이병환·강대구(2014)는 대안교육을 "비형식 교육 및 무형식 교육을 공교육 체제인 학교교육과 폭넓게 연계하는 방향으로 나아가는 것"으로 정의하며 학교교육의 새로운 방향을 제시했다. 이러한 정의는 교육이 학교를 떠나는 다문화가정 학생들을 포용할 수 있을 것이라는 희망을 갖게 한다. 즉, 한국의 교육체계 속에서 다문화가정 자녀들이 자신의 특성을 발전시키고 사회적 가치를 이해하여 함께 살아가기 위한 교육적 차원의 대안이 바로 다문화대안교육이라고 할 수 있다. 따라서 현재 공

---

3) 교육부 교육통계(2015. 4. 1) 참조

교육 제도권 내에서 이루어지는 다문화 예비학교 등의 프로그램이나 위탁교육 등도 대안교육의 한 영역으로 간주하여 다문화교육과 다문화학교의 개념을 정의해 볼 필요가 있다.

프랑스는 '톨레랑스(관용)'를 사회적 이념으로 여긴다. 그러나 2005년 10월 27일 벌어진 소요사태는 다문화에 대한 프랑스의 정책이 변화하는 데 결정적인 원인이 되었다. 이 사태는 파리의 이슬람 거주민 지역에서 두 이슬람 소년이 경찰의 추적을 피해 도망치다가 감전사한 사건이 발단이 된 것이었다. 소수자인 어린 소년들의 죽음은 프랑스 내 소수자의 분노로 이어졌고 노르망디, 마르세유 등 프랑스 전 지역의 폭동사태로 확산되었다. 결국 이 사태를 계기로 프랑스는 다문화정책에 대해 전 사회가 함께 고민하기 시작했다. 이러한 예를 통해 알 수 있듯이, 다문화가정 학생의 학업중단과 한국 사회 부적응 현상에 대한 부적절한 대응은 한국의 발전뿐만 아니라 지속 여부마저 불투명하게 한다.

2009년 개정된 교육과정 총론은 "문화적 소양과 다원적 가치에 대한 이해", "세계와 소통하는 시민으로서 배려와 나눔의 정신"을 명시함으로써 우리 교육이 추구해야 할 인간상으로 다문화사회를 역동적으로 받아들이고자 하는 의지를 표출하고 있다(김영순, 2012: 2). 또한 교육부와 인천광역시교육청은 보다 적극적인 대처 방안으로 2013년 3월 인천한누리학교를 설립·운영함으로써 다문화가정 학생을 위한 맞춤형 교육을 지원하고 있다.

다문화교육에 있어서 최근 다문화 대안학교 운영에 관한 연구는 다문화가정 학생을 위한 대안학교 설립뿐만 아니라 공교육에서의 대안학교 운영에 관한 연구를 포함하여 다양하고 활발하게 진행되고 있다. Banks(2008)는 불평등한 공교육 시스템 안에서의 교육개혁을 통한 다문화가정 학생의 진로 선택과 교육적 혜택의 교육평등 실현의 일환으로 다문화학교의 필요성을 제기한다. 오성배(2010)는 「인천 공립다문화대안학교 설립 타당성 조사 및 운영 방안연구」를 통해 다문화가정 학생의 적응을 체계적으로 도울 수 있는 다문화 대안학교 설립의 필요성을 공교육 차원에서 제기했다. 특히, 다문화교육에 대한 교육 수요자의 요구를 분석하여 공립형 다문화 대안학교 교육과정 모형과 운영 모형을 제안했다. 또한 장인실(2011)은 「공립형 다문화 대안학교 교육과정 총론(시안) 개발 연구」를 통해 공립 다문화 대안학교의 필요성을 제기하고, 다문화 대안학교 운영을 위한 실제적인 교육과정 모형을 제시했다. 김영순(2012)은 「공립 다문화 대안학교 체제 및 운영 연구」에서 장인실(2011)이 제시한 공립형 다문화 대안학교 교육과정 모형을 실제적으로 적용할 수 있는 공립 다문화 대안학교의 전체적인 체제 및 운영에 관한 세부적인 실행 방안을 제시했다.

2. 다문화교육과 다문화학교

1) 다문화교육

(1) 다문화교육의 정의

다문화교육은 평등교육이다. 다문화교육에 대해 기존 학자들은 자신의 관점을 반영하여 정의했다. Banks(2008)는 다문화교육을 학교교육 개혁운동의 일환으로 정의한다. 그는 다문화교육을 학교나 다른 교육기관을 변화시키고자 모든 사회계층, 성별, 인종, 그리고 문화적인 집단 등이 학습을 위해 균등한 기회를 갖게 하는 것으로 정의한다. 이러한 개념 정의에는 교육적 평등이라는 신념이 강하게 자리 잡고 있다.

Bennett(2007)은 미국의 다문화교육을 민주주의의 가치관과 신념에 기초한 문화적으로 다양한 사회에서 문화적 다원주의를 지지하는 교수-학습 접근법으로 설명했다. 미국 같은 다원화된 민주사회에서 다문화교육 옹호자들은 공교육의 주요 목표가 모든 학생들의 지적·사회적·개인적인 발전을 도모하여 그들의 잠재력을

〈표 13-2〉다문화교육에 대한 학자들의 정의

Banks(2008)	학교교육 개혁운동의 일환으로 학교나 다른 교육기관을 변화시키고자 모든 사회계층, 성별, 인종, 그리고 문화적인 집단 등이 학습을 위해 균등한 기회를 갖게 하는 것
Bennett(2007)	민주주의 가치관과 신념에 기초한 문화적 다원주의를 지지하는 교수-학습 접근법
Nieto(2010)	전면적인 학교 개혁의 과정이며, 모든 학생들을 위한 기본교육이자 비판적 교육학
Ramsey(1987)	다양한 성, 인종, 문화, 계층, 개인의 정체성에 대한 긍정적 사고를 바탕으로 각각의 문화를 존중하고 상호 보완적인 관계를 촉진시키도록 하는 사회에 대한 자발적이고 비판적인 이해의 폭을 확장시키는 것

최대한 발휘하도록 하는 데 있다고 했다. 또한 다문화교육을 네 가지 범위로 구분하는데, 평등 교육을 지향하는 운동, 다원주의적 관점에서 교육과정을 재고하는 것, 정보에 근거한 문화 교류, 사회정의와 편견에서 특히 인종주의, 남녀차별, 계급주의 등 모든 종류의 차별과 맞서는 실행교육으로 정의한다.

Nieto(2010)는 다문화교육이 폭넓게 개념화될 때 더욱 깊게 이해될 수 있을 뿐만 아니라 사람들의 공감을 이끌어낼 수 있다고 보았다. 이러한 관점에서 그는 다문화교육을 전면적인 학교 개혁의 과정이며, 모든 학생을 위한 기본 교육으로 보았다. 즉, 다문화교육은 학교와 사회의 인종차별주의와 다른 여러 형태의 차별에 대한 거부이자 도전이라는 것이다. 또한 다문화교육은 학생이나 그들이 속한 지역사회, 교사가 반영하는 민족, 인종, 언어, 종교, 경제, 성 등의 다원성을 수용하고 긍정한다. 다문화교육은 교사, 학생, 가족 간의 상호작용 양식뿐만 아니라 학교의 교육철학과 지식의 구성 방식 및 교육과정과 지도 전략에도 반영된다. 다문화교육은 비판적인 사고를 활용하여 사회 변화의 기반이 되는 지식과 반응, 행동교육에 초점을 맞추기 때문에 사회정의의 민주적 원칙을 증진시킨다.

Ramsey(1987)는 다문화교육에 대해 다음과 같이 말한다. 첫째, 사회구성원이 성, 인종, 문화, 계층, 개인의 정체성에 대한 긍정적인 인식을 발달시키고 다른 집단과의 교류를 인정하는 것이다. 둘째, 아동들이 자신의 정체성을 인식하고 다른 집단 구성원과의 관계를 확인하는 과정에서 자신을 좀 더 큰 사회의 일부로서 인식하게 하는 것이다. 셋째, 타인의 다양한 삶의 방식을 존중하고 그들의 가치를 인정하게 하는 것이다. 넷째, 아동의 사회적인 초기 관계에서 타인에 대한 개방된 마음으로 다른 사람과 함께하고자 하는 의지와 협력하고자 하는 욕구를 갖게 하는 것이다. 다섯째, 사회에 대한 인식이나 사회에 대한 책임감을 바탕으로 자신의 가족과 이웃에 대한 이해의 폭을 확장시키도록 하는 것이다. 여섯째, 아동이 사회환경 속에서 자발적이고 비판적인 분석을 할 수 있도록 돕는 것이다. 일곱째, 개인의 스타일, 문화지향성, 언어배경을 바탕으로 능동적인 참여자가 될 수 있도록 교육적·사회적 능력 발달을 돕는 것이다. 여덟째, 학교와 가족 간의 효과적이고 상호 보완적인 관계를 촉진시키도록 하는 것이다.

이와 같이 다문화교육의 중점은 한 국가의 문화권 내 다양한 집단을 위한 교육의 기회균등과 평등에 있으며, 모든 다름에 대한 차별과 편견을 타파하는 교육개혁이다. 따라서 다문화교육은 인종과 문화의 다양성을 인정하고, 사회의 편견이나 고정관념에 대해 비판적 관점에서 대처할 수 있는 능력을 길러주는 것을 지향점으로 삼아야 한다.

(2) 다문화교육의 목적

Banks(2008)는 다문화교육의 목적을 다음의 5가지로 정의한다. 첫째, 개인으로 하여금 다른 문화의 관점을 통해 자신의 문화를 바라보게 함으로써 자기 이해를 증진시키는 것이다. 다문화교육은 이해와 지식을 통해 각 문화에 대한 존중을 추구한다. 둘째, 학생들에게 문화적·민족적·언어적 대안들을 가르치는 것이다. 지금까지의 미국과 서구 국가에서의 주류 집단의 역사와 문화에 초점을 맞춘 것에서 벗어나야 한다. 백인, 서구 중심의 교육과정은 유색인종 학생들로 하여금 학교 문화를 적대적이고 이질적으로 느끼게 함으로써 부정적인 영향을 미친다. 셋째, 모든 학생이 자문화, 주류문화 그리고 타문화가 공존하는 다문화사회에서 요구되는 지식과 기능, 태도를 습득하도록 하는 데 있다. 예로, 주류 백인 학생들은 흑인 영어의 독특함과 풍부함을 배울 필요가 있고, 흑인 학생들은 가족과 공동체로부터 소외감과 이질감을 느끼지 않으면서 주류사회에서 성공할 수 있도록 표준영어를 말하고 쓸 수 있어야 한다. 다문화교육의 네 번째 목적은 소수 인종, 민족집단이 그들의 인종적 · 신체적 · 문화적 특성 때문에 겪는 고통과 차별을 감소시키는 데 있다. 필리핀계 미국인, 멕시코계 미국인, 푸에르토리코계 미국인, 중국계 미국인은 학교와 주류사회에 동화되어 성공하기 위해 자신들의 민족적 유산과 정체감 그리고 가족마저 부인하는 경우가 있다. 생활 속에서 주변화를 경험한 민족집단의 구성원은 사회로부터 소외감을 느끼는 시민이 될 가능성이 높다. 다섯째, 다문화교육의 목적은 학생들이 전 지구적이고 평평한 테크놀로지 세계에서 살아가는 데 필요한 읽기, 쓰기, 그리고 수리적 능력을 습득하도록 돕는 것이다. 다문화교육의 내용은 학생들로 하여금 전 지구적이고 평평한 세계에서 살아가는 데 필요한 기본 기능을 습득하도록 해주어야 한다. 전 세계의 학생들은 민족적 · 인종적 · 언어적 · 종교적 문제가 현실적으로 중요하게 다가오는 세상에서 살고 있다. 바로 이러한 문제와 함께 학생들이 살고 있는 문화적 공동체와 관련된 내용을 제공하는 것이 학생들에게 매우 의미 있고 중요하다. 마지막으로 다문화교육은 학생들이 자신이 속한 문화 공동체, 국가적 시민 공동체, 지역 문화, 그리고 전 지구적 공동체에서 제구실을 하는 데 필요한 지식, 태도, 기능을 다양한 인종, 문화, 언어, 종교집단의 학생들이 습득하도록 도와주는 것이다. 과거의 동화주의적 시민성 교육에서 탈피하여 다양한 문화적 배경을 가진 학생들이 자신의 문화 공동체와 국가, 지역, 나아가 세계 공동체의 시민으로서 살아갈 수 있는 지식과 기술, 가치를 가르치는 것이 바로 다문화교육이어야 한다.

Kendal(1983)은 다문화교육의 목적을 다음의 네 가지로 정의한다. 첫째, 다문화교육을 통해 자신의 문화와 가치를 존중하는 것과 마찬가지로 다른 사람의 문화와 가치도 존중할 수 있게 해야 한다. 둘째, 다문화교육은 다문화사회에서 성공적으로 살아갈 수 있는 태도와 능력을 길러주는 것이다. 셋째, 다문화교육은 인종주의 등에 가장 영향을 받는 유색인종 아이들에게 긍정적인 자아정체성을 갖도록 돕는다.

넷째, 다문화교육은 문화적 다양성과 인간으로서의 공통성을 긍정적으로 경험하도록 돕는다. 마지막으로, 다문화교육은 다문화적인 공동체사회에서 서로 독특한 역할을 맡아 수행할 수 있도록 해야 한다. 뱅크스와 켄달의 논의를 간략하게 정리하면 다음 〈표 13-3〉과 같다.

〈표 13-3〉에서와 같이 다문화교육의 목적은 다른 문화에 대한 전환적 관점을 통해 사회와 문화를 바라보고, 기존의 주류문화 중심적 사고에서 탈피한 문화적 · 민족적 · 언어적 대안을 가르치는 것이다. 다시 말하자면, 다문화교육의 목적은 다문화사회에서 요구되는 다문화 감수성, 문화리터러시, 문화적 가치 존중, 긍정적 자아정체성, 세계시민성 등의 간문화적 역량을 길러주는 것이다.

그러나 Banks(2008)는 이러한 다문화교육의 참된 교육적 목적에 반하는 몇 가지 오개념에 대해 다음과 같이 지적한다. 많은 사람들이 다문화교육이 흑인, 남미계 사람, 가난한 사람, 여성 그리고 소외된 자들만을 위한 복지 프로그램 또는 교육과정이라고 여긴다. 그러나 대다수 다문화교육학자들은 다문화교육이 백인, 남성, 중산층 학생들을 포함하여 모든 학생이 문화적 · 민족적 다양성이 증대되는 오늘날 세계를 살아가는 데 필요한 지식과 기술 그리고 태도를 함양하는 총체적 교육개혁 운

〈표 13-3〉 Banks(2008)와 Kendal(1983)의 다문화교육 목적

Banks(2008)	– 다른 문화에 대한 관점을 통해 자신의 문화를 바라보게 하여 자기이해 증진 – 학생에게 문화적 · 민족적 · 언어적 대안을 가르치는 것 – 자문화, 주류문화, 타문화가 공존하는 다문화사회에서 요구되는 지식과 기능, 태도를 습득하는 것 – 소수 인종, 민족집단의 고통과 차별을 감소시키는 것 – 전 지구적이고 평편한 테크놀로지 세계에서 필요한 리터러시 함양 – 자신이 속한 집단(사회, 공동체)에서 살아가는 데 있어서의 세계시민적 지식, 기능, 태도를 습득하는 것(세계시민성)
Kendal(1983)	– 자신과 다른 사람의 문화와 가치 존중 – 다문화사회에서 필요한 태도와 능력 함양 – 유색인종의 긍정적 자아정체성 형성 – 문화적 다양성과 인간으로서의 공통성을 긍정적으로 경험 – 다문화적 공동체 사회에서의 자신의 역할에 대한 책임감 고취

동이라고 지적했다. 지난 10년간 개념과 이론의 토대가 된 다문화교육은 특정 민족이나 성을 위한 운동이 아니라, 민족적 갈등이 깊어가는 시대를 살아가는 모든 학생들이 식견을 갖추고 남을 배려하는 시민으로 성장할 수 있도록 돕는 것이기 때문이다. 다문화교육을 반대하는 이론들 중에는 다문화교육을 반서구적이라고 언급하는 경우가 있으나, 이는 오히려 서구와 비서구를 양분화하는 편협한 시각이라고 볼 수 있다. 다문화교육은 인간으로서의 권리이자 민주주의의 기본 가치인 자유와 정의, 평등을 추구하는 민권운동(civil rights movement)에서 기원했기 때문이다. 다문화교육은 초기 미국사회에서 극소수 엘리트 계층만 누릴 수 있었던 시민적 이상을 모든 시민에게까지 확장하고자 한다. 많은 다문화교육학자들은 서구사회의 발전을 위해서라도 지금까지 가려왔던 서구사회의 역사적 진실을 있는 그대로 보여주어야 한다고 주장한다. 즉, 서구사회의 발전에 기여한 많은 유색인종과 여성의 희생을 재조명하고, 이를 교육과정에 포함시켜야 한다는 논리이다. 따라서 반성적(reflective) 시민행동 또한 다문화이론의 중요한 부분이 된다. 이러한 관점에서 Banks(2008)는 Schlesinger(1991)의 다문화교육이 국가를 분열시키고 사회통합을 해친다는 비판을 지적하고, 다문화교육은 분열된 국가를 통합하기 위한 교육이지 분열시키는 것이 아니라고 역설했다.

이상에서 보면, 다문화교육은 소수민족집단만을 위한 교육이 아니라 교사와 학생, 일반인 모두를 위한 시민교육이다. 뿐만 아니라 다문화교육은 특정 사회나 한 국가의 문화적 정체성을 위협하는 것이 아니라 비판적 · 주체적 수용이며 정체성의 확립인 것이다. 또한 다문화교육은 국가를 분열시키는 것이 아니라 사회적 통합인 것이다.

(3) 다문화학교

미국 다문화교육협회(The National Association for Multicultural Education, NAME)에 따르면, 다문화교육은 "자유, 정의, 평등, 인간 존엄과 관련된 철학적 개념으로 사회정의를 위한 민주주의 원칙을 고취함으로써 학교와 사회에서 발생하는 모든 형태의 차별을 근절하기 위한 교육"이다. 또한 다문화교육은 모든 학생에게 공평한 교육 기회를 제공함과 동시에 학생이 사회정의 측면에서 사회에 내재한 차별을 비판할 수 있도록 교육하는 것이다. Banks(2008)도 다문화교육이 학생들에게 평등한 교육의 기회를 제공하는 것을 그 주요 목표로 한다고 했다. 바로 이러한 다문화교육이 이루어지는 곳을 다문화학교라 할 수 있다. Bennett(2007)은 이러한 다문화학교의 조건을 재분리가 아닌 통합, 교사의 긍정적 기대, 인종 간의 긍정적 접촉을 허용하는 학습 환경, 다문화 교육과정으로 제시한다. 이와 함께 다문화교육 연구자들의 견해를 함께 나타내면 다음과 같다.

① 교육적 통합

다문화학교에서 통합은 통합적 다원주의가 실현될 수 있도록 인종주의를 타파하는 완전한 통합이 이루어지는 것을 의미한다. 통합적 다원주의는 바람직하기 때문에, 혹은 피할 수 없기 때문에 재분리를 수용하는 것을 견제한다. 통합적 다원주의는 다양한 학생집단 사이에서의 활발한 상호작용을 유도하고자 적극적인 입장을 취한다. 따라서 통합은 기존에 분리되어 있던 모든 집단을 인정하고 수용한다. 결과적으로 통합은 문화다원주의적 상황을 창출하며, 이를 통해 형성된 '다문화적 세계관'은 학생들의 '민주적 사회 참여'를 준비하도록 한다(Campbell, 2010). 효과적으로 통합된 학교의 특성에 대한 연구에서는 통합적 다원주의의 특성이 강할수록 인종 간의 우호적 관계 형성 가능성이 높아질 뿐만 아니라, 학업 성취 수준의 향상이나 학생 개개인의 발달 또한 촉진시킬 가능성이 높아진 것으로 밝혀졌다. 학교 내에서 문화다원주의 혹은 통합적 다원주의가 실현되기 위해서는 교사의 긍정적인 기대, 긍정적인 집단 간 접촉을 촉진하는 학습환경, 다문화 교육과정의 세 가지 조건이 필수적으로 요청된다.

② 교사의 역할과 기대

교육의 주요 주체는 교사와 학습자이며, 미성년인 학습자에 대한 교사의 영향은 크다. 그러나 교사에게 부여된 교육적 책무에도 불구하고 때로는 성급하게 학생을 판단하거나 차별적으로 대우하기도 한다(Nieto, 2010). 많은 교사들은 학생들의 인종과 사회경제적 지위에 따라 상이한 방식으로 학생들과 상호작용한다. 그 때문에 다문화학교에 있어서도 중요한 요소가 바로 학습자에 대한 교사의 긍정적 기대이다. 교사의 기대가 갖는 힘에 대해 언급한 자료는 매우 많다. 가장 대표적인 Rosenthal과 Jacobson의 연구는 교사에게 학생에 대한 허위 정보를 제공한 후에 교사의 태도가 학생의 성취수준에 어떻게 영향을 미치는지를 밝혀냈다. 여기서 교사의 긍정적 기대는 실제로 학생들의 높은 학업 성취도로 이어졌다. 이는 교육학에서 널리 알려진 피그말리온 효과의 중요성을 입증하는 연구이다.

한국에서도 북한이탈주민 자녀라는 특정 집단에 대한 교사의 낮은 기대감이 그 집단에 대한 부정적 편견에 기초한 것임을 밝힌 연구가 있다(김영순 외, 2015). 그러나 교사의 기대는 학습자의 개인적 특성과 문화를 함께 고려해야 한다(Nieto, 2010). 즉, 교사는 다양한 사회집단으로부터 유입된 학생들이 함께 모여 있는 교실에서 나타나는 문화적 차이에 대한 이해를 바탕으로, 차별과 편견의 벽을 넘어서서 그들의 가능성에 대해 긍정적으로 기대해야 한다.

③ 긍정적 접촉을 지지하는 학습환경

우리는 너무나 빈번하게 사회적·역사적 배경이 다른 학생들을 단순하게 하나의 집단 속에 몰아넣고 최선의 결과를 희망하곤 한다. 그러나 이 경우 우리가 희망하는 최선의 결과는 거의 발생하지 않는다. 이는 상이한 민족집단들 간의 준비되지 않은 접촉에 내재된 부정적 측면을 간과한 데서 비롯된 결과이다. 이러한 모습은 한국의 교육현장에서도 확인할 수 있다. 김창아·김영순(2013)과 김창아·김영순·홍정훈(2014)은 한 다문화학교에서 이미 대립적 관계를 형성한 학습자들이 하나의 활동 집단에 소속되면서 갈등상황에 직면하는 모습이 나타난다. 준비되지 않은 이질성 높은 집단 간의 접촉은 기존의 부정적인 고정관념을 강화시키거나 새로운 고정관념을 만들어낼 수 있다. 그렇기 때문에 효과적인 교육을 위해서는 무조건적인 통합보다는 다음의 사항을 고려하여 인종 간의 긍정적 접촉을 지지하는 학습환경을 보장해줄 필요가 있다(Benner, 2007). 첫째, 접촉은 집단 간 이해와 호혜적인 지식을 생성할 수 있을 만큼 충분히 친밀한 것이어야 한다. 둘째, 다양한 집단의 구성원은 동등한 지위를 공유해야 한다. 셋째, 접촉상황은 사람들 간의 협력을 유도해야 한다. 즉, 접촉상황에서 공동의 목표를 달성하기 위한 그룹들 간의 협력이 요구되어야 한다. 넷째, 제도적 지원이 제공되어야 한다. 이러한 긍정적인 사회적 접촉의 네 가지 조건은 다문화학교를 관찰하고 문제를 발견하는 데 지침으로 활용될 수 있다.

④ 다문화 교육과정

다문화학교는 다문화교육을 위한 교육과정을 설계하고 실행해야 한다. 여기서 말하는 다문화 교육과정은 다문화사회의 핵심가치를 구심점으로, 교육의 세부 목적을 설정한다. Campbel(2010)은 다문화 교육과정이 지금까지 제시된 것보다 역사, 사회과학, 문학, 인문학에 대해 좀 더 포괄적이고 통합적 관점을 발전시키기를 요구한다고 말한다. 이와 함께 Nieto(2010)는 지식형성 과정의 중요성을 말하며, 다문화 교육과정에 소수자의 관점을 포함할 것을 제안한다. 이러한 요구는 다문화사회가 세계 공동체에 대한 책임, 지구에 대한 존중, 문화적 다양성 인정, 인간 존엄성과 보편적 인권을 핵심가치로 여기기 때문이다. 하지만 이러한 핵심가치의 기저에는 모든 인간이 동등한 권리를 갖는다는 평등성이 자리한다. 따라서 인간에 대한 동등성이라는 포괄성을 바탕으로, 다문화 교육과정은 다양한 역사적 관점의 발달, 문화적 의식 강화, 간문화적 역량 강화라는 통합적 관점을 포함한다. 또한 다문화 교육과정의 목적은 인종차별, 성차별, 기타 모든 차별이나 편견과의 투쟁, 지구의 현 상태와 전 세계적 역동성에 대한 이해 증진, 사회적 행동기술 형성으로 명료화된다.

3. 한국의 다문화교육 및 다문화학교의 전망과 과제

한국의 다문화교육은 이제 이주민의 한국 사회 정착과 동화라는 작은 범주에서 벗어나 그 지향점을 확장해야 할 시기이다. 모든 사람들은 국적, 민족성, 종교, 성 등의 다양한 문화적 정체성을 지닌다. 그래서 모든 사람들은 다문화적이라고 볼 수 있다. 이와 같은 정체성은 매우 역동적이고, 현재진행형으로 이루어지며, 집단 내에서 혹은 주변 환경에서 일어나는 변화를 수용한다(Johnson & Johnson, 2002). 우리가 모두 다문화적이라는 사실은 다양한 문화가 모두 함께 뒤섞인 채 그 개성을 잃어가는 '혼종'을 의미하는 것이 아니다. '다문화적 개인'이란 자신의 고유성을 향유하고 이해할 뿐만 아니라 동시에 세계의 다양한 문화를 이해하고 발전시키는 사람 즉, 세계시민을 의미한다.

수많은 다문화적 개인은 세계화된 문화가 자신들의 생각과 정서를 바꾸어놓았다고 한다(LaFromboise et al., 1993; Phinney & Decich-Navarro, 1997). 하지만 개인은 기존의 생각과 행동을 즉각적으로 개선할 수 없기 때문에 다문화사회 속에서 대부분 문화적 모순과 편견을 경험한다(Johnson & Johnson, 2002). 이러한 모순과 편견은 차별과 갈등으로 가시화된다. 그러나 다문화주의는 집단적·사회적 갈등의 종결을 촉구한다. Johnson & Johnson(2002)은 높은 수준의 협동 집단을 다문화주의적인 상황에 구조화함으로써 갈등을 구성적으로 관리할 수 있다고 말한다. 다양한 집단과 그 구성원에 대한 갈등관리 능력은 다문화사회의 시민교육에서 필수적이다. 다문화사회의 시민성 교육은 주류 학생들을 포함한 모든 학생이 사회 참여에 필요한 지식, 태도, 기능을 발달시키는 것뿐만 아니라 사회를 변화시키고 재구축할 수 있도록 지원하는 것을 중요한 목표로 설정해야 한다(Banks, 2007).

한국다문화교육연구학회(2014)는 다문화주의를 "학교·기업·이웃·도시 또는 국가 같은 조직적 수준에서 인종의 다양성과 운용상의 이유를 위해 하나의 특정 장소의 인구학적 구성에 적용되는 다양한 인종 문화의 수용"으로 정의한다. 다문화는 문화적 다양성의 존재를 의미한다. 정도의 차이는 있지만 다문화는 모든 사회에 존재한다. 문화적 다양성은 인종 · 언어 · 역사 · 문화적 동질성에 기반을 둔 공동체가 다수 존재하는 하나의 현상이다. 이를테면 호주 · 미국 등은 국가 형성 이전부터 다양한 인종과 문화공동체가 존재했다. 또한 독일이나 스웨덴 등은 우리나라처럼 단일민족으로 구성된 민족공동체가 외부의 문화로부터 이주민을 받아들이면서 문화적 다양성을 가지게 되었다. 상이한 인종 및 복수의 문화공동체를 가지고 있는 사회를 다문화사회라고 부를 수 있다. 또한 다문화는 국가 또는 공동체가 궁극적으로 지향해야 할 이념을 포함하기에 다문화주의(Multi-culturalism)를 의미한다.

따라서 우리나라의 바람직한 다문화사회로의 진입과 발전을 위해 이제 다문화교육은 그 지향점을 동화주의 관점에서 탈피하여 다름 그 이상의 공존과 조화를 위한 세계시민 양성으로 삼아야 할 것이다. 이를 위해 다문화교육의 제 차원과 내용을 Bennett(2007)과 Gollnick(2009)의 이론에서 차용해 올 수 있을 것이다.

---

① 평등지향 운동(the movement toward equity) 혹은 평등교수법(equity pedagogy)

② 교육과정 개혁(curriculum reform)

③ 다문화적 역량(multicultural competence) 혹은 문화 간 상호작용의 기초로서 자신의 문화적 관점뿐만 아니라 타인의 문화적 관점도 이해하는 과정

④ 사회정의를 지향하는 가르침(teaching toward social justice) 혹은 모든 유형의 차별과 편견, 특히 인종차별주의, 성차별주의, 계급차별주의에 대한 저항

- Bennett, 2007: 25-31

위와 같이 네 가지 차원으로 구성되는 다문화교육은 Gollnick과 Chinn이 제시하는 지침을 통해 교육과정을 계획하고 실행할 수 있다. 모든 수업은 다문화적이어야 하며, 모든 교실은 민주주의의 주요 가치를 반영하는 모델이 되어야 한다. 이를 위해 모든 교육자는 다음을 따라야 한다.

① 수업과 학습 과정에서 학생이 중심이 되도록 하라.

② 인권과 문화 차이에 대한 존중을 장려하라.

③ 모든 학생이 배울 수 있다고 믿어라.

④ 학생 집단 구성원의 생애 역사와 경험을 인정하고, 이것에 기초하여 수업을 진행하라.

⑤ 인종차별 · 성차별 · 계급차별, 그리고 장애인 · 게이 · 레즈비언 · 아동 · 청소년 · 노인에 대한 차별을 이해하기 위해 억압과 권력관계를 비판적으로 분석하라.

⑥ 사회정의와 평등을 위해 사회를 비판하라.

⑦ 민주사회를 보장하기 위해 집단적 사회활동에 참여하라.

- Gollnick & Chinn, 2009: 572-573

다문화교육은 모든 학생을 위한 것이지, 주류집단의 학습자나 소수집단의 학습자만을 위한 것이 아니다. 다문화교육의 강점은 우리가 모든 사람에게 공평한 기회를 제공하기 위해 노력하는 과정에서 현실을 직시하고, 우리의 유사점과 차이점을 이해하며, 이를 긍정적으로 바라봄으로써 발전의 토대가 된다는 데 있다. 따라서 격리된 교실에서 공부하거나 종교 · 언어 · 민족 · 인종적 다양성이 낮은 공동체에서 사는 학습자들도 현재 살고 있는 다원적 세계와 더 넓은 세계에서 사회정의를 실현하는 데 기여할 수 있는 역할에 대해 배워야 한다(Gollnick & Chinn, 2009).

한편, 한국의 다문화학교는 미국과 다르게 공립학교 또는 전체 학교 내에서의 교육과정 개혁운동이 아닌 대안학교로서의 형태로 시작되어 발전하고 있다. 다문화 대안학교는 2000년대 한국 내 다문화교육 담론이 형성되면서 민간 차원에서 등장하기 시작한 학교이다. 대안학교는 그 정의에 있어서 상이할 수 있지만 대개 근대 이후 등장한 정규교육기관의 교육이념에서 벗어나거나 다른 행로를 탐색하는 입장을 취하고 있다. 이와 마찬가지로 다문화 대안학교 또한 일반 공립학교의 교육과정과 달리 진정한 다문화교육을 위한 교육의 지향점을 가져야 한다. 초 · 중등 교육법에 명시된 다문화 대안학교의 규정은 다음과 같다. "학업을 중단하거나 개인적 특성에 맞는 교육을 받고자 하는 학생을 대상으로 현장실습 등 체험 위주의 교육, 인성 위주의 교육 또는 개인의 소질·적성 개발 위주의 교육 등 다양한 교육을 실시하는 학교(초·중등 교육법 제60조3항)"이다. 이러한 규정을 바탕으로 다문화 대안학교는 학생의 학업 소외를 막고 이들의 특성에 맞는 다양한 교육활동을 시행해야 한다.

다문화 대안학교의 목표는 이주, 국제결혼 등을 경험한 다문화가정 자녀들이 언어와 문화 부적응, 편견과 차별, 교육 불평등 및 소외를 극복하고 적절한 교육 기회를 누리면서 긍정적인 정체성을 확립하는 데 있다. 다시 말해, 다문화 대안학교는 다문화가정 학생의 개인적 발달을 고려함과 동시에 사회·문화적 부적응에서 벗어나도록 한국어와 한국문화교육에 중점을 둔다. 그 때문에 아직까지 우리나라에서의 다문화 대안학교의 교육 주체이자 대상은 다문화가정 학생이 된다. 이것이 다문화 대안학교가 여타의 대안학교와 구분되는 목적, 기능, 설립주체, 체제를 갖고 있어야 하는 이유이다. 현재 우리나라 대부분의 다문화 대안학교의 입학 기준은 다문화가정 자녀로 국한되며 다문화 대안학교들은 다문화가정 학생 중심의 교육 목표를 세우고, 교육과정을 조직 및 운영하며, 교육환경을 조성해 나가고 있다.

하지만 진정으로 지속 가능한 다문화사회의 발전을 원한다면 다문화 대안학교의 설립 및 운영 대상을 다문화가정 자녀로만 국한하는 데서 벗어나야 한다. 이는 대안교육이 정규교육을 통해 해결하지 못한 문제의 대안적 관점에서 시작했기 때문이다. 즉, 대안교육 이후 다문화가정 자녀들은 일반학교에서 교육을 이어가야 하는데, 이때 역시 비다문화가정 자녀와 다문화가정 자녀라는 이질적 집단의 긍정적인 상호작용을 위해서는 비다문화가정 자녀에 대한 교육이 함께 이루어져야 하는 것이다. 그 때문에 다문화가정 자녀라는 소수자에만 국한되어 이루어지고 있는 다문화교육의 대상을 한국에서 태어나 자란 일반 한국 가정의 학생으로 확장해나가야 한다. 따라서 현재 한국에서 다문화 대안학교를 칭하는 '다문화학교'라는 용어는 모든 학교에 대한 것으로, 다문화교육은 소수자에 대한 교육이 아닌 '모든 학습자'에 대한 교육으로 확대되어야 한다.

이와 함께 다문화교육은 학교 차원뿐만 아니라 전 사회적 차원으로 그 역할과 범위가 확장되어야 하지만, 유기적인 연계와 관리가 필요하다. 다문화정책은 다문화교육을 실현하기 위한 실제적 지침이자 관리라고 할 수 있다. 또한 다문화정책은 다문화사회의 구성원이 세계시민으로서 자신을 인식하고, 자신의 역량을 키우기 위한 지원으로 이어진다. 즉, 다문화정책을 실현하는 과정을 통해 한국의 다문화에 대한 인식수준의 향상과 다문화가정에 대한 효율적 지원을 기대할 수 있다. 그러나 현재 정부 산하 다양한 부처와 민간단체에서 시행하는 다양한 수준의 다문화정책은 그 효율성을 보장하지 못한다는 한계가 있다.

일례로 다문화가정 구성원의 정주를 돕기 위한 한국어교육을 들 수 있다. 한국에서 한국어는 주요 사용 언어이자, 공용어에 해당한다. 따라서 다문화가정 구성원이 보다 원활한 한국생활을 영위하는 것을 돕고자 다양한 기관에서 한국어교육을 지원하고 있다. 하지만 실제 한국어교육의 혜택을 받고 있는 다문화가정의 성인과 학생의 입장에서 한국어교육의 지원은 '중복된 지원'에 해당된다. 더욱 심각한 문제는 다문화가정 구성원의 문화적 특징은 약해지고 있다는 사실이다. 비단 한국어교육뿐만 아니라 정부와 여러 지자체 및 다문화 관련 유관기관들에서 이루어지는 많은 사업과 지원책들이 상당수 중복되고 있으며, 그 연계가 이루어지고 있지 않다(서종남, 2010). 이에 다문화교육을 위한 컨트롤 타워가 될 수 있는 몇 개 부처를 핵심 부처로 지정하여 각각의 역할을 중심으로 다문화 관련 예산과 정책을 세우는 것이 필요하다. 또한 컨트롤 타워를 중심으로, 지자체 및 다문화 유관기관으로 지원을 확장시켜나간다면 다문화정책의 효과가 극대화될 수 있을 것이다. 이와 함께 다문화학교는 다문화교육이 기반이 되는 다문화정책을 실행하기 위한 핵심 연구기관이자 정책 실행의 장으로서의 역할을 감당해야 할 것이다. 곧, 다문화학교의 인적·물적 인프라가 다문화정책 전문가, 다문화교육 전문 교사, 다문화교육 전문 연구자로서 다문화적 환경을 구축해야 할 것이다.

함께 생각하기

1. 미국이나 유럽의 다문화학교와 한국의 다문화학교의 발달배경에 따른 특성을 비교하여 기술하시오.

2. 한국적 상황에 적합한 다문화학교는 어떠한 것인지를 생각하고, 다문화학교의 미래 비전을 제시해 보시오.

참고문헌

김영순(2012). 공립 다문화대안학교 체제 및 운영 연구, 인천광역시교육청.

김영순 · 김창아 · 윤현희 · 최희(2015). 북한이탈주민 자녀를 지도하는 초등교사의 경험 재구성에 대한 연구: 편견을 중심으로, 교사교육연구 54(3), 508-525.

김창아 · 김영순(2013). 교육연극을 활용한 다문화 대안학교의 한국어교육 프로그램 실행연구, 교육과학연구 44(3), 241-269.

김창아 · 김영순 · 홍정훈(2014). 교육연극 활동에 참여한 다문화대안학교 초등생의 협동학습 경험에 관한 연구, 학습자중심교과교육연구 14(4), 177-205.

서종남(2010). 다문화교육 이론과 실제. 서울: 학지사.

오성배(2010). 인천 공립다문화대안학교 설립 타당성 조사 및 운영 방안연구. 인천광역시교육청.

이병환 · 강대구(2014). 대안학교 학습자 만족도 분석. 교원교육 30(3), 155-175.

이병환 · 김영순(2008). 대안교육의 실천과 모색. 서울: 학지사.

장인실(2011). 공립형 다문화 대안학교 교육과정 총론(시안) 개발 연구. 인천광역시교육청.

Banks, J. A. (2008). 다문화 시민교육론(김용신 · 김형기 역). 파주: 교육과학사(원저 2007년 출판).

_____(2008). An Introduction to Multicultural Education (4th ed), Boston: Allyn and Bacon.

_____(2010). 다문화교육 입문(모경환 외 3인 역). 서울: 아카데미프레스(원저 2008년 출판).

Bennett, C. I. (2009). 다문화교육 이론과 실제(김옥순 외 9인 역). 서울: 학지사(원저 2007년 출판).

Bates, K., Luster, T. & Vandenbelt, M. (2000). Factors related to successful outcomes among preschool children born to low-income adolescent mother, Journal of Marriage and Family 62(1), 133-147.

Campbell, D. E. (2012). 민주주의와 다문화교육: 다문화교육을 위한 실천적 가이드(김영순 외 역). 파주: 교육과학사(원저 2010년 출판).

Gollnick, D. & Chinn, P. (2012). 다문화교육개론(염철현 역). 파주: 한울(원저 2009년 출판).

Grant, C. A. & Sleeter, C. E. (2013). 교사를 위한 다문화교육(김영순 외 역). 성남: 북코리아(원저 2011 출판).

Johnson, D. W. & Johnson, R. T. (2010). 다문화교육과 인간관계(김영순 외 역). 파주: 교육과학사(원저 2002년 출판).

Kendall, F. E. (1983). Diversity in the classroom. New York: Teachers College Press.

LaFromboise, T., Coleman, H. & Gerton, J. (1993). Psychological impact of biculturalism: Evidence and theory, Psychological Bulletin 114, 395-412.

Nieto, S. (2010). Language, Culture, and Teaching Critical Perspectives (2nd. ed.), Taylor & Francis.

Phinney, J. & Decich-Navarro, M. (1997). Variations in bicultural identification among American and Mexican American adolescents, Journal of Research on Adolescence 7, 3-32.

Rudder, P. A. (2006). Cultural Diversity and Cultural Expressions: Why it is necessary to protect diversity. in International Forum on Cultural Rights and Diversity.

Schlesinger, A. (1991). The disuniting of America: Reflections on a multicultural society. Knoxville, TN: Whittle Direct Books.

Tylor, E. B. (1871). Primitive Culture: Researches Into the Development of Mythology, Philosophy, Religion, Art, and Custom. London: John Murray.

14장
다문화학교의 유형

오영훈 · 조영철 · 김창아

현재 한국에는 어떠한 유형의 다문화학교가 있는가? 한국의 다문화학교들은 대안학교, 공립학교 등의 다양한 유형으로 설립되어 운영되고 있다. 이 장에서는 한국의 다양한 다문화학교 유형에 대해 이해하는 것을 목표로 한다. 따라서 이 장은 먼저 한국 다문화학교의 역사를 살펴보고, 그 유형과 앞으로의 전망을 살펴보고자 한다.

1. 다문화학교의 시작과 발전

한국에서의 다문화 대안학교의 등장은 한국의 다문화사회 도래와 직결된다. 다문화사회의 문자 그대로의 의미는 다양한 문화가 교차하는 사회이다. 사실 각각의 개인도 다양한 문화를 향유하며 살고 있으므로 개인이 모인 사회는 기본적으로 단일문화일 수 없다. 한국의 경우도 엄밀한 의미에서 단일문화사회였던 적은 없다.

그러나 국가 차원에서 이주노동자를 받아들이고 '농촌총각 장가보내기'의 일환으로 중국, 베트남 등 아시아국가에서 온 결혼이주여성이 급증하면서 1990년대 후반부터 다문화사회로 인식되기 시작했다.

이처럼 국제결혼가정과 중도입국가정이 늘어나고 이들의 자녀들이 2000년대 중·후반부터 본격적으로 초등학교에 입학하기 시작하자 다문화가정 자녀의 교육에 대한 관심이 급증했다. 다문화가정 자녀의 수는 꾸준히 증가했지만, 초기에는 이들이 학교에 입학하는 것조차 어려웠다. 2010년에 공포된 초·중등교육법시행령(제19조, 제75조, 제89조의2)은 다문화가정의 동반 자녀와 중도입국 자녀들이 학교에 더 수월하게 입학하기 위해 개정된 것이지만, 기대와 다르게 다문화 학생들의 평균취학률은 그리 높아지지 않았다.

특히 한국 내 국제결혼가정보다는 중도입국 청소년들, 그리고 상급학교에서의 취학률이 갈수록 저조해졌다. 이러한 모습은 2012년의 자료(오성배·서덕희, 2012)를 통해서도 확인할 수 있는데, 학령기 다문화가정 자녀들이 학교에 다니는 비율은 초등 78.2%, 중등 56.3%, 고등 35.3%에 불과한 것으로 나타났다. 뿐만 아니라 학교에 다니는 다문화가정 자녀들 또한 한국 학교의 규범과 질서에 적응하고 학업을 이어가는 데 많은 어려움을 겪은 것으로 확인된다. 그중 몇 가지를 열거하면 한국어 구사능력 미흡, 학교 공부와 진도 공백, 부모의 경제적 형편이나 언어소통 문제, 숙제를 도와주거나 준비물을 챙겨주는 주변인 미비, 또래 사이에서의 차별이나 소외 문제 등이 있다.

다문화 대안학교는 이런 현상에 대한 대책으로 마치 '구원투수'처럼 등장했다. 초기 다문화 대안학교의 설립 목적은 다문화가정 학습자가 공교육 체제에서의 부적응과 소외로부터 벗어날 수 있도록 그들을 돕고자 하는 데 있었다. 이는 자유를 소극적 자유와 적극적 자유로 구분한 이사야 벌린(Isaiah Berlin)의 개념에 근거할 때, 다문화 대안학교가 소극적 자유로부터 시작되었음을 나타낸다. 다문화 대안학교의 교육활동은 종교 및 이주민단체를 중심으로 다문화가정 자녀들과 이주여성들에게 한국어를 지도하는 활동으로 시작되었다. 이후 일상생활에 도움을 주는 활동들을 점차 확대하여 2000년대 중반에는 학교를 설립하기에 이르렀다.

2006년에는 부산아시아공동체학교, 2007년에는 광주새날학교, 2008년 부천 새날학교 등이 차례로 설립되었다. 이러한 학교들은 교육적 체제를 갖추어가면서 단순히 학업 소외 현상을 해소하기 위해서가 아닌 학생들 개개인에 맞는 다양한 교육과정을 계발하는 적극적 의미의 교육을 지향하게 되었다. 이에 따라 다문화학교는 교육과정이 다양화되었을 뿐만 아니라 설립 및 지원 주체의 범위도 넓어졌다.

2009년까지 민간 차원에서 운영되던 다문화 대안학교는 2010년부터 정부 차원에서 지원을 하기 시작했다. 2012년에는 정부에서 처음으로 전국에 세 곳의 다문화 대안학교(지구촌학교, 서울다솜학교, 한국폴리텍다솜학교)를 인가했으며, 2013년에는 최초로 초·중·고 통합형 공립다문화 대안학교인 인천한누리학교가 개교하여 운영되고 있다.

다문화 대안학교의 수는 점차 늘어나고 있다. 현재 운영되는 다문화 대안학교는 기존의 사립 다문화 대안학교를 인가하거나 정부 차원에서 새로운 학교를 설립하는 경우도 있다. 이러한 다문화 대안학교들 중에는 한국어 및 사회문화 이해 등의 한국 사회 조기 적응 교육에 집중하는 학교가 있으며, 몇몇 학교는 진로 및 직업교육에 전념하기도 한다. 다음에서는 흐름에 따라 현재 한국의 다문화학교들이 어떠한 형태로 운영되고 있고, 그 특징은 무엇인지를 살펴보고자 한다.

2. 다문화학교의 유형

한국의 다문화학교는 일반학교에서 다문화학생들의 학업 소외 현상을 방지하기 위해 시작되었다. 그러나 현재 다문화학교는 학교의 운영 형태, 교육목적, 교육과정 등에 있어 차별성이 있으며, 이에 따라 학교의 유형이 다양화되고 있다. 이 책에서는 다문화 대안학교를 초·중등교육법의 적용을 받는 각종학교와 그 외 기타

학교로 구분하여 살펴보고자 한다. 이러한 구분은 다문화학교 설립 및 운영 시 교육부와 시도교육청의 학력 인정 여부의 기준이 된다. 왜냐하면 우리나라의 교육기관은 초·중등교육법의 테두리 안에 있는 학교인지 아닌지의 여부에 따라 학교 교육과정 운영의 방향이 결정되기 때문이다. 또한 이와 더불어 '다문화 예비학교'에 대해서도 약술하고자 한다. 다문화 예비학교는 엄밀히 말해 다문화학교라기보다는 일반 공립학교에서 운영되는 다문화 학급의 유형이다. 현재 운영되고 있는 다문화 대안학교의 상당수는 다문화 예비학교로서의 기능도 함께 수행하고 있다.

1) 각종학교로서의 다문화학교

한국의 초·중등교육법 제1장 제2조(학교의 종류)는 대학 이전의 초·중등교육을 실시하는 학교를 '1. 초등학교·공민학교, 2. 중학교·고등공민학교, 3. 고등학교·고등기술학교, 4. 특수학교, 5. 각종학교'로 구분한다. 이 학교들은 학습자의 연령 및 학교의 설립배경에 따라 구분된다. 여기서 각종학교는 일반학교와 유사한 체계로 운영되지만, 다른 일반학교 및 특수학교와 달리 특수직업교육이나 언어교육 등을 특화하여 교육하는 대안학교 및 기타학교를 말한다(오영훈·김창아·조영철, 2014).

한국의 다문화학교 중에서 현재 각종학교는 총 4개가 있다. 이들 학교는 지구촌학교(2011년 11월 다문화 대안 초등학교 인가, 2012년 3월 개교), 서울다솜학교(2011년 11월 공립 대안 특성화 학교 인가, 2012년 3월 개교), 한국폴리텍다솜학교(2011년 11월 사립 대안 특성화학교 인가, 2012년 3월 개교), 인천한누리학교(2012년 7월 공립 다문화 대안 초·중·고등학교 설립 인가, 2013년 3월 개교)로 모두 각 시도교육청의 기준에 의해 각종학교로 분류되어 있다. 각종학교로 분류된 다문화학교의 구체적인 사항은 다음과 같다.

(1) 인천한누리학교

① 설립 목적

인천한누리학교는 2012년에 한국 최초로 (다문화가정 학생 대상) 공립학교로 설립 인가를 받아 2013년 개교한 학교이다. 이 학교는 한국 최초의 초·중·고등학교 통합형 공립다문화 대안학교라는 데 의의가 있다. 또한 인천한누리학교는 다문화가정 학습자들이 공립학교를 포함한 일반 정규학교로 진입하는 것을 돕고, 그들이 일반학교에서의 생활뿐만 아니라 일상적인 사회생활도 무리 없이 이어갈 수 있도록 돕기 위해 설립하여 운영되고 있는 인문계형 학교이다.

② 입학 대상

인천한누리학교의 입학대상은 다문화가정 학생으로 한정하는데, 국제결혼가정 자녀나 중도입국자가정 자녀, 외국인가정 자녀라는 조건 중 하나를 충족해야 한다. 그러나 이러한 조건을 만족하는 학습자라도 한국 국적 취득 후 3년이 경과한 학습자들은 제외된다. 입학 조건을 만족하는 학습자들은 입학 정원 내에서 한국 내 정규학교에서 소속 시도교육청의 위탁을 통해 이곳에서 공부할 수 있다.

③ 교육과정 내용

인천한누리학교의 교육과정은 교육부가 고시한 정규 교육과정의 50%와 인천한누리학교에서 자체 계획한 특성화 교육과정 50%를 함께 운영하고 있다. 특성화 교육과정은 다문화학교라는 특성을 반영하여 한국어, 다문화 이해교육, 진로교육, 인성교육 등과 같이 학습자의 한국어 능력 향상과 다문화 능력 및 특기적성 계발을 위한 교육과정으로 구성되어 있다.

④ 교원

인천한누리학교 교원의 자격은 일반 공립학교에서의 기준과 동일하지만 발령

과정은 차이가 있다. 즉, 인천한누리학교의 교사는 교육공무원이지만 일반 공립학교의 '거주지 우선'이라는 발령 기준과 달리, 교사의 지원을 통해 근무하는 방식으로 충원한다. 여기에 전문 상담교사와 다문화언어강사 등과 같이 학교의 특성에 맞는 전문교사가 계약직으로 고용되어 근무한다. 특히 전문 상담교사는 초국적 이주를 경험한 학습자가 흔히 경험할 수 있는 문화충격과 심리적 불안 상태를 돕는 역할을 한다. 또한 다문화언어강사는 학습자의 모국어를 통해 그들의 의사소통과 교육을 지원함으로써 학습자들이 안정적인 학교생활을 할 수 있도록 돕는다.

인천한누리학교의 초등학교 과정은 〈표 14-1〉을 통해서도 확인할 수 있듯이, 일반교과 과정 50%, 특성화 교육과정 50%로 교육과정을 계획하여 운영하고 있다. 일반교과 과정은 일반 공립학교의 교과 중에서 중복된 내용을 삭제하고, 학습자의 수준과 특성을 고려하여 내용을 축소하거나, 연관 단원이나 교과를 통합함으로써 50%로 감축하여 운영한다. 이와 함께 나머지 50%는 학력신장, 진로과정, 다문화과정으로 구성된 특성화 교육과정을 운영한다. 학력신장은 일반 교과과정을 50% 감

〈표 14-1〉 인천한누리학교 특성화 교육과정(초등)

구분			초등학교														
			1~2학년				시수 합계	3~4학년				시수 합계	5~6학년				시수 합계
			1학년		2학년			3학년		4학년			5학년		6학년		
			1학기	2학기	1학기	2학기		1학기	2학기	1학기	2학기		1학기	2학기	1학기	2학기	
특성화 교육 과정	학력 신장	학력 신장	10	10	10	10	40	19	19	19	19	76	31	32	31	32	126
	진로 과정	특기/ 적성	13	13	13	13	52	38	37	38	37	150	27	28	27	28	110
		인성/ 생활	19	19	19	19	76	19	18	19	18	74	41	41	41	41	164
	다문화 과정	한국어 과정	100	100	100	100	400	100	100	100	100	400	100	100	100	100	400
		다문화	68	68	68	68	272	72	69	72	69	282	74	70	74	70	288
수업시수 총계			1,680					1,972					2,176				

축 운영함으로써 발생하는 부족분을 국어와 수학 과목을 중심으로 보충하는 과정이다. 또한 진로과정은 다문화가정 학습자의 진로 관련 특기적성 계발 및 전문상담교사를 통한 인성/생활 상담과정을 중심으로 한다. 다문화과정은 한국어교육뿐만 아니라 다문화 교육과정을 포함한다. 특히 한국어의 경우 초등학교 한국어수업 시수는 주당 5시간 이상이며, 한 학기 기준으로는 100시간의 교육활동을 계획하여 운

〈표 14-2〉 인천한누리학교 특성화 교육과정(중등)

구분				기준시수	중학교						시수합계
					1학년		2학년		3학년		
					1학기	2학기	1학기	2학기	1학기	2학기	
특성화 과정은 무학년 4개 반 운영					A반		B반		C반	D반	
특성화교육과정	학력신장	학력신장과정	자연과학탐구			17					
			수학심화		34						
			스크린영어				17				
	진로과정	특기/적성 과정	스포츠문화 체험		34		34		34		34
			합창							51	
			합주			34		34		34	34
			ICT활용		51		51		51		51
			수학체험		17						
			기초바느질	1,683		34	34		34		34
		인성/생활 과정	상담		34	34	34	34	34	34	34
			진로와 상담			34		34		34	34
			미술치료			34		34	51	34	51
	다문화과정	한국어습득과정	한국어		34	34	34	34	34	34	34
		다문화교육과정	문화의 이해				51				
			세계문화		34	34	34	34	34	34	34
			역사 탐구			34		34		34	34
			지역사회의 이해		34		34		34	17	34
총시수					기본교육과정+특성화교육과정						3,417

영하고 있다.

〈표 14-2〉에서와 같이 인천한누리학교의 중학교 과정은 초등학교 과정과 같이 일반교과 과정 50%와 특성화 교육과정 50%로 교육과정을 계획하여 운영하고 있다. 일반교과의 운영방식이나 특성화 교육과정도 초등학교의 교육과정과 같은 방식으로 운영한다. 즉, 중복된 내용의 삭제와 축소 및 교과통합을 통해 운영된다. 또한 진로과정과 다문화과정도 초등교육과정과 같은 맥락에서 유사하게 인성/생활 상담과정을 중심으로 운영한다. 즉, 특성화 교육과정에서 50%의 학력신장을 위한 과정은 동일하지만 학력보충과정에는 수학과 과학 그리고 영어를 보충한다. 이

〈표 14-3〉 인천한누리학교 특성화 교육과정(고등)

구분				고등학교					
				1학년		2학년		3학년	
				1학기	2학기	1학기	2학기	1학기	2학기
특성화 과정은 무학년 2개 반 운영				A				B	
특성화 과정	학력신장	학력신장 과정	자연과학탐구			2	2		
			수학심화			2			
	진로 과정	특기/적성 과정	스포츠문화체험	2			2		
			합창	2					
			합주						2
			ICT활용			3			3
			기초바느질						2
		인성/생활 과정	상담	2	2	2	2		
			미술치료	2			2		
	다문화 과정	한국어 습득 과정	한국어	2	2	2	2		
			글쓰기			2			2
		다문화교육 과정	문화의 이해	3			3		
			세계문화	2	2	2	2		
			역사 탐구	2			2		
			지역사회의 이해			2			2

는 초등학교 교육과정에서 일반 교과과정 감축운영으로 인한 부족한 국어교과와 수학교과를 보충하는 것과 다르다. 또한 초등학교에서는 한국어 습득과정을 한 학기를 기준으로 볼 때 100시간을 운영하지만, 중학교에서는 주당 3시간 이상, 한 학기 34시간으로 계획하여 운영하고 있다는 것도 차이점이라 볼 수 있다.

인천한누리학교의 고등학교 교육과정은 〈표 14-3〉에서와 같이 초등학교와 중학교의 교육과정 운영과 유사하게 전체 교육과정의 50%와 특성화 교육과정 50%를 계획하여 운영한다. 특성화 과정에서 진로과정과 다문화과정은 초등학교 및 중학교 교육과정과 유사하게 운영된다. 즉, 진로 관련 특기적성 계발 및 전문상담교사를 통한 인성/생활 상담과정과 한국어교육과 다문화 교육과정으로 운영된다. 그러나 특성화 교육과정에서 학력신장을 위한 교육과정은 초등학교 교육과정이나 중학교 교육과정과 다르게 과학과 수학에 대한 보충과정이라는 특징이 있다. 그러나 한국어의 경우 고등학교 한국어수업 시수는 한 학기당 2단위수로 계획되어 운영되고 있다.

이와 같이 인천한누리학교에서 교육과정은 초등학교, 중학교, 고등학교과정으로 나누어 운영한다는 공통점이 있지만, 각 교육과정은 일반학교 교육과정의 50%를 이수한다는 특징이 있다. 또한 나머지 50%에 대한 부분은 특성화 교육과정으로 운영하는데, 진로과정이나 다문화과정은 유사하지만, 학력보충과정에서 중점을 두는 과목이 다름을 알 수 있다. 특히, 초등학교에서는 학력보충과정으로 국어교과를 포함하지만, 중학교나 고등학교에서는 국어교과를 포함하지 않는다. 하지만 다음의 〈표 14-4〉와 〈표 14-5〉를 살펴보면, 중학교와 고등학교에서는 초등학교와 비교할 때 방과 후 프로그램을 통해 한국어에 대한 교육을 강화하고 있음을 알 수 있다.

〈표 14-4〉에서와 같이 인천한누리학교의 초등 방과 후 프로그램의 경우 학교의 예산으로 지원하는 무료 한국어 강좌를 운영한다. 또한 외부 교육봉사를 통한 수학 기초학습, 전통악기, 스포츠 활동 강좌를 운영하고 있다. 수익자 부담의 유료 강좌에는 과학 만들기, 공예부 강좌가 있다.

인천한누리학교의 초등 방과 후 프로그램은 일반학교와 유사하게 수요자의 선

〈표 14-4〉 인천한누리학교 방과 후 학교 프로그램(초등학교 과정)

순번	프로그램명	운영시간	교육내용	참여 인원수
1	수학	수/금요일 14:30~16:00	수학 기초학습	10
2	스포츠 활동	수요일 18:30~21:00	농구, 배드민턴 등 스포츠 활동	7
3	한국어 I	목요일 14:30~16:00	제2언어로서의 한국어 교육	6
4	한국어 II	목요일 14:30~16:00	제2언어로서의 한국어 교육	7
5	교육연극 (KSL)	금요일 14:30~16:00	KSL 교육 연극 공연	5
6	전통악기(단소)	금요일 16:00~17:00	단소 실기 연주	10
7	공예부	화요일 14:30~16:00	토탈 공예 제작	5
8	과학 만들기	금요일 14:30~16:00	과학 만들기 활동	5

택에 의해 운영되는 방식으로 진행된다. 그러나 실질적으로는 '일반교육과정에 대한 심화·보충의 성격'을 갖고 있으며, 모든 초등학생이 참여한다고 볼 수 있다(김창아, 2015). 일례로, 2013년 4월 실시한 인천한누리학교 초등학생 총 22명에 대한 한국어능력평가 결과, 한국어 능력 하급자는 16명, 중급자는 5명, 상급자는 1명으로 확인되었다. 이들 전원은 방과 후 프로그램을 신청하여 참여했으며, 상급자 1명도 함께 참여했다.

하지만 이 학교의 방과 후 프로그램은 일반교육과정에 대한 심화·보충의 성격으로 이해해야 함에도 불구하고 학교에 위탁된 초등학생의 70% 이상이 기초수급자 또는 저소득층인 관계로 수익자 부담 강좌 개설이 어려운 실정이다. 또한 공예부와 과학 만들기 강좌 이외에는 모두 무료로 운영하기 때문에 학생과 학부모의 수요를 고려한 강좌 개설이나 강사 확보, 강좌의 지속성 등에 어려움이 있다.

〈표 14-5〉 인천한누리학교 방과 후 학교 프로그램(중·고등학교 과정)

순번	프로그램명	운영시간	교육내용	참여 인원수
1	한국어 초급 I	월요일 15:50~16:40	중국어로 배우는 한국어	12
2	한국어 초급 II	목요일 15:50~16:40	중국어로 배우는 한국어	7
3	한국어 I (초급)	화요일/목요일 15:50~16:40	제2언어로서의 한국어 교육	12
4	한국어 II (중급)	화요일 15:50~16:40	제2언어로서의 한국어 교육	9
5	한국어 III (중급)	화요일/목요일 15:50~16:40	제2언어로서의 한국어 교육	14
6	한국어 IV (초급)	화요일 18:30~20:00	제2언어로서의 한국어 교육	12
7	한국어 V (중급)	목요일 18:30~20:00	제2언어로서의 한국어 교육	11
8	국어 기초학습	월요일 18:30~20:00	국어 교과 기초학습	4
9	스포츠 활동	목요일 18:30~20:00	농구, 배드민턴 등 스포츠 활동	27
10	전통악기(난타)	목요일 18:30~20:00	난타 실기 활동	13

〈표 14-5〉에서와 같이 인천한누리학교의 중학교와 고등학교 방과 후 프로그램은 학교 예산을 지원받아 진행하는 한국어 강좌와 외부 교육봉사를 통한 국어 기초학습, 전통악기, 스포츠 활동 강좌를 무료로 운영하고 있다. 초등학교와 마찬가지로 방과 후 한국어 프로그램의 경우 정규 교육과정과 달리 의무가 아닌 학생과 학부모의 선택에 의해 운영된다. 그러나 초등학교와 달리 중학교와 고등학교 방과 후 프로그램은 일반교과에 대한 심화 성격보다는 보충 성격이 강하다고 볼 수 있다. 일례로, 2013년 4월 실시한 인천한누리학교 중등학생을 대상으로 한 한국어능력평가 결과는 총 63명 중 하급자가 36명, 중급자가 17명, 상급자가 10명인 것으로 나타났

다. 이들 중 한국어능력 하급과 중급을 받은 학생 전원(53명)은 방과 후 한국어 프로그램에 참여하지만 상급자는 6명이 참여하고 있다. 특이한 점은 재학생 중 중국 출신 학생이 전체의 76%에 해당하는 48명에 이르기 때문에 중국어 이중언어 강사가 '중국어로 배우는 한국어 강좌(한국어 초급 I, 한국어 초급 II)'를 진행한다는 것이다. 나머지 한국어 II~한국어 V 강좌는 중국어가 가능한 한국어 강사 2명, 베트남어가 가능한 한국어 강사 1명, 인천한누리학교 교사 1명이 진행하고 있다. 초등학생과 마찬가지로 75%의 학생이 기초수급자 또는 저소득층인 관계로 수익자 부담 강좌 개설이 어려워 무료 강좌만 운영하고 있어 학생과 학부모의 수요를 만족시키는 데는 한계가 있다.

(2) 지구촌학교

① 설립 목적

지구촌학교는 (사)지구촌사랑나눔 단체가 2011년 11월 전국 최초 다문화 대안 초등학교로 설립인가를 받아 2012년 3월 사립형 다문화 대안 초등학교로 개교한 학교로, 다문화가정 학생 대상 초등학교 정규 교육을 실시하고 있는 초등학교이다. 초등학교는 정규학교로 졸업할 수 있는 시스템과 위탁교육 시스템을 병행하고 있으며, 중학교는 정규학교는 아니지만 위탁교육기관으로 지정되어 위탁교육이 가능한 학교이다.

② 입학 대상

지구촌학교에 입학할 수 있는 자격은 인천한누리학교와 같다. 즉, 한국 국적 취득 후 3년이 지난 학습자를 제외한 국제결혼가정 자녀, 중도입국자가정 자녀, 외국인가정 자녀를 입학 정원으로 한다. 초등학교는 졸업과 위탁이라는 두 가지 시스템으로 운영되지만, 중학교는 위탁교육만 하는 시스템으로 운영된다.

③ 교육과정 내용

지구촌학교의 교육과정은 교육부가 고시한 교육과정을 기본으로 하지만, 다문화 교육과정을 함께 운영함으로써 이를 통해 학교의 특성을 반영한다. 지구촌학교에서 다문화 교육과정은 개신교 단체라는 학교의 특성에 맞게 기독교 세계관을 포함하며 공동체교육과 정체성 교육 및 다중언어교육 등으로 구성되어 있다.

④ 교원

지구촌학교의 교원은 사립학교 교원 선발 과정을 통해 선발한다. 즉, 학교에서 필요한 교사를 공고를 통해 모집하면, 초등교육교사 혹은 중등교육교사 자격을 갖춘 자가 임용을 지원하고 학교는 자체 기준에 의해 고용을 결정한다. 이와 함께 다문화언어강사 등의 계약직도 함께 고용되어 있다.

(3) 서울다솜학교

① 설립 목적

서울다솜학교는 2011년 서울특별시교육으로부터 대안학교 설립 인가를 받아 2012년 개교한 학교로, 한국 최초의 공립 다문화 대안학교이자, 다문화가정 학생을 위한 전문 직업교육을 실시하는 '특성화' 학교이다.

② 입학 대상

서울다솜학교에 입학할 수 있는 기본 자격은 인천한누리학교 및 지구촌학교와 같다. 즉, 한국 국적 취득 후 3년이 지난 학습자를 제외한 국제결혼가정 자녀, 중도입국자가정 자녀, 외국인가정 자녀를 입학 정원으로 한다. 그러나 이 학교는 고등학교 교육과정만 운영하므로 고등학교 입학 희망 학생만 선발하여 교육하고 있다.

③ 교육과정 내용

서울다솜학교는 서울특별시교육청의 특성화 학교 지침에 의거하여 정규 교육과정과 전문 직업교육 및 다문화교육을 실시하고 있다. 특히 전문 직업교육은 컴퓨터미디어과와 호텔관광과의 2개 학과로 전공을 구분하여 교육과정을 운영하고 있다.

④ 교원

서울다솜학교 교원은 일반 공립학교 기준과 동일하게 공립학교 교사가 지원하여 근무하는 방식으로 교원을 충원한다. 따라서 이 학교의 교원 신분은 교육공무원이다. 여기에 전문 상담교사와 다문화언어강사 등의 계약직이 고용되어 있다.

(4) 한국폴리텍다솜학교

① 설립 목적

한국폴리텍다솜학교는 사회통합위원회와 교육부, 고용노동부가 합작하여 2011년 충청북도교육청으로부터 학교설립 인가를 받아 2012년 개교한 사립형 다문화 특성화 대안학교이다. 서울다솜학교와 마찬가지로 특성화 학교로서 다문화가정 학생을 대상으로 한다. 그러나 서울다솜학교와 다르게 사립학교법에 의해 설립되었다.

② 입학 대상

입학 대상은 여타의 다른 다문화학교와 유사하게 다문화가정 학생과 외국인가정 자녀를 대상으로 한다. 특히 고등학교 교육과정만 운영하므로 고등학교 입학 희망 학생만 선발한다는 점은 서울다솜학교와 같다.

③ 교육과정 내용

한국폴리텍다솜학교는 공업기술계열의 특성화 대안학교이다. 따라서 컴퓨터미디어과와 호텔관광과를 개설한 것과 다르게 Computer 기계과, Plant 설비과, Smart 전기과로 전공을 개설하여 교육과정을 운영한다. 충청북도교육청의 특성화 학교 지침에 의거하여 정규 교육과정과 전문 직업교육 및 다문화교육을 실시하고 있다.

④ 교원

한국폴리텍다솜학교 교원은 지구촌학교와 유사하게 사립학교 교원 선발 기준에 따른 선발과정을 통해 고용된다. 또한 전문 상담교사와 다문화언어강사 등의 계약직 교사가 고용되어 있다.

2) 그 외 기타학교로서의 다문화학교

한국에 있는 다문화학교의 종류에는 각종학교 외에도 기타학교로서의 다문화학교가 있다. 기타학교로서의 다문화학교는 다시 해당 소재 지역교육청의 승인 여부에 따라 위탁형 다문화 대안학교와 미인가 시설형 다문화학교로 분류된다. 지역교육청의 승인을 통해 위탁교육을 하고 있는 학교는 위탁형 다문화 대안학교로 분류된다. 이와 달리 미인가 시설형 다문화학교는 지역교육청의 승인을 받지 않은 상태의 시설에서 다문화가정 학생들에 대해 다문화 대안교육을 하고 있는 학교이다.

다문화가정 학생들이 위탁교육을 받을 수 있는 대표적인 곳으로는 부산의 아시아공동체학교, 광주새날학교, 일산 누리다문화학교가 있다. 그러나 위탁교육에 대한 지역교육청의 승인은 해마다 변동이 있다. 미인가 대안교육 시설로 운영되고 있는 학교에는 〈표 14-6〉과 같이 총 17개의 다문화 대안학교가 있다. 이러한 다문화 대안학교 중 일반적인 다문화가정 학생들이 교육받을 수 있는 곳은 총 11개 교

〈표 14-6〉 비인가형 대안교육 시설 현황[4]

구분	다문화	탈북	종교·선교	국제교육	미혼모	부적응학생	대안교육	합계
시설 수	11	6	27	6	5	83	32	170
(%)	6.5%	3.5%	15.9%	3.5%	2.9%	48.8%	18.8%	100%
학생 수	299	148	2,471	319	9	2,248	1,268	6,762
(%)	4.4%	2.2%	36.5%	4.7%	0.1%	33.2%	18.8%	100%

로 나머지 4개 교는 귀족형 시설(연간 500만 원 이상의 수업료가 필요한 곳)에 해당된다.

3. 한국에서의 바람직한 다문화학교의 발전 방향

지금까지 인천한누리학교 및 기타 다문화 대안학교를 중심으로 한국 다문화학교의 모습을 살펴보았다. 이상의 논의를 토대로 다문화학교의 방향을 제시해보면 다음과 같다.

첫째, 다양한 민족의 통합과 민족 간 긍정적 접촉을 지지하는 학습환경 조성을 위해 다문화학교는 한국어 수준별 학년 통합학급 편성 및 조정이 요구된다. 현재의 다문화학교 학급 편성의 경우 국가가 편중된 학급도 있으며, 특히 한국어 수준차로 인해 교육과정 활동의 목적 도달에 있어서 제한점이 있는 상황이다.

둘째, 다문화학교의 조건 중 하나인 '교사의 긍정적 기대'를 위해 보다 전문적이고 다양한 교원 연수 및 교육 프로그램 지원이 필요하다. 현재 다문화 대안학교나 여러 기관에서 실시되고 있는 교원 연수 프로그램은 실제 다문화교육보다 일반 교과과정 또는 한국어교육, 사회통합교육으로서의 다문화교육 연수가 주를 이루고 있었다. 이제 다문화교육의 개념 또는 한국어 중심, 사회통합 중심의 틀에서 벗어나

---

4)   교육부(2014. 4. 1) 미인가 대안교육 시설 현황조사 결과 참조

실제 다문화학교 운영과 다문화 교육과정 중심의 다문화교육 전문성 제고를 위한 연수와 재교육이 필요한 시점이다.

셋째, 다문화교육 활성화를 위해 대학 또는 다문화교육센터 중심으로 다문화학교의 다문화 교육과정 운영을 위한 연구 활동 및 지원이 시급하다. 다문화학교들은 이제 시작 단계로 아직까지 초등 6년 또는 중등 6년 이상의 교육과정 운영 경험이 없다. 이에 다문화 교육과정 계획수립 · 실행 · 평가에 이르기까지의 '준비−실행−피드백' 교육활동이 동시에 진행되어야 하는 상황이다. 그 때문에 다문화교육 전문 교수, 기관 담당자, 교육청의 교육과정(교육과정 계획, 교수−학습 프로그램 개발 지원 등) 지원이 필요하다.

넷째, 앞으로 다문화학교는 지역사회학교로서의 기능을 담당할 수 있는 학교가 되어야 한다. 아직까지 한국의 다문화 대안학교는 다문화학교로서의 다문화 교육과정 운영 내실화에 힘을 기울여야 하는 상황이다. 하지만 다문화 대안학교는 프로젝트 또는 단기간에 실험적으로 운영되는 학교가 아닌 다문화사회로의 진입을 돕기 위해 지속적으로 교육적 해결 방안을 제시해줄 수 있는 학교로서의 기능을 담당하는 지역사회학교가 되어야 한다. 이에 다문화 대안학교는 지역사회의 다문화 인식도 개선 및 학교 교육활동의 활성화를 위한 지역사회학교로서의 기능을 담당할 수 있는 학교 기관이 되어야 할 것이다.

다섯째, 다문화학교는 다문화교육센터로서의 기능을 담당해야 한다. 현재 한국어교육 전문 기관을 제외하고는 공립학교, 대안학교의 다문화교육 지원을 위한 전문 연구기관이 없다. 그렇기 때문에 다문화교육 전문가들의 집합체라 할 수 있는 인천한누리학교 같은 다문화 대안학교는 향후 다문화교육 관련 다문화 교육과정 및 교수−학습 자료 개발 등의 연구 활동을 통해 공교육과 대안교육 학교 현장의 다문화교육 활성화에 기여할 수 있는 전문 연구기관으로서의 기능을 담당해야 할 필요가 있다.

다문화교육은 단기적 관점을 넘어 체계적인 내용체계를 가지고 지속적으로 추구해야 할 장기적 프로젝트로서 수행되어야 한다. 현재 이루어지고 있는 다문화교육은 대부분 단기적인 교육적 효과나 문화체험, 축제 등 교육 프로그램 위주로 이루어 지고 있어 이벤트성 교육에 그치고 있다는 것이 문제다. 이에 다문화학교를 통한 지속적인 다문화교육이 이루어져야 한다.

이제 한국 사회도 다양한 인종과 문화가 공존하는 '다민족, 다문화사회'로 빠르게 변화하고 있음을 아무도 부인할 수 없다. 서로 협력하고 공존할 줄 아는 공동체적인 삶의 태도와 포용할 수 있는 시민정신을 키워야 할 때이다. 다문화가정 학생들은 한국문화와 이(異)문화를 제대로 배움으로써 대외적으로 한국문화를 전 세계에 체계적으로 신속하게 전파하는 자랑스러운 한국인이 될 것이다. 우리와 함께 다문화가정 자녀들이 부모 나라의 문화를 자랑스럽게 여기고 우리 사회의 당당한 일원으로 성장한다면 아시아 공동체, 더 나아가 세계를 상대로 훌륭한 역할을 할 수 있는 글로벌 인재로 양성될 수 있을 것이다. 이들을 글로벌 인재로 키우느냐 아니면 불만세력으로 만드느냐는 우리의 통합적 다문화교육과 이를 실천하는 다문화학교에 달려 있다고 해도 과언이 아니다.

함께 생각하기

1. 현재의 다문화학교 유형의 특징을 생각하고, 각 학교 유형의 장점과 단점을 비교하여 기술해보자.

2. 기존의 다문화학교에 대한 특징을 바탕으로 새로운 한국형 다문화학교의 유형을 제시해보자.

참고문헌

김영순(2012). 공립 다문화대안학교 체제 및 운영 연구, 인천광역시교육청.

오성배 · 서덕희(2012). 중도입국 청소년의 진로의식, 진로준비행동과 사회적 지원 실태 탐색, 중등교육연구 60(2), 517-552.

오영훈 · 김창아 · 조영철(2014). 진학목적의 다문화대안학교 교육과정 개발에 대한 탐색적 연구―입학사정관제 전형을 중심으로, 인문과학연구 32, 143-172.

광주새날학교 http://www.saenalschool.com

부산 아시아공동체학교 http://ac-school.net

서울다솜학교 http://www.sds.hs.kr

인천한누리학교 http://hannuri.icesc.kr

일산 누리다문화학교 http://nurischool.kr

지구촌학교 http://www.globalsarang.com

한국폴리텍다솜학교 http://dasom.kopo.ac.kr

15장
다문화교수-학습방법

김영순 · 정지현 · 김창아

Nieto(2010)는 교육의 지속적인 문제를 해결할 수 있는 정답은 없다고 한다. 그럼에도 불구하고 Nieto는 교육이 많은 사회 문제와 그에 파생되는 인간 문제를 해결할 수 있는 방법이라는 가능성과 희망을 말한다. 다양성이 증대하는 사회로의 변화와 함께 양산되는 다문화교수-학습방법의 특징은 무엇인가? 이 장에서는 다문화교육에서 주목하는 교수-학습방법의 주요 특징을 살펴보고, 초등교육과 중등교육에서 활용할 수 있는 프로그램의 구체적인 적용 장면을 함께 제시할 것이다.

1. 다문화교수-학습방법

1) 다문화교수-학습방법의 개념

교수-학습방법은 교육에 있어서 '어떻게'에 해당하는 부분이다. 다문화교수-학습방법은 다문화교육의 주요 교수법에 기반을 둔 교수자와 학습자간에 이루어지는 교육활동 일체를 말하지만, 일반적으로는 수업의 의미로 사용한다. 교수-학습방법은 독립적으로 존재하기 어려운데, 교육에 대한 관점이나 교육대상 및 목적 등에 따라 다르게 발현될 수 있기 때문이다.

다문화교수-학습방법은 다원론적 인식론을 기반으로 하며, 학습자의 다양성과 평등성을 고려한다. 다양성이 증대하는 사회에서 교육은 학습자의 발달과 사회적 통합이라는 교육적 목적을 갖는다. 이질성이 높은 개인과 집단이 각각의 역량을 발휘하면서도 사회 공동체로 통합하기 위해서는 교수활동에 대한 새로운 시각이 필요하다(Banks, 2009; Chen and Srarosta, 2000; Nieto, 2010; Villegas & Lucas, 2007). 다문화교육을 위한 교수법을 '개혁 운동'이라고 말한 Banks(2009)의 표현은 다문화사회에서 교육이 나아가야 할 방향을 나타내는 것이라고 볼 수 있다. 평등교수법(Banks, 2005; 2008), 다문화적 관점의 교수방법(Bennett, 2007), 문화감응교수법(Gay, 2000; 2013) 등은 이러한 맥락에서 자주 거론된다.

사회의 변화와 폭발적으로 증가하는 지식의 생성과 빈번하게 이루어지는 기존 지식의 수정 등으로 인해 교육은 더 이상 고정된 내용을 학습자에게 전수·전달하는 방식을 고수하기 어려워졌다. 또한 초국적 이주민의 증가와 함께 나날이 복잡해지는 개인적·사회적 문제의 증가는 개별적 지식교육이나 암기식 교육에 대해 변화를 요구하게 되었고, 기존의 교육에 대한 성찰로 이어졌다. 이러한 맥락에서 다문화교수-학습방법은 단선적인 교수-학습방법의 대응어라고 할 수 있다.

즉, 다문화교수-학습방법은 학습자의 다양한 특성을 이해하고 교육주체 간의 평등한 상호작용을 중시하며, 교육의 맥락성을 고려한 교수-학습방법을 말한다. 이에 따라 다양한 교수-학습방법이 제안되고 있다. 그러나 우리 교육 현장에서는 이론적 배경에 근거한 실증적인 다문화교수-학습방법에 대한 구체적인 연구가 미비한 실정이다. 다문화교수-학습방법과 관련한 연구 동향을 통해 이를 살펴보도록 한다.

2) 다문화교수-학습방법 연구의 흐름

다문화교수-학습방법에 대한 연구는 사회의 변화에 따른 전환적 시각을 기반으로 이루어졌다. 추병완(2011)은 이를 "지금까지의 학교교육에 대한 비전, 철학, 실천에 대해 근본적인 변화를 요구"하기 때문이라고 말한다. 장인실(2015)은 다문화교육을 위한 학교교육과정에 대한 연구에서 다문화가정 자녀뿐만 아니라, 비다문화가정 자녀가 함께할 수 있는 교육과정의 필요성을 말했다. 그는 공교육에서 이를 실현하기 위해서는 다문화 교육과정이 교과 내에서 이루어져야 하며, 다문화 교육과정 재구성에 있어서 통합의 원리에 근거할 것을 주장했다. 특히 학생생활 중심교육과 학습자 중심교육의 다양한 교수-학습방법 적용과 평가의 중요성을 지적했다.

이처럼 다문화교수-학습방법 연구의 범주는 그 방향을 제시하는 개론적인 것으로부터 교육과정의 개발, 적용 및 교수매체의 활용이나 평가를 포함한다. 또한 2000년대에 이르러 본격화된 다문화교수-학습방법에 대한 연구는 소수자에 대한 연구 중심으로 이루어졌으나, 근래에는 다수자에 대한 교육이 함께 고려되고 있다. 교수-학습방법과 관련한 연구는 학습자의 학령에 따라서 다음과 같은 특징을 함께 나타내고 있다.

유아교육과 관련해서는 동화책이나 음악, 미술 등의 문화예술 활동을 통한 교육방법이 두드러지게(이수남, 2010) 나타난다. 초등교육에서는 주로 국어, 영어, 도덕 등과 같이 교과교육 측면에서 교수-학습방법이 제시되고 있다(최충옥 · 조인제, 2010).

중등교육에서 제시된 교수-학습방법은 토론·토의학습(이선영, 2010), 협동학습 모형(어수진, 2011) 같은 방법이 제시되고 있다. 또한 최근에는 반성적 다문화교육 프로그램(전귀자·조덕주, 2015), flipped learning(전희옥, 2014) 같은 새로운 이름의 교수-학습 프로그램과 방법이 제시되기도 한다. 그러나 이들 연구에서는 교수-학습이 어떠한 방식으로 실현되는지, 그리고 학습자의 인식과 태도에 어떠한 영향을 주는지를 확인하기 어렵다.

한편, 교수-학습방법을 구체적인 수업 장면에 한정하면, 다문화교육 프로그램은 교육목적을 달성하기 위한 종합적인 설계도라 할 수 있다. 그러나 기존 다문화교육 프로그램 관련 연구의 대부분은 목표와 방향이 모호한 채 대부분 한두 시간으로 끝내는 단기 프로그램으로 구성되었다는 특징이 있다(조영달 외, 2010; 이정우, 2012; 채영란·유승우, 2015). 이처럼 짧은 시간 동안 진행되는 프로그램이나 단순히 다른 문화를 소개하고 체험하는 차원의 프로그램을 통해서는 '인식과 태도의 변화'를 기대하기 어렵다(추병완, 2011). 또한 문서로 제시된 교육과정을 통해서는 역동적인 교육 장면에서의 활용방법이나 교수-학습방법의 실현 양상도 알 수 없다. 특히 다문화가정 자녀가 재학생의 대부분을 차지하는 다문화학교에서의 교수-학습방법이나 입시를 준비하는 고등학생을 대상으로 하는 연구는 선례가 매우 부족하므로 교수-학습의 실천을 더욱 어렵게 한다.

다음 절에서는 고등학생과 다문화학교 초등학생을 대상으로 한 다문화교육 프로그램의 실례를 살펴보도록 한다. 이들 프로그램은 학습자들의 인식과 태도 변화를 목적으로 비교적 장기적으로 수행했다는 특징이 있다. 이와 함께 프로그램의 실행 장면에서 그동안 다양하게 제시된 교수-학습방법이 어떻게 적용되고 활용될 수 있는지를 함께 살펴보고자 한다.

2. 다문화교수-학습방법의 실제

교수-학습이 이루어지는 장면의 상황·맥락성을 확인하기 위해 먼저 다문화교육 프로그램을 살펴볼 것이다. 이후 구체적인 교수-학습방법을 확인하도록 한다. 아래에 제시하는 프로그램들은 구성주의를 기반으로 한다. 프로그램의 주요 목적은 학습자가 교육 장면에서 다문화사회의 현상을 인식하고, 비판과 참여 그리고 실천을 통해 자신을 '세계 속의 존재'로 인식하고, 상호작용을 통해 태도의 변화와 실천을 추구한다는 특징이 있다.

먼저 소개할 프로그램은 비다문화가정 출신 고등학생을 대상으로 리터러시 교육을 위한 교수-학습방법 사례이다. 두 번째로 소개할 프로그램은 초등학교 중도입국 청소년을 대상으로 교육연극을 활용한 협동학습의 교수-학습방법 사례이다. 두 프로그램은 주요 학습자의 나이, 배경, 사용언어 등에 있어서 차이가 있지만 구성주의를 기반으로 한 학습자 중심교육이라는 공통점이 있다. 먼저 리터러시 교육을 위한 교수-학습방법 사례에서는 다문화교수-학습방법을 위한 프로그램의 실제적 측면을 살펴보겠다. 이어 교육연극을 활용한 협동학습의 교수-학습방법 사례는 교육연극 활동의 구체적 장면에 중점을 두어 살펴보기로 한다.

1) 리터러시 교육을 위한 교수-학습방법 사례

(1) 다문화 리터러시 교육 프로그램의 개요

리터러시 교육은 모든 사람이 자신의 문화적 정체성을 기반으로 하여 다양성의 가치를 존중하고 실제 세계에서 다른 사람들의 새로운 문화를 수용함으로써 사회적 통합을 위한 다문화적 기초 역량 차원의 인식 교육이다.[5] 리터러시 교육 프로

---

5) 여기에서 소개하는 프로그램의 정식명칭은 '유레카 프로그램'으로, 다문화 리터러시 교육 프로그램의 주요 사례

그램은 경기도 안산시 단원구 원곡동 (사)국경없는마을 한국다문화학교에서 국제이주 배경이 없는 고등학생을 대상으로 한 다문화교육 프로그램이다. 프로그램의 구성은 학습자들이 과제를 수행하는 과정에서 국경없는마을의 이민자와 소통을 통해 다문화적 경험을 체득하도록 했다. 이 프로그램의 특징은 아래와 같다.

유레카 프로그램은 수업 전에 실시된 전문가 초청 강의를 통해 학생들에게 미션 수행과 관련된 학습의 방향성을 제공하고, 학습의 전 과정은 학습자들이 스스로 발견하고 알아가는 열린 수업으로 구성했다. 유레카 프로그램은 첫째, 팀 구성, 역할 분담, 계획, 발표 등 모든 활동이 학생들의 자발적인 참여와 활동으로 이루어졌다. 둘째, 실생활과 관련된 학습의 원칙에 따라 실제 현장에서 보고, 듣고, 느끼고, 이미지를 분석하여 스토리텔링하는 과제를 수행했다. 셋째, 학습구성은 모둠 활동으로 진행했는데, 1개의 모둠에는 6명의 학생이 배치되었고, 각 모둠에는 튜터교사 1명이 배치되어 교육의 진행과 보조 역할을 담당했다(정지현, 2014).

위의 인용에서 설명하는 다문화 리터러시 교육 프로그램은 2012년부터 시작했다. 프로그램 개발의 주요 의도는 인간화된 다문화사회의 형성, 대화와 토론 교육, 지배적인 다문화 담론의 신화로부터 탈출, 현장중심 교육에 있다(박천응, 2013).

이 프로그램은 2013년과 2014년을 거치며 체험활동 부분에 있어서 RPG 프로그램의 활동영역을 발전시키고 교육의 관점 및 프로그램의 구성적 · 실행적 영역을 심화시켰다. 2013년에는 총 3분기, 세월호 침몰사고가 있었던 2014년에는 총 2분기 교육과정으로 진행되었다. 이로 인해 2014년 프로그램은 6차시에서 7차시로 일부 수정했다. 분기별 프로그램을 마친 후에는 유레카 신문을 발행했다. 유레카 교육과정이 모두 끝난 다음에는 유레카 한마당이 진행되었다.

리터러시 프로그램의 주요 참여자는 경기도 안산시 소재의 W고등학교, C고등학교, A고등학교의 1~3학년 남녀 고등학생 120명이다. 또한 인천 I대학교에서 다문

에 해당한다.

화비평 전문가 교육과정 수료자들이 교사로 참여했다. 2014년에 시행한 프로그램의 주요 내용은 〈표 15-1〉과 같다.

〈표 15-1〉 2014년 유레카 교육과정 및 교육내용

차시 (주제)	프로그램	동기유발	내용구성	다문화현장 텍스트	다문화 리터러시 교육 학습활동		
					인식 · 관심	비판적 성찰	행동 · 실천
1차시 (인식)	내가 다문화를 말하다	일본 놀이 (겐다마)	다문화 비평교육	세계지도 마인드맵 갈등나무 자유주제	다문화 사회 이해	이데올로기 선입관	다문화 표현하기
2차시 (접촉)	마을 스토리를 말하다	중국 놀이 (팔각건 돌리기)	다문화 스토리텔링	이주노동자 결혼이주여성 이민자 상인 이민자 봉사자	타문화 이해	다름과 차이	마을 스토리 표현하기
3차시 (이해)	이민 역사를 공부하다	한국 놀이 (묵찌빠)	다문화사회 정주와 배제 이해	근대화 이전 일제 강점기 해방 이후 근현대	소수자 이해	초국적 이민자의 삶	공감적 실천
4차시 (뉴스)	오늘은 내가 기자다	필리핀 놀이 (젝스톤)	뉴스 비평 및 실습	보도 기사 설문 기사 영상 기사	뉴스 분석과 제작 이해	기사의 이면	기사로 표현하기
5차시 (사진)	사진에 스토리를 입히다	베트남 놀이 (잠자리)	이미지 비평 및 실습	인물 먹거리 여가 생활 다문화기호	사진 분석과 제작 이해	사회적 거리감	사진으로 표현하기
6차시 (영상)	영상으로 표현하다	태국 놀이 (물놀이)	영상 비평 및 실습	먹거리 VJ 광고패러디 뮤직 비디오 팀 학습활동 촬영	영상 분석과 제작 이해	타자이해	영상으로 표현하기
7차시 (문화)	이민자와 함께 만들다	공동체 놀이 (토끼나라, 거북나라)	문화 체험 및 소통	몽골 문화 필리핀 문화 스리랑카 문화 인도네시아 문화	지구공동체 이해	타자의 가치	문화 공연하기
이론적 실천 (분기 후 별도 차시)	유레카 신문을 만들다				유레카 신문 4호 발행		
	다문화 공동체를 만들다				2014 유레카 한마당		

〈표 15-1〉에서 나타난 바와 같이 리터러시 교육 프로그램은 일반학교의 수업과 유사한 흐름으로 각 차시마다 동기유발-강의-모둠활동 과정으로 진행한다. 동기유발 단계에서는 주로 다른 나라의 놀이를 체험하는 활동이 제시되었다. 모둠활동 단계에서는 문제 제기식 교육, 현장중심 교육, 학습자중심 교육 같은 교수-학습방법이 활용되었다.

(2) 교수-학습방법

① 문제 제기식 교육

문제 제기식 교육은 학습자들이 스스로 학습 문제를 제기하고 해결하는 전 과정에서 주체적인 역할을 하는 방법이다. 학습자들은 대화와 토론을 통해 문제를 제기하고 해결방법을 모색한다. 학습자들은 프로그램의 주제를 이해한 후 모둠 과제를 부여받으며, 이 과정에서 구성원 사이에 의사소통적 상호작용이 이루어진다. 또한 누가, 무엇을, 어떻게, 왜라는 구체적인 질문을 매개로 구성원 사이에 토론을 통해 문제를 제기하고 이를 해결한다. 아래의 인용은 학습자들이 평소에 접하지 못했던 이민자의 삶을 학습활동을 통해 경험한 후 자신의 생각을 표현한 것이다.

> "이민자에 대해서는 방송으로 많이 접했는데…… 실제로는 처음 봤지만, 좀 무섭고…… 역시 제가 생각한 대로 동네도 좀 어수선하고 지저분하고…… (후략)"
>
> (정지현, 2015: 연구참여자 C, 2013. 04. 20. 비형식적 면담)

> "지금까지 나는 우리 민족은 오천 년의 역사를 가지고 있다, 우리 민족은 단일민족이다, 우리 민족은 세계에서 제일 과학적인 한글을 가지고 있다……. 그렇게 교육을 받아서 민족에 대한 자존감을 많이 가지고 있었다. 그런데 요즘 한국의 모습은 조금 열등한 민족과 열등한 문화가 섞여서…… (중략) 그런데 여기 와서 이민자를 만나고 직접 내 눈으로 보고 나니까…… 많은 혼돈이 느껴진다."

(정지현, 2015: 연구참여자 G, 2013. 06. 22. 성찰일지)

위의 인용은 프로그램 참여 학습자의 비형식적 면담과 성찰일지를 통해 수집한 것이다. 학습자 C는 미디어를 통해 접했던 이주자 거주 지역에 대해 '제가 생각한 대로'라는 표현과 함께 내면의 부정적인 태도를 드러내 보이고 있다. 이 같은 사례는 학습자 G에게서도 확인할 수 있다. 학습자 G는 자신의 문화를 우월하게 보고 타문화에 대해서는 편견을 나타내고 있다. 학습자 C와 G는 자민족에 대한 강한 자존감을 가지고 있었다. 자민족중심주의는 자신의 민족과 문화를 지나치게 긍정적으로 그리고 우월하게 여기는 반면, 다른 민족과 문화를 부정적으로 그리고 열등하게 평가하려는 것이다.

"사람은 법 앞에서 누구나 다 평등하다고 했는데, 실제 다문화현장에 나가 보니까 법이 누구에게나 공평하게 적용되지 않는 것 같았다. 특히 이주노동자에 대한 법제도와 인권이 좀 더 개선되었으면 좋겠다. (중략) 나는 그동안 불법체류 노동자는 위험한 사람들이라고 생각하고 있었다. 하지만 많은 부분은 우리 사회가 오히려 그들을 아프게 만들고 있었다."

(정지현, 2015: 연구참여자 A, 2013. 04. 20. 성찰일지)

"동남아시아에서 온 이주노동자는 좀 무섭고, 배우지도 못하고, 우리하고 말도 통하지 않고, 진짜 그런 사람들인 줄 알았어요. 근데 오늘 만난 이주노동자 분은 인자하고 똑똑하고 한국말도 잘하고, 한국 사회에 적응하려고 엄청 노력하고 있었고, 한국 사회를 위해 봉사활동까지 하고 있었어요. 뭐 거의 한국 사람의 사고를 가진 분이셨어요. 인터뷰 내내…… (후략)"

(정지현, 2015: 연구참여자 B, 2013. 04. 20. 비형식 면담)

학습자 A와 B는 다문화현장에서 이주노동자의 이야기를 통해 그들의 삶이 법

앞에서 평등하지 않다는 것을 느끼게 됨으로써 법제도와 인권의 개선을 주장하고 있었다. 다문화현장에 오기 전에는 불법체류 노동자에 대해 우리 사회에 해를 끼칠 수도 있는 '위험한' 사람들이라는 편견을 가지고 있었다. 하지만 인터뷰를 통해 불법체류의 원인에 대한 실제적인 이야기를 듣게 되었으며, 불법체류의 원인 중 일부는 우리 사회에 있다는 것을 알게 되었다.

프락시스는 비판적 성찰이 전제된 앎의 의미화 과정으로, 인간의 주체적이고 능동적인 의식을 필요로 한다(Grundy, 1987). 학생들은 다문화현장에서의 긍정적인 학습활동 과정에 비판적인 성찰을 통해 의식의 변화를 이끌어낼 수 있는 프락시스를 경험하고 있었다.

② 현장중심 교육

현장중심 교육은 학습자들에게 실제적인 현장에서의 적극적인 참여를 통해 구체적인 지식을 구성하여 의미화하고 이를 사회적 맥락에 부합되는 구체적인 실천으로 연결시킬 수 있게 했다. 학습자들은 우선 모둠에 주어진 다문화현장 텍스트에 대한 과제를 이해했으며, 현장에 나가기 전에 자신들의 인식 관심에 따라 역할을 분담했다. 학습자들은 자신의 역할을 숙지한 후 현장에서 만나게 될 인터뷰어에 대한 예비지식을 토대로 인터뷰 내용을 구성하고 다문화현장에서의 동선에 대해 토론했다.

"공부 중에서 젤 의미 있는 공부는 현장을 직접 경험하면서 얻게 되는 거 같아요. 저는 인터뷰하면서 낯섦도 깰 수 있었고, 그 사람들의 마음도 좀 읽을 수 있었어요. (중략) 근데, 우리가 오늘은 마음을 열었지만, 여기만 벗어나면 또 우리의 신념에 갇혀버리면…… (중략) 잊지 말아야 해요."

(정지현, 2015: 연구참여자 I, 2013. 08. 31. 비형식적 면담)

학습자들은 실제적인 현장에서의 참여와 경험을 통해 자신들의 인식이 변화되고 있음을 느끼고 있었다.

③ 학습자중심 교육

학습자중심 교육은 지식론, 학습론, 학습자론, 교사론의 학습 원칙을 강조한다 (강인애·주현재, 2009). 우선 지식론에서는 경험을 통한 지식구성과 다문화현장에서의 실제적인 리터러시 수행을, 학습론에서는 성찰적 학습과 상호 의존성 학습을, 학습 자론에서는 학습자가 학습의 주체자임을, 그리고 교사론에서는 교사가 학습의 촉 진자이자 조력자임을 강조하고 있다. 학습자들은 학습활동에 능동적으로 참여하여 자유로운 대화와 토론을 통해 의견 수렴을 하게 되고 이 과정에서 자신의 경험을 스스로 판단하고 이해하여 지식을 점진적으로 재조직하게 된다(DeVries & Kohlberg, 1990).

> "우리 모둠에서 갈등나무를 만들 때, 제 친구들은 저와 생각이 달라서 좀 놀랐어 요. 갈등나무를 다 완성하고 전체 그림을 보니까 이민자가 우리 사회에서 그렇게 부정적이지만은 않구나, 생각했어요. 음, 저는 부끄럽기는 하지만요, 갈등나무에다 가 제 안에 들어 있던 안 좋은 생각 같은 거를 다 꺼내고, 그 대신에 우리가 함께 상 의했던 거를 다시 넣으려고 해요."

(정지헌, 2015: 연구참여자 D, 2013. 05. 04. 비형식적 면담)

학습자중심 교육은 학습자들에게 학습활동의 전 과정에 능동적으로 참여하여 자유로운 대화와 토론을 통해 자신의 경험을 재조직할 수 있게 했다. 이 과정에서 학습자들은 실천 가능한 지식을 구성하고 의미화하여 부여받은 과제의 결과물을 만들거나 결과물에 대한 스토리텔링을 하기 위해 실천적 지식으로 사용했다.

2) 교육연극을 활용한 협동학습의 교수-학습방법 사례

(1) 교육연극을 활용한 협동학습 프로그램의 개요

협동학습은 학습자에게 잠재된 특성을 사회적 상호작용을 통해 발달시키고 촉진시키는 학습이다. 교육연극은 예술적 감수성을 기반으로 하는 연극적 체험활동을 교육현장에 적용함으로써 교육효과의 극대화를 지향한다. 이 프로그램은 학습자의 흥미와 자발성을 기반으로 협력적 의사소통을 통해 공동체의식을 함양하는 데 목적이 있다. 교육연극을 활용한 협동학습 프로그램은 인천시에 위치한 H다문화학교에서 국제이주 배경 초등학생을 대상으로 한 것이다. 프로그램의 기본 구성은 오리엔테이션-이야기하기-연극하기이며, 총 3분기 23회에 걸쳐 시행되었다.

학습 참여자들은 H학교 초등학생들로, 국제적 이주배경을 갖는다는 공통점이 있다. 참여자들은 출신국 언어를 주로 사용했으며, 한국어로 의사소통하는 것을 어려워했다. 프로그램은 분기가 지남에 따라 수업의 차시와 내용이 확장되었고, 참여자의 수도 증가했다. 아래의 인용은 전체 프로그램의 특성과 3분기 프로그램의 특징을 소개하고 있다.

> 교육연극 수업은 방과 후에 이루어진 것으로, 학교의 특성에 따라 일반교과와 특성화 교과의 심화·보충적 성격을 갖는다. 또한 'ㅎ'학교 학습자에 대한 교육은 일반학교 학습자들의 교육과 마찬가지로 국가교육과정이라는 상위목표에 종속되므로 교육적 평등의 목적을 공유한다(김창아, 2015).

> 교육연극 활동은 교육연극반에 부여된 연극공연이라는 공동 과제를 중심으로 이루어졌다. 협동학습이 효과적으로 수행되기 위해서는 교사의 계획이 필요하다 (Kagan, 1998: 14). 교육연극 수업이 6학년 교육활동과 연계될 수 있도록 학년 교육과정을 참고했다. 6학년 교육과정에서 제시된 내용 중 교육연극 수업과 관련한 단원

은 다음과 같다. 국어 7단원 즐거운 문학, 사회 2단원 세계 여러 지역의 자원과 문화, 과학 1단원 날씨의 변화, 체육 1단원 느낌 따라 표현이 솔솔, 음악 5단원 장구와 함께 춤을, 미술 9단원 나도 디자이너, 도덕 6단원 용기, 내 안의 위대한 힘(○○다문화학교, 2013b). 이상의 교과 단원들은 연극의 형식과 내용을 만드는 것과 관련 있다(김창아 외, 2014).

위에서 제시한 교육연극 프로그램의 주요 활동은 학습자가 알고 있는 이야기를 참여자들이 이해하고 공감할 수 있도록 의견을 교환하고, 이 과정에서 이야기 만들기와 연극적 표현활동이 이루어진다. 또한 전체 수업은 초등학생의 발달수준을 고려하여 놀이-즉흥 표현-연극적 표현으로 확장될 수 있도록 구안했다. 수업의 최종 목표는 함께 선정한 이야기를 대본으로 만들고, 그것을 연극으로 표현하는 것이다. 교육연극 수업의 단계별 활동 내용을 표로 나타내면 〈표 15-2〉와 같다.

〈표 15-2〉의 수업 단계는 각 분기별 수업계획에 해당한다. 실제 수업에서 수업의 각 단계는 수업 중 나타난 참여자의 요구와 학교 교사의 평가 및 교사의 성찰을 반영하여 구체화했다. 각 분기 수업의 구성은 아래와 같다. 〈표 15-3〉은 1분기 수업을 제시한 것이다.

1분기 수업은 학습자들의 특성을 파악하는 데 중점을 두었다. 이야기 알기에서는 개별 학습자가 경험한 이야기를 공유하는 활동에 초점을 두었다. 이야기 만들기

〈표 15-2〉 교육연극 수업의 단계별 주요 활동

단계: 활동	내용
1단계: 오리엔테이션	놀이를 통한 마음 열기, 간단한 수업 안내, 수업의 목표 정하기
2단계: 이야기하기	학습자가 선정한 이야기를 함께 알기(이야기 공유하기) 학습자가 선정한 이야기 속 인물을 생각하며 내가 생각하는 이야기를 만들고 표현하기 (이야기의 배경, 인물의 행동, 소품, 대본 포함) 인물이 되어 생각하기(감정이입, 공감하기)
3단계: 연극하기	이야기 만들기 활동을 통해 만든 이야기를 연극으로 표현하기

<표 15-3> 1분기 수업의 구성

수업 차수	단계	세부 단계	주요 계획/학습주제	세부활동
1차	오리엔테이션	오리엔테이션	게임을 통한 마음 열기	자기소개 게임하기 게임을 통한 신체 표현하기
2차	이야기 알기	'내' 이야기 공유하기	마음으로 표현하기	좋아하는 활동을 마임으로 표현하기 내가 아는 이야기 말하기
3차	이야기 알기	이야기 구조 알기	내가 고른 이야기를 이야기의 구조와 함께 알기	이야기의 구조 알기 이야기 구조에 맞게 내가 고른 이야기를 말하기
4차	이야기 알기	이야기 초점화하기	이야기의 줄거리를 생각하며 인물의 특징과 역할 정하기 음악 고르기	이야기 만들기, 이야기 속 인물의 특징을 생각하기, 인물의 특징을 생각하며 역할 정하기, 좋아하는 음악 이야기하기
5차	이야기 만들기	인물의 행동 초점화하기	가면 만들며 인물의 행동 생각하기	인물의 특성에 어울리는 가면 만들기, 이야기 이어가기, 조각 만들기
6차	이야기 만들기	즐거운 경험 공유하기	떡볶이 파티, 동네 걷기를 하며 자유롭게 이야기하기	동네 걷기를 하며 자유롭게 말하기 마음속 이야기 공유하기
7차	이야기 만들기	이야기 만들기	가면 꾸미기	가면 꾸미기를 하며 인물의 행동과 말을 구체화하기
8차	연극하기	이야기를 바탕으로 연극하기	함께 만든 이야기를 바탕으로 만든 대본을 통해 연극하기	대본을 읽고 어울리는 동작으로 표현하기 연극하기

에서는 공유한 이야기 속 인물 중에서 학습자들이 선택한 이야기 속 인물들의 행동과 말에 초점을 두었다. 1분기 수업에서 학습자들은 학교에서 경험한 '갈등'에 관심을 보였다. 연극하기에서는 대본이 사용되었지만, 연습을 위한 것이라기보다는 이전 수업에서 주로 한국어로 진행한 활동을 잊지 않도록 기록한 것이라는 데 의의가 있다. 따라서 연극을 하기 위한 연습시간은 별도로 배정하지 않았다.

다음의 〈표 15-4〉에서 확인할 수 있듯이 2분기 수업에서는 교과 수업과의 연계를 고려하고, 연극을 위한 연습시간을 별도로 배정했다.

〈표 15-4〉 2분기 수업의 구성

수업 차수	단계	세부 단계	주요 계획/학습주제	세부활동
1차	오리엔 테이션	오리엔테이션	오리엔테이션 /참여자 특성 및 관심 파악하기	학습자 개별 특성 알기 그리기와 말하기를 통해 수업에 대한 요구와 기대 파악하기
2차	이야기 알기	이야기 구성과 대본 만들기	비디오 시청 이야기 정하기	1분기 연극을 동영상으로 시청하기, 인터넷을 통해 연극으로 하고 싶은 이야기 확인하기, 이야기 정하기, 음악 고르기
3차	이야기 만들기	이야기 만들기와 대본 만들기	이야기의 배경과 줄거리 만들기 가면 만들기	이야기의 배경 생각하기, (사회)공간적 배경– 세계 여러 나라, (국어)시간적 배경–과거, 현재, 미래 개념 알기 등장인물의 성격에 어울리는 가면 만들기 (인물의 마음 알기) 노래 만들기
4차			대본 읽고 수정하기	(음악)노래 수정하고 익히기, (국어)대본의 내용 확인하고 수정하기, 대본의 빈곳 채우기, (체육)동작 표현하기
5차		연극 연습하기	대본을 읽으며 어울리는 동작하기	대사에 맞는 동작 생각하기 대사와 행동 연결하기 대본에서 바꾸어야 할 곳 생각하기
6차	연극하기	연극하기	이야기의 흐름을 생각하며 연극하기	이야기의 흐름을 생각하며 연습하기 연극하기

〈표 15-4〉에서 연극 연습하기 시간은 학습자들이 초대한 관객에게 자신이 맡은 역할을 보다 잘 전달하고 싶다는 생각을 반영한 것이었다. 다음의 〈표 15-5〉는 3분기 수업을 제시한 것이다.

〈표 15-5〉에서 나타난 바와 같이 3분기 수업은 1, 2분기 수업보다 수업시간이 증가하고 단계별 활동의 종류가 다양해졌다. 또한 각 활동은 1, 2분기 수업에 비해 개별 교과와의 관련성이 높아졌다. 이처럼 교육연극 활동은 분기가 지남에 따라 변화했다. 프로그램은 크게 연극적 활동과 협력적 활동을 중심으로 한다. 교육연극 활동으로는 신체적 표현 활동인 마임, 미술 활동을 포함하는 그림 그리기와 음악을 활

<표 15-5> 3분기 수업의 구성

수업 차수	단계	세부 단계	주요 계획/학습주제	세부활동
1차	오리엔테이션	오리엔테이션	오리엔테이션 /참여자 특성 및 관심 파악, 비디오 시청 및 이야기하기	비디오 시청 후 말 또는 그림으로 표현하기, 역할 특성과 역할 정하기, 새로운 방향 생각하기, (사회)학급 규칙 만들기
2차	이야기 알기	이야기 만들기와 대본 만들기	대본을 읽고 이야기를 통해 대본 내용 수정하기, 친밀감 쌓기	이야기 수정하기, 발성연습 (국어)연극 대본 읽기와 이야기 나누기 연극 배경 생각하기, (사회)북반구와 남반구, (과학)날씨와 생활, 사막과 환경
3차	이야기 만들기	이야기 만들기와 대본 만들기	이야기 이어가기, 챈트 만들기	지난 시간 참여자가 이야기한 내용을 대본에 반영하여 수정한 것을 함께 읽고 확인, 이야기 이어가기, 챈트 만들기
4차			녹음하기	노래의 가사를 생각하며 부르기, 내용이 잘 드러나도록 제목 만들기
5차		무대 꾸미기	무대에 맞는 배경과 소품 만들기	(미술)재활용품을 이용하여 무대에 필요한 선인장, 해, 나무 만들기
6차		녹음하기	대본에 제시된 대사 녹음하기	이야기의 흐름을 생각하며 역할에 맞는 대사를 하고 녹음하기
7차	연극 하기	연극 연습하기	극의 흐름에 맞는 동작을 생각하며 연극 연습하기	대사에 어울리는 동작 생각하기 녹음한 대사를 들으며 행동하기
8차			리허설	(체육)동작과 대사를 생각하며 연습하기 자신의 연습 장면을 보고 성찰하기
9차		연극하기	관객이 있는 무대에서 공연하기	(도덕)공연준비와 공연

용한 노래 부르기 등이 포함된다. 또한 협력적 활동으로는 다중지능학습, 협력적 글쓰기, 문제 제기식 교육, 학습자중심 학습, 토의 · 토론학습, 미디어 기반 반성학습, flipped learning이 있다. 그러나 교육연극 활동은 학습자 간 혹은 학습자와 교사와의 협력적 활동이기에 전체 프로그램 내에서 여러 가지 교수-학습방법이 복합적으로 나타나는 경우가 많다. 교육연극 활동이 내포하는 협동학습 요소에는 공동과제, 상

호 대면활동, 사회적 기술, 개별과제, 모둠화과정이 있다.

(2) 교수-학습방법

교육연극 활동은 개인의 영역인 감수성을 공동체의 상호작용을 통해 은유적으로 표현함으로써 예술적 창의력과 표현력의 증진뿐만 아니라 공감을 통한 정체성의 정립과 공동체 의식 함양이라는 다문화교육의 목표를 달성하는 데 기여한다.

① 교육연극 기반 학습

교육연극 기반 학습은 예술적 감수성을 기반으로 하는 학습이라고 할 수 있다. 학습자들은 자신이 관심 있게 생각하는 주제나 이야기를 선택하고, 이를 이해하는 과정에서 주제 혹은 이야기 속 인물이나 사건에 대한 감정과 생각을 규정하고 정립한다.

1분기: 이야기 모티프 – 갈등

발단: 매일 같은 일상의 학교. 선생님이 없는 사이 괴롭힘이 발생한다. 하지만 나쁜 사람은 자신이 그랬다고 스스로 밝힘으로써 모두에게 착한 사람의 이미지를 부여받는다.

전개: 나쁜 사람은 귀여운 사람에게 조용한 사람을 괴롭히라고 한다. 귀여운 사람은 나쁜 사람의 말을 듣고 조용한 사람을 괴롭힌다.

절정: 나쁜 사람과 귀여운 사람이 조용한 사람을 괴롭히는 사실이 모든 걸 다 아는 사람에게 발견된다. 이 사실은 학교의 모두에게 알려지게 된다.

결말: 나쁜 사람과 귀여운 사람, 그리고 조용한 사람에 대한 모든 사실이 알려졌다. 아이들은 이 문제를 어떻게 해결할지 고민한다.

(2013. 9. 11. 참여관찰일지)

위의 참여관찰일지는 1분기 수업에 대한 내용 부분을 발췌한 것이다. 학습자들

은 처음에 자신이 알고 있는 이야기의 내용을 다른 참여자들과 공유하는 경험을 했다. 학습자들이 출신국에서 알고 있던 이야기에서 나타나는 갈등은 시간과 장소가 바뀐 지금 이곳에서도 나타나고 있음을 말하며, 이야기의 내용을 학교 내에서 벌어지는 왕따 사건으로 바꾸기를 원했다. 또한 연극의 결말에서도 학습자들은 연극 활동을 통해 자신이 경험하고 알고 있는 현실을 반영하기를 요구했다.

> "S1이 마지막에 선생님 그런데요, 마지막을 좀 바꾸면 안돼요? 그래요…… (중략)…… 이건 좀 영화 같긴 한데요~ 그 왕따 당한 애가요~ 그냥 다른 학교로 전학 가면 안돼요? 그러더라구요…… (중략)…… S1이 현실 같아요. S1이 생각하는 게 더 현실 같아요."

(2013. 7. 29. T2와의 대화)

위의 대화는 연극교사와 T2의 대화다. 교사는 학습자들이 전개한 이야기의 결말을 모두가 화해하는 해피엔딩으로 끝내기를 원했다. 그러나 ○○학교에 오기 전 여러 아이들로부터 이유 없는 놀림을 경험한 S1은 왕따를 당한 인물에 대해 '영화 같은' 결말을 반영할 것을 말했다. S1의 개인적 경험에 대해 깊이 알고 있던 T2는 S1이 제시한 결말이 보다 현실적이라고 한다.

② 스토리텔링 기반 학습

스토리텔링은 확장성과 변용성을 갖는다. 교육연극 수업에서 학습자들이 좋아하는 이야기는 수업을 진행함에 따라 그 내용이 구체화되었고, 형식적으로는 이야기, 극본, 연극 등으로 변용되었다. 위의 S1과의 대화는 연극 활동에 다음과 같이 극본의 형식으로 변용되었다.

> S1: 왕따 사건을 어떻게 해결하면 좋을지 모여서 생각해보자고.
> S2: 우리가 왕따 당한 애랑 친하게 지내면 되잖아.

S9: 응, 그래. 친하게 지내자.

S1: 그런데 영화에서 보면 그냥 왕따 당한 애가 전학 가던데?

S7: (   )

(2013. 6. 28. 1분기 대본 중)

③ 연극적 은유 활용학습

은유성은 상징의 다른 표현이다. 하나의 동그란 사물을 보고 태양, 반지, 빵으로 서로 다르게 표현하는 것은 개인의 현재 관심과 욕구 그리고 경험에 의한 것이다. 연극에 등장하는 인물의 성격이나 연극에서 사용하는 소품, 배경 등은 모두 연극의 주제를 간접적 · 직접적으로 드러내는 데 기여하는 은유적 표현이자 상징물이다. 학습자들은 가면 꾸미기 활동을 통해 인물에 자신의 성격과 특성을 반영하여 나타냈다.

아래 가면에서 왼쪽은 S2가 만든 것으로, 눈가를 금색으로 강조한 것을 통해 '밝은 눈'을 표현함으로써 모든 것을 알고 있는 사람의 특성을 나타냈다. 또한 오른쪽은 S1이 말이 많은 아이의 특징을 노란색으로 표현했다. 이들이 나타낸 특징은 실제 학습자들의 특성과도 일치한다. 이러한 개인의 특성을 나타내는 은유는 '이상

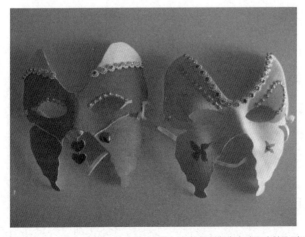

[그림 15] 2013. 5. 24. 1분기 3차 수업. 인물의 성격에 맞게 가면 만들기 활동 결과물

한 나라'라는 3분기 연극 배경의 특성을 나타내는 여러 개의 태양, 신성함을 나타내는 '학'의 등장과 같이 인류와 사회 보편적인 특성에 대한 것으로 확장하여 발현되었다.

④ 협력적 글쓰기

협력적 글쓰기는 구성원의 공동참여를 통해 이루어진다. ○○학교 교육연극 활동에서 상대적으로 쓰기활동을 어려워하는 참여자들은 자기가 하고 싶은 이야기를 그림을 통해 표현하고, 교사는 이를 대본으로 작성하여 다음 차시에 확인하는 과정을 거쳤다.

〈수업 계획〉

1. 대본 만들기와 수정—이전 시간 아이들의 이야기 이어가기와 대본 읽기 활동에서 나타난 점을 바탕으로 대본의 뒷부분과 지구에 대해 아이들이 돌아가며 말한 것을 바탕으로 만든 '하나 챈트'를 넣었다. 챈트는 반복적이고, 단순한 가사를 리듬과 함께 외치는 것을 특징으로 하는데, '바누와'의 경우, 가락과 화음이 있는 음악성을 갖지만, 챈트는 주로 영어과에서 언어 학습의 하나로 사용된다.
   **대본 만들기는 2분기와 같이 이야기 만들기와 대본의 빈칸 채우기로 구성했다.
     3분기 대본 만들기에서는 2분기에 비해 대본의 빈칸을 늘렸다.
     예)
   하나: (   ) 아니에요. 처음엔 그냥 장난이라고 생각했어요. 그런데 (끼얏) 하
         고 말했는데도 그앤 계속 저를 괴롭혔어요.
   *끼얏: 태국어로 싫다는 말

(2013. 10. 02. ○○학교 3분기 수업 참여관찰일지)

---

⑤ 문제 제기식 교육/ 다중지능 학습

문제 제기식 교육에서 학습자는 문제를 제기하고 해결하는 과정에서 주도적으

로 참여한다. 그러나 학습자들의 문제 제기와 해결은 학습자 자신의 특성에 의한 경우가 많다. 다음에 제시할 참여관찰일지에서 S2는 노래를 부르는 중에 '화음이 맞지 않음'을 말한다. 구체적인 해결방안은 S1이 제시했다.

S2: 선생님 죄송한데요, 아까부터 노래를 똑같은 음으로 하고 있어요(화음을 말함. S2는 화음을 설명하기 위해 직접 노래를 파트별로 부름).

(중략)

교사: 그래요. S2는 자기 파트를 계속 하고 있는데, 화음은 잘 들려요?

S1: 높은 음, 낮은 음, 평평한 음이 처음부터 다 하는 게 아니라, 처음에는 높은 음 먼저 하고, 다음에는 낮은 음 하고, 그다음엔 평평한 음 하고 그러면 좋을 것 같아요.

교사: 아, 음을 높은 음, 낮은 음, 중간음으로 나누고 그것을 순서대로 부르자는 얘기지요?

(2013. 10. 02. ○○학교 3분기 4차 참여관찰일지)

---

⑥ 미디어 기반 반성학습

자신의 모습을 객관화하여 반추하는 반성적 행위를 통해 발전이 이루어질 수 있다. 하지만 반성교실에서 활용하는 성찰일기나 참여자일기의 경우, 학습자의 한국어 능력이 충분하지 못할 경우 활용되기가 어렵다. 이러한 문제는 녹음기와 비디오로 기록한 목소리와 모습을 통해 자신의 활동을 인지함으로써 발전적으로 변화할 수 있다. 위의 일지에서 학습자들은 자신들이 노래한 것을 녹음하여 들어봄으로써 화음이 맞지 않다거나, 이를 해결하기 위한 방안을 제시할 수 있었다.

⑦ flipped learning

flipped learning은 핵심적인 교육내용을 먼저 제시하고, 지식의 활용 방법과 방향에 대해 토론과 토의를 통해 접근하는 방법을 말한다. 이 교수-학습방법은 수업의 시작점이 교사의 지식점유가 아니라 학습자와의 지식공유에 있다는 데 기존의 학습방법과 차별성이 있다.

〈수업의 계획〉

처음 6학년 8명과 5학년의 재성, 총 9명이라고 들은 애기와 다르게 두 명이 추가되었다고 한다. 학교에 온 지 얼마 안 된다는 5학년 조선족 아이와 3학년 아이 하나다. 이번에도 방학 때 사용했던 5학년 교실에서 수업을 하게 되었다.

오늘 할 활동은 지난 1, 2분기 활동 내용을 촬영한 비디오를 시청하고, 그 내용이 무엇인지에 대해 이야기를 나누고, 글 또는 그림으로 표현하는 활동을 중심으로 할 예정이다.

(2013. 9. 4. 3분기 1차 참여관찰일지)

교육연극 활동에서 전체 프로그램을 볼 때, flipped learning은 비디오시청을 통한 도착점 행동의 제시를 통해 이루어졌다. 또한 프로그램 내의 개별 수업에서는 수업이 시작되기 전 학습자들이 이전 시간에 제시한 내용을 반영한 새로운 대본을 확인함으로써 당일 활동할 수업의 방향을 설정하게 된다.

⑧ 협동학습

교육연극의 전 과정은 개별 학습자들이 각자의 연극이라는 공동의 목표를 이루는 과정에서 배역을 갖고, 역할이 처한 상황 · 맥락을 고려하여 동료 및 교사와 상호작용을 함으로써 교육 연극부라는 '우리' 의식을 형성한 협동학습이다. 이는 교육연극을 활용한 협동학습에서 학습자들이 연극공연이라는 두려움을 극복하는 과정을 함께 경험했을 뿐 아니라, 그들의 인식적 변화가 이루어질 수 있는 장기간의 활동을 통해 시행되었다는 데 의의가 있다.

3. 보다 나은 다문화교수-학습을 위하여

다문화 리터러시 교육 프로그램과 교육연극을 활용한 협동학습 프로그램을 통해 다문화교수-학습방법을 살펴보았다. 각각의 프로그램은 주말에 이루어진 학교 외 프로그램으로서, 다문화학교에서 시행된 방과 후 프로그램이라는 의의를 갖는다. 다문화 리터러시 교육 프로그램의 경우, 학습자들은 자신이 갖고 있던 다문화구성원에 대한 편견과 차별을 직접 경험하고, 성찰을 통해 극복하는 과정에서 소수자에 대한 이해를 증진할 수 있었다. 또한 교육연극을 활용한 협동학습 프로그램의 경우, 연극을 만드는 과정을 통해 개인적 경험의 다양성 속에서 공통된 감정을 확인하고, 함께 어려움을 극복하면서 '우리'라는 새로운 정체성을 만들며 공동체의식을 형성할 수 있었다. 이 프로그램들은 특히 다문화교육과 관련한 성찰이나 실천이 어려운 여건의 고등학생들을 대상으로 했다는 것과 언어적 어려움을 갖는 국제적 이주배경의 초등학생을 대상으로 했다는 점에서 의의가 있다.

그러나 이 프로그램들은 모두 학습자들이 돌아가야 할 정규 학교 수업에서는 다루어지지 않고 있으므로 프로그램이 종료된 후의 학습 전이 효과나 정규 학교 학습자와의 만남에서는 어떤 변화가 있을 것인지 알 수 없다. 정규과정 속에서 교육적 연계성이 보장되지 않는다면 비정규과정을 통해 학습한 경험에 대한 전이를 기대할 수 없을 뿐만 아니라, 오히려 현실생활에서 쓸모없는 것이라는 부정적 인식이 생성될 가능성이 높다. 따라서 정규과정 속에서 다문화교육 프로그램을 확대 적용하는 방안이 필요하다.

이와 함께 생각해볼 것은 여러 가지 교수-학습방법이 연령이나 학령에 따라 차별적으로 제시되고 있는 것에 대한 문제이다. 앞서 제시한 비판적 다문화 리터러시 교육은 고등학생을 대상으로 하고, 교육연극을 통한 협동학습은 초등학생을 대상으로 한다. 그러나 앞서 살펴본 바와 같이 각각의 프로그램에서 활용한 교수-학습 방법은 다양하지만 때로는 중복되고, 때로는 중첩적으로 나타나고 있음을 알 수 있다. 따라서 교수-학습방법은 특정 대상의 교육을 위한 프로그램의 고정된 특성으로 파악하는 것보다는 프로그램 적용 시 역동적으로 나타나는 학습자들의 특성에 맞게 선택적으로 활용할 수 있는 방안으로 파악하는 것이 필요하다고 본다.

함께 생각하기

1. 다문화가정 구성원과 비다문화가정 구성원 모두에게 적용할 프로그램을 구상하여 발표하시오.

2. 본인이 구상한 프로그램의 실현을 위해서는 구체적으로 어떠한 교수-학습방법을 활용할 수 있을지 생각하여 발표하시오.

참고문헌

강인애 · 주현재(2009). 학습자중심 교육의 의미에 대한 재조명: 현직교사들의 이해와 실천을 중심으로. 학습자중심교과교육연구 9(2), 1-34.

김창아(2015). 교육연극을 통한 다문화 대안학교 초등학생의 협동학습 경험에 관한 연구. 인하대학교 박사학위논문.

김창아 · 김영순 · 홍정훈(2014). 교육연극 활동에 참여한 다문화대안학교 초등생의 협동학습 경험에 관한 연구. 학습자중심교육학회 14(4), 177-205.

김창아 · 김미순 · 아이게림(2015). 2014교사 협력사업에 참여한 초등교사의 경험에 대한 내러티브적 연구, 교육문화연구 21(4), 113-140.

박남수(2000). 다문화사회에 있어 시민적 자질의 육성: 사회과를 통한 다문화교육의 모색, 사회과교육 33, 101-117.

박휴용 · 노석준(2012). 생태주의 이론과 CEMP 모형에 바탕을 둔 다문화교실의 교수방법, 교육방법연구 24(2), 379-403.

어수진(2011). 협동학습을 통한 다문화가정의한국어 교육방안 연구. 결혼이주여성과 그 자녀를 중심으로. 세계한국어문학 5권, 133-174.

이선영(2010). 토론 교육을 위한 논제 선정에 대한 소고-국내 · 외 토론 대회 논제 분석을 중심으로. 청람어문교육 41, 241-267.

이수남(2010). 다문화가정 자녀를 위한 교수학습 방법 제안. 한국유아교육 · 보육행정연구 14(3), 227-264.

이정우(2012). 연구논문: 청소년 다문화교육 프로그램 연구 동향 분석. 청소년학연구 19(4), 293-314.

이지영(2002). 다문화 교육을 통한 세계사학습의 현장사례연구. 사회과교육 41(3), 109-123.

장인실(2015). 다문화교육 실행을 위한 학교교육과정 개발 방향 탐색. 교육과정연구 33(2), 45-70.

장인실 · 차경희(2012). 한국 다문화교육의 연구동향 분석. 한국교육학연구 18(1), 283-302.

전귀자 · 조덕주(2015). ALACT모형을 활용한 반성적 다문화교육 프로그램 개발 연구. 열린교육연구 23(3), 379-408.

전희옥(2014). 사회과 수업에서 거꾸로 교실의 활용 방법 탐색. 한국 사회교과교육학회 학술대회지 통권(16호), 1-16.

정지현(2015). 다문화 리터러시 교육 참여 고등학생의 학습 경험에 나타난 프락시스의 의미. 인하대학교 박사학위논문.

_____(2014). 다문화 리터러시 교육 프로그램 참여 고등학생의 다문화 인식에 관한 연구. 열린교육연구 22(2), 19-41.

전희옥(2006). 학교 문화교육에서 세계시민 교육 내용요소 분석: 초등학교 사회교과서 분석을 중심으로. 사회과교육연구 13(3), 123-146.

조영달 · 박윤경 · 성경희 · 이소연 · 박하나(2010). 학교 다문화교육의 실태 분석, 시민교육연구 42(1), 151-184.

채영란 · 유승우(2014). 다문화교육 프로그램의 연구 동향: 1999년 이후의 학위논문 및 학술지를 중심으로. 幼兒 敎育學論集 18(6), 2551-571.

최일선(2010). 유아 다문화교육의 연구동향과 과제, 다문화교육 1(1), 119-133.

최충옥 · 조인제(2010). 다문화교육 연구의 동향과 향후 과제. 다문화교육 1(1), 1-20.

추병완(2011). 도덕과에서 공평교수법의 함의에 관한 연구. 초등교육연구 24(2), 67-87.

DeVries, R. & Kohlberg, L. (1990), Constructivist early education: Overview and comparison with other programs. Washington, DC: National Association for the Education of Young Children.

Gadamer, H. G. V. (2012). 진리와 방법 1(이길우 · 이선관 · 임호일 · 한동원 역). 서울: 문학동네(원저 1960년 출판).

Grant, C. A. & Sleeter, C. E. (2011). Doing Multicultural Education for Achievement and Equity. New York, NY: Routledge.

Grundy, S. (1987). Curriculum: Product or praxis. Philadelphia, PA: The Falmer Press.

Kagan, S. (1998). 협동학습(협동학습 연구교사 모임 역). 서울: 도서출판 디모네(원저 1998년 출판).

Nieto, S. (2010), Language, Culture, and Teaching Critical Perspectives (2nd. ed.), Taylor & Francis.

UNESCO (2012). 지속가능발전교육길잡이, 유네스코한국위원회.

Villegas, A. & Lucas, T. (2007). The culturally responsive teacher. Educational leadership 64(6), 28−33.

찾아보기

저자 소개

김영순 Youngsoon Kim

인하대학교 사회교육과 / 대학원 다문화학과 교수
인하대학교 교육대학원 원장
BK21+글로컬다문화교육전문인력양성사업단 단장
인하대학교 아시아다문화융합연구소 소장
kimysoon@inha.ac.kr

오영훈 Younghun Oh

인하대학교 교육대학원 다문화교육 전공 교수
인하대학교 아시아다문화융합연구소 부소장
인하대학교 교육연구소 글로컬다문화멘토링사업 책임자
ohy10106@inha.ac.kr

정지현 Jihyeon Jeong

인하대학교 대학원 다문화교육 전공 교육학박사
인하대학교 언어교육원 전임강사
인하대학교 아시아다문화융합연구소 비상근 연구원
oxy59j@inha.ac.kr

김창아 Changah Kim

인하대학교 대학원 다문화교육 전공 교육학박사
서울강신초등학교 교사
인하대학교 아시아다문화융합연구소 비상근 연구원
73nabi@daum.net

최영은 Youngeun Choi

추계예대 문화예술대학원 정책학박사
인하대학교 교육대학원 〈긍정심리학〉 초빙교수
(사)다문화행복연구원 원장
인하대학교 아시아다문화융합연구소 상임연구위원
victoria999@naver.com

정소민 Somin Chung

인하대학교 대학원 사회교육학 전공 교육학박사
인하대학교 교육학과 강사
인하대학교 아시아다문화융합연구소 비상근 연구원
4uuuuu@hanmail.net

최승은 Seungeun Choi

인하대학교 대학원 다문화교육 전공 교육학박사
경인교대 음악교육과 강사
인하대학교 아시아다문화융합연구소 비상근 연구원
lindenduft@hanmail.net

조영철 Youngchul Jo

인하대학교 대학원 다문화교육 전공 박사수료
인천한누리학교 교사
인하대학교 아시아다문화융합연구소 비상근 연구원
tem2000@hanmail.net